新視角

讀《史記》

宋玉山 著

 崧燁文化

目錄

▌序

　　《史記》，是西漢司馬遷編著的一部偉大的史學著作，記載了從黃帝到漢武帝三千多年的歷史。

　　筆者喜愛歷史，多次閱讀《史記》，萌生了寫一本史記故事書的念頭。退休之後，有了空閒，便動筆寫作，歷時兩載，完成了《新視角讀〈史記〉》。

　　所謂新視角，主要有以下幾個方面。

　　一是在立場方面，力圖站在歷史的立場上，去閱讀、理解和認識《史記》。所以，《史記》中的糟粕之處，如宿命論、封建迷信等，都避而未採用，難以避開的則採取了批判的態度。

　　二是在角度方面，力圖從現代社會和新時代的角度，去寫史記故事。人們學歷史，主要是為了借鑑歷史經驗，吸取歷史教訓。筆者力求透過歷史故事，對現代人的工作和生活有所啟發。

　　三是在觀點方面，力圖把筆者閱讀《史記》時的體會和認識，提煉出自己的觀點，比如「黃帝時代就搞世襲」「春秋無義戰但有義舉」「魯國為何始終不能強盛」「荊軻刺秦王並非心甘情願」等篇。這些觀點不一定正確，僅作為一家之言。

　　四是在內容方面，力圖對一些流傳不夠完整、有頭無尾的史記故事，根據史料記載增添新的內容，如「田單復國卻有國難回」「蘇秦為燕國充當間諜」等篇。

　　五是在表述方面，力圖用簡明生動的語言和曲折的情節，來表述史記故事。

　　《新視角讀〈史記〉》一書，主要依據《史記》記載，少數地方也參閱了《左傳》《戰國策》等古籍。為了增強可讀性，在細節和語言方面，適當做了一些修飾加工。

　　由於筆者水平所限，書中難免有錯誤、缺陷和不足之處，敬請廣大讀者給予批評指正。

　　《史記》一開篇，寫的是黃帝。黃帝離現在已經五千多年了，所以說，中華民族有五千年的文明史。筆者過去認為，黃帝那個時代，實行的是禪讓制，就是部落首領去世以後，不按血緣關係傳承，而由大家共同推舉，「有德者繼之」；後來，是夏啟破壞了禪讓制，建立了夏王朝，開創了世襲制。但是，從《史記》的記述來看，並不完全是那麼回事，因為在黃帝時代，就已經實行世襲了。

　　中國古代有「三皇五帝」的傳說，所以《史記》第一篇就寫了《五帝本紀》，記述了黃帝、顓頊、帝嚳、堯、舜這五帝的事跡，對於他們的出身、功德和傳位情況，都說得清清楚楚。顓頊、帝嚳、堯、舜這四帝，都是黃帝的嫡系子孫。

　　黃帝出身高貴，是一個部落首領的兒子。《史記》說：「黃帝者，少典之子，姓公孫，名曰軒轅。」有史料說，少典的父親，就是「三皇」之一的伏羲，祖母是華胥氏。華胥氏，是母系社會的一個部落首領，被尊奉為中華民族「始祖母」，是中華文明的本源和母體。由此看來，從華胥氏到伏羲，到少典，再到黃帝，應該是一脈相承的。當然，關於遠古人物的傳說很多，這只是其中之一。但黃帝出身高貴，是可以認定的。黃帝姓公孫，在古時候，公孫可是一個高貴的姓氏，在帝王諸多兒子中，準備繼位的，稱為太子，其餘的則稱公子。公子的兒子，就叫公孫。所以，古代凡是姓公孫的，都是出身貴族。黃帝能夠成就大業，除了他本人的功德以外，與他出身高貴，恐怕也不無關係。

　　黃帝那個時代，是神農氏做天子。但神農氏已經衰敗，無力控制天下。部落之間相互攻打，天下大亂。黃帝就習兵練武、整頓軍旅，討伐那些不來朝貢的部落，使得各部落都來歸降。然後，透過幾次大戰，征服了炎帝，打敗了蚩尤。炎帝、蚩尤等部落與黃帝部落相融合，就形成了華夏民族的主幹。各部落都尊奉黃帝為天子，取代了神農氏。因為他有土德之瑞，土是黃色，所以稱為黃帝。

　　黃帝統一天下以後，建立了古國體制，制定職官制度，推算曆法，播種五穀，並興文字，作干支，制樂器，創醫學，開創了中華文明。黃帝被尊奉

為中華「人文初祖」，位居「五帝」之首。有一種說法是，神農氏就是炎帝，比黃帝早。所以，稱中華兒女為「炎黃子孫」，而不是「黃炎子孫」。

黃帝有二十五個兒子，其中正妃生了兩個兒子，長子叫玄囂，次子叫昌意。以後的帝位，便是由這兩個嫡系兒子往下傳承。黃帝死後，葬在橋山。黃帝並沒有禪讓，而是把帝位傳給了昌意的兒子顓頊。顓頊帝具有聖人的品德，沉穩而有機謀，通達而知事理。他耕種莊稼，養殖牲畜，制定禮儀，教化萬民，天下沒有不歸服的。他被列為「五帝」的第二位。

顓頊帝去世以後，帝位傳給了玄囂的孫子帝嚳，帝位回到了黃帝長子這一支。帝嚳生來就有靈氣，耳聰目明，可以了解遠處的情況，可以洞察細微的事理。他儀表堂堂，道德高尚，仁德而且威嚴，溫和而且守信，上順天之意旨，下解民之所急。帝嚳治民，像雨水澆灌農田一樣，不偏不倚，遍及天下。凡是日月照耀的地方，風雨所到的地方，沒有人不順從歸服。帝嚳名列「五帝」的第三位。

帝嚳去世以後，直接把帝位傳給了自己的兒子。先是傳給長子，因長子表現不好，又由其弟繼承了帝位，這就是堯。堯帝富有但不驕傲，尊貴卻不放縱。他穿黑色的衣服，戴黃色的帽子，坐白馬拉的紅色車子。他根據日月出沒、星辰位次，制定曆法和節氣，推進了農耕文明。堯最大的貢獻，是打破傳統習慣，沒有把帝位傳給自己不肖的兒子丹朱，而是讓給了舜——這就是響滿天下、廣泛流傳的「禪讓」。丹朱怎麼不肖呢？《史記》說他「桀傲驕橫、怠情放蕩、荒唐怪誕、聚眾淫亂」。確實不像話，沒有一點帝王的樣子。堯知道自己兒子的品行，就把帝位禪讓給了舜。堯和舜是「五帝」中的後兩位。

舜是什麼人呢？《史記》寫得明明白白，舜的曾祖父是句望，句望的曾祖父就是顓頊，舜是顓頊帝的第六代孫，帝位又回到了黃帝次子這一支。雖然當時舜的家庭已經敗落，但仍然是黃帝的嫡系後人，血管裡流淌著黃帝家族的血液。堯沒有把帝位傳給親生兒子，而是禪讓給了血緣關係較遠的舜，這體現了堯的無私和偉大。舜去世以後，把帝位傳給禹。禹是何人？《史記》

說：「禹之父曰鯀，鯀之父曰帝顓頊。」也就是說，禹是顓頊帝的孫子，關係更近了。

由此可見，當時的帝位世襲，雖然不是那麼嚴格規範，但都是在黃帝正妃生的兩個嫡系兒子的後代中傳承，其他兒子的後代都沒份，更不用說平民百姓了。

關於黃帝時代的事情，沒有同時期的文字記載，而是傳說。傳說也是歷史，是口傳的歷史，不一定都是真的，但也不一定都是假的。司馬遷說，他寫《五帝本紀》，參閱了《尚書》《五帝德》《帝姓系》等許多古籍，還到全國各地廣泛收集「五帝」的事跡。因此，「其所表見皆不虛」。而且，由於對「三皇」的傳說把握不準，便不寫「三皇」，只寫了「五帝」，可見其治學之嚴謹。後來，是唐代的司馬貞又補寫了《三皇本紀》，當然也是根據傳說寫的。其實，傳說中的「三皇五帝」，並不是真正的帝王，而是當時的部落聯盟首領，後人追尊他們為「皇」或「帝」。

對於口傳的歷史，我們既不能輕易肯定，也不宜輕率否定，而是應該不斷地進行深入挖掘和研究。

透過讀《史記》，可以清楚地看到，廣泛流傳的禪讓制，似乎並不像傳說中的那麼完美，更沒有形成制度。人們之所以對禪讓制津津樂道，恐怕是對「有德者繼之」這種民主制度的讚美、嚮往和期盼吧。

◎新視角讀《史記》之二 堯禪讓於舜用心良苦

堯，名叫放勳，是中國古代「五帝」之一。《史記》對他高度評價，說他「其仁如天，其智如神，就之如日，望之如雲」。意思是說，他仁德如天，智慧如神，靠近他像靠近太陽一樣溫暖，望著他像雲彩一樣燦爛。堯的偉大之處，是開創了帝王禪讓之先河。

《史記》記載，堯繼承了父親帝嚳的帝位，即位後以天下為己任，勵精圖治，選賢任能，天下大治。堯雖然富有但生活簡樸，吃粗米飯、喝野菜粥，受到人民愛戴。堯在年老時，自然要考慮繼承人的問題。在他即位六十年的時候，有一次召集部落首領開會，他說：「我年事已高，誰能繼承我的事業啊？」首領們說：「您的兒子丹朱是嗣子，應該繼承帝位。」堯哼了一聲說：「丹朱這個人愚頑、兇殘，不能用。」首領們默然。堯又說：「我的兒子什麼樣，我最清楚。他如果占據帝位，天下就會遭殃。所以，我絕不能做使天下人受害而只讓一人得利的事情。」大家見堯態度堅決，便開始推薦其他人選。有人推薦共工，說：「共工能夠廣泛聚集民眾，並做出了業績，可以繼承帝位。」堯說：「共工用心不正，愛說漂亮話，貌似恭敬，欺騙上天，這樣的人也不能用。」這次會議，沒有推薦出合適的人選，也沒有人提出舜。

十年之後，堯再一次召開會議，他說：「我在位已經七十年了，必須要解決繼承人的問題了。你們這些部落首領，誰能順應天命，接替我的帝位？」首領們誠惶誠恐地說：「我們的德行淺薄，不敢玷汙帝位。」堯說：「那就從同姓的貴戚及疏遠隱匿者中推薦吧。」於是，大家紛紛推薦舜，並介紹舜的事跡。舜的父親是個盲人而且愚昧，繼母頑固兇殘，繼母的兒子傲慢無禮。但舜卻能與他們和睦相處，盡孝悌之道，把家治理得很好。堯聽得高興，說：「對，我也聽說過他的事情。那就考察一下，試試吧。」這次會議，確定舜作為帝位繼承人，但需要仔細考察。

堯知道，禪讓是大事，關係天下，絕不能輕率。於是，堯對舜進行了多方面的考察。第一步，他先把自己的兩個女兒嫁給他，考察舜在家裡的德行；又讓自己的九個兒子與舜住在一起，觀察舜在外的為人。這樣，舜無論是在家裡，還是在外邊，其言談舉止，都在堯的掌握之中。從此，舜做事更加謹慎，

並且充分顯示其仁德才能。他在歷山耕作，歷山人就能相互推讓地界；他在雷澤捕魚，雷澤人就能禮讓捕魚位置；他在黃河岸邊製作陶器，那裡就沒有次品了。人們敬仰舜的德行，紛紛選擇與他為鄰。一年的時間，舜住的地方就成為一個村莊，兩年就形成一個小城鎮，三年就變成大都市了。堯的兩個女兒賢惠，遵守為婦之道，堯的九個兒子篤誠忠厚，他們都對舜有很大幫助。看到這些，堯很滿意，賜給舜衣服、琴和牛羊。第二步，堯讓舜在明堂四門負責接待賓客，考察他為人處世的能力。結果四門和睦，遠方來的賓客都稱讚舜彬彬有禮、處事得體。第三步，堯讓舜參與百官的事情，考察他的協調能力，結果百官的事情變得有條不紊。第四步，堯讓舜試任司徒之職，考察他的行政領導能力。舜謹慎地理順父義、母慈、兄友、弟恭、子孝這五種倫理道德，人們都遵從不違，社會風氣大變。第五步，堯派舜隻身一人，進入山野叢林和大川草澤，考察他應對惡劣環境的能力。結果，舜在這些險惡的地方，克服了暴風雷雨、迷路等困難，戰勝了狼蟲虎豹，最後安全而歸。這樣，經過多年全方位的考察，舜交上一份合格的答卷，完全取得了堯的信任。於是，正月初一，堯在文祖廟鄭重地把帝位禪讓給了舜。

這時，堯已年老，就讓舜代理天子之政事，藉以考察他作為天子，是否符合天意。舜兢兢業業，先後到東方、西方、南方、北方巡視，向各部落首領講述治民之道，並考察他們的業績。舜還制定刑罰，推行道德教育。舜的政績十分突出，老百姓紛紛讚揚。

舜代理政事八年，堯去世了。舜為堯服喪三年，服喪完畢後，把帝位讓給堯的兒子丹朱，自己躲到了南河的南岸。從舜這個舉動來看，世襲已成為當時的習慣。丹朱如果不是不肖，他繼承帝位是順理成章的。可是，部落首領們都不去朝拜丹朱，而紛紛去朝拜舜；老百姓打官司也不去找丹朱，而是去找舜。在大家的擁戴下，舜才回到帝都，正式登上天子之位。

堯逝世以後，老百姓悲傷哀痛，如同死了親生父母一般。三年之內，四方之地沒有人唱歌奏樂。老百姓之所以真誠懷念堯帝，除了他自身的功德以外，一個重要原因就是他以天下為公的寬闊胸懷，把帝位禪讓給了賢能之人，

給天下百姓帶來了幸福和安康。可見，只要心繫天下，真心為老百姓謀利益，
百姓是永遠不會忘記他的。

▌◎新視角讀《史記》之三 舜是天下大孝第一人

舜，名叫重華，是中國古代「五帝」之一。《史記》記載了舜一生的功績，說他以孝出名，登帝位後推行道德教育，教化百姓，天下大治。筆者讀《史記》，感受最深的就是舜的孝。

孝，是中華傳統第一美德，「百善孝為先」。過去人們交朋友，首先要看他是否孝敬父母，再決定是否與他交友。理由很簡單，恩情莫大過父母，一個對父母不好的人，能對朋友好嗎？俗話說「母慈子孝」，父母對子女慈愛，大多數人都能夠孝順父母。但如果父母對子女不仁，子女還能孝順嗎？這就比較難了。而舜做到了，故被稱為大孝。

《史記》記載，舜的家庭生活十分不幸。他雖然出身於高貴的黃帝家族，但在他出生之前，這一支已經敗落了。舜曾經耕過田、捕過魚、製作過陶器，還做過買賣，可見家境並不富裕。更為不幸的是，母親早逝，舜從小失去了母愛。舜的父親叫瞽叟，是個瞎子，不僅眼睛瞎，而且心腸壞，對舜很不好。後來娶了後妻，又生了個兒子叫象。瞎子喜歡後妻的兒子，對舜更看不順眼了。舜的後媽脾氣暴躁、十分兇殘。後媽的兒子長大以後，桀驁不馴、傲慢無禮。三個人合起夥來欺負舜，常常因為一點小事，就對舜連打帶罵，甚至施以重罰。而舜總是逆來順受，恪守孝道，對父親、後媽及後媽之子都恭順侍奉，小心謹慎，沒有一點怠慢和怨言。

舜的謙讓，並沒有感化他們，他們反而變本加厲，使勁地虐待舜，甚至想把舜殺掉。舜佯裝不知，而是運用智慧巧妙地化解危機。他們想殺舜的時候，舜就機智地躲開，讓他們找不到他；而每當他們有事需要舜的時候，舜又能及時出現在他們身邊，精心侍奉他們。舜的處境真夠難的。時間一長，人們都知道了舜的遭遇，十分同情並且讚揚他。舜也因為孝順而聲名遠颺。因此，當堯讓部落首領推薦帝位繼承人的時候，首領們都紛紛推薦舜，主要理由就是舜的大孝。對歹毒的父母弟弟都這樣孝順仁義，能對老百姓不好嗎？大家都這樣認為，所以推舉舜繼承帝位。這也算是舜因禍得福吧。

舜被確定為帝位繼承人以後，對父母弟弟依然恭敬孝悌，而他們依然看舜不順眼，再加上嫉妒之心，更加欲置舜於死地而後快。有一次，瞎子讓舜去修補穀倉頂部，穀倉很高，舜爬上去之後，他們卻在底下放火，想把舜燒死。幸虧舜隨身帶了兩個斗笠，火焰升起之時，舜手握斗笠，像飛鳥一樣跳了下來，躲過一劫。

又有一次，瞎子讓舜挖井，挖到深處時，他們卻在上面倒土填井，想把舜活埋。井填平了，他們以為這回舜死定了，得意洋洋，馬上開始瓜分舜的財產。後媽的兒子象色瞇瞇地說：「舜娶過來堯的兩個女兒，還有堯賜給他的琴，我都要了。牛羊和穀倉就歸父母吧。」於是，象坐在舜的屋子裡，彈著舜的琴，愉快地哼著歌。但是，他們做夢也沒有想到，舜對他們的陰謀早有警惕，在挖井的時候，就在側壁挖了一條暗道通向外面，他們把井填平了，舜卻從暗道裡出來了。當舜出現在他們面前時，他們驚訝得差點連眼珠子都掉出來了，以為舜有天神相助，從此不敢再生邪念。而舜還像從前一樣，侍奉父母、友愛兄弟，而且更加恭謹。舜正式登上帝位以後，仍然孝敬父母，而且還把象封為諸侯。

筆者讀到這裡，不禁產生疑問：舜已經是堯的女婿和帝位繼承人了，舜父等人怎敢如此膽大妄為，加害於他呢？他們即便不怕舜，難道也不怕堯的女兒、兒子，不怕堯帝嗎？可是，《史記》就是這樣寫的。

舜登上帝位以後，根據他切身的經歷和體驗，理順了倫理道德，並向天下四方廣泛傳布，教化萬民，使得做父親的有道義，做母親的慈愛，做兄長的友善，做弟弟的恭謹，做兒子的孝順，以至於家庭和睦，社會風俗良好。《史記》高度評價舜：「天下明德，皆自虞舜始。」

由此可見，舜的孝不是一般人能夠做到的，這是艱難的孝、非凡的孝，當然也是愚孝。雖然說是愚孝，但也無可厚非，畢竟父親給了他生命。舜不愧為天下大孝第一人，是以孝治國的楷模。中國古代有二十四孝的故事，舜被列為第一名。

舜二十歲時因孝出名，三十歲時被堯舉用，五十歲時代理天子執政務，六十一歲時正式登臨天子之位，在位三十九年。後來，舜到南方巡視，在蒼

梧的郊野逝世，葬在長江南岸的九嶷山，也就是零陵。舜作為古代賢帝，受
到人們永遠的敬仰。

◎新視角讀《史記》之四 禹開創農田建設之先河

大禹治水的故事家喻戶曉。《史記》詳細記載了禹的事跡。從記載來看，大禹不僅治水，而且還治理山川，修整道路，開發農田，劃定九州方界，極大地促進了農耕文明。可以說，大禹是中國農田基本建設的鼻祖。

大禹，名文命，父親是鯀，爺爺是顓頊帝。顓頊死後，沒有把帝位傳給兒子，而是傳給了侄子帝嚳；帝嚳死後，則傳給了自己的兒子堯。堯和鯀關係不好，當部落首領們推薦鯀治水的時候，堯不同意。首領們再三建議，說：「比較起來，還沒有人比他更合適。」堯這才勉強答應了。據說，鯀是城郭的發明者，他在其部落居住的四周，築起城牆，既能防野獸和入侵者，又能擋洪水，效果不錯。所以鯀負責治水以後，仍然採用老辦法，到處築壩堵水。可是，這個經驗主義害了他。洪水太大了，怎麼堵也堵不住，九年過去了，洪水仍然泛濫不息。當時，舜代理天子執政事，他見鯀治水沒有成效，白白浪費了大量人力、物力，就把鯀流放到羽山，鯀就死在那裡。舜又任用鯀的兒子禹，讓他繼續完成其父親的治水事業。

禹為父親治水無功受罰感到難過，但並無怨言，而是立下大志，誓絕水患。他把全部精力投入治水事業當中，新婚四天就離家赴任，在外奮鬥十三年，三過家門而不入。他風餐露宿，不辭辛勞，或坐車，或乘船，或步行，足跡遍布高山大川。他吸取了父親的教訓，又經過實地考察，改「堵」為「疏」，疏通江河匯入大海。經過十幾年艱苦卓絕的努力，終於制服了洪水。

禹在治理水患的同時，還關定了九州方界，命令部落首領和百官，組織人力分治九州。各州都開墾荒地，改造農田，改良土壤，並整修道路，疏濬田間溝渠，進行綜合治理。農田整修好了，就把百姓遷來耕作，民眾就安定了。他還考察了九州的土地物產，規定了各地的貢品賦稅，國家也有錢了。這時，天下都尊奉禹為山川的神主，意思是能代山川之神發號施令的帝王。

《史記》說，禹關定和治理九州，首先是從冀州開始的。冀州是當時的帝都，位於全國的中心。禹先完成了壺口的工程，又整治疏通了衡水、漳水、衛水，然後治理梁山，開發土地，進行耕作。

禹把濟水和黃河之間，關定為兗州；把大海到泰山之間，關定為青州。在這裡，禹主要治理了淮水、淄水，還建了一個大湖。海濱一帶地域寬廣，但是含鹹，他就對鹽鹹地進行了治理，於是這裡不僅生產農產品，還生產海產品和畜牧產品。

禹把泰山到淮水之間，關定為徐州；把淮水到大海之間，關定為揚州；把荊山到衡山南面之間，關定為荊州；把荊州到黃河之間，關定為豫州。禹

治理這些地方的江河，或疏導入海，或注入黃河，並在湖泊周圍築起堤壩，然後開墾荒地，平整土地。整治後的土地鬆軟肥沃。

禹把華山南麓到黑水之間，劃定為梁州；把黑水到黃河西岸之間，劃定為雍州。他疏通好了沱水、涇水、渭水，岐山、終南山一直到鳥鼠山的道路也開通了；又治理好了高原和低窪的農田，人們可以在這裡安心居住和耕作。

這樣，所有的山川河流都整治好了，從此九州統一，百姓安居樂業。由於舜的兒子商均不成器，而禹做出了巨大貢獻，有著崇高威望，舜就把帝位傳給了禹。舜逝世以後，禹服喪三年，效仿舜的做法，把帝位讓給舜的兒子商均，自己躲到陽城去了。部落首領們不去朝拜商均，而去朝拜禹。禹這才繼承天子之位，稱國號為夏。

禹年老的時候，推舉皋陶為帝位繼承人。皋陶有很高的威望，可惜死得早。禹又推舉了益，並把國政授予他。禹到東方巡視，到達會稽，死在那裡。益服喪三年完畢，也效仿舜、禹的做法，把帝位讓給禹的兒子夏啟，自己到箕山之南去躲避。這時，戲劇性的一幕出現了：部落首領們並不去朝拜益，而紛紛去朝拜夏啟，並且一邊朝拜，一邊深情地說：「這是我們偉大君主禹帝的兒子啊。」在部落首領們的擁戴下，夏啟繼承了天子之位。之所以出現這種情況，《史記》說得很清楚：一是益輔佐禹的時間不長，天下人並不順服他；二是夏啟賢德，天下人心都歸向於他。

夏啟生前，沒有推舉繼承人，死後由兒子太康繼位。夏朝是中國歷史上第一個奴隸制國家，存在四百多年。夏啟由於生前沒有推舉繼承人，而由兒子自然繼位，被認為破壞了禪讓制，開創了世襲制。是不是有點冤枉啊？

◎新視角讀《史記》之五 商湯「網開三面」得人心

對「網開一面」的成語，人們都很熟悉。相傳，漢武帝在狩獵的時候，總是將大網留一面缺口，讓一部分動物逃生。二十世紀九十年代，在西安市南張村出土了一塊石碑，記載了這個故事。碑文說：「天有好生之德，人當效之，網開一面，不絕珍禽異獸。」「網開一面」，也就成了寬大為懷的代名詞。然而，據《史記》記載，距漢武帝一千多年之前，商湯就做過「網開三面」，那就更顯得仁義慈愛了。

《史記》記載，商湯的先祖叫契，是帝嚳次妃簡狄生的兒子。契協助大禹治水有功，被舜帝封在商地做諸侯，賜子姓。商族在舜禹時代興起，逐漸旺盛。契往下傳十四代，就是商湯。商湯即位時，夏王朝已經經歷了四百多年，逐漸衰落。特別是夏朝最後一個國君，名叫桀，是歷史上有名的暴君。他驕奢淫逸、寵用嬖臣、暴虐無德，致使人民怨聲載道，夏朝的統治風雨飄搖。商湯賢能有德，把商地治理得井井有條，人民安定富足，與夏王朝形成了鮮明對照。商湯胸懷大志，悄悄做著征討夏桀、奪取天下的準備。

在那個時代，商湯就懂得「得人心者得天下」的道理。他寬厚慈愛，廣施仁義，籠絡人心。《史記》記載了一個有趣的故事。有一天，商湯外出巡視，見一人正在張網狩獵。張網人把四面都布滿了羅網，不留一點空隙，並且一邊布網，一邊祝禱：「求上天保佑，讓天上飛的、地下跑的，從東南西北四方來的，所有的飛禽走獸，都到我的網中來。」商湯聽了，心中不忍，就對張網人說：「你怎麼能這樣做呢？這樣會把飛禽走獸都打光的，太殘忍、太貪婪了。這樣做，上天是不會保佑你的。」於是，商湯讓人把羅網撤走三面，只留一面，對張網人說：「你應該這樣禱告：根據上天意旨，那些不該死的，可以往左邊走，也可以往右邊逃；只有命中注定有難的，才撞到我的網中來。」商湯又教育張網人說：「上天有好生之德，人應該有仁義之心，不能趕盡殺絕。」張網人感到慚愧，心悅誠服，馬上按商湯說的去做了。天下人聽說了此事，都十分感慨地說：「商湯真是仁義到極點了，他連對禽獸都有仁愛之心，更別說對我們民眾了。」透過「網開三面」，商湯的仁德之名傳得越來越廣了。

　　商湯不僅懂得「得人心者得天下」，也知道「得人才者得天下」。當時，有個賢才叫伊尹，是個做飯的廚師。商湯與他交談後，發現他有大才，便馬上任用他管理國政。關於商湯任用伊尹的故事還有一個說法：伊尹是位隱士，有德才但不肯做官。商湯聽說以後，就去聘請他，先後去了五次，伊尹受到感動，才答應前來歸從。這比後來劉備的「三顧茅廬」還多兩次呢。《史記》對這兩種說法，都記載下來了。不管是哪種說法，總之是伊尹忠心耿耿，精心輔佐商湯，把國家治理得越來越好，最後，幫助商湯完成了滅夏立商的大業。

　　商湯既得人心，又有人才，國勢更加強盛。而夏桀卻是更加殘暴，人心盡失。老百姓憤怒地詛咒道：「這個暴君什麼時候被消滅啊，我們寧願和他一起滅亡。」商湯見時機成熟，就興兵伐夏，天下百姓和諸侯都紛紛響應。商湯率領大軍與夏王朝進行決戰。大戰之前，商湯慷慨激昂地進行動員，說：「我們不是興兵作亂，而是夏桀不施仁政，殘暴無道，上天不能容他。現在，我們奉上天之命去討伐他，是正義之舉。消滅了暴君，就彰顯了仁德，天下就會太平，老百姓就能過上安穩日子。」夏王朝的軍隊，早就腐敗透頂，不堪一擊，很快潰不成軍，夏桀做了俘虜。商湯又起了仁義之心，不忍殺夏桀，把他流放到南巢的亭山。三年之後，夏桀憂憤病死在亭山。後來，商湯還封夏桀的後代為諸侯。

　　商湯滅夏以後，又陸續征服了一些諸侯國，統一了自夏朝末年以來紛亂的中原，擴大了疆域，開創了商朝近六百年的基業。商湯作為商朝第一代國君，以賢德仁義而名垂史冊。可見，實行仁政，不僅是統治者獲得天下、治國理政的法寶，更是人們永遠追求的價值取向。事實證明，只有實行仁德、得到人心，才能夠得到天下。

▊◎新視角讀《史記》之六 紂王暴虐無道失天下

　　商湯靠仁德建立了商朝。這是中國歷史上第二個奴隸制國家，也是第一個有同時期文字記載的王朝。舉世聞名的甲骨文，就誕生於商朝。商朝歷經了十七代、三十一個王，最後一個是商紂王。形成鮮明對照的是，商湯仁德，得到人心，便得到了天下；而紂王暴虐，失去人心，便失去了天下。

　　《史記》記載，在商王朝近六百年的統治中，波瀾起伏，幾經興衰，既有連續九代的混亂，也有盤庚、武丁的中興，令人感慨不已。其中，有幾件著名的事情，值得一說。

　　一是太甲悔過。太甲是商湯的孫子，即位後昏亂暴虐。伊尹多次規勸無效，就把他流放到商湯葬地桐宮。太甲在爺爺墓前思過三年，領悟到先輩創業之艱難，終於悔過自新。伊尹見他確已悔改，便接他回來，重登王位。從此以後，太甲修養道德，成為賢君。作為國君，能夠改惡從善，實屬不易，在歷史上也不多見。同時表明，伊尹的確是忠心耿耿，商湯沒有看錯人。

　　二是盤庚遷都。商朝中期，商王盤庚把國都遷到殷地，這是商朝的大事件。在此之前，商都幾經搬遷，沒有固定的地方。盤庚遷都以後，把國都安定下來，人們安居樂業，商朝再次興盛。所以，商朝也叫殷朝，或叫殷商。

　　三是武丁用賢。商王武丁知道傅說賢能，但傅說是奴隸，不便直接重用。武丁便假說夢中得一賢才，描繪了畫像，讓大臣們去找，自然找到了傅說。傅說當時正在服勞役，武丁把他接來，任他為國相，國勢興旺起來。這辦法真好！說明武丁既賢明，又有智慧。

　　四是武乙射天。商朝末期，國勢衰落。商王武乙暴虐，無法無天。他製作了一個木偶人，稱之為天神，跟它下棋賭輸贏，讓別人替它下。如果天神輸了，就侮辱它。別人誰敢贏武乙啊，所以天神常常受到侮辱。武乙又製作了一個皮革袋子，裡面裝上血，仰天射它，說是「射天」。這表明，他連老天爺都不怕，真是狂妄到了極點！不料，在一個雷雨天，武乙被雷劈死了，老天爺似乎還是長眼的。

　　武乙的玄孫，比他更加暴虐，這就是商紂王。商紂王，名叫辛。紂，是他死後人們給他的諡號。紂的意思是殘義損善，是貶義詞。商紂王不僅天資聰穎，智慧過人，口才很好，而且力氣很大，奔跑迅速，能徒手與猛獸格鬥。因此，他自認為天下無人能及，經常在大臣面前誇耀，到處抬高自己，從不接受勸諫。紂王喜歡飲酒作樂，喜歡漂亮女人，特別寵愛妲己，一切都聽妲己的。他建造了高大的鹿臺，修建了豪華的園林。在園林裡，他把池子裡灌滿酒，在樹枝上掛滿肉，讓男女赤身裸體，追逐嬉鬧，飲酒尋歡，通宵達旦。錢不夠用了，紂王就加重賦稅，百姓們叫苦不迭。

　　紂王不僅荒淫無度，而且生性殘忍。他聽說老百姓有意見，就加重刑罰，還發明了一種名叫炮烙的酷刑。點燃一堆炭火，炭火中立一銅柱，銅柱上塗滿油，讓人抱著銅柱往上爬，爬不動了，就掉在炭火裡，被燒得皮焦肉煳。誰要是對他有意見，他就對誰實施炮烙。如此殘暴，老百姓都憤恨不已。

　　紂王不僅對百姓，對大臣同樣也是慘無人道。當時，商朝最高的官職是三公，分別由九侯、鄂侯、姬昌擔任。九侯有個漂亮女兒，是紂王的妃子。她因為不善淫蕩，就被紂王殺了。九侯見女兒無故被殺，自然悲憤。紂王因此把他凌遲處死，剁成肉醬。鄂侯耿直，極力為九侯辯護，也被殺了，製成肉乾。姬昌聞知此事，心中悲痛，便嘆了一口氣，不想被佞臣崇侯虎聽見了，報告給紂王，紂王就把姬昌囚禁起來。姬昌的僚臣找來美女獻給紂王，紂王這才釋放了他，把他趕回周地去了。面對紂王的暴行，也有正直的大臣規勸他，說行事不能違背上天的意願。紂王卻滿不在乎地說：「我生下來做國君，就是上天的意願。上天能拿我怎麼樣啊？」紂王沒有絲毫悔改，依然我行我素，而且變本加厲，真像他的高祖武乙。

　　紂王不僅對百姓、大臣殘暴，而且對皇親國戚也毫不留情。微子是紂王的哥哥，多次勸諫，紂王不聽。微子心中鬱悶，打算一死了之。太師勸他說：「紂王上不畏天，下不畏民，已經無藥可救了。您死了沒有任何意義，不如遠走他鄉。」於是，微子離開了殷朝。箕子是紂王的叔父，紂王不聽他的諫言，反而要將他治罪。箕子只好披頭散髮，假裝瘋癲，做了奴隸。即便這樣，紂王仍然沒有放過他，將他下到獄中。比干也是紂王的叔父，見紂王如此胡

作非為，痛心疾首，決心以死相諫。紂王大怒，說：「人們都說你是聖賢，我聽說聖賢的心有七個竅，不知道是不是真的？」於是，命人殘忍地剖開比干胸膛，挖出他的心臟。後來，孔子評價說：「微子去之，箕子為之奴，比干諫而死，殷有三仁焉。」

商紂王除了暴虐無道以外，還不斷對外用兵，擴張領土，國土擴大到東部沿海一帶，致使國庫空虛，百姓生活更加艱難。紂王還重用奸佞小人，喜歡阿諛之言，由崇侯虎、費仲等小人把持朝政，以致朝綱敗壞，百官怨恨，諸侯們離心離德。

與此同時，姬昌則在周地修養德行，廣施仁義，盡得人心，諸侯們都來歸服。姬昌死後，兒子周武王繼承父業，勵精圖治，周族更加強盛。時機成熟以後，周武王率軍東征，討伐商紂王。諸侯們紛紛背叛殷商，加入武王陣營的有八百多人。

周武王率領諸侯聯軍，一路攻關奪隘，勢如破竹，很快就到達了離都城不遠的牧野。商紂王聞訊大驚，匆忙派禁衛軍前去禦敵。禁衛軍人數少，就把俘虜和奴隸拼湊成軍隊，開赴牧野前線。討紂聯軍同仇敵愾，士氣高漲，而由俘虜和奴隸組成的紂王軍隊毫無鬥志，甚至臨陣倒戈。商紂王的軍隊很快被打敗了，周武王率軍攻入都城。紂王見大勢已去，倉皇逃進內城，登上鹿臺，穿上寶衣，跳到火裡自焚而死。周武王趕到，砍下他的頭，掛在大白旗杆上示眾。周武王釋放了箕子，修繕了比干的墳墓，同時把微子封在宋國，來延續殷的後代。

商朝由於人心喪失，就這樣滅亡了。商湯靠仁德開創的王朝被葬送，天下歸周朝所有。可見，「得人心者得天下，失人心者失天下」，早在幾千年前就得到了印證。

◎新視角讀《史記》之七 太王開創周朝興盛事業

提起周朝，人們比較熟悉的是周文王和周武王，他們建立了歷史上有名的周王朝。然而，據《史記》記載，奠定周朝基業、開創周朝興盛事業的，是古公亶父。古公亶父是周文王的爺爺，周朝建立以後，他被尊奉為太王。

周族的始祖叫棄，是帝嚳的兒子。棄自小聰慧，長大以後喜歡耕田種穀，對什麼樣的土地適宜種什麼植物很有研究。這在那個時代，可算得上是高新技術了。堯知道以後，任命棄擔任了管農業的官，教民眾種莊稼。棄十分敬業，做出了很大成績，天下人都得到他的好處。到舜帝時，就把棄封到邰這個地方做諸侯，以官為號，稱后稷，並以姬為姓。

后稷死後，他的後代遷徙到戎狄地區，在那裡建立了國都。傳到第十二代時，古公亶父即位。他繼承了周祖遺風，致力於農耕生產。春天，他和妻子親自下地耕作；夏天，他與青壯年一起，加固堤壩，疏濬河道，抵禦暴雨洪水；秋天，他帶領大家收割、打場、貯藏糧食；冬天，他冒著大雪紛飛，走家串戶，訪疾問苦。由於古公亶父積累德行、普施仁義，因此深受民眾愛戴。

看到周族富裕，周圍的戎狄部落就來索要財物。古公亶父十分大度，每次都給他們很多東西，希望能夠和睦相處。不料，戎狄不講道義，得寸進尺，竟想奪取土地和人口。民眾對戎狄的侵擾早就不滿，現在更加氣憤，紛紛要求與他們拚命。古公亶父知道，只要戰端一開，必將生靈塗炭。他嘆口氣說：「我做君主，是為了給大家謀利益。打仗，就會犧牲民眾的父子兄弟，我實在不忍心。這個地方也不利於我們發展，不如讓給他們吧。」於是，古公亶父帶領部落民眾，渡過漆水、沮水，來到岐山腳下居住。附近的部落聽說古公亶父這麼仁德，紛紛前來投靠。古公亶父熱情歡迎，一視同仁。周族的民眾越來越多，古公亶父就把民眾分成邑落，讓他們定居下來；又設立官職，辦理各種事務，幫助民眾開墾土地，讓民眾都能夠安居樂業。

古公亶父遷移，在周的歷史上是個大事件，也是明智之舉，從此開創了周朝的興盛事業。周族東遷的好處日漸顯露出來。一是從原來戎狄包圍圈裡

脫身而出，獲得了一個穩定有利的生存環境；二是岐山腳下地勢平坦，土地肥沃，適於耕作，這有利於發揮周族的優勢，使周族的經濟日益繁榮；三是原來居住此地的姜姓部落與周同宗，關係友好，姬姜兩族長期通婚，形成了強大勢力。

在這樣一個有利環境下，古公亶父的領導才能得到充分發揮。他一方面致力於發展經濟，開墾荒地，興修水利，鼓勵農耕，增強國力；另一方面注重加強其統治地位，改革戎狄風俗，設置官吏，充實健全行政機構，有效調整週圍各社會階層的關係，採取了一些創建國家文明的措施。經過多年治理，周族興旺發達起來，「民皆歌樂之，頌其德」。因地處周原，所以，姬姓從此稱為周人，「定國號為周，初具國家雛形」。古公亶父使周族逐漸強盛起來，奠定了周人滅商的堅實基礎。

古公亶父對周族的另一個重大貢獻，是他選定了最好的繼承人。古公亶父有三個兒子，長子叫太伯，次子叫虞仲，小兒子叫季歷。三個兒子都很賢能，相比之下，季歷更出色一些。特別是季歷生了一個絕頂聰明的兒子，叫姬昌，就是後來的周文王。古公亶父逐漸年老，需要考慮死後由誰接班的問題了。古公亶父在三個兒子中間，挑來選去，思慮再三，覺得還是季歷繼位更有利於周族長遠發展。但是，他又覺得對不起那兩個兒子，畢竟手心手背都是肉，況且按照繼承制度，應該是先長後幼啊。古公亶父猶豫難定，陷入痛苦的抉擇之中。太伯和虞仲，十分理解父親的心情，怎麼做能讓三弟繼位呢？哥倆一商量，乾脆跑吧。於是，哥倆一起跑到了南方荊蠻之地。古公亶父明白兩個兒子的用意，心中疼痛，馬上派人去找。太伯和虞仲就按當地習俗，剪掉頭髮，身刺花紋，把自己變成蠻夷人，以表示讓位的決心。古公亶父聽說以後，兩行熱淚緩緩流下，感嘆說：「真是我的好兒子啊。」太伯和虞仲後來在南方創立了吳國，大名鼎鼎的闔閭、夫差，就是他們的後代。

古公亶父逝世以後，小兒子季歷繼位，後來就是姬昌繼位。姬昌在位五十年，周族的實力愈加強大，終於在他兒子周武王手裡，完成了滅商建周大業。西元前 1046 年，周王朝建立。周武王尊奉姬昌為文王，尊奉曾祖父

古公亶父為太王。周武王也沒有忘記太伯和虞仲，專門派人到南方尋找他們
的後人，封他們的後人為諸侯。

◎新視角讀《史記》之八 周朝出現罕見的共和制

中國在幾千年封建社會裡，雖然一直實行君主制，但在周朝歷史上，卻出現過罕見的共和制。共和制，是指國家的最高首腦不是世襲的君主，而是由其他人來共同管理國家。古代最著名的共和制，是西元前509年建立的羅馬共和國。然而，在三千年以前，周朝就出現過「共和」。當時，國君被趕走，由幾個大臣共同管理朝政。《史記》記述：「厲王出奔於彘，召公、周公二相行政，號曰『共和』。」當然，這個「共和」，不是現在意義上的共和國體制。

《史記》記載，周朝建立以後，實行分封建國制度。周武王懷念古代聖王，首先分封他們的後代。封神農氏的後代於焦國，封黃帝的後代於祝國，封堯的後代於薊，封舜的後代於陳，封禹的後代於杞。其次分封有功之臣和周氏族人。第一個受封的，是姜尚，被封在營丘，國號為齊。《史記》記載，周武王和周成王時期，封侯封伯的達一千多人。也有史料記載，分封的諸侯國有八百多個，還有的說是七十多個。不管多少，總之是數量很多。周王朝分給他們大小不一的土地，讓他們帶領族人，去封地建立諸侯國。這樣分封建國，就是我們常說的「封建」一詞的來源。

周武王死後，兒子周成王繼位。成王年幼，武王的弟弟周公，代理成王管理政務。武王的另外兩個弟弟，懷疑周公篡位，就聯合紂王之子武庚發動叛亂，結果被周公平定。周公代行國政七年，等成王長大成人以後，就把政權交還給他。這就是著名的「周公輔成王」的故事。

周成王的一大功績，是修建了東都洛陽。周朝國都鎬京位置偏西，不利於控制天下。周武王的時候，就想在洛陽建一陪都，但沒有來得及。周成王遵循武王遺願，經過反覆測量和觀察地形，又進行占卜，最終將洛陽城修建成功。周成王把九鼎安放在洛陽，說：「這裡是天下的中心，四方進貢的路程都一樣。」他沒有想到，修建洛陽，卻為以後周平王東遷，開啟東周歷史提供了便利。

到了成王孫子周昭王時期，王道開始衰落。昭王喜歡遊玩，窮奢極欲。有一次，他到南方楚地遊玩。當地人憎惡他，送給他一艘用膠黏合的船。昭

王坐船到了江中，膠經水浸泡化開，船散了架，昭王被淹死了。此事一直沒有查出結果。後來，齊桓公當霸主的時候，還追問楚王這件事。楚王回答：「這事已經過去很多年了，我們都不知道。可能水神知道，你去問水神吧。」周昭王的兒子周穆王，即位時已經五十歲了。他閱歷豐富，經過一番努力，周朝才得以安定。

又過了若干代，到了周厲王時期，周王朝又衰敗了。周厲王特別貪財好利，恨不得把天下財富都據為己有。大臣勸諫說：「財利，是從各種事物中產生出來的，是天地自然擁有的。天地間的萬物，誰都應該得到一份。要想獨占它，就會觸怒很多人，必然會帶來危害。普通人獨占財利，尚且被人稱為強盜；您如果也這麼做，那就沒人歸服您了。」周厲王不聽，仍然大肆斂財，搞得民怨沸騰。

周厲王不僅貪財，而且暴虐無道。他聽說老百姓都公開議論他的過失，很是惱怒，就安排一些人，遍布大街小巷，發現誰議論，就立刻殺掉。在高壓之下，老百姓誰也不敢開口說話了，路上遇見熟人，也只是互遞眼色示意。周厲王見沒人議論他了，十分高興，對召公說：「這個辦法真不錯，沒有人敢說三道四了。」召公卻憂慮地說：「您只是堵住了人們的嘴巴，但老百姓心裡不服，怨氣積累多了，危害可就大了。這就像堵住河水一樣，水蓄積多了，一旦決口，會造成大的危害。所以，治水的人，一定要讓河流通暢；治理民眾，也一定要讓他們講話。民眾把話說出來，我們做的事情是好是壞，就能知道。好的就堅持，壞的就改正。現在，您把他們的嘴巴堵住了，國家可就危險了。」召公說的合情合理，可周厲王就是不聽。

老百姓心中的怨氣越積越多，終於，在西元前 841 年，周朝爆發了著名的「國人暴動」。這一年，也是中國歷史有確切紀年的開始。由於不滿周厲王的暴政，鎬京的百姓自動聚集在一起，手持棍棒、農具，圍攻王宮，要殺死周厲王。周厲王急忙下令，想調集軍隊鎮壓。大臣們說：「我們周朝，實行的是寓兵於民，民眾就是兵。現在，民眾都暴動了，還能調集誰呢？」周厲王傻了眼，沒有辦法，只好逃跑了，一口氣跑到幾百里以外的彘，躲在那裡不敢回來。暴動的人沒有找到周厲王，就去找周厲王的太子。周厲王的太

子，匆忙躲到召公家裡。人們聽說後，包圍了召公家。召公沒有辦法，就把自己的兒子交出來，冒充太子，用自己兒子的命，換了太子的命。

在大臣周公、召公的勸解下，人們的怨恨平息了一些，便散去了。此時，周厲王不敢回來，太子不敢露面，國事怎麼辦？周王室貴族們就推舉周公、召公管理政事，重要政務由六卿合議。這種體制，稱為共和，史稱「周召共和」或「共和行政」。此時的周公、召公，不是輔佐周成王的那兩個人，而是他們的後代，也叫周公、召公。「周召共和」過了十幾年，周厲王死了，老百姓的怨恨也消散得差不多了，周公、召公就扶持太子即位，就是周宣王。

周宣王吸取了父親的教訓，修明政事，師法文王、武王遺風，周王朝出現了中興跡象。但是，「國人暴動」動搖了周王朝的統治，加劇了貴族與平民之間的矛盾，導致周室日趨衰弱，再也無法實現中興。特別是周宣王的兒子周幽王，繼位以後，荒淫昏聵，周室情況更是每況愈下。周幽王搞了一齣「烽火戲諸侯」的鬧劇，直接造成了周王室潰散，西周滅亡。

◎新視角讀《史記》之九 褒姒被誣衊是龍涎變的

「烽火戲諸侯」的故事，大概路人皆知。說的是西周末年，周幽王昏聵，為了博取美人褒姒一笑，竟然點燃烽火，戲弄諸侯。烽火是報警用的，非同小可。後來，敵人真的來犯，烽火燃起後諸侯卻再也不來了，結果幽王被殺，西周崩潰。西元前 771 年，周幽王的兒子周平王，為了躲避戎狄，把國都由鎬京遷到洛陽，開始了東周的歷史。有些人就把西周滅亡歸罪於褒姒。《詩經》中就有這樣的詩句：「燎之方揚，寧或滅之？赫赫宗周，褒姒滅之！」他們的邏輯是：周幽王如果不是為了取悅褒姒，就不會點燃烽火，沒有烽火戲諸侯，西周就不會滅亡。真是荒謬之極。

那麼，褒姒是什麼來歷，她為什麼要把宗周滅之？對此，《史記》有詳細記載。早在夏王朝時期，有一天，兩條龍忽然降落到王宮裡，說：「我們是褒國的兩個先君。」王宮上下十分驚恐，不知道是應該留住它們，還是趕走它們，或者殺掉它們。夏王只好請巫師進行占卜。那個年代，做什麼事情都要占卜，以問吉凶。巫師占卜了好幾次，結果顯示：留住、趕走、殺掉它們，都不吉利，最後占卜說，請它們走，但留下它們的龍涎，就是唾液，才吉利。於是，夏王擺好幣帛祭物，書寫簡策，向二龍禱告。結果，兩條龍瞬間消失了，只留下一堆唾液。夏王命人拿來木匣子，把龍涎收藏起來。夏朝滅亡以後，這個木匣子傳給商朝；商朝滅亡以後，又傳給周朝。幾百年以來，無人敢把木匣子打開。

到了周厲王的時候，厲王好奇，而且膽子大，命人打開匣子，想看看裡邊究竟是什麼東西。結果，木匣子一打開，龍涎就流了出來，滿地都是，怎麼弄也清除不掉。周厲王出了一個邪招，命令一群宮女，光著屁股，對著龍涎大聲吼叫。那龍涎，忽然變成一隻黑色的大蜥蜴，慢慢爬進了厲王的後宮，眾人皆不敢攔。後宮有一個小宮女，才六七歲，牙齒還沒長全，恰巧碰上了那隻大蜥蜴。奇怪的是，那個小宮女，到成年以後竟然懷孕了。沒有丈夫就生了孩子，小宮女十分害怕，就把孩子扔在路旁。恰好褒國有一對賣弓箭的夫妻從此地經過，見一女嬰啼哭，很是可憐，就抱回家中養大，那女嬰就是

褒姒。到了周厲王的孫子周幽王時期，褒姒已經長成一個遠近聞名的大美人了。

後來，褒國國君得罪了周幽王，被抓了起來。褒國的大臣知道幽王好色，就花錢買來褒姒，獻給幽王。幽王一見褒姒，眼睛都直了，立馬赦免了褒國國君。周幽王對褒姒十分寵愛，褒姒生下兒子伯服以後，幽王竟然連王后和太子一起廢了，讓褒姒當王后，立伯服做太子。褒姒美貌絕倫，幽王喜歡得不得了，但有一點令他遺憾，就是褒姒是個冷美人，整天沉默不語，更沒有笑容。想想也是，褒姒從小就是棄嬰，長大以後又被賣掉，身世可憐，心情鬱悶，哪裡笑得出來啊。幽王千方百計想見美人一笑，用了很多辦法都不管用，最後，竟然搞出了「烽火戲諸侯」的鬧劇，導致身死國滅。

關於褒姒身世的傳說，最早見於《國語》。《史記》記載了這個傳說。這個傳說顯然是荒誕的，目的是抹黑褒姒。古代有些人，喜歡把一個王朝的覆滅歸罪於女人，夏有妹喜，商有妲己，周朝就有褒姒。但褒姒與妲己等人不同，她入宮後從不干政，也沒做過什麼壞事，就連「烽火戲諸侯」，都不是她提出來的，甚至她根本就沒有想到過這個餿主意。把西周滅亡歸罪於褒姒，實在說不過去。所以，只好把她妖魔化，想用這種辦法，讓人們厭惡她。後世的《封神演義》，可能借鑑了這一點，把妲己也說成是狐狸精變的。

過去，有一種十分愚昧荒唐的觀念，叫做「紅顏禍水」，認為越是漂亮的女人，越會帶來災禍。這實在是荒謬，不僅荒謬，而且無恥。大男人作的孽，硬賴在弱女子身上，難道不是無恥嗎？《史記》記載了褒姒的這個傳說，應該是它的瑕疵和糟粕之處。

至於「烽火戲諸侯」是不是真的，歷來有不同的看法。有的學者考究說，烽火臺是西漢以後才有的，距離西周幾百年呢。如果這個觀點成立的話，不僅褒姒身世的傳說是荒謬的，就連「烽火戲諸侯」這樣有名的歷史事件，也是虛構的。

◎新視角讀《史記》之十 鄭國射出對抗周王第一箭

西周滅亡以後，歷史進入了東周時期。東周的前半段叫春秋，後半段叫戰國。在這一時期，周王室日益衰落，所以，周天子的日子很不好過，即便小小的鄭國，也敢欺負他。鄭國，雖然是個小國，但在春秋初期，力量卻是挺強的，就連齊國遭到北狄入侵時，都向鄭國求救。特別是，鄭國敢於第一個用武力對抗周天子，還差點殺了他，更是讓鄭國出了大名。

《史記》記載，鄭國第一任國君，是鄭桓公。鄭桓公是周厲王的兒子、周宣王的弟弟。鄭桓公的封地，最早在鎬京附近。他沒有去封地，而是在周室做官，到周幽王時，擔任了司徒。鄭桓公輔佐周王，謹慎小心，口碑很好。當時，幽王昏庸，王室日衰。鄭桓公憂心忡忡，想給家族尋條後路。他詢問太史公說：「王室災難深重，恐怕難以長久，我想帶領家族離開鎬京一帶。您看，是往西、往南走好，還是往東走好啊？」太史公沉思一會說：「西方是戎狄之地，南方楚國強大，只有去洛水東、黃河南居住，才比較合適。那裡的鄰國，是虢國和鄶國。這兩個國家，君主懦弱，百姓又不順從。您現在既掌大權，又有好名聲，如果到那一帶去，兩個國君一定歡迎，老百姓也會擁護，以後那裡就會成為您的地盤了。」

太史公一席話，說得鄭桓公豁然開朗。於是，他急忙奏請幽王，把他的部族遷到了洛水東部。果然，虢國、鄶國的國君很高興，主動獻出了十座城邑。鄭桓公在這裡建立鄭國後，仍然在周室輔政。後來，周幽王在驪山被殺，鄭桓公也戰死了。鄭人擁立鄭桓公的兒子繼位，就是鄭武公。武公死後，傳位於長子鄭莊公。武公和莊公，都繼承了鄭桓公事業，除了管理自己的地盤，還先後在周室輔佐周王。

周室自周平王東遷以後，逐漸衰落。一是因為周平王的外祖父申侯，勾結犬戎，攻入鎬京，殺死幽王，擁立平王，使周平王有弒父之嫌，威望下降，丟掉了道德高地；二是因為各諸侯國勢力逐漸強大，地廣人多，而周天子只在洛陽周圍有一小塊地盤，方圓不過一二百里，失去了實力支撐。各諸侯雖然在表面上，仍然尊奉周王為天下共主，但在心裡，卻並不拿他當作一回事。

在鄭莊公輔佐周王期間，周平王怕他專權，分了一部分權力，讓虢公執掌，這惹惱了鄭莊公。鄭莊公一氣之下，派出自己的軍隊和民眾，跑到周室田地裡，把即將成熟的莊稼收割一空，並從此不再朝拜周天子。周平王眼看著鄭國人車載馬馱，把糧食都運回了鄭國，卻只能乾瞪眼，沒辦法。過了幾年，周平王去世，把王位傳給孫子周桓王。鄭莊公想趁新王登基的機會，和周室緩和一下關係，主動前去朝拜周桓王。可沒有想到，周桓王氣量狹小，對幾年前鄭國搶糧之事，仍然耿耿於懷，對莊公傲慢無禮，讓莊公丟了臉面。鄭莊公可不是省油的燈，回來以後，就變著法地報復周室，從此摩擦不斷，矛盾加劇。

周桓王年輕氣盛，覺得天子權威受到挑戰，是可忍孰不可忍，於是命令各諸侯國，一起去討伐鄭國。可惜，大的諸侯國都沒來，只來了陳、蔡、虢、衛四個小國。周桓王更加惱怒，親自率領四國軍隊向鄭國進攻。鄭國毫不示弱，派大臣祭仲、高渠彌率兵迎敵，鄭莊公親自督戰。周桓王帶領的四國軍隊人心不齊，不是鄭國對手。雙方剛一交戰，四國軍隊就敗下陣來，士兵們紛紛潰逃。周桓王見狀，怒火中燒，拍馬向前，大聲喝斥，企圖阻止潰兵。鄭國大將祝聃看得真切，搭弓射箭，「嗖」的一聲，正中周桓王肩膀。周桓王搖晃一下，差點摔下馬來，胸中那股英雄氣蕩然無存，慌忙撥馬而逃。祝聃見射中了，十分高興，想策馬追擊。鄭莊公急忙攔住他，說：「侵犯長者尚且要受到譴責，何況欺辱天子呢？」於是鳴金收兵，放了周桓王一馬。

鄭國雖然大勝，鄭莊公心中卻忐忑不安。這畢竟是中原諸侯第一次用武力抗拒周天子，而且還射傷了他，真是冒天下之大不韙。鄭莊公思慮再三，決定派祭仲連夜去周室探望，詢問周桓王傷情，說了一些安慰話。周桓王也無可奈何，只好不了了之。

鄭國這一箭，可非同小可，不僅射傷了周王的肩膀，更重要的是，射掉了周天子的地位和尊嚴。這一年，是西元前 707 年。從此以後，各諸侯國更是不把周天子放在眼裡了，諸侯之間，開始了競相爭霸的精彩大戲。

◎新視角讀《史記》之十一 天下第一偏心眼母親

　　鄭國雖小，但稀奇事卻不少。鄭國夫人對小兒子偏心眼，就十分出名。一般來說，父母對自己的兒女，都是一樣疼愛，即便有時有點偏心眼，也不會偏得太遠。然而，鄭莊公的母親，偏心眼就太離譜、太過分了。

　　《史記》記載，鄭莊公的母親叫武姜，是申候的女兒。武姜從小嬌生慣養，唯我獨尊，不能吃一點虧，不能受一點委屈，而且非常任性，做事不考慮後果。武姜生第一個兒子的時候，遇到難產，腿先出來，疼得她死去活來。所以，她對這個兒子十分厭惡，一點也不喜歡，還特意取了一個難聽的名字，叫寤生，就是逆著生的意思。後來，武姜又生了一個兒子，很順利，幾乎沒有疼痛，武姜就特別喜歡他，十分寵愛，取名叫叔段。其實，這很正常，別說是生孩子，就是母雞下蛋，也是第一個蛋難下，往往還帶有血絲，以後再下就順溜了。武姜不懂這些，誰給她造成痛苦，她就恨誰，親生兒子也不例外，典型的極端自私。武姜經常在丈夫面前說大兒子的壞話，極力誇獎小兒子，並要求廢了大兒子，改立小兒子為太子。幸虧鄭武公明智，沒有答應，鄭武公死後，依然由大兒子繼位，就是鄭莊公。

　　按理說，事已至此，木已成舟，應該消停了吧，可武姜偏不。鄭莊公剛一即位，武姜就來給小兒子爭利益，要求把制地封給他。制這個地方，是個戰略要地，地勢險峻，關係鄭國安危。鄭莊公不答應。武姜又要求把叔段封在京城。京城這個地方也很重要，人多地廣，甚至比國都還大。鄭莊公很猶豫，武姜不耐煩了，黑著臉對他一頓訓斥。莊公沒辦法，只好答應了。於是，叔段高高興興地到京城去了。

　　按理說，武姜的要求達到了，自己的兩個兒子，一個在國都做君主，一個在京城當土皇帝，兩全其美，總該消停了吧，可武姜偏不。叔段臨走時，武姜拉著小兒子的手，悄悄說：「你到京城以後，招兵買馬，積聚力量，時機成熟，你就帶兵攻入都城，我做內應，把寤生扳倒，你來做國君。」小兒子見母親如此為自己撐腰，依仗母親能當上國君，心頭一陣狂喜。叔段到了京城以後，果然按照母親囑咐，整治城郭，儲蓄糧草，補充武器，擴大軍隊，準備攻打國都，與母親聯手，推翻鄭莊公。

　　對叔段和武姜的陰謀，大臣們看在眼裡，急在心裡。祭仲等大臣多次向鄭莊公建議，趕緊採取措施，防止叔段叛亂。鄭莊公是個城府很深的人，他一方面對大臣說，母親袒護弟弟，他也沒有辦法；另一方面暗地裡調兵遣將，做好防範準備。不久，叔段果然舉兵造反。鄭莊公早有防備，派出精銳部隊迎戰叔段。叔段作亂不得人心，鄭國的軍隊又訓練有素，叔段的人馬不堪一擊，很快就被消滅了。叔段逃回京城，鄭國的軍隊追了過去。京城的百姓早就不滿叔段的倒行逆施，打開城門歡迎鄭軍。叔段無奈，逃到了鄢城，鄭國軍隊接著攻下鄢城。叔段就像喪家犬一樣，又逃亡到共國去了。叔段最後結局怎麼樣，《史記》沒有記載，估計沒有好下場。

　　鄭莊公對母親的所作所為，十分惱恨：都是親生兒子，為什麼這樣偏心眼啊！一氣之下，鄭莊公把武姜趕出國都，遷徙到潁城，並發誓：「不到黃泉，不相見。」鄭莊公這樣對待老娘，也引起了一些議論，畢竟是親生母親啊。鄭莊公是個愛面子的人，聽到非議，有些後悔，但自己已經發下誓言了，怎麼辦好呢？這時，有個叫潁考叔的人獻出計策，說：「挖個地洞，見到泉水，母子就可以相見了。」於是，鄭莊公按計而行，在地洞裡見到了母親。不知武姜有何臉面再見自己的大兒子。

　　武姜費盡心機，害了小兒子，傷了大兒子的心，遭到天下人恥笑。後來，孔子對此事有過評價，嘲笑他們說，母親不像母親，兒子不像兒子，兄弟不像兄弟。後世有不少人，也常拿此事作為笑柄。武姜自己呢，除了得到天下第一偏心眼母親這個醜名外，什麼也沒有得到。何苦呢？

◎新視角讀《史記》之十二 荒唐衛懿公也有英雄氣

衛懿公，就是人們熟悉的喜歡養鶴的那個人，是春秋初期衛國的一個荒唐君主。《史記》說他「好鶴，淫樂奢靡」。他死後，諡號卻為「懿」。懿是美好的意思，只有仁德的君主才能與之相稱。荒唐的衛懿公，怎麼會有如此美稱呢？原來，衛懿公雖然生前荒淫逸樂，死時卻是英勇悲壯、轟轟烈烈，所以人們給了他一個好聽的諡號。

衛懿公的荒唐，是有遺傳基因的。《史記》記載，衛懿公的爺爺衛宣公，就十分荒唐。他先是娶了父親的妃子，生下兒子伋並立為太子。後來伋與齊國美女定親，還沒拜堂，被宣公撞見。宣公見齊女漂亮，就自己笑納了。上下兩代的女人都要，這在歷史上也不多見。齊女生了兩個兒子，兩個兒子截然不同：長子壽仁厚，次子朔邪惡。朔經常在父親面前誣陷太子伋。衛宣公奪了伋的媳婦，不僅不感到羞愧，反而厭惡伋，想把他除掉。

有一天，衛宣公派伋出使齊國，暗地裡卻派大盜半路截殺。壽知道了此事，急忙告訴伋，勸他快逃。伋眼見父親奪走他的心上人，現在又要殺他，悲傷欲絕，萬念俱灰，一心求死，不肯逃跑。壽沒有辦法，就以送行為由，把伋灌醉，拿了使節，替伋去死了。伋酒醒以後，不見使節，頓時明白了，慌忙追趕。伋趕到時，壽剛剛被大盜殺死。伋抱著壽的屍體大哭，說：「你們殺錯了，我才是你們要殺的人。」大盜把伋也殺害了。消息傳開，老百姓無不為兩位仁義公子流淚悲哀，只有朔心中暗喜。衛宣公死後，朔如願以償當上國君。他死後，又傳位給兒子衛懿公。

衛懿公生於王侯之家，生活安逸，不懂政務，不知民間疾苦，只知道享樂奢靡。懿公有一個特別的嗜好，就是非常喜歡養鶴。鶴那潔白的羽毛、修長的脖子、亭亭而立的身姿、翩翩起舞的動作，都令他喜不自勝，有時還學著鶴的樣子，高興地手舞足蹈。喜歡養寵物，本來無可厚非，但衛懿公做得太過分了。他養鶴不是三隻五隻，而是成百上千隻。他按品質、體姿，將鶴封為不同的官階，享受俸祿。他還把鶴稱作「將軍」，讓鶴乘坐華麗車輛，招搖過市。老百姓本來就對衛懿公的爺爺、父親做的事情不齒，如今見他也這樣荒唐，就更加不滿了。

衛懿公好鶴荒政、人心離散的消息傳到北狄，北狄王大喜，親率兩萬騎兵殺奔而來。衛懿公聞訊大驚，急忙召集群臣商議，大臣們面面相覷，拿不出主意。衛懿公緊急徵調軍隊，將士們譏笑說：「鶴將軍英勇無敵，可以抵禦北狄人。」衛懿公想動員老百姓參戰，百姓們卻說：「那些鶴吃得比我們好，我們都填不飽肚子，哪有力氣打仗啊。」衛懿公這才意識到養鶴的嚴重後果，決定痛改前非。他下令驅散鶴群，公開承認錯誤，向民眾道歉，並表示自己要上戰場殺敵。衛懿公好不容易組織起一支軍隊，親自率軍前去迎敵。臨行前，衛懿公在自己的戰車上，插上帶有君主標誌的旗幟，將國事託付給兩個大臣，把繡衣送給夫人做紀念，自己做好了以身殉國的準備。大敵當前，衛懿公既沒有退縮，也沒有逃走，更沒有投降，而是選擇戰死沙場。這般英雄氣概，還是值得稱道的。

北狄是遊牧民族，馬快人凶，**驍勇善戰**。衛國軍隊缺乏訓練，裝備不良，人心不齊。北狄騎兵排山倒海般衝殺過來，衛國軍隊抵擋不住，紛紛潰散逃命。衛懿公衛隊見情況緊急，對衛懿公說：「趕快扯下旗幟，撤退吧。」衛懿公大聲喝道：「作為國君，不能保國安民，唯有一死而已。」在亂軍中，衛懿公戰車上的旗幟十分顯眼。北狄騎兵知道他是衛國國君，紛紛湧來，將戰車團團圍住。北狄人喝令衛懿公投降，衛懿公毫不理會，奮力死戰。不一會兒，衛隊死傷殆盡，只剩下衛懿公一人。北狄騎兵跳下馬來，高舉刀槍，漸漸逼近。衛懿公怒目圓睜，頭髮豎立，面色赤紅，誓死不降。北狄人被激怒了，一聲號叫，刀劍齊下，可憐的衛懿公，頓時被剁成一堆肉泥。北狄人還不解氣，竟然把他的肉「分而食之」。戰鬥結束以後，衛國大臣弘濱去尋找衛懿公屍體，只見除了一堆骨頭，就剩下一個肝臟了。弘濱大哭，聲淚俱下，說：「請臣下做您的棺材吧。」說完，橫刀一拉，剖開肚子，先把自己的內臟掏出來，再把衛懿公的肝臟放進去，然後，圓睜雙目而死。

北狄人殺戮搶掠一番撤走了。衛國人仍然懷念伋和壽兩位仁義公子，因其無子，就立了伋同母弟弟的兒子為國君；同時，憐憫衛懿公死得悲壯，給了他一個好的諡號。可見，人都是有兩面性的。有人說過：人，一面是天使，一面是魔鬼。人們應該充分展示天使那一面，堅決抑制魔鬼那一面。

◎新視角讀《史記》之十三 齊襄公不講信義遭報應

　　齊襄公，是春秋時期齊國的國君。齊襄公荒淫無道，驕橫無禮，以為老天爺是老大，他是老二，什麼事都敢幹，對誰都不尊重，經常出爾反爾，為所欲為。

　　《史記》記載，有一次，齊襄公派連稱、管至父兩位將軍去守邊防。守邊是個苦差事，但國君的命令又不敢不從。臨走前，連稱、管至父問道：「我們什麼時候能回來啊？」襄公正在吃瓜，隨口說道：「到明年吃瓜的時候，就換你們回來。」兩人覺得還行，畢竟一年的時間不算太長。兩人守邊防很是盡責，一年都沒有回家。

　　到第二年瓜熟的時候，兩人覺得熬到頭了，焦急地等待國君換防的命令，可就是沒有消息。他們不好去催，就給齊襄公送去一些瓜，想提醒一下。不知齊襄公是沒有領會，還是故意的，瓜是吃了，但仍然沒有消息。又過了些日子，瓜秧都拔了，兩個人實在等不下去了，就找了朝中大臣向齊襄公說情。齊襄公此時正在忙一件大事，不耐煩了，說：「我是國君，什麼時候回來，我說了算。讓他們等著去吧。」這下完了，一年期限變成無期了，連稱、管至父十分惱怒。堂堂一國之君，哪能說話不算數呢？後來，他們在公孫無知面前發牢騷。公孫無知是齊襄公叔叔的兒子，齊襄公父親齊僖公喜歡他，給了他很高的級別待遇。齊襄公即位以後，很隨意地就把他的級別待遇降低了，公孫無知也憋了一肚子怨氣。三人因為有共同語言，所以經常聚在一起抱怨，時間長了，慢慢就產生了殺掉齊襄公的想法。連稱有個堂妹，在襄公宮內，不受寵幸，也有怨恨。幾個人多次密謀，等待下手的機會。

　　當時，齊襄公正忙的一件大事，就是招待他的妹妹。他妹妹未出嫁時，就和齊襄公有苟且之事，後來嫁給魯桓公做夫人。這次魯桓公到齊國訪問，夫人也藉機跟著來了。哥哥妹妹多年不見，相思甚苦，如今再聚，自然舊情復燃，如膠似漆。齊襄公忙著與妹妹親熱，連魯桓公都被晾在一邊，更顧不上連稱他們換防的事了。齊襄公覺得是在自己家裡，因此膽子很大，不注意掩飾。魯桓公不是傻子，很快就發現了他們的姦情。魯桓公氣得滿臉通紅，恨得咬牙切齒，對夫人咆哮：「真不要臉，回去再收拾你！」夫人心中害怕，

向哥哥哭訴。哥哥心疼妹妹，知道妹妹回去以後絕無好果子吃，乾脆一不做二不休，便找來彭生，密令他想辦法殺害魯桓公。彭生是個大力士，趁著扶魯桓公上車的機會，手上一使勁，魯桓公的肋骨就斷了，當場一命嗚呼。魯桓公一死，齊襄公鬆了一口氣。國君死於非命，魯國當然不幹，齊襄公就把彭生當做兇手殺了。可憐的彭生，稀裡糊塗做了替死鬼。妹妹不再回魯國，整天和哥哥厮混，好不快活。魯國勢弱，也沒有辦法。連稱他們知道這事後，心中愈加憤恨。

齊襄公輕而易舉地擺平了這件醜事，心中得意，就去郊外遊玩打獵。打獵興趣正濃之時，忽然，從草叢中躥出一頭大黑豬，站立起來，嗷嗷直叫。齊襄公急忙搭弓射箭，忽聽眾人齊聲大喊：「那是彭生。」大家知道彭生死得冤，心中不平，故意嚇唬齊襄公。齊襄公聞聲大驚，隨即產生幻覺，只見彭生披頭散髮，渾身是血，瞪著血紅的眼睛，兇狠地向他撲來。齊襄公嚇得一聲怪叫，滾落車下，摔傷了腳。侍從們趕緊把他抬上車，倉皇跑回宮去。齊襄公在宮中養傷，連稱堂妹很快就把消息傳了出去。

連稱、管至父和公孫無知聞訊後，覺得這是一個好機會，馬上帶領一些親信混進宮來。連稱堂妹帶路，一行人悄悄來到齊襄公寢宮，將寢宮包圍起來。此時，齊襄公心中煩躁，正在為一件小事，懲罰一名侍從，命人一口氣打了三百鞭，打得侍從遍體鱗傷。侍從受刑後出門，迎頭撞見連稱那些人。侍從見他們手持利刃，目露兇光，立刻明白是怎麼回事，急忙說：「你們來得正好。那個昏君，剛才無緣無故打了我三百鞭，差點就把我打死了。我恨不得殺了他。」說著，脫下衣服露出傷痕。連稱他們相信了。侍從又說：「裡邊還有不少侍從，我先進去看看是什麼情況，你們在這裡等我消息。」侍從返回寢宮後，卻告知齊襄公外面有危險。齊襄公嚇得渾身顫抖，但已經無路可逃，只好先藏了起來。侍從又召集寢宮內其他人，堵在門口，準備抵抗。連稱等人在外面等候時間一長，便知道情況不妙，趕緊衝了進去。侍從們手無寸鐵，人數又少，全被殺死。連稱他們知道齊襄公沒有跑出去，就在宮內搜查，很快就找到了他，一把拎了出來。齊襄公跪在地上，磕頭求饒。連稱怒喝道：「你這個不信不仁的昏君，今天你的報應來了。」說著，手起刀落，齊襄公的腦袋滾了下來。

可見，不守信用，是要付出代價的；不講仁義道德，也必定會受到懲罰。

◎新視角讀《史記》之十四 齊桓公稱霸全靠管仲

齊桓公，名叫小白，是齊襄公的弟弟。襄公無道，他的兄弟們感覺早晚會出事，紛紛跑到國外去避禍。齊恆公去了莒國，由鮑叔輔佐他。另一個弟弟公子糾跑到魯國，由管仲輔佐。

《史記》記載，管仲和鮑叔是多年的好朋友。他們年輕時一塊兒做生意，賺了錢，管仲要多分一些。別人笑他愛占便宜，鮑叔卻說：「那是因為他家裡貧困，需要錢，絕不是貪財。」管仲打仗時，曾經多次逃跑。別人指責他怕死，鮑叔卻說：「他很孝順，擔心老母無人贍養，絕不是膽小。」管仲感慨地說：「生我者父母，知我者鮑叔啊。」

後來，齊襄公果然被殺，齊國大亂。齊恆公和公子糾都有資格繼任國君，兩人星夜回奔，搶奪君位。公子糾怕跑不贏齊恆公，就讓管仲帶人去攔截。管仲截住齊恆公後，二話沒說，一箭就射了過去。小白大叫一聲，倒地裝死。公子糾得到捷報，心中竊喜，放緩了腳步，六天後才到達齊國。沒想到齊恆公捷足先登，已經即位當上國君了。

管仲這一箭，雖然只射中了齊桓公衣帶鉤，但卻把他嚇得夠嗆。為報這一箭之仇，也為了殺公子糾以絕後患，齊桓公派兵攻打魯國，打算殺死管仲。鮑叔急忙勸道：「管仲萬萬殺不得，他有大志又有大才。您如果只想治理齊國，有我們輔佐就夠了；您如果想稱霸諸侯，非得用管仲不可。」齊桓公聽從了勸告，逼著魯國殺了公子糾，送回管仲。管仲一回來，齊桓公馬上賞以厚禮，讓他主持政務。

齊桓公為了擴大地盤，即位不久就想攻打別的國家。管仲勸道：「眼下最要緊的，是內修政治，發展經濟，增強實力，不宜對外用兵，用兵必敗。」齊桓公不聽，果然大敗而歸。齊桓公心中後悔，從此對管仲言聽計從。管仲充分發揮其治國才能，把國都及周圍地區劃為二十一個鄉，把國都之外的地區分為五個屬，分別設置官吏，這樣，就十分有效地把全國民眾都組織起來了。管仲還採取了開發商業流通、興辦漁業鹽業等一系列措施，齊國很快富強起來。這時，管仲說可以對外用兵了，並建議先打郯國和遂國，因為他們

與齊國相鄰，便於齊國擴大地盤。結果，齊國沒費多大勁就滅了兩國，增加了土地和財富。齊國強大起來，為齊桓公爭霸奠定了堅實基礎。

管仲知道，要想稱霸，光有實力還不夠，他還要幫助齊桓公樹立誠信仁義的好形象。有一次，齊桓公和魯國國君在柯地會盟。忽然，魯國大將曹沫跳上來，把匕首按在齊桓公脖子上，要求齊國歸還過去侵占魯國的土地。齊桓公斜眼瞅著明晃晃的尖刀，心裡雖然惱怒，但嘴上不敢不答應，連聲說：「歸還、歸還。」事後，齊桓公越想越氣，不僅不想歸還土地，還想殺了曹沫。管仲趕緊勸阻：「不可。這樣做，只能逞一時之快，但卻失去了信義。不如兌現諾言，以顯示誠信。」齊桓公聽從了勸告。諸侯們聽說以後，都說：「（齊桓公）在被劫持情況下的許諾都能算數，真是仁義啊。」

又有一次，山戎侵犯燕國，燕國向齊國告急。齊桓公率兵相救，打跑了山戎。燕莊公十分感激，親自送齊桓公班師歸國。兩個國君都很高興，一路上邊走邊聊，不知不覺出了燕國邊界，進入了齊國地面。那個時候的禮節規定，諸侯之間相送，不能出國境。齊桓公說：「您這麼客氣，我也不能失禮。」他大手一揮，爽快地說：「這樣吧，您走過的這片齊國土地，就送給您了。」這件事，很快被諸侯們傳得沸沸揚揚，紛紛稱讚齊桓公仁德。管仲藉機發出「諸夏親暱」的號召，呼籲中原諸侯團結起來，共同對付外敵，又實施「存邢救衛」等一些具體行動。這樣，齊桓公仁德的高大形象，算是徹底樹立起來了。

有了實力，有了形象，管仲覺得還缺點什麼，那就是名分。古人講究做事要名正言順。於是，齊國打出了「尊王攘夷」的大旗，號召中原諸侯共同尊奉周王。管仲代表齊桓公親自去朝拜周王。周天子就像一個被子女冷落多年的窮老頭，忽見兒子又來孝敬，感動得差點掉下淚來，馬上表態全力支持齊桓公。於是，齊桓公發出通知，要求各諸侯都來葵丘會盟。諸侯們賓服齊桓公，都紛紛前來，會盟搞得隆重熱烈。周天子派重臣宰孔參加，不僅賜給齊桓公天子乘用的車輛，還賜給他代表權力的弓箭，正式確立了齊桓公的霸主地位。齊桓公儼然代表周天子發號施令，九合諸侯，討伐無道，匡正天下，成為春秋時期第一個霸主。

　　齊桓公稱霸離不開管仲，管仲一死，齊桓公的霸主就做到頭了。管仲去世後，齊桓公不僅沒有聽從管仲生前的勸告，反而重用奸佞小人，以致禍亂朝政。齊桓公有病時，幾個兒子爭奪君位，互相攻打。齊桓公沒人管了，結果被活活餓死。死後仍然沒有人顧得上他，被丟在床上六十七天。結果屍體腐爛，臭氣熏天，成堆的蛆蟲爬到門外。赫赫一代霸主，下場竟如此悲慘！

◎新視角讀《史記》之十五 宋襄公稱霸貓充老虎

　　齊桓公死了，齊國亂了，霸主之位也空缺了，有人便瞄上了霸主寶座——他就是宋國的宋襄公。可是，齊桓公稱霸是名副其實，宋襄公稱霸卻是徒有虛名。

　　《史記》記載，宋國的開國之君，叫微子，是商紂王的哥哥。微子很仁義，看不慣紂王暴行，多次規諫無效後遠走他鄉。孔子稱讚微子、箕子、比干為「殷之三仁」。周滅商後，封微子於殷地，國號為宋。宋國一直奉行仁義治國。

　　從微子到宋襄公，歷經二十代。宋襄公名叫茲甫，是正室生的嫡子。茲甫有個哥哥叫目夷，是妃子所生。哥倆雖然同父異母，卻十分友愛。他們的父親宋桓公病重時，按嫡子繼承制的規定，要讓茲甫接班。茲甫在父親面前苦苦懇求，說：「哥哥年長，而且仁義，請傳位給哥哥吧。」目夷堅決不肯，說：「能把君位讓出來，不是最大的仁義嗎？我的仁義哪裡比得上弟弟啊。」目夷因此躲到衛國去了，茲甫只好做了國君。宋襄公即位以後，馬上把目夷找來，封他為相，輔佐自己處理朝政。宋襄公的讓賢和用賢，博得了一片喝彩聲。

　　宋襄公繼續實行仁義治國，事事以仁義為標準。但在春秋動盪年代，光講仁義是不行的。不富國強兵，不對外擴張，國家實力是不會強大的。宋襄公對此渾然不知，還覺得自己威望挺高呢。在葵丘會盟時，宋襄公看到齊桓公高高在上，一呼百應，十分羨慕，心想：當個霸主真不錯。此後，他積極跟隨齊桓公跑前跑後。齊桓公覺得宋襄公也不錯，很看重他，甚至把太子昭委託他照顧。

　　當齊桓公去世、齊國大亂的時候，太子昭跑到宋國求助。宋襄公學著齊桓公的樣子，向各諸侯國發出通知，要求共同護送太子昭回國登位。但宋襄公的號召力不大，多數諸侯並不理睬，只有鄭國、衛國、曹國派了一些人馬來。宋襄公率領四國聯軍，向齊國進發。齊國作亂的人慌作一團，跑的跑、降的降。宋襄公把太子昭扶上君位，就是齊孝公。幾個月以後，齊國那些作亂的人不死心，又聚在一起攻打齊孝公。宋襄公再次出動宋國軍隊，平息了

叛亂，穩定了齊國局勢，終於完成了齊桓公的重託。這件事，使宋襄公既立了大功，又彰顯了仁義，從此聲名鵲起。宋襄公也揚揚得意，飄飄然做起霸主夢來。就像一隻貓，偶爾一照鏡子，「咦，我怎麼長得像老虎啊」，於是就想做老虎的事情，去稱王稱霸了。

目夷勸告宋襄公：「咱們是小國，實力不強，硬要當霸主，是會招禍的。」但宋襄公已經深陷霸主夢中不能自拔，他向各諸侯國發出通知，想像齊桓公那樣舉行會盟。楚成王接到通知後，鼻子「哼」了一聲，說：「真是自不量力。」他本想不去，但轉念一想：「應該給這小子一點教訓，讓他知道誰才是老虎」。楚國當時實力很強，根本沒把宋國放在眼裡。楚成王暗中帶著軍隊去參加會盟，把軍隊埋伏在四周。到了會盟之日，宋國與楚國為爭霸主發生了爭執。楚成王很生氣，一聲令下，伏兵四起，宋襄公稀裡糊塗地就被抓到楚國去了，霸主沒做成，反倒成了階下囚。好在楚國並不想殺他，只是要給他點顏色看看，過了幾個月，就把他放回去了。

宋襄公受此大辱，胸中火氣一拱一拱的。但宋國打不過楚國，沒有辦法，只能強忍著。後來，聽說鄭國積極支持楚國當霸主，宋襄公心中怒火終於爆發了。這時候的鄭國，已經衰弱，宋國打他還是可以的。於是，宋襄公親自帶兵攻打鄭國。鄭國向楚國求救，楚國自然出兵相助。宋楚兩國軍隊在泓水隔河相遇了。楚軍仗著人多勢眾，不在乎宋軍，呼呼啦啦地開始渡河。目夷建議：「敵眾我寡，趁他們過河，趕快出擊。」宋襄公卻說：「這樣做，不仁義。」楚軍過了河，吵吵嚷嚷地列隊布陣。目夷又建議：「趁他們立足未穩，趕緊殺過去。」宋襄公仍然說：「這樣還是不仁義，應該讓他們布好陣，再堂堂正正地打仗。」楚軍列好隊伍，高舉刀戟，齊聲吶喊，衝殺過來。宋軍抵擋不住，紛紛後撤，大敗而歸，宋襄公腿上也挨了一箭。這就是著名的「泓水之戰」。後人評價說，宋襄公是蠢豬式的仁義。

宋襄公戰敗後，回國養傷。這時，晉國公子重耳流亡到宋國。宋襄公忍著傷痛熱情接待，並送給重耳八十匹馬。當初重耳流亡到齊國的時候，齊桓公也是送了他八十匹馬。宋襄公的處世方式仍然模仿著齊桓公的霸主風範。

　　宋襄公後來箭傷發作，不治身亡。他一生努力追求霸主，但實際上並沒有當上真正的霸主。貓長得再像老虎，也不會成為老虎。後世對他頗富爭議，有褒有貶。司馬遷對他評價還不錯，認為在戰亂時期很需要仁義，並把宋襄公列為春秋五霸之一。

◎新視角讀《史記》之十六 晉文公稱霸老謀深算

宋襄公稱霸，實際上並沒有成功，只是留下一個笑柄。然而，在春秋戰亂年代，周天子無力控制天下，還真是需要有一位霸主，來維持這混亂的局面。這時，一位真正的霸主應運而生，他就是晉國的晉文公重耳。

《史記》記載，晉國的第一代國君，叫唐叔虞，是周武王的兒子、周成王的弟弟。在他們小的時候，有一天，周成王與叔虞做遊戲，把一片桐樹葉撕成珪狀，說：「用它作信物，封你做諸侯。」這本來是小孩子的玩笑話，史官卻說：「天子無戲言。」於是，周成王把唐封給叔虞。這就是歷史上有名的「桐葉封晉」。

晉文公重耳，是唐叔虞的第二十二代孫。重耳從小就聰明好學，長大後很有謀略，喜歡結交賢能之士。重耳的父親晉獻公有八個兒子。其中，太子申生和重耳、夷吾年齡較大，申生和重耳賢能，人緣很好。受到晉獻公寵愛的驪姬，為了讓自己的兒子奚齊做太子，設計陷害三人。申生被逼自殺，重耳和夷吾倉皇出逃。晉獻公派人追殺，重耳翻牆逃走時，被砍掉一只袖子，差點喪命。從此，重耳有家難回，在外流亡十九年。

重耳流亡的第一站，是翟國。那是他姥姥家，翟國人對他不錯。重耳在翟國默默等待，時刻關注局勢變化。終於，機會來了。晉獻公去世，奚齊繼位，同情太子的一些大臣趁機殺了奚齊。奚齊的弟弟悼子隨之繼位，又被一刀砍了。大臣們跑到翟國，要迎接重耳回國繼位。這可是天上掉下來的大餡餅啊！大家都興高采烈，重耳卻憂心忡忡。他冷靜分析了形勢，認為目前國內人心浮動，局勢很不穩定，此時回去，恐怕難以服眾，並且有生命危險。於是，重耳流著淚說：「違背父親的命令離開晉國，已是不孝；父親去世又沒有盡到兒臣之禮，心裡難受。所以，我不敢回去繼位。」大臣們無奈，只好嘆息著又去找重耳的弟弟夷吾。夷吾倒是很高興地做了國君。晉國人知道以後，都稱讚重耳仁孝。夷吾忌憚重耳的才能和威信，欲除之以絕後患，派人前去刺殺。重耳聞訊後，再次倉皇出逃。父親要殺他，弟弟也要殺他，重耳好可憐啊！

　　此後，重耳先後流亡到衛國、齊國、宋國、鄭國、曹國、楚國、秦國，踏遍了中原大地。有的國家對他好，有的對他不好，甚至冷落、戲弄他。一路上顛沛流離、風餐露宿、歷經艱難，閱歷了人情世故，嘗盡了人間冷暖。這一切，使重耳養成了老謀深算、富有心機的性格，積累了豐富的治國經驗。終於，他在六十二歲時，在秦國扶持下回國做了國君，被稱為晉文公。晉文公即位後，厚積薄發，很快顯示出文治武功之才能。他修明政務、宣揚德教、舉賢任能、賞罰分明、鼓勵農耕、改革軍隊，晉國強盛了。這時，齊桓公、宋襄公都已去世，霸主空缺，晉文公便盯上了霸主之位。

　　一個好機會出現了。周王朝周襄王的弟弟王子帶興兵作亂，周襄王打不過他，只好逃到了溫地。晉文公敏銳地意識到，如果平定周室叛亂，護送周襄王回京，那可是天大的功勞，這是稱霸的資本啊。當時，秦穆公也率領軍隊前來勤王。晉文公急忙派人見秦穆公說：「秦國路途遙遠，十分辛苦，這事就由我們代勞吧。」晉文公就是秦穆公扶持上臺的，兩家關係不錯。秦穆公笑了笑，答應了，把這天大的功勞讓給了晉文公。晉國馬上出兵，攻進京城，殺了王子帶。晉文公親自跑到溫地，迎接周襄王，護送他回京，重登王位。周襄王自然十分感激，就把河內、陽樊等地賜給了晉國。這一下，晉文公名聲大振，諸侯紛紛前來歸附，只有楚國自恃強大，不甘居後。晉文公知道，要想稱霸，必須打敗楚國。但是，在重耳流亡的時候，楚國對他不錯，不好意思恩將仇報。晉文公在耐心地等待機會。

　　機會來了。宋國因宋襄公無故被抓之事，一直對楚國耿耿於懷，兩國關係不睦。楚國出兵攻打宋國，宋國便向晉國求救。晉文公流亡時，宋國待他也很好。兩邊都有恩，怎麼辦呢？晉文公眉頭一皺，心生一計，立即派兵攻打曹國和衛國。因為晉文公流亡時，衛國不給他飯吃，曹國對他無禮，所以師出有名。更重要的是，曹衛兩國與楚國關係甚好，這樣可以激怒楚國，使之與晉作戰。曹衛是小國，不經打，很快被滅了，國君當了俘虜。楚國知道晉國用意，提出條件，說：「你們恢復曹衛兩國，我們從宋國撤兵，這樣大家都好。」晉文公覺得，不答應理虧，便答應了，由於沒有達到激怒楚國的目的，於是皺皺眉，又生一計。晉文公私下里對曹衛兩國國君說：「我恢復你們的地位，但你們必須公開與楚國絕交。」曹衛兩個國君答應了。

　　這一下，終於把楚國激怒了。楚國派大將子玉，率軍前來征討。為了打敗強大的楚軍，晉文公費盡了心計。先是「退避三舍」，名義上是報恩，實際上是為了麻痺楚軍，積聚晉軍士氣。在作戰時，採取早已謀劃好的戰術，集中優勢兵力，先擊潰楚國較弱的右軍，再擊潰次弱的左軍。大將子玉率領的中軍，孤立不支，也潰敗下來。晉軍乘勝追擊，打得楚軍大敗而歸。這就是歷史上著名的「城濮之戰」。

　　「城濮之戰」奠定了晉文公的霸主地位。戰後，晉文公恢復了曹衛兩國的地位，顯示了仁德，諸侯皆悅服。周天子賞給晉文公黃金修飾的大車，還有弓箭等物，正式宣布晉文公為霸主。

　　晉文公稱霸與齊桓公、宋襄公不同：宋襄公是徒有虛名，齊桓公全靠管仲。晉文公儘管也有賢人相助，但主要是靠個人的智慧能力和老謀深算，是貨真價實的一代霸主。

▊◎新視角讀《史記》之十七 楚莊王稱霸一鳴驚人

晉文公死後，晉國依然強大，繼續稱霸。地處南方的楚國依然不甘心。這時，出現了一位英雄人物，叫楚莊王。他振興楚國，揮師北進，打敗晉國，問鼎中原，赫然成為一代霸主。

《史記》記載，楚國的祖先是顓頊帝。顓頊帝的玄孫擔任帝嚳的火正之職，被賜予祝融的稱號。其後代在周初時，被封到楚蠻之地，賜予子男爵位。楚地遼闊，大多尚未開發。經過十幾代人的努力，楚國地盤已經相當大了。楚人嫌當初分封的爵位低，便自稱為王。因怕周王怪罪，曾一度停用，到西周崩潰時再度稱王，周天子也無可奈何。

楚莊王是楚成王的孫子。楚莊王即位時，不到二十歲，面臨的環境十分複雜。在外部，由於擅自稱王，楚國與王室和中原諸侯的關係都不好。齊桓公稱霸時，曾經率領諸侯攻打楚國，逼著楚國尊奉周王。晉文公稱霸時，打了一場「城濮之戰」，使楚國長時間沒有緩過勁來。在國內，大臣良莠不齊，矛盾重重，時有叛亂，特別是大家族專權，王令不通。楚莊王採取了一個非常之舉，就是三年不理政事，日夜尋歡作樂，並拒絕諫言。其實，他這是暗地裡觀察大臣們的表現，以辨忠奸，同時麻痺大家族勢力，尋求最好的攻擊時機。終於，有賢臣進諫問：「三年不鳴不飛的，是個什麼鳥？」楚莊王拍案而起，豪邁地回答：「三年不飛，一飛沖天；三年不鳴，一鳴驚人！」莊王下令，停止尋歡作樂，親自處理政務，並根據他三年來觀察掌握的情況，一次處死幾百個有罪之人，提拔幾百個有功之臣。朝野上下大為震驚。後來，楚莊王又果斷剷除了大家族勢力，把權力牢牢掌握在自己手中，開始實現他的宏偉大志。

楚莊王這個三年不鳴的大鳥，確實非同尋常。他的一鳴驚人，首先表現在見識超群上。楚莊王親自執政後，面臨一場罕見的「天災人禍」。這一年，楚國發生大災荒，糧食緊缺，人心浮動。趁此機會，周邊民族紛紛叛亂，就連一直臣服於楚國的庸國，也舉兵造反，進攻楚國都城。各地告急文書如雪片般飛來，一時間人心惶惶，甚至有人提出遷都躲避的主張。楚莊王自信地說：「沒有什麼可怕的。叛亂者最主要的是庸國，只要打敗了他，其他的都

會歸順。」於是，楚莊王調集精銳部隊，集中力量攻打庸國。楚莊王親臨前線指揮，士氣大振，一舉滅了庸國。其他叛亂者見勢不妙，紛紛投降歸順，局勢很快穩定下來。

楚莊王的一鳴驚人，也表現在他籠絡人心的高超手段上。「摘纓會」是人們熟知的故事，還被編成了戲劇。有一次，打仗勝利歸來，楚莊王大擺慶功宴，讓愛妃許姬向眾將敬酒。忽然一陣風颳來，吹滅了蠟燭。許姬悄悄對楚莊王說：「剛才有個傢伙，趁黑摸了我一下，我把他的帽纓扯了下來。點上蠟燭後看看是誰，一定要重重懲罰他。」楚莊王稍一思索，對許姬說：「酒後失態，是常有的事，不要因此壞我一員戰將。」於是，楚莊王高聲說：「今晚，大家要喝個痛快。各位都把帽纓摘下來。」蠟燭點燃後，全場的人帽子上都沒有了帽纓，自然不知道那人是誰了。過了三年，在楚晉一場大戰中，有位將領作戰英勇，拚死相救楚莊王。楚莊王很感動，那人卻說：「那次酒後失禮，您沒有懲罰我。從那時起，我就發誓，一定要用生命報答您。」楚莊王這樣籠絡人心的手段，確實不是一般人能夠做到的。

楚莊王的一鳴驚人，還表現在他一往無前敢於對抗強敵上。莊王為了稱霸，多年來親自領兵南征北戰，先後平定了陳國內亂，討伐了宋國，征服了鄭國，滅掉了舒國，並且飲馬黃河，問鼎中原，使楚國勢力達到鼎盛。但楚莊王知道，要想真正稱霸，必須打敗強大的晉國，這與當年晉文公爭霸時的心態如出一轍。這時晉文公雖然已經死了，但他留下的事業仍然很興旺，晉國依然處於霸主地位。

西元前 597 年，楚國討伐鄭國，作為霸主的晉國前來相救。但晉軍到達時，鄭國已經投降，楚軍準備班師回國了。晉國軍隊卻渡過黃河，尋求與楚軍作戰。是撤，還是戰？楚軍意見不一致。有人認為，已經降服了鄭國，沒有必要再與晉國作戰了。還有人擔心打不過晉國，對「城濮之戰」仍然心有餘悸。楚莊王卻下了決心，要稱霸必須與晉國決戰。兩軍互下戰書，約好日期，定好戰場，打響了歷史上有名的「邲之戰」。楚莊王親自上陣，坐著戰車帶頭衝擊敵營。將士們見狀，勇氣大增，人人奮勇向前，打得晉軍丟盔卸甲、大敗而逃。

　　「邲之戰」一雪「城濮之戰」之恥。戰後，中原諸侯紛紛背晉附楚，雖然沒有周天子賜給的霸主名分，但楚國已經成為事實上的霸主。楚莊王一鳴驚人，成就了他的輝煌霸業。

◎新視角讀《史記》之十八 秦穆公稱霸面向西戎

　　秦穆公，也是春秋五霸之一。但他稱霸，與其他四位不同，主要戰場不是在中原一帶，而是面向遼闊的西部地區。他的主要對手，是當時的少數民族戎狄。

　　《史記》記載，秦的祖先，是顓頊帝的後代子孫，叫做益。益幫助大禹治水有功，舜帝賜他一副黑色的旌旗飄帶，保佑其後代興旺昌盛，所以秦人崇尚黑色。禹去世之前，推舉益為繼承人，但最終是夏啟繼承了帝位。益的後代因此對夏不滿，在商滅夏時十分賣力，而當周滅商時，又死心塌地維護商朝。由於總是站錯隊，秦人在很長一個時期內，日子都不好過。直到西周末年，因秦人養馬做出了成績，周宣王才任命秦仲為西垂大夫。周朝實行公、侯、伯、子、男五級爵位，大夫不在其中，級別很低。

　　秦人時來運轉，是利用了西周崩潰的機會。周幽王被犬戎攻擊，諸侯無人來救。秦襄公則親自率兵趕來救駕，可惜晚了一步，幽王被殺，西周滅亡。周平王即位後，為躲避戎狄侵擾，便把都城東遷至洛陽。秦襄公抓住這個機會，一路護送，精心侍奉。周平王十分感動，這才封秦為諸侯。但周王朝已經沒有土地了，周平王用手往西一指，很大方地說：「西邊大片土地，都被戎狄奪去了。你如果能把戎狄趕走，那裡的土地，就都是你的了。」雖然是空頭支票，但秦襄公仍然大喜，這一趟沒有白跑。經過秦襄公、秦文公等幾代人浴血奮戰，終於從戎狄手裡奪得一片土地，建立了秦國。

　　到了秦穆公時期，秦國已經很像樣子了。但由於秦國封侯時間晚、資歷淺，而且長期生活在西戎地區，中原諸侯都瞧不起他，甚至以異族對待。秦穆公是個雄心勃勃的君主，一心想要強國稱霸。稱霸首先需要人才。一天，有個大臣向他推薦了百里奚。百里奚原來是虞國大夫，晉滅虞時被俘，逃走後在楚國養牛。秦穆公本想花重金聘用他，但又怕引起楚人警覺，於是就按一般奴隸的價格，花五張羊皮把他買了回來。秦穆公與他談了三天，非常高興，就把國家政事交給他管理。這就是著名的「五羖大夫」的故事。

除了招攬人才，秦穆公在籠絡人心上做得也很到位。有一次，秦穆公的一匹良馬走丟，被岐山腳下三百多農夫殺掉吃了。官吏捕捉到他們，想要治罪。秦穆公卻說：「馬再寶貴，也不如人啊」，就赦免了他們。農夫們磕頭謝恩。秦穆公又說：「聽說吃了良馬肉，如果不喝酒，會傷身體的」，便讓人拿酒給他們喝。農夫們熱淚盈眶。後來，在一次秦晉大戰中，秦穆公被晉軍包圍。危急時刻，忽見幾百個農夫，高舉農具，吶喊而來，不要命地攻擊晉軍，把秦穆公救了出去。這些人就是那些吃馬肉的農夫。在秦穆公的治理下，秦國日益強盛，足以與中原諸侯抗衡爭霸了。

秦穆公爭霸之路是曲折的。一開始，穆公傾心向東發展。東部地區遼闊富饒，中原文化深厚燦爛，都具有很強的吸引力。但是，秦國的東鄰是強大的晉國，東進必須先過這一關。秦穆公實行友好策略，頻頻向晉國示好，還與晉國聯姻，甚至重耳上臺，都是秦穆公扶持的。但是，晉國並不買帳，經常出爾反爾，或者恩將仇報。秦穆公火了，不識抬舉，那就打吧。可惜，晉國實力太強了，打了幾仗，互有勝負，秦國也沒占到便宜。晉國看穿了秦國的意圖，不管是給「胡蘿蔔」還是「大棒」，都死死扼住秦國東進的道路不放。秦穆公沒有辦法，只好轉身把目光投向了廣袤的西戎之地。

西戎之地，生活著許多戎狄的部落和小國，他們生產落後，處於原始狀態，部落之間不統一，像一盤散沙。以秦國的實力稱霸西戎，是完全能夠做到的。當時，西戎最強的部落是錦諸王，錦諸王有個謀士叫由余，由余是晉國人。有一次，由余奉錦諸王之命出使秦國。秦穆公與他交談以後，認定由余是稱霸西戎不可多得的人才。秦穆公想了很多辦法，終於留住了由余。由余多年生活在西戎地區，對那裡的情況瞭如指掌，為秦穆公謀劃了許多好計策。秦穆公先是給錦諸王送珠寶美女，腐蝕和麻痺他們；然後突然出擊，一戰成功，滅了錦諸王。其他部落見最強的錦諸王都不是對手，紛紛歸順投降。秦國就像秋風掃落葉一樣，席捲西戎大地，很快開闢了千里疆土。秦國的地盤和人口都得到大幅增加，成為一個令中原諸侯不敢小覷的大國。

周天子聽到秦國大捷後，十分高興，專門派召公去向秦穆公祝賀，並賜給他鉦、鼓等器物，正式確立了秦穆公「西戎霸主」的地位。秦穆公稱霸西戎，為以後秦國統一天下奠定了基石，也為中華開疆拓土、促進民族融合做出了重要貢獻。

◎新視角讀《史記》之十九 「秦晉之好」只是秦對晉好

「秦晉之好」，是指春秋時期，秦晉兩國相互聯姻，關係很好。現在，人們還經常使用這個成語。但從《史記》記載來看，所謂「秦晉之好」，只是秦國對晉國友好，而晉對秦並不好，甚至經常做出出爾反爾、忘恩負義的事來。

當時，晉國強大，秦國正在崛起。秦穆公為了謀求東進，制定了與晉友好的策略。秦穆公向晉獻公求婚，迎娶了公主，就是太子申生的親姐姐，也是重耳、夷吾的異母姐姐。這是秦晉之好的開端。晉獻公為了讓小兒子接班，逼死申生，逼走重耳和夷吾。晉獻公死後，一些大臣為太子鳴不平，接連殺了晉獻公的兩個小兒子，想迎接重耳回國繼位，但重耳不願意回去。夷吾卻躍躍欲試，他與國內大臣聯絡好，就去找姐夫秦穆公，許諾說：「您如果扶我登位，我願意割讓河西八城給秦國。」秦穆公聽了很高興，既有人情，又有好處，何樂而不為呢？於是派兵護送夷吾回國繼位，就是晉惠公。不料，晉惠公登位以後，竟然食言了，派人對秦穆公說：「大臣們都不同意，說祖先拚命流血打下的土地，不能隨便送給別人，只好對不起了。」秦穆公氣得直瞪眼，但為大局著想，也只好忍了。

晉惠公登位以後，恰遇災年，糧食歉收，百姓流離失所，情況十分嚴重。晉惠公無奈，只好厚著臉皮再去求姐夫援救。秦國大臣都氣哼哼地不同意。秦穆公卻說：「夷吾這小子確實渾蛋，但老百姓沒有錯啊。如果不給他糧食，不知道會餓死多少人呢。」於是，秦穆公下令，緊急徵集糧食，水路用船、陸路用車，源源不斷地運到晉國，援助晉國渡過了危機。

過了兩年，秦國也遇到了災荒。秦國人慶幸地說：「幸虧當初援救了晉國，現在該他們給我們糧食了。」秦穆公派人去晉國求援。萬萬沒有想到，晉國不僅不給糧食，反而趁著秦國鬧災荒，派兵打了過來。晉惠公還振振有詞地說：「當年，天降災禍於晉，秦不滅我，是違背了天意；現在，天要降災滅秦，我不能違背天意啊。」秦穆公這回真火了，親自領兵對敵。秦國軍隊義憤填膺，人人奮勇爭先；晉國士兵自感理虧，個個不願向前。結果可想而知，

晉軍大敗，晉惠公也被活捉。晉惠公被擒以後，秦國上下紛紛要求宰了他。這時，周天子派人來說情，晉惠公姐姐穆公夫人也苦苦求情。秦穆公心裡的火氣忍了再忍，終於又忍下去了，還是從大局考慮吧。秦穆公對晉惠公施以諸侯之禮，答應放他回國。晉惠公羞愧，與秦國訂下盟約，回國後獻出河西之地，還讓太子圉到秦國做人質。秦穆公把同族的女兒嫁給太子圉，再結「秦晉之好」。

秦穆公以禮對待太子圉，但太子圉像他爹一樣，也是不識好歹。他聽說晉惠公有病，竟然不辭而別，自己偷跑回去繼位了。其實，秦穆公完全可以名正言順地護送他回去做國君。秦穆公很是失望和氣惱。這時，秦穆公另一個小舅子重耳到了秦國。秦穆公知道重耳賢明，願意幫助他；重耳在外流浪多年，也想回國了。雙方一拍即合，秦穆公派軍隊護送重耳回國，晉國人紛紛歡迎重耳。重耳推翻公子圉，登位當了國君。重耳果然賢明，他在位的那些年，兩國關係不錯，沒有發生糾紛，算是做到了秦晉之好。

可惜好景不長，重耳一死，形勢又急轉直下了。一次，秦穆公派軍隊去偷襲鄭國，需要經過晉國地盤。由於秦晉之好，秦軍沒有防備。沒想到，晉國在險要之地郩山埋伏重兵，把秦軍殺得片甲不留、全軍覆滅，這就是歷史上著名的「郩之戰」。秦穆公悔恨不已，痛下決心，訓練兵馬，準備復仇。幾年以後，秦穆公親率大軍，浩浩蕩蕩渡過黃河，去攻打晉國。大軍渡河以後，秦穆公下令焚燒船隻，表示有去無回之決心。這比項羽的「破釜沉舟」還要早幾百年呢。俗話說，哀兵必勝。秦軍同仇敵愾，一路攻關奪隘，勢不可擋。晉軍據城堅守，不敢出戰，眼睜睜地看著秦軍在城外耀武揚威。按當時秦國的實力，要想滅了晉國是不可能的。秦穆公率軍來到郩山戰場，只見白骨遍野、陰氣森森、慘不忍睹。全軍將士號哭三天，聲振寰宇。秦穆公為陣亡將士築墳祭奠，然後率軍回國。至此，秦晉之好徹底破裂。

其實，晉國這樣對待秦國，也是有原因的。晉國知道秦國野心勃勃，不願意讓它向東發展，更不希望它強大。兩個鄰國之間，只有利益，沒有真正的友誼。晉國的一些做法雖然欠妥，但為了國家利益，也無可厚非。晉國死

死擋住了秦國東進道路，對維護中原地區穩定也做出了貢獻。秦穆公見東進不成，就轉身稱霸西戎去了，在那裡開創了一片新天地。

◎新視角讀《史記》之二十 趙盾扶立靈公傷透了心

趙盾，是晉國的執政大臣，盡心輔佐晉文公的兒子晉襄公。晉襄公在位時間不長，就患病去世了。臨死之前，晉襄公緊緊抓著趙盾的手，再三囑咐道：「我把晉國的事情交給您了，先帝開創事業不容易，您一定要把晉國的霸主地位維護好。我把太子也託付給您了，您要好好教育輔佐他。他如果成材，我在地下感謝您；他要是不成器，我就怨恨您。」趙盾流著眼淚，點頭答應了。

此時，太子還是一個嬰兒。趙盾心裡嘀咕，這孩子，什麼時候能長大啊？晉文公千辛萬苦開創的霸業，應該由一個年齡大的兒子繼承，才有利啊。晉文公有個兒子叫雍，是秦女所生，現居住在秦國。雍年長而且賢能，趙盾想立他為國君。再說，立了他，還可以改善與秦國的關係。大臣們覺得趙盾的想法有道理，都表示同意。趙盾就派出一名大臣，去秦國迎接公子雍回國登位。當時秦穆公已經去世，兒子秦康公在位。秦康公也想緩和與晉國的關係，聽到此訊，十分高興，馬上派出軍隊，護送公子雍回國。趙盾的做法，確實是為國家考慮，如果他想自己專權的話，當然立小太子好對付了。

可沒有想到，太子的母親不幹。她懷抱太子，到朝廷號哭，並且邊哭邊罵：「先君待你們不薄，他屍骨未寒，你們就想拋棄他的兒子。你們的良心讓狗吃了！」大臣們面面相覷，無言以對。她又跑到趙盾家裡，把頭磕得咚咚響，說：「先君臨終前囑咐您的話，現在還在耳邊迴響，您不會忘記吧？他的兒子是死是活，就全靠您了。我替先君懇求您。」說著，又磕頭不止。趙盾也慌忙跪倒在地。他想起晉襄公對自己的好處，不由得流下淚來。面對太子母親的哭鬧，趙盾實在沒有辦法，只好答應立太子為國君，這就是晉靈公。可是，秦國護送公子雍的人馬已經快到了，怎麼辦呢？趙盾咬咬牙，說：「既然不讓他們來，那他們肯定就是敵人了。」於是，派出軍隊前去阻截。秦軍高高興興地護送公子雍回晉國，沒想到被晉軍迎頭痛擊，立刻潰散逃回秦國去。這叫什麼事啊？不僅秦康公氣得暴跳，就連去迎接公子雍的晉國大臣也氣得破口大罵。一怒之下，大臣投降了秦國，不回晉國了。這又一次上演了所謂「秦晉之好」的鬧劇。

　　國君年幼，趙盾只好大事小事一肩挑，整日忙得焦頭爛額，只盼著晉靈公快快長大。晉靈公長大了，卻十分頑皮。他爬上高臺，手持彈弓，見人就打。行人被打得東躲西藏，晉靈公哈哈大笑。再長大一些，晉靈公知道奢侈了，便派人搜刮民脂民膏，用彩畫裝飾宮牆。長大成人以後，晉靈公變得十分殘暴。有一次，廚師沒把熊掌煮爛，晉靈公就下令殺了他。眼見晉靈公越來越不像話，趙盾很是傷心失望，也悔恨自己忙於國事，沒有把晉靈公教育好。趙盾只好一次次地規勸，說得多了，晉靈公開始厭煩，繼而怨恨，最後竟然起了殺心。

　　晉靈公命令勇士鉏麑，前去刺殺趙盾。五更時分，鉏麑潛入趙府，見趙盾家中極其簡樸；又見趙盾已經起床，穿好朝服，準備上朝，因天色尚早，便端坐等待。此時刺殺趙盾，易如反掌，但鉏麑卻悄悄退了出去。他想：這是個好官啊，難怪老百姓都稱讚他。如果殺了他，是不義；如果不殺他，違背國君命令是不忠。怎麼辦呢？鉏麑仰天長嘆，自言自語道：「我終究是個不忠不義之人，唯有一死，才能保住名聲。」他對準一棵大槐樹，一頭猛撞過去，頓時腦漿迸裂而死。在春秋時期，這樣的人物不少，真是可悲可憐，可歌可泣啊！

　　晉靈公一計不成，又生一計。他訓練了一隻大狗，準備伺機攻擊趙盾。一次，晉靈公請趙盾喝酒，事先把狗準備好，還怕不保險，又設下伏兵。趙盾沒有懷疑，只帶一名衛士前來。酒宴中間，衛士察覺情況異常，急忙上前對趙盾說：「國君賜酒，不能超過三杯，超過三杯就失禮了。」說著，拉起趙盾就走。晉靈公趕緊放出狗來，惡狗直撲趙盾。衛士挺身向前，一掌擊斃惡狗。此時，伏兵四起，殺聲響成一片。衛士一邊保護趙盾，一邊殊死搏鬥，終因寡不敵眾，壯烈殉職。趙盾趁亂逃走，晉靈公命令士兵急追，要他們務必殺死趙盾。可憐趙盾一介文官，哪裡跑得快啊，眼看就要被追上了。在這危急關頭，忽見追兵隊伍裡有人倒戈。此人力大無窮，手持長戟，橫掃追兵，打得追兵東倒西歪，趙盾才得以逃脫。倒戈的人叫靈輒，幾年前餓昏倒地，趙盾恰好路過，救了他一命。後來，靈輒加入了晉靈公衛隊，此時見趙盾有難，便捨身相救。靈輒救了趙盾後，自己也逃走了。

　　趙盾隻身一人，倉皇奔逃。茫茫大地，該逃向何處啊？只好先跑出晉國再說吧。趙盾一邊跑，一邊傷心流淚，心想：「千辛萬苦扶立了晉靈公，怎麼能如此對待自己呢？自己勤勤懇懇為國操勞，怎麼會落得如此下場？」趙盾真是悲痛欲絕、傷心欲絕。忽然，後面塵土飛揚，又有一隊人馬追來。趙盾再也跑不動了，聽天由命吧。人馬來到跟前，趙盾定眼一看，是他弟弟趙穿。原來，晉靈公的行為，早已引起百姓不滿。趙穿率領眾人殺了晉靈公，來接趙盾回朝。趙盾一聽晉靈公死了，心中五味雜陳，流淚不止。

　　趙盾回朝以後，繼續執政。他立重耳的另一個兒子繼位，就是晉成公。事後，史官董狐在史書上寫道：「趙盾弒其君」。趙盾大驚，急忙辯解。董狐說：「你不懲罰弒君之人，明顯是你主使的；你沒跑出國界，仍是晉國正卿，當然應該由你負責任。」趙盾無語，只是一個勁地傷心流淚。後來，孔子聽說了此事，十分感慨地說：「董狐直書是對的。趙盾也是個好官，為守法制承受了壞名聲。可惜呀，如果他跑出國界，就可以免除罪名了。」

◎新視角讀《史記》之二十一 「趙氏孤兒」可能半真半假

「趙氏孤兒」的故事，幾乎婦孺皆知。人們無不被故事的悲壯曲折、俠肝義膽所感動。故事還被翻譯成多國文字，廣泛流傳。法國大文豪伏爾泰，專門創作了一部《中國孤兒》的戲劇，足見其影響深遠。那麼，「趙氏孤兒」的故事，真實成分有多少呢？歷代史學家看法並不一致。

有關「趙氏孤兒」的記載，最早見於《史記》的《趙世家》。司馬遷用了兩千多字的篇幅，記敘了故事的全過程。趙盾死後，兒子趙朔承襲爵位。晉景公三年，曾經受到晉靈公寵信的屠岸賈做了司寇。他以晉靈公被殺為由，要誅殺趙氏家族。屠岸賈不請示國君，擅自率兵攻襲趙氏居住的下宮，殺死趙朔、趙同、趙嬰齊等，並滅絕其家族。這就是著名的「下宮之難」。趙朔夫人是晉景公的姑姑，已有身孕，逃到景公宮內避禍，不久生下一子，就是趙武。屠岸賈聞訊後進宮搜查，夫人把嬰兒藏在褲子裡得以脫險。趙朔的門客公孫杵臼和趙朔的朋友程嬰，冒死從宮中抱出嬰兒。兩人見屠岸賈搜查嬰兒甚緊，便定下一計，找了個別人家的嬰兒，由公孫杵臼抱著，程嬰則前去自首。屠岸賈信以為真，把那個嬰兒和公孫杵臼都殺害了。程嬰獨自撫養趙武成人。十五年之後，晉景公為趙家平反，誅殺屠岸賈家族。趙武恢復爵位，後來做了正卿。程嬰見心願已了，含笑自盡。

《史記》記載是否真實，歷代史學家存有爭議。爭議的焦點，是《史記》記載與《左傳》有很大不同。《左傳》是中國最早的一部編年史，歷史學家研究春秋時期的問題，主要參考《左傳》。《史記》中的許多史料，也來源於《左傳》。而《左傳》對趙氏家族的記載是：滅門存在，孤兒沒有。

據《左傳》記載，晉景公十七年，趙氏被滅門。但遭受滅門的，只有趙同、趙括這兩支，趙朔這一支沒有被禍及。趙朔早在晉景公十一年就死了，當時趙武已經七八歲了，根本沒有遺腹子。更令人無語的是，造成趙氏滅門的罪魁禍首，不是別人，竟然是趙武的母親趙莊姬。原來，趙朔死後，莊姬耐不住寂寞，與趙朔的叔叔趙嬰齊有了私情。當時執政的趙同和趙括，也是趙朔的叔叔，對此事很氣憤，就把趙嬰齊流放到齊，趙嬰齊後來死在那裡。

趙莊姬氣昏了頭，發誓要報復。她聯合對趙家有積怨的欒氏、郤氏等大家族，誣告趙同、趙括謀反。晉景公信以為真，殺了趙同、趙括，並滅其族。這就是歷史上的「莊姬之讒」。不僅《左傳》，其他先秦文獻中，都沒有「孤兒」的記載，也沒有屠岸賈這個人。

當然，《左傳》的記載也不一定是準確無誤的歷史事實。《左傳》無記載的，不一定沒有此事。另外，司馬遷被公認為治學嚴謹，不可能無中生有，隨意編造。那麼，司馬遷寫「趙氏孤兒」的史料，從何而來呢？據學者考究，可能來源於趙國史書。趙武的後代建立了趙國，趙國的史書，在寫趙氏滅門時，有可能隱蔽「莊姬之讒」，編造「趙氏孤兒」。可惜趙史已經失傳。還有的學者考究，可能來源於民間口傳史料。在山西一帶，至今還保留程嬰墓、公孫杵臼墓等遺蹟。這些趙國史料和民間傳說，恰好符合司馬遷的心理需要。司馬遷因受宮刑，心中憤懣之情難出，就借書中人物抒發情懷。《史記》中的復仇故事，都寫得有聲有色，最典型的是伍子胥為雪恨鞭打平王屍體。其實楚平王已死十年之久，早已成了白骨一堆，哪裡還有可鞭之屍？所以，先秦文獻記載的都是鞭墳。司馬遷覺得不過癮，改為鞭屍。這一改，的確是痛快淋漓，突出了復仇效果。司馬遷因為有濃厚的復仇情結，就把「趙氏孤兒」的故事寫進《史記》裡。

由於《史記》的巨大影響，再加上描寫精彩、故事感人，這個原本可能並不存在的「趙氏孤兒」，迅速被「歷史化」了。自《史記》以後，歷代官修史書，大多都對「趙氏孤兒」有記載、有認同，「趙氏孤兒」的故事儼然成了歷史。到了元朝初期，有個叫紀君祥的人，寫了一部《趙氏孤兒》雜劇，很快引起轟動。當時元滅宋不久，宋朝皇帝就是趙氏後代，人們以此激發民族情感。後來，《趙氏孤兒》被改編成多種劇種，以及電影、電視劇，廣泛傳播，經久不衰。在清雍正年間，有個法國傳教士被該劇感動，把它譯成法文，後來該劇又被翻譯成英文、德文、俄文、日文等多種文字。《趙氏孤兒》入選「中國十大古典悲劇」。國學大師王國維讚道：「列入於世界大悲劇中，亦無愧色也。」

　　現在來看，「趙氏孤兒」是真是假，已不重要。司馬遷謳歌讚揚了捨身取義、不屈不撓、正義必定戰勝邪惡的精神，這是任何時代都需要的，也是《史記》的一個重要貢獻。

▉◎新視角讀《史記》之二十二 一聲嬉笑引發一場戰爭

齊頃公，是齊桓公的孫子。他當國君的時候，還很年輕，有些頑皮，不拘小節，喜歡捉弄人。他的母親叫蕭桐叔子，活潑好動，還很好奇。他們娘倆由於對人不禮貌，還引發了一場禍端。

《史記》記載，春秋爭霸，晉楚兩國持續時間最長。兩國勢均力敵，爭得不可開交。到晉景公時期，晉國為了擴大聲勢，想與齊、魯、衛等國交好，結成聯盟，就派大臣郤克出使三國。郤克先到魯衛兩國，談得很順利，然後帶著魯衛兩國使者，一起來到齊國。

齊頃公招待很熱情，但一看三國使者的模樣，心中暗自發笑。原來，郤克駝背，魯國使者跛足，衛國使者瞎了一隻眼睛。齊頃公的頑皮勁上來了，安排了三個同樣的殘疾人去招待賓客。郤克他們一時也沒在意，以為是巧合。到了正式會談那天，蕭桐叔子的好奇心也上來了，非要去瞧瞧。兒子拗不過母親，齊頃公就在會場拉了一道帷幕，讓母親藏在後面偷看。會談開始，賓客上場。只見前面三個駝背、瘸子、瞎子，引導著後面三個駝背、瘸子、瞎子緩緩而來，場面十分滑稽。蕭桐叔子笑彎了腰，急忙用手捂嘴，但還是「嘻」地一聲笑了出來。郤克聽到笑聲，再看看他們幾個人的樣子，頓時明白了。殘疾人自尊心都很強，況且郤克是晉國重臣，家族勢力大，脾氣也大，連晉景公都懼他三分，哪能受人嬉笑？這簡直是奇恥大辱。郤克肚子裡的火氣直衝腦門，臉色鐵青，沒等會談結束，就把事情交代給副使，自己頭也不回地走了。

齊頃公知道闖禍了，但為時已晚。郤克一路上氣得肚子鼓鼓的，渡黃河時發誓：「此辱不報，誓不再過此河。」郤克回國見到晉景公，張口就說：「給我一支軍隊，我要去打齊國。」晉景公忙問原因，郤克把情況一說，晉景公笑了，說：「咱們正想與齊國聯盟，怎麼能因小事壞了大事呢？何況人家笑的不一定是你呀。」郤克火氣仍然不減，說：「您要是不同意，我就帶著自家隊伍去打。」那個時侯，晉國的大家族都能自己養兵，可見勢力之大。晉景公只好應付著說：「等有了機會，就讓你領兵去報仇。」不料，機會真

的來了。齊國攻打魯國，魯國向晉國求救，郤克再次要求出兵，晉景公不得不答應了。

郤克率領八百輛戰車，氣勢洶洶殺向齊國。那時候，這樣的規模相當大了，當年「城濮之戰」的時候，晉文公才用了七百輛戰車。齊頃公親率軍隊迎敵，雙方排列成陣，開始戰鬥。齊軍以逸待勞，一開始占了上風。齊頃公高興地大叫：「快衝上去，打敗了晉軍再吃飯，讓你們喝酒吃肉。」戰鬥中，郤克挨了一箭，血流到腳。他本來是逞血氣之勇，一見血，氣就洩了，想要後退。他的馭手卻說：「您是主將，如果後撤，我軍就要敗了。您才受一次傷，我都受兩次傷了，仍在堅持，您怎麼就不能堅持呢？」郤克被馭手一激，勇氣上來了，站起身來，猛力擂鼓。馭手拚命打馬，戰車跑得飛快；鼓聲震天，晉軍士氣大振，奮勇跟進。齊軍招抵不上，敗下陣來，紛紛潰退。

晉國將軍韓厥，正在追擊潰兵，忽見前邊一輛戰車與眾不同，知道是齊國國君，便奮力追趕。齊頃公的車右逢丑父，見追兵漸近，急忙讓弓箭手放箭，並說：「射中間那個，那個人是君子。」古代君子出自貴族之家，氣質與眾不同，容易辨認，而且君子一般都擔任重要職務，所以逢丑父要射他。齊頃公一聽，急忙阻止：「明知道是君子，還射他，不仁義。」弓箭手只得作罷。

齊頃公在前邊拚命跑，韓厥在後邊拚命追。齊頃公戰車被一棵樹根絆倒，齊頃公和逢丑父摔倒在地。韓厥趕到，拜伏在逢丑父面前，很客氣地說：「您受驚了。我奉主將之命，請您前去敘舊。」原來，韓厥不認識齊頃公，見逢丑父高大威嚴，誤認為他是齊頃公。逢丑父見韓厥認錯了人，心中暗喜，扭頭對齊頃公說：「我渴了，快去找點水來。」齊頃公可能被摔昏了頭，一會兒，果真端著水，憨憨地又回來了。逢丑父又氣又急，大聲說：「這水渾，不能喝，再去弄點清水來。」齊頃公這才醒悟，一溜煙逃走了。韓厥美滋滋地帶著逢丑父，去見郤克請功。郤克說，這哪是齊頃公啊，就要殺了逢丑父。逢丑父說：「我這麼忠義的人你都殺，不怕壞了你名聲嗎？」郤克就把他放了。

齊頃公派人求和，為自己的不禮貌道歉。郤克提出，要讓蕭桐叔子去晉國當人質。齊國人當然不幹，理直氣壯地說：「我們齊晉兩國是兄弟，齊國

的母親，就是晉國的母親。你怎麼能這樣無禮呢？」郤克無話可說，此時氣也消了，就班師回國了。

可見，小節，並不是小事。羞辱別人的同時，也有可能會遭到別人羞辱。所以，必須加強修養，以禮待人。

▌◎新視角讀《史記》之二十三 晉國越打勝仗越危險

　　春秋時期，晉是強國，稱霸百餘年。楚國也是大國，不甘心居人之後。在很長一段時間內，中原爭霸，是在這兩個國家之間展開的。晉國與楚國為爭霸主，曾經有過兩次大戰。一次是「城濮之戰」，楚國失敗，晉國稱霸；另一次是「邲之戰」，晉國失敗，楚國稱霸。西元前 597 年，雙方又進行了第三次「鄢陵之戰」。奇怪的是，晉國執政的范文子，事先極力勸阻打仗，勸阻不成又向上天禱告：「晉軍千萬不要打勝了。」因為他知道，越打勝仗，晉國就越危險。

　　晉國的危險，不是來自外部，而是來自內部。早在晉獻公時期，晉國就定了一條規矩：除了太子以外，其他公子，都必須到國外居住，不準在國內待著，以防止他們搶班奪權。當時，各諸侯國有一個通病，就是公子們都死死盯著國君寶座，平日裡培植勢力，積蓄力量，國君一死，便餓狼撲食般地搶奪君位。最典型的是齊國。齊桓公死後，五個兒子相互攻打，結果葬送了齊桓公的霸業，造成齊國衰落。晉獻公看到這種情況，就想出這樣一條對策。可他沒有料到，公子們的力量沒有了，大臣們的實力卻膨脹了——畢竟政務要有人管，官要有人當呀。特別是晉國為了稱霸，不停地對外作戰。打了勝仗，自然要獎賞有功人員，或升官，或封地，或賞錢財，大臣們的實力，也就越來越強了。到晉厲公的時候，晉國權力多數掌握在郤氏、欒氏、范氏、中行氏等大家族手裡。他們不僅管理政務，也掌握軍權。晉厲公想把權力集中到自己手裡，大家族想讓自家勢力變得更強，國君和大臣想的不是一回事。如果打了勝仗，晉厲公就會更加自信，大家族的野心也會更加膨脹，雙方的矛盾一定會爆發，晉國離災禍也就不遠了。所以，范文子極力勸阻打仗，無奈晉厲公和大臣們都不聽。范文子一籌莫展，只好禱告「不要讓晉軍取勝」。

　　《史記》記載，「鄢陵之戰」，是晉楚兩國勢均力敵的一場大戰。雙方都憋足了勁，要一決雌雄。開戰前，晉國中軍主將欒書建議，等齊、魯、衛等國聯軍到達以後再打。上軍主將郤至則建議，趁士氣旺盛，馬上就打。晉厲公採納了郤至的建議，欒書很不高興。晉楚兩軍擺好陣勢，然後相互攻擊。戰場上殺聲震天，塵土飛揚，從清晨一直打到天黑，好一場混戰。晉國將軍

魏錡，一箭射傷楚共王眼睛；楚國神箭手養由基，又一箭射死了魏錡。天黑下來，雙方息兵，準備明日再戰。當晚，楚共王傷痛難忍，率軍悄悄溜走了。這樣，算是晉軍取得了勝利。

晉國獲勝以後，三軍歡呼雀躍。晉厲公論功行賞，擺宴慶賀，一派歡樂氣氛。只有范文子，悄悄回到家中，愁眉不展，唉聲嘆氣。他沉思良久，請來巫師，囑咐巫師，每天詛咒他早死。巫師驚愕。范文子說，只有他死了，子女和家族才能免禍。范文子年紀大了，再加上心情鬱悶，不久就如願死掉了。果然，在後來的內亂中，他的子女和家族沒有被禍及。范文子真有先見之明。

晉厲公取得勝利以後，躊躇滿志，便開始了剷除大家族勢力的行動。他第一個目標，就是郤氏家族。欒書對郤至有怨，晉厲公想利用矛盾，逐個消滅。晉厲公重用寵姬的哥哥胥童，讓他帶領八百士兵去襲擊郤氏。郤氏猝不及防，郤錡、郤至、郤犨等重要人物悉數被殺，郤氏家族被滅。晉厲公旗開得勝，十分高興。但沒有想到，胥童趁機把欒書、中行偃也抓了起來。晉厲公擔心搞得動靜太大，引起大家族反抗，就把欒書、中行偃放了。欒書、中行偃磕頭謝恩，口表效忠，心裡卻另有打算。晉國大家族經營多年，勢力盤根錯節。晉厲公先是打草驚蛇，後又放虎歸山，必然是引禍上身。欒氏和中行氏聯合起來，逮捕了晉厲公，殺死胥童。晉厲公被囚禁六天後死去，只有一輛車陪葬，被草草掩埋。欒氏他們從周京迎來公子周繼位。公子周登位前，先殺雞與大家族結盟，發了誓言，大家族才擁立他當上國君。這就是晉悼公。

晉悼公倒是頗有作為，繼續稱霸，九會諸侯；同時，與戎狄和解，對百姓布施恩惠。但是，他再也沒有觸及大家族的利益，也不敢追究晉厲公被殺之事。國君權威愈衰，大家族勢力愈強。大家族之間，為了爭奪權力和利益，相互攻戰兼併。後來，欒氏、中行氏等家族被滅，大權逐漸落到魏氏、韓氏、趙氏手中，最後導致「三家分晉」，晉國滅亡。

◎新視角讀《史記》之二十四 魯國為何始終不能強盛

　　山東簡稱魯，山東人對魯情有獨鍾。魯國是周公的封地，周公是周武王最親密的弟弟，而且功勳卓著，他的封地，肯定是個好地方。魯國長期作為華夏文化的中心，是儒家文化發源地，在各方面條件都很優越。但是，自周公建國以來，歷時一千多年，經歷了三十四代君主，魯國卻始終沒有強盛過。特別是在春秋戰國時期，魯國一直默默無聞，甚至經常挨打受氣。對此，筆者作為山東人，既遺憾又疑惑。讀了《史記》以後，筆者覺得，魯國不能強盛可能有以下幾個原因。

　　第一，魯國的治國理念因循守舊。《史記》記載，周武王滅商建周以後，封周公於曲阜，但不讓他去封地，而是留在朝廷輔佐武王，後來又輔佐周成王。周公就讓兒子伯禽代自己到魯國受封，並治理魯地。伯禽到了魯國，三年以後，才向周公匯報施政情況。周公問道：「為何如此遲晚？」伯禽回答：「變其風俗，改其禮儀，要等服喪三年。除服以後，才能看到效果。」伯禽所說的變風俗、改禮儀，就是按照周朝的禮儀，去改變當地的民俗。而同時受封的齊國，卻與之相反，儘量簡化禮儀，一切按當地風俗去做。所以，姜太公只過了五個月，就向周公匯報了施政情況。姜太公聽說魯國做的這一套，嘆息說：「為政不簡約易行，人民就不會親近；政令平易近民，人民必然歸服。魯國這樣做，其後代將要成為齊國之臣了。」姜太公還真有遠見。長期以來，魯國以周室正宗諸侯國自詡，奉行以周禮治國。而周禮，禮儀繁縟，等級森嚴，過於保守，泯滅個性。所以，魯國死抱著陳舊觀念不放，不能與時俱進，從未有過革新變法，社會發展缺乏活力。這應該是魯國不能強盛的根本原因。

　　第二，魯國重禮樂而輕武備。有一次，吳國的季禮訪問魯國。他早就聽說，魯國的音樂水平很高，請求欣賞一下。魯國的樂工為他演唱了周朝的音樂，還演唱了各諸侯國的音樂，內容豐富、美妙動人，如同一場大型音樂會。《史記》用了很長的篇幅記載這次音樂會的盛況。季禮聽得如痴如醉，感嘆地說：「五音和諧，八音協調，節拍尺寸整齊，旋律遵循法度，這是音樂的最高境界了。」魯公聽客人誇獎，也揚揚得意。可是，《史記》中卻沒有任

何關於魯國訓練軍隊、加強武備的記載。魯國軍隊的戰鬥力很差，打的勝仗屈指可數，多數時候都是打敗仗。魯國倒也安分，很少主動出擊，更不對外擴張。試想，在那個戰亂動盪的年代，重視禮樂而不修武備，魯國怎麼可能強盛呢？

第三，魯國缺少明君賢臣。魯國重視禮儀，創建儒學，儼然是「禮儀之邦」，但是明君出得不多，更沒有雄心勃勃的君主，而昏君倒是出得不少。伯禽的第三代，就出現了弟弟殺死哥哥、奪去君位的事情，以後兄弟相殘之事屢見不鮮。禮儀道德方面也很糟糕。魯桓公的夫人與齊襄公通姦，造成魯桓公被殺；魯桓公兒子魯莊公的夫人，又與小叔子慶父私通，造成「慶父之亂」；魯惠公見兒媳婦漂亮，就占為己有。這樣的事情，在其他諸侯國也發生過，但出現在重禮儀的魯國，就有點諷刺意味了。司馬遷在《魯周公世家》中記述：「我聽說，孔子曾經說過：『魯國的道德，真是衰微至極了。』他們雖然一直遵循禮儀揖讓之節，但實際行事，又多麼與此違背啊！」沒有明君，自然就不會有賢臣。大軍事家吳起，最早是在魯國服務，曾經率領魯軍打敗了強大的齊國。但是，大臣們詆毀他，魯公猜忌他。吳起打了勝仗，不僅得不到賞賜，反而被趕走了。魯國沒有明君和人才，是不能強盛的關鍵因素。

第四，魯國長期由大臣專權。魯國最有權勢的，是孟孫氏、叔孫氏、季孫氏三家，號稱「三桓」。起初，他們是魯莊公的三個兄弟，後來各自發展成了大家族勢力，掌控了魯國大權，並分別統領魯國三軍。「三桓」家族控制魯國長達一百多年，歷經四代君主。有的君主也想削弱「三桓」勢力，但不是被殺死，就是被趕走。「三桓」之間，也相互爭鬥，魯國政局長期處於不團結、不穩定狀態。晉國等其他諸侯國，也有大臣專權。他們雖有內訌，但在對外上是一致的，因為只有對外擴張，他們才能從中得到好處。而魯國，內耗嚴重，對外又不行，只會搞「窩裡鬥」，怎麼可能強盛呢？

第五，周邊強國限制了魯國發展。魯國北邊是齊國，南邊是楚國，西邊是魏國，都比魯國強大，而且都不希望看到魯國強盛。一有藉口，他們就討伐魯國，不斷削弱魯國實力。魯國處於強敵包圍之中，是很難發展的。西元

前 496 年，孔子代理國相職務，只用了三個月，就很有成效。商販不敢漫天要價，掉在路上的東西沒人撿走，各地來的客人得到很好的照顧，辦事情也不用向官員送禮。齊國聽到這個消息，害怕起來，唯恐孔子長期執政，魯國就會強盛，那將對齊國大大不利。於是，齊國精心挑選了八十個美女，個個能歌善舞，還選了一百二十匹好馬，一起送給魯國。魯國國君高興壞了，一連三天不問政事，只顧享樂。孔子聽說以後，嘆息道：「接近那些女人，足可以讓人事敗身亡。」孔子一氣之下，辭掉官職，拂袖而去，帶領一幫弟子周遊列國去了。

西元前 249 年，魯國被楚國滅掉了。魯國雖然長期沒有強盛，更沒有稱霸，但卻創造了燦爛的文化，特別是聖人孔子在這裡誕生，創建了儒學。這對於中華文明，是一個重大貢獻，足以令人稱道。作為齊魯兒女，也可以有一點自豪的本錢了。

◎新視角讀《史記》之二十五 孔子是怎樣周遊列國的

魯國雖然國力不強，卻出了一位聖人，就是大名鼎鼎的孔子。孔子，是中國古代偉大的思想家、政治家、教育家。他創建了儒學，儒學的核心是禮和仁，儒家思想影響中國社會幾千年。孔子先是從政，從政不得志，便去周遊列國，到處宣傳他的儒家思想。那麼，孔子都到過哪些國家，他是怎樣周遊列國的呢？

《史記》記載，孔子的祖先是宋國人，是宋微仲第九代孫。他把先祖子姓和商湯名字中的乙，組合在一起，創造了孔姓。孔子的父親叫叔梁紇。叔梁紇年老時，娶了顏姓女子，生下孔子，因其頭頂是凹下去的，所以取名孔丘。《史記》記載，孔子身高九尺六寸，人們稱他為「長人」。雖然古代尺寸與現在不同，但孔子肯定身材高大，是個「山東大漢」。

孔子家境貧寒，年輕的時候，既做過管理倉庫的小官，也當過管理牧場的小史。他工作認真，後來升任了主管營造工程的官員。孔子一邊從政，一邊潛心學習周朝禮儀。由於學習用功，曾經有三個月，竟嘗不出肉的味道。他還外出求教過老子。孔子五十歲以後，官越做越大，先是擔任中都長官，後來升為司空，又由司空提升為大司寇。他在五十六歲的時候，代理國相，這是他擔任的最高職務。與此同時，他的學問也做大了，形成了禮、仁等儒家思想和政治主張，跟著他學習的人越來越多。孔子代理國相的時間不長，效果卻很明顯。但是，孔子見魯國君主沉湎於酒色，做事又不符合禮、仁，很是失望，就辭掉官職，帶著一幫弟子去周遊列國。

《史記》記載，孔子周遊列國，一共十四年時間，先後到過衛國、陳國、曹國、宋國、鄭國、蔡國、楚國等國家，大多數是小國。因為齊、晉、秦等大國關心的是如何稱霸，孔子宣揚禮、仁那一套學說，對他們來講，根本就是對牛彈琴。小國雖然願意接受孔子思想和政治主張，但也是各為自己打算。所以，孔子周遊列國之路，很不順利，成效也不大。

　　孔子最先去的國家是衛國，而且去過多次。衛國實力弱小，常常被大國欺負。衛靈公覺得孔子那一套挺好，如果天下都講仁義，不再打仗，衛國不就安全了嗎？但衛靈公也覺得，這恐怕不夠現實。所以，孔子第一次去衛國，住了十個月，沒有任何作為就離開了。孔子第二次去衛國，見衛靈公與夫人同坐一輛車，認為這不符合禮儀，很生氣，只住了一個月就走了。第三次又去衛國，衛靈公向孔子問起布兵打仗的事，孔子卻說：「排兵布陣的事，我不曾學過；祭祀祖先的禮儀，我倒知道一些。」衛靈公對祭祀的事不感興趣，孔子滔滔不絕地說著，衛靈公只顧抬頭仰望空中飛翔的大雁。孔子見狀，嘆息一聲，就又離去了。

　　孔子周遊列國，受到歡迎的時候不多，遭到冷落、戲弄的事卻不少。孔子在宋國時，與弟子們在一顆大樹下演習禮儀，宋國的司馬就命人把大樹砍了，恐嚇孔子，孔子只好識趣地離開了宋國。孔子到了鄭國，與弟子們走散了，一個人站在東門口。弟子們到處尋找老師。有人對他的弟子說：「東門有個人，額頭像唐堯，脖子像皋陶，可是從腰部以下，比禹短了三寸，一副狼狽不堪的樣子，真像一隻喪家犬。」弟子們把這話告訴了孔子。孔子苦笑說：「他形容我的相貌，不一定對。但說我像喪家犬，對極了。」有一天，子路遇見一位肩扛農具的老人，就問他：「您看見過我的老師嗎？」老人說：「你們這些人，四體不勤，五穀不分。誰是你的老師，我怎麼會知道。」子路鬧了個大紅臉。

　　孔子周遊列國，還時常遇到危險。孔子要去陳國，經過一個叫匡的地方。匡人看見孔子，誤以為他是魯國的陽虎。陽虎曾經殘害過匡人，匡人都恨他。孔子長得和陽虎差不多，匡人就把孔子圍起來，要殺掉他。幸虧弟子顏淵及

時趕到，消除了誤會，孔子才得以脫身。又有一次，孔子住在陳國和蔡國的邊境上，楚國打算派人去聘請孔子。陳、蔡兩國的大夫不願意讓孔子去楚國，就派了一些服勞役的人，把孔子圍困在野外。孔子和弟子們無法行動，食物也沒有了，一個個餓得頭暈眼花。孔子很無奈地問他的弟子：「我們為什麼落到這步田地，難道是我的學問不好嗎？」子貢小聲說：「老師的學問，博大到極點，所以，天下沒有一個國家能容納老師。老師何不稍微降低一下您的主張呢？」孔子聽了，很不高興。顏回大聲說：「老師的學問，博大精深，不被天下接受，有什麼關係呢？不被接受，那是當權者的恥辱；不被接受，才能更顯示出君子的本色！」孔子聽了，大為高興。子貢嘆口氣說：「現在空談這些，有什麼用呢？眼下最要緊的，是趕快想辦法求救。」於是，子貢設法去了楚國，請求楚王派出軍隊接走他們，才免除了這場災禍。

　　孔子周遊列國十四年，沒有多大效果，只好回到魯國。魯國不重用他，孔子也不想出來做官。孔子晚年，主要是編書和教授學生。孔子編修了《詩》《書》《禮》《樂》《易》《春秋》，被稱為「六藝」。孔子有學生三千多人，其中有七十二人被稱為聖賢。孔子在七十三歲時去世，孟子則死於八十四歲。所以，民間便有了「七十三、八十四，閻王不叫自己去」的說法。也有人把七十三歲或者八十四歲去世的老人，稱為「辭世於聖賢年」。

　　孔子周遊列國徒勞無功，主要原因是禮、仁等儒家思想和政治主張，不適宜春秋時代動盪的現實。而到了漢朝，天下統一、人心思安，統治者需要穩定社會，孔子的儒家學說便有了用武之地。漢武帝下令「罷黜百家，獨尊儒術」，儒家思想從此興盛，影響中國社會幾千年。可見，任何一種思想和政治主張，都必須適應社會發展的需要。

◎新視角讀《史記》之二十六 子貢口才高於蘇秦張儀

　　子貢，是孔子的得意門生。他精通儒學，學識淵博，與蘇秦、張儀並不是一路人，本不應該相提並論。然而，筆者讀了《史記》以後，才知道子貢還富有韜略，擅長遊說，特別是「三寸不爛之舌」的功夫，絲毫不亞於戰國時期著名的遊說家蘇秦和張儀。

　　《史記》記載，孔子在周遊列國的時候，有一天，忽然聽說齊國要去攻打魯國，魯國十分危險。孔子心中著急，就向隨行的弟子們說：「魯國是我們出生的地方，也是祖宗墳墓所在之地，現在危在旦夕，你們應該挺身相救。」子路志氣剛強，喜歡逞勇鬥力，又是孔子學生中武功最棒的，自認為非己莫屬，爭先要去。沒想到，孔子卻連連搖頭。其他弟子也紛紛請戰，孔子仍然搖頭。孔子把目光轉向身材瘦弱、文質彬彬的子貢。子貢心裡明白，便請求前去。孔子舒了一口氣，說：「有子貢去，我就放心了。」

　　子貢首先摸清了齊國攻打魯國的原因，分析了各國形勢和國君的心態，謀劃好此行的目的和計策。他知道，這次齊國攻打魯國，是宰相田常的主意。原來，田常早有篡位之心，但忌憚幾個掌握軍權的將領，就想借攻打魯國之機，消耗他們的實力。於是，子貢首先去見田常，開門見山地說：「您打魯國是錯誤的。魯國弱小，城牆單薄，護城河狹窄而水淺，兵力又不足，是很容易打下來的。如果滅了魯國，將領們立了大功，他們的勢力就會更強。所以，您不如去打吳國。吳國城牆高大而厚實，護城河寬闊而水深，士兵作戰勇猛，肯定很難打。」田常一聽，心裡就明白了，急忙說：「可是，軍隊已經開到魯國了，有什麼理由和吳國打仗呢？」子貢說：「我去見吳王，讓他援助魯國，這樣不就可以打起來了嗎？」田常就讓子貢趕緊去辦。

　　子貢立即去見吳王夫差，直截了當地說：「您要稱霸，對手是齊國。如果齊國滅了魯國，實力就會增強。所以，您應該援助魯國，擊退齊國。」夫差覺得有理。子貢又說：「齊國目前將相不和，正是打敗他的好機會。您戰勝了齊國，再率兵威逼晉國，天下畏懼，您的霸業就成功了。」吳王聽得高興，但由於聽說越王勾踐臥薪嘗膽，似乎有復仇之心，擔心越國趁機襲擊吳

國。子貢說：「那好辦，我去說服越王，曉之以利害，他不僅不會襲擊吳國，反而會派兵幫助您。」吳王大喜。

子貢馬上去見越王勾踐，劈頭就問：「您知道越國有危險嗎？」勾踐搖頭不知。子貢說：「我已經說服夫差幫助魯國，但夫差懷疑您想復仇，擔心您在背後打他。吳國目前仍很強大，如果對您起了戒心，您豈不是很危險嗎？您如果有心復仇，就絕不能讓夫差有疑心。」勾踐忙問：「那該怎麼辦呢？」子貢說：「您趕緊去向夫差表忠心，並派軍隊幫助他，夫差就會消除懷疑了。吳國如果打敗了齊國，有可能趁勢去打晉國。不管勝敗如何，吳國都會損耗實力，對您是有利的。」勾踐聽罷，起身叩拜，並送上黃金百鎰。子貢沒有接受，匆忙告辭，又馬不停蹄趕往晉國。

子貢見到晉國國君，開口便說：「聽說吳國就要和齊國打仗了。吳王稱霸之心已久，如果戰勝了齊國，一定會來與您這位老霸主較量。您需要早做準備啊。」晉國國君立即安排備戰。

子貢連續奔波，身心疲憊。他擔心孔子掛念，顧不上休息，趕快回去覆命。孔子聽後，拍手說好。

果然，事態的發展，完全是按照子貢的設計進行的。吳王夫差親自率軍援助魯國，越國派兵參加。齊國放棄魯國，轉而與吳國作戰，結果大敗，損兵折將。吳王夫差取得勝利後，稱霸野心更加膨脹，沒有班師回國，又率大軍抵達晉國，企圖以武力相威逼。沒想到晉國早有準備，吳國吃了敗仗，損失不小。越王勾踐見時機已到，立即渡江襲擊吳國。夫差聞訊後慌忙回撤，抗擊勾踐。吳國連續作戰，損耗了大量實力，部隊疲勞，處於劣勢。最終，越國軍隊攻入吳國都城，夫差自殺，吳國滅亡。越王勾踐，從此開始稱霸東方。

就這樣，子貢憑藉智慧謀略和三寸不爛之舌，周旋於五國之間，實現了保魯、亂齊、強晉、滅吳、霸越的戰略設想。短短數日，就使五個國家發生了巨大的變化，乃至對春秋末期的格局產生了重大影響。子貢遊說各國，說的幾乎都是真話，沒有撒謊欺騙。這源於他對各國心態的深刻洞察，是蘇秦、張儀他們不能比擬的。孔子對子貢才能的深刻了解，也是令人稱道的。

　　可見，儒生也能幹大事，而且能夠幹成大事。「百無一用是書生」的論斷可以休矣！

◎新視角讀《史記》之二十七 一個匪夷所思的魅女

有魅力的女人不少，一般都是年輕貌美的女子。然而，一個四五十歲的半老徐娘，也能人見人愛，迷倒男人一大片，這恐怕只有春秋時期的夏姬才能做到。

夏姬，是鄭國人，出身高貴，是國君鄭穆公的女兒。夏姬從小就是個美人胚子，長大後杏眼桃腮，漂亮得不得了。她第一個迷倒的，是同父異母的哥哥公子蠻。公子蠻「近水樓臺先得月」，可惜好了不到三年就死了。

夏姬成年之後，由於名聲欠佳，就遠嫁陳國，做了陳國大夫夏御叔的妻子。婚後生有一子，名叫夏征舒。後來夏御叔死了，夏御叔的同事孔寧和儀行父早就對夏姬垂涎三尺，趕緊抓住機會，與夏姬勾搭上了。不久，國君陳靈公也加入其中。三個人整天往夏姬住的株林跑，時間一長，路人皆知。《詩經》中有篇詩歌叫《株林》，專門諷刺這三個不要臉的傢伙。

《史記》對陳靈公等人與夏姬的事也有記載。《史記》記載，一個國君和兩個大夫，公然在朝堂上相互誇耀夏姬內衣，絲毫沒有羞恥之心。大夫泄冶看不下去，勸諫陳靈公說：「國君和大臣如此淫亂，讓老百姓如何效法？」陳靈公不知出於什麼目的，把這話告訴了孔寧和儀行父。兩人一聽火了：還想壞我們的好事！於是他們就暗地裡把泄冶殺了。國君是他們的淫友，他們當然可以為所欲為、毫無顧忌了。後來孔子評價說，泄冶死得不值，陳靈公無恥到那種地步，是不能勸諫的。

陳靈公為了取悅夏姬，任命夏征舒為大夫。陳靈公等三人肆無忌憚，鬧得越來越不像話。有一次，他們又在夏姬家裡喝酒取樂，夏征舒也在場。陳靈公指著夏征舒，對孔寧、儀行父開玩笑說：「我看這小子像你，也像你。」兩人反唇相譏說：「他長得更像您。」這等於當面說夏征舒是雜種。夏征舒心裡的火氣早就滿滿的，這回再也忍不住了，拿出弓箭，射死了陳靈公。孔寧、儀行父倉皇逃往楚國。夏征舒自立為國君。夏征舒能當國君，年齡自然不小了。夏姬是他的親生母親，年紀應該在四十歲以上了吧。

　　孔寧、儀行父逃到楚國，請求楚國出兵征討夏征舒。楚莊王當時正在爭霸，對這種犯上作亂的事情當然要管，於是率軍討伐陳國。在路上，楚莊王譏笑陳靈公說：「為了一個老女人死了，真不值得。」楚莊王率領大軍，殺了夏征舒，趁機把陳國也吞併了，將其設為楚國的一個縣。楚國是最早設縣的國家，比秦始皇的郡縣還早幾百年呢。群臣都為擴大了地盤而向楚莊王祝賀，只有一個大臣有不同看法。他向楚莊王進諫道：「我們征伐夏征舒，是為了伸張正義，可占領人家的土地，卻是不義之舉。這樣，諸侯不服，我們就難以稱霸了。」楚莊王頓時醒悟，馬上恢復了陳國，立陳靈公的兒子為國君。後來孔子評價說：「重一言而輕一國，莊王真是賢德。」

　　楚莊王把陳國的事情料理完了，就想看看讓陳靈公喪命的老女人長什麼樣。夏姬一進朝堂，全場的人眼睛都直了。楚莊王愣了半天，心想：陳靈公死得真值。於是說：「這個女人，我娶了。」大臣申公巫臣急忙勸諫，說：「我們是為正義而來，您如果娶了她，一定會受到諸侯恥笑，不利於爭霸大業。」申公巫臣是楚國有名的賢臣，楚莊王很敬重他。楚莊王沉思一會兒，覺得還是爭霸重要，只好忍痛作罷。楚莊王剛說不娶，話音未落，司馬子反就迫不及待地大喊道：「我娶！」夏姬進來以後，司馬子反的眼睛就沒有離開過她的身子。申公巫臣又急忙勸阻，說：「這個女人不吉祥。你看，有多少人死在她的手裡。」邊說，邊掰著手指頭數。司馬子反想想，還是性命要緊，也擺手不要了。申公巫臣剛想再說什麼，楚莊王發話了：「連尹襄老將軍剛剛喪偶，就賞給他為妻吧。」連尹襄老一聽，喜出望外，立即撲倒在地，磕頭謝恩。申公巫臣張了張嘴，沒說出話來，確實也無話可說了。

　　夏姬嫁給連尹襄老沒幾年，連尹襄老就戰死了。司馬子反感到慶幸，幸虧沒娶夏姬，真不吉祥。連尹襄老的兒子黑腰，早就被夏姬迷得不知東南西北了，馬上鳩占鵲巢。申公巫臣一看，不能再失去機會了，趕緊找到夏姬，傾訴了滿腔的愛慕之情，要夏姬先回鄭國等待，一有機會，自己定去娶她。夏姬從前周旋於若干男人之間，也是沒有辦法，見申公巫臣一片真誠，就答應了，自己先回到了娘家。申公巫臣焦急地等待機會，一直等了好幾年，楚莊王都去世了，換了新王，這才等來了出使齊國的機會。申公巫臣先到齊國，

辦完公事，讓副使回國覆命，自己心急火燎地趕到鄭國，立馬與夏姬完婚，遂了心願。這時候的夏姬，恐怕有五十歲了吧。

鄭國弱小，申公巫臣怕在鄭國不安全，就帶著夏姬逃到齊國，在齊國還怕不安全，又跑到晉國。晉國當時是霸主，有能力保護他們。申公巫臣素有賢德之名，但為了得到夏姬，他拋棄了高官厚祿、名譽地位、家庭財產，甚至不顧生命危險，一切都統統不要了，只要一個夏姬。可見夏姬魅力之大，無人能及。至於夏姬為什麼會有如此大的魅力，《史記》沒有記載。據說，漢代有人研究，說夏姬有返老還童之術，一生經歷了三次十八歲時的容貌，不知道是真是假。假如現在有人會這門技術，一定會發大財的。

申公巫臣偷娶夏姬的消息，很快傳到了楚國。司馬子反這才恍然大悟，原來這小子是要自己娶啊！司馬子反醋性大發，盛怒之下，殺死了申公巫臣整個家族。司馬子反並不是殘暴之人，平時很講仁義，這次是因為夏姬才失去了理智，又是夏姬魅力惹的禍。申公巫臣聞訊後，痛哭流涕，發誓報復。他向晉國獻計，扶持楚國背後的吳國，使之不斷襲擾楚國。楚國也如法炮製，扶持與吳國相鄰的越國。這樣，吳越逐漸強大，便有了兩國相互攻伐的故事。從這個角度講，夏姬還在一定程度上影響了春秋末期的格局變化。夏姬，可真稱得上是天下第一魅女！

◎新視角讀《史記》之二十八 吳越兩國怨仇多

春秋末期，各諸侯國為了爭霸，打得疲憊不堪，實力損耗不小。這時，南方的吳國和越國趁機崛起，先後稱霸中原。吳越是鄰國，互有怨仇。先是越國殺死了吳王，後來吳國打敗越國，最終越國滅了吳國。真是怨仇是非頗多。

《史記》記載，吳國的創立者，是吳太伯和其弟虞仲。他們是周文王的伯父，為了讓位，跑到南方荊蠻之地。荊蠻人認為他們很仁義，追隨附順他們的有一千餘戶。太伯和虞仲後來建立了吳國，周武王時候，正式冊封吳國為諸侯。吳國處於蠻夷之地，生產力很不發達，長期以來默默無聞。到太伯十九代孫壽夢時，情況才有所好轉。壽夢做王的第二年，申公巫臣為報楚國殺其家族之仇，專門來到吳國，教給吳國用兵之術和車戰之法，讓吳國在背後襲擾楚國。吳國從此開始與中原各國交往。壽夢的孫子闔閭，是個雄心勃勃的君主。他重用孫武、伍子胥，打敗了楚國、陳國、蔡國，吳國開始強盛起來。

《史記》記載，越國的祖先，是夏禹的後裔，是夏朝少康帝的庶出之子，被封在會稽。歷經二十多代以後，傳到了允常。越國人身上刺有花紋，頭髮剪短，是真正的夷蠻之人。楚國見晉國扶持吳國，便支持越國，越國也開始興盛。吳越兩國產生了矛盾，便相互攻打。

允常死後，兒子繼位，就是大名鼎鼎的勾踐。吳王闔閭知道，如果越國強盛起來，對吳國是心腹大患，趁著越國辦喪事，以為有機可乘，便舉兵伐越。越王勾踐可不是個簡單人物，早有防備，立即出兵迎敵。勾踐使用了蠻人之法，派出百餘名士兵，排成三行，手持短刀，緩緩來到吳軍陣前，說：「越國得罪了吳王，我們願意以死謝罪。」說完，這些士兵一起舉刀抹了脖子，倒地身亡。吳國人從沒有見過這種情況，看得目瞪口呆，心中疑惑不解，紛紛下馬察看屍體。就在這時，越國的精銳部隊突然殺出，吳軍猝不及防，被打得大敗而歸。吳王闔閭被箭射傷，不治而死。闔閭在彌留之際，再三告誡兒子夫差：「千萬不要忘了殺父之仇。」夫差流著眼淚，發誓說：「殺父之仇不共戴天，一定要滅了越國。」

　　吳王夫差懷著滿腔仇恨，日夜操練兵馬，準備報復越國。越王勾踐聽說以後，知道吳越之間，必定有一場生死大戰，就想趁吳國還沒有準備好，先發制人，於是舉兵伐吳。吳國動用了全國兵力，迎戰越軍。吳國軍隊士氣高漲，很快就打敗了越軍。勾踐聚攏起五千名殘兵敗將，退守會稽。夫差乘勝追擊，把會稽圍得水洩不通。勾踐亂了方寸，毫無辦法。大將范蠡對他說：「情況危急，只有向吳國稱臣求和，才能避免亡國的危險。您可以送給吳王優厚的禮物，並且親自前往侍奉他，把自身抵押給吳國。另外，聽說吳國太宰伯嚭是個貪財好利之人，您可以用重金賄賂他，讓他為越國說好話。」勾踐照計而行，派大夫文種前去求和，同時賄賂伯嚭。文種見了吳王，跪倒在地，邊爬行邊磕頭，說：「勾踐願意做您的奴僕，他的妻子願意做您的侍妾。」吳王想答應，伍子胥堅決反對。伯嚭卻說：「越王已經服服貼貼地當了臣子，如果赦免了他，將對吾國有利。」吳王夫差不聽伍子胥諫言，赦免了越王，撤軍回國。

　　越國遭此大難，差點被滅國。勾踐從此臥薪嘗膽，自己親自耕作，夫人親自織布，吃飯從未有葷菜，也不穿華麗衣服，並且體恤百姓，救濟窮人，發展經濟，增強實力，準備東山再起，向吳國復仇。

　　吳國征服了越國，實力大增，就想稱霸中原。夫差聽說齊景公死後，大臣爭權，新立之君幼小無勢，於是興兵北伐齊國。伍子胥進諫說，越國才是心腹大患，不宜攻打齊國。夫差不聽。伐齊取得勝利，夫差更是得意揚揚。接著，吳國又討伐魯國，也取得勝利。西元前 482 年春，吳王夫差北上，與諸侯盟會於黃池，稱霸中原。至此，吳國勢力達到鼎盛。

　　吳王夫差一心稱霸，兩眼只盯著中原諸侯，卻沒有認真防備身邊的越國。越國經過二十多年的休養生息，已經恢復了元氣，國力增強。於是，趁著吳王在黃池會盟，吳國精銳部隊都去赴會之機，勾踐興兵攻打吳國。吳國留守的老弱殘兵不是對手，被打得大敗，吳國太子也被殺死。此時，吳王夫差還在黃池，忙著與諸侯訂立盟約。夫差怕戰敗的消息於己不利，就封鎖消息，同時派人帶著厚禮，與越國講和。越王估計自己還暫時滅不了吳國，就同意講和了。

　　四年以後，越國趁著吳國連續與齊、晉作戰，軍隊疲憊之機，再次興兵伐吳，一舉攻占了吳國都城，把夫差圍困在姑蘇山上。夫差沒有辦法，只好派使者前去求和。使者見到越王，像當年文種那樣，跪倒在地，邊爬行邊磕頭，請求赦免。勾踐不忍心，想答應吳國。范蠡堅決不同意，說：「我們忍辱負重已經二十多年了，現在天要滅吳，我們決不能放棄。」說完，范蠡就鳴鼓進軍，大聲喝道：「越王把政事委託給我了，吳國使者趕快離去，否則，對你不客氣。」吳國使者只好哭著走了。就這樣，吳王夫差自殺，吳國滅亡了。

　　越王勾踐滅了吳國以後，出兵向北渡過黃河，在徐州與齊、晉等諸侯會合，向周王室進獻貢品。周元王派人賞賜祭祀肉給勾踐，稱他為「伯」。勾踐為顯示仁德，把淮河流域的土地送給楚國，把吳國侵占宋國的土地歸還宋國，把泗水以東的土地給了魯國。各國都賓服於勾踐。當時，越軍在長江、淮河以東暢行無阻，諸侯們都來慶賀，稱越王為霸主。越國勢力達到鼎盛。

　　吳越兩國相互征戰的事情表明：世道無常，三十年河東，三十年河西。有時因一念之差，就可能會造成無可挽回的大錯。

◎新視角讀《史記》之二十九 伍子胥被殺原因複雜

伍子胥，是春秋末期的著名人物。他幫助吳王闔閭建立大功，後因屢進忠言，惹怒夫差，被逼自殺。人們對伍子胥寄予深切的同情，他的事跡，被編為戲劇、電影廣泛傳播。吳王夫差，總體看並非昏聵之主，也很少濫殺無辜，對有殺父之仇的勾踐，他都能夠寬恕，為什麼非要殺害忠良伍子胥呢？據《史記》記載，伍子胥被殺的原因，是多方面的。

第一，伍子胥性情剛烈。伍子胥的父親伍奢，是楚國太子的老師。楚平王奪了太子的未婚妻，怕太子怨恨就要殺他，因而禍及伍奢。楚平王知道伍奢的兩個兒子賢能，想召來一起殺掉，以絕後患。伍奢說：「大兒子寬厚仁慈，一定會來；子胥為人桀驁不馴，絕不肯來。」知子莫若父。果然，大兒子應召前來，與父親一同被殺，伍子胥則含恨逃往吳國。他要留下性命，為父兄報仇。十六年以後，伍子胥帶兵攻打楚國，攻占了楚國都城，挖開楚平王墳墓，拖出屍體，一口氣打了三百鞭，才出了胸中惡氣。後來，伍子胥被逼自殺之前，滿腔憤恨，囑咐道：「把我的眼睛挖出來，懸掛在都城東門之上，我要親眼看到越軍進城。」從以上記載來看，伍子胥的性格，主要是嫉惡如仇、剛強暴烈。人們常說，性格決定命運。為人圓滑，固然不好，但過於剛烈，也無益處。這樣的性格，是很難與國君搞好關係的。

第二，伍子胥固執諫言惹怒吳王。從《史記》記載看，伍子胥向吳王大的諫言有三次。第一次，是吳國打敗越國以後，勾踐求和。伍子胥進諫說：「勾踐為人能含辛茹苦。大王若不一舉殲滅了他，今後一定會後悔的。」吳王不聽，不僅與越國議和，還把勾踐放虎歸山。第二次，是吳王征討齊國。伍子胥再次進諫道：「越國才是心腹大患，大王卻要去打齊國，不是很荒謬嗎？」吳王仍然不聽，結果伐齊成功。從此，吳王很少聽從伍子胥的計謀了。第三次，是吳王聽了子貢遊說，要援魯攻齊。伍子胥又諫言道：「大王如果相信那些虛飾狡詐之詞，吳國滅亡的日子就不遠了。」吳王有些惱怒，就派伍子胥出使齊國，把他支走了。當時，吳王正想與齊國開戰，卻派伍子胥出使齊國，豈不是想借刀殺人嗎？伍子胥多次進諫，雖然出於忠心，但不注意方式，

語氣不平和，說得難聽，不是「後悔」，就是「荒謬」，或者是「滅亡」，這肯定會惹惱吳王。

　　第三，吳王夫差剛愎自用，猜忌子胥。吳王夫差是一位有作為的君主。他父親被越國殺害後，每次上朝，都讓眾臣高喊：「夫差，不要忘記殺父之仇！」他勵精圖治，終於打敗了越國，後來又戰勝楚國、齊國，稱霸中原。越是有功績的君主，越是自以為是，喜歡聽奉承話，而且猜忌功臣。伍子胥是他父親一輩的老臣，屢建大功。俗話說：「功高震主」，歷史上因功被殺的事例很多。有些人，老老實實還難逃災禍，何況伍子胥一而再再而三地犯顏直諫呢。夫差的猜忌和剛愎自用，是伍子胥被殺的主要原因。

　　第四，伯嚭挑撥離間，屢進讒言。伯嚭與伍子胥，有著相同的經歷。他爺爺伯州犁，是楚國大臣，被楚王殺害。伯嚭也是含恨逃往吳國。起初，他和伍子胥同病相憐，關係不錯。後來，伯嚭接受越國賄賂，經常為越國美言，惹怒了伍子胥，兩人關係越來越差。伯嚭多次進讒言，說：「子胥為人強硬兇殘，猜忌狠毒，沒有情義。置父兄死活於不顧，鞭打楚王屍體以洩憤，不是善良之輩。」伯嚭為人圓滑，深得吳王夫差信任，被提拔為太宰。他的讒言對夫差影響很大。後來，伯嚭進一步誣陷說：「伍子胥屢次諫言，大王不聽，已有怨恨情緒。伍子胥自恃功高，十分強勢，又有謀略，很容易引發禍端。大王不可不防。」吳王夫差說：「沒有你這番話，我也懷疑他了。」可見，吳王夫差對伍子胥已經動了殺心。伯嚭的讒言和誣陷，是伍子胥被殺的重要原因。

　　第五，伍子胥留下把柄。伍子胥見吳王不聽諫言，很是失望，便假裝有病，不隨吳王出征，吳王很不高興。後來，伍子胥見吳國情況危險，就把兒子送到齊國，託付給齊國大臣鮑牧。伯嚭早就暗中注意伍子胥的舉動，探查到此事後，馬上報告吳王，說：「子胥身為吳國大臣，卻與敵國大臣串通一氣，還把兒子送往敵國，明顯是不忠。」吳王夫差終於抓到伍子胥的把柄，找到了藉口。於是，夫差派人送去寶劍，逼著伍子胥自殺了。越國滅亡吳國以後，吳王夫差後悔萬分，說死後無臉去見伍子胥。吳王夫差也落了個自殺身亡的下場。

　　伍子胥被殺，是他個人的悲劇，更是吳國的悲劇。伍子胥雖然死了，但他那忠勇剛烈、光明磊落、嫉惡如仇的形象，永遠受到人們的敬仰和懷念。

▌◎新視角讀《史記》之三十 范蠡識人本領真到家了

范蠡，也是春秋末期的著名人物。他輔佐越王勾踐滅了吳國，稱霸中原；然後，功成身退，不僅保全了性命，而且又在商界大展身手，再創輝煌。范蠡是一位集軍事家、政治家和商人於一體的傳奇人物，特別是他識人的本領，堪稱一流，不得不佩服。

《史記》記載，范蠡侍奉勾踐多年，早就看出勾踐為人長頸鳥喙，只能共患難，不能同富貴。但為了國家和民眾，他還是幫助勾踐成就了霸業。范蠡為勾踐出謀劃策，並且統領軍隊，指揮作戰，建立大功。事業成功之後，范蠡就向勾踐辭別。勾踐不准，說：「我正想和你平分越國，同享富貴呢。」勾踐越是說得好聽，范蠡越堅定了離去的決心。於是，范蠡攜家人不辭而別，乘船越海到了齊國。到齊國以後，他馬上給好友文種寫去一封信，讓文種也趕快離開，並說出「蜚鳥盡，良弓藏；狡兔死，走狗烹」（鳥盡弓藏、兔死狗烹）的警世名言。文種猶豫沒走，果真被勾踐殺害。

范蠡在齊國，更名改姓，在海邊耕作，吃苦耐勞，不久就積累了豐厚的財產。齊人知道他賢能，讓他做了國相。范蠡心裡不安，說：「當百姓就積累千金財產，做官就達到卿相高位，這不一定是好事。」於是，歸還相印，散盡家財，祕密離開，到陶地住了下來，自稱陶朱公。范蠡一家，在陶地耕作養畜，經商做買賣，很快，家資又積累到萬萬。陶朱公，也成了遠近聞名的人物。

《史記》記載，范蠡有三個兒子，都已成人。一次，二兒子在楚國殺人被捕。范蠡很清楚「殺人抵命」的道理，但為了父子情誼，不得不盡力營救。范蠡就派小兒子，帶一千鎰黃金到楚國辦理此事。不料，大兒子聽說後，十分苦惱，對父親說：「家裡的長子叫家督，理應挑大梁。現在二弟出了事，父親卻派三弟去，分明是說我不肖。我沒有臉活著了。」說完就要自殺。母親慌忙攔住他，說：「派小兒子去，能否救二兒子尚不知道，不能先沒了大兒子。」范蠡猶豫半天，只好讓大兒子去了。范蠡給楚國的莊生寫了一封信，再三囑咐長子：「一定要把信和千金都送給他，一切都要聽他的。」

　　長子到了楚國，打聽到莊生住處。只見莊生的家，靠近楚都外城，房屋簡陋破舊，周圍野草叢生。莊生衣著簡樸，是一個清瘦老頭。長子心中狐疑，但仍然按照父親囑託，把信和一千鎰黃金都給了他。莊生把黃金收好，說：「你趕緊回家，不要留在楚國。」長子見莊生不像達官貴人，擔心辦不好弟弟的事情，放心不下，沒有回去。

　　莊生雖然住在窮鄉陋巷，但因學識淵博，在楚國很有名氣。如何能救陶朱公兒子呢？莊生苦思冥想，終於想出一個好辦法。一天，莊生入宮去見楚王，說：「我夜觀天象，見星宿移位，這對楚國不利。」楚王平時很尊重莊生，急忙問：「那怎麼辦呢？」莊生說：「只有實行大赦，彰顯仁義，才能免除災害。」楚王便馬上派人安排大赦的事情。楚王將要大赦的消息，很快傳開了。長子聽說後，很是高興，接著就心疼黃金。於是，長子又回到莊生家裡。莊生見了，吃了一驚，說：「你怎麼還沒走啊？」長子說：「父親讓我來辦事，沒有結果，不敢回去。如今聽說楚王大赦，我弟弟自然沒事了。所以，特意來向您告辭。」莊生明白了，這是想要回黃金啊。莊生十分生氣，說：「你自己到裡屋拿吧。」長子也沒客氣，拿著黃金走了，心中還很得意。這一千鎰黃金，總算沒有白白捨棄。

　　長子走後，莊生越想越氣。莊生不是貪財之人，本想事成之後，再把黃金退還陶朱公。不想長子來了這麼一手，莊公感覺被戲弄了，十分惱怒。第二天，莊生又去見楚王，說：「您實行大赦，是為了彰顯仁德。但聽人說，陶地富商的兒子犯了罪，富商送您很多錢，您才實行大赦的。」楚王聽了大怒，下令先殺了富商兒子，再進行大赦。長子見弟弟被殺，十分悲痛，不知何故，只好拉著屍體回家了。

　　回到家裡，母親和鄉鄰都十分悲痛。范蠡說：「這是意料之中的事情。我就知道，大兒子可能辦不好這事。」眾人問是何原因。范蠡說：「大兒子從小跟著我奔波，經受過各種辛苦，把錢財看得很重。而小兒子，出生後家裡就富裕了，他沒有吃過苦，把錢財看得很輕，捨棄了也不心疼。」有人嗔怪說：「明知這樣，那就不該讓大兒子去。」范蠡嘆息說：「大兒子生性敦厚，

不讓他去，他一定會自殺的。二兒子殺人償命，乃是天理。沒有成功，也是天意。」聽了范蠡的一番話，眾人都很誠服，緩解了悲痛。

可見，無論做什麼事情，善於識人用人，都是最重要的，這是成就一切事業的前提和關鍵。

◎新視角讀《史記》之三十一 春秋無義戰但有義舉

「春秋無義戰」，這話是孟子說的。春秋，是指東周前半段歷史，因孔子著《春秋》而得名。春秋時期，天下無道，禮崩樂壞，諸侯混戰，各為其利，確實無正義可言。但比起東周後半段的戰國來，春秋還是要好很多，戰國更是充滿了腥風血雨。透過讀《史記》，筆者感到春秋雖然無義戰，但仍有一些信義之舉。

第一，諸侯發動戰爭的目的，主要是爭霸，而不是為了滅掉別的國家。春秋近三百年間，先後出現了齊、宋、晉、楚、秦五個霸主，後期又出現了吳、越兩個小霸主。可以說，春秋的歷史，就是諸侯爭霸的歷史。大國稱霸，是為了讓別國順從，而不是要奪取別國土地。那個時候，如果奪人土地，是被當作不仁之舉的。所以，晉文公滅了曹衛兩國以後，很快就把他們恢復了。楚莊王滅了陳國以後，本想據為己有，聽了諫言，認為是不仁義，不利於稱霸，便馬上放棄了。到戰國時期就不同了，戰爭的目的，就是滅掉別的國家，兼併土地，擴大自己的地盤。

第二，諸侯發動戰爭，講究出師有名，而且往往打著周天子的旗號。有的國家出現內亂，大國就去幫助平定；有的國君不仁道，霸主就去糾正他的錯誤；有的國家冒犯了自己，就要去征討。總之，打仗需要理由，不能師出無名。比如，楚國很想討伐宋國，但沒有理由，楚莊王就想了個辦法。他知道，楚國大臣申舟與宋國有仇，就故意派申舟出使齊國，而去齊國必須要經過宋國地盤。果然，宋國把申舟抓住殺了。這樣，楚莊王就以為申舟報仇為理由，堂而皇之地出兵攻打宋國了。而戰國時期，根本不需要任何理由，只要對我有利，想打誰就打誰。

第三，打仗要堂堂正正，講究程序和規矩。去征討某國，需要先發個通知，說明打他的理由。如果對方認錯，即刻罷兵；如果不從，才去討伐。開戰之前，雙方要互交戰書，規定好時間、地點。戰書寫得委婉客氣，十分謙虛，不能出言不遜。雙方正式較量時，要排兵布陣，一切準備好了，然後再打。似乎不是在打仗，倒像是體育比賽。比如，宋襄公的「泓水之戰」，我們今天說他像蠢豬一樣，可在當時，確實是仁義之舉。戰後，宋襄公甚至說：

「即便亡了國，也不能丟掉仁義。不能沒有列好陣，就去攻擊對方。」《史記》記載的春秋時期幾次大戰，都是堂堂正正地布陣對壘，很少有用計謀、出奇兵的。

第四，戰爭中講究仁義，不過分殺戮。春秋時期，雖然戰事頻繁，有的規模也很大，但在《史記》記載中，很少有傷亡人數的記錄，多數時候都是「擊潰」「潰散」。當然，肯定有傷亡，但傷亡不會過於慘重。而到戰國時期，就截然不同了。很多戰爭記載，一次殺死幾萬人、十幾萬人，甚至坑殺四十多萬人。

第五，戰場上有人不失仁義、不失禮節。這在今天看來，有點不可思議，而在當時，卻符合禮儀要求。比如：晉楚「鄢陵之戰」時，晉國大將郤至，遇見敵國國君楚共王，立即跳下戰車，脫掉頭盔，恭恭敬敬地施禮。楚共王對手下說：「這是一個君子，你們不要傷害他。」並派人給郤至送上一張弓，表示問候。晉國將軍韓厥，奮力追趕一輛戰車，趕上一看，是鄭國國君。韓厥說：「我已經侮辱過齊頃公了，不能再侮辱另一位國君。」於是放鄭成公走了。另一位晉國將軍欒針，在戰場上看見楚國大將子重的旗幟，對晉厲公說：「前幾年出使楚國，子重招待很好。我曾許諾，再見面時請他喝酒。現在他就在前面，我不能失信。」晉厲公答應了，欒針就派人給子重送去一壺酒。子重正在擂鼓，使者說明來意，子重接酒，一飲而盡，說聲「晉國真信義也」，然後繼續擂鼓作戰。當然，並非人人如此。魏錡見到楚共王，就一箭射了過去，射瞎了楚共王一隻眼。

還有一個戰例，也能體現當時的信義。楚國攻打宋國，包圍了宋國都城，五個月未能攻破，兩國都已筋疲力盡。宋國的司馬華元趁夜出城，找到楚國司馬子反。兩人原本熟悉，一見面就相互詢問情況。華元說：「城中糧食已盡，許多人易子而食，實在支撐不住了。」子反也說：「我軍糧食，只夠兩天了。沒有了糧食，也只得撤兵了。」華元走後，子反去向楚莊王匯報。楚莊王一聽火了，說：「你怎麼把實情告訴人家了？」子反理直氣壯地說：「宋國是個小國，尚且知道講信義，把實情告訴我。我堂堂一個大國，難道能撒謊嗎？」楚莊王聽了無言，只好下令撤軍回去了。

　　以上情況，是那個時代的產物。現在的人們，可能很難理解，也不能那樣做。但是，講仁義、守信用、重信義，在任何時代，都是需要的。

◎新視角讀《史記》之三十二 春秋時期小故事

　　春秋時期，是一個大動盪、大混亂、大變化的時代，也是一個「禮崩樂壞」、人性分化的時代。有些人仍然堅持禮樂文明，奉行君子之道；有些人則失去是非標準，恣意妄為。《史記》不僅記載了一些大事件，也記載了一些小事情。事情雖小，卻能夠反映當時的社會心態和人性。

講信義的最高境界

　　季禮，是吳太伯和虞仲第二十代孫。吳太伯，就是周太王時期，為了讓位於弟弟，哥倆一起跑到荊蠻之地的那位賢人。孔子高度讚揚他是「道德的巔峰」。季禮兄弟四人，他最小。季禮十分賢能，是有名的君子。父親想把王位傳給他，季禮堅決拒絕，說：「不能壞了長幼有序的規矩。」他父親只好把王位傳給老大。他大哥繼承王位後，沒有傳給自己的兒子，而是傳給老二，老二又傳給老三，是想最終還是要把王位傳給季禮，以完成父親的心願。吳太伯的高尚道德，在其後代身上，又一次得到體現。

　　有一次，季禮奉吳王之命，出使各國。他先到了徐國，受到熱情接待。徐君十分喜歡季禮隨身佩帶的寶劍，拿在手裡端詳了半天，羨慕得不得了。徐君知道，這是季禮心愛之物，心裡雖然留戀，但嘴上沒敢說。季禮明白徐君的心思，想把寶劍送給他。但因為還要出使其他國家，身佩寶劍是重要禮節，不可缺失。季禮心裡許諾，完成任務之後，一定回來把寶劍送給徐君。

　　幾個月以後，季禮完成了出使任務，又專程來到徐國。沒想到，徐君已經生病死了。季禮來到徐君墳墓，祭奠一番之後，把寶劍掛在墓前樹上，鄭重地說：「我按照當初心裡的許諾，現在把寶劍送給您了。」隨行人員不解，說：「徐君已經死了，再送他寶劍，還有什麼用呢？再說，當初您並沒有把心裡的想法說出來呀。」季禮很認真地說：「做人就要講信義，信義是發自內心的。當初我心裡已經答應徐君了，不能因為他死了就食言，那就違背自己的心願了。」眾人都很受感動，說：「嘴上沒有說，僅在心裡的許諾，季禮都能夠遵守，這應該是講信義的最高境界了吧。」

父親和丈夫誰更親

　　鄭厲公時期，大臣祭仲專權。祭仲在鄭厲公父親鄭莊公時期，就執掌大權。鄭莊公很信任他，當年鄭國射傷了周桓王肩膀，就是派祭仲去慰問的。鄭厲公對祭仲專權很不滿意，但沒有別的辦法，就找來親信雍糾，命他組織一幫人暗中下手。雍糾是祭仲的女婿，本不想接這差事，但君命不可違，只好悄悄找了一些人，準備找機會刺殺祭仲。

　　雍糾安排好以後，回到家中，一見妻子，想到要殺她父親，立刻渾身不自在。雍糾和妻子感情很好，他的反常舉動，自然逃不過妻子的眼睛。妻子問他有什麼事，雍糾支支吾吾不肯說。他越不說，妻子越要問，並說：「咱們夫妻這麼多年了，彼此恩愛。你就是有天大的事，也不該瞞著我呀。」雍糾被妻子追問得沒有辦法，只好嘆口氣，把事情一五一十地說了。說完，他抓著妻子的手叮嚀道：「你千萬不能說出去。你要說了，我肯定就沒命了。」妻子萬萬沒有想到是這種事，愣了半天，沒有緩過勁來，腦子裡一片空白，什麼話也說不出來，只是不停地流淚。呆了半天，妻子說：「這事，能不能不去做啊？」雍糾說：「沒有辦法。違背國君的命令，就得死。再說，我不去做，國君肯定還會派別人去做。」然後，又再三叮囑妻子，千萬不要說出去。妻子淚汪汪地看著他，說：「放心吧，就是我死了，也不能讓你死啊。」

　　妻子一晚上沒有闔眼，腦子裡一團亂麻。這事實在太大了，要說出去，丈夫就得死；如果不說，父親就沒命了。妻子的腦海裡，一會兒浮現出父親的慈愛，一會兒又是丈夫的恩愛。兩邊都是她的親人，到底誰更親呢？這道選擇題太難了！

　　一大早，妻子就跑去找母親，一見面就問：「母親，您說，是父親親，還是丈夫親啊？」母親漫不經心地回答：「都親」。妻子又追問：「兩個比起來，哪個更親？」母親說：「當然是父親更親了。因為丈夫沒有了，可以再找，而父親只有一個。」妻子一聽，號啕大哭。母親忙問是怎麼回事。妻子哭著說：「我只好對不起我的丈夫了。」就把事情向母親說了。母親沒有聽完，就急紅了臉，顧不上哭倒在地的女兒，馬上跑著去找祭仲了。祭仲大

吃一驚，迅速調集兵力，把雍糾那夥人全部殺死了，同時，把鄭厲公趕到邊界的櫟邑居住，另立了新君。

雍糾死後，妻子伏屍大哭，悲痛欲絕，隨後懸梁自盡。死前，她給父親留下遺言，請求與丈夫埋在一起。祭仲老淚橫流，滿足了女兒的心願。大家聽說此事以後，都說妻子做得對。因為她選擇了父親，就是選擇了孝，「百善孝為先」；同時，她為丈夫殉命，也體現了義和節。

守孝三年和守孝一年

孔子有個學生，叫宰予。宰予口齒伶俐，能言善辯。一次，他問孔子：「父母死了，是守孝三年好，還是守孝一年好呢？」孔子說：「當然要守孝三年了，這是禮儀。」宰予說：「守孝三年，時間太長了，會耽誤很多事情。君子三年不習禮，禮義必定荒廢；三年不演奏音樂，音樂必定敗壞。而一年時間也不算短，一年內穀子從種到收都成熟了。所以，我認為守孝一年就可以了。」孔子問：「如果只守孝一年，你內心安不安呢？」宰予回答：「心安。」孔子說：「既然你感到心安理得，就可以這樣做。」宰予高興地退出去了。

宰予走後，其他的學生問孔子，宰予講得對不對？孔子說：「從他那個角度說，有一定道理。但從仁義角度說，就完全沒有道理了。因為父母養育孩子很辛苦，孩子生下來，要三年才能離開母親懷抱。所以，應該為父母守孝三年。而宰予覺得，守孝一年就不算短，而且還心安理得。我斷定，他不是一個仁義君子。」學生們說：「您怎麼不用這個道理教育他呢？」孔子說：「對不仁義的人，講道理是沒有用的。」後來，宰予做了齊國大夫，參與謀反被殺，還被滅了族。孔子為有這樣的學生感到恥辱。

小事情引發大災禍

鄭靈公手下，有兩個大臣，一個叫子公，另一個叫子家。鄭靈公經常召他倆吃飯喝酒。鄭靈公比較任性，沒有國君的威嚴。一天，子公、子家在一起聊天，他倆關係很好。忽然，子公的食指顫抖了一下，就對子家開玩笑說：「我的食指一動，就有好東西吃，很靈的。」子家不信。這時，鄭靈公派人請他倆入宮。子公說：「一會兒到了宮裡，靈公一定會請我們吃珍異食物。」

　　他們進宮一看，果然擺好了宴席，其中有一鍋湯。原來，楚國送給靈公一隻大黿，鄭靈公讓人殺了，煮了一鍋黿湯。子公一見，哈哈大笑，對子家說：「你看，靈不靈啊？」子家也跟著笑起來。鄭靈公問為何發笑，子公就把以上情況說了。鄭靈公也笑了笑，心裡卻在想：「你說手指靈，我偏不讓你靈。」於是，他讓其他人都喝湯，唯獨不讓子公喝，還嘲笑子公，說：「這回，你手指頭還靈嗎？」子公很生氣，把手指頭伸到鍋裡，沾一下，往嘴裡一抹，說：「看，我吃到了，還是靈吧。」這當然是很不禮貌的行為。鄭靈公發火了，大罵子公，宴席不歡而散。

　　事後，鄭靈公越想越氣，就找人商議，想殺掉子公。子公聽到消息，與子家合謀，決定先下手為強，帶領族人衝進宮去，殺死了鄭靈公。事後，老百姓都說，國君和大臣都不正經，為了一點小事鬧成這樣。看來，鄭國快要完了。

一時激情殺國君

　　宋國有個將軍，叫南宮長萬。他孔武有力，很受國君宋閔公器重。不料，在一次對魯國作戰中，南宮長萬做了俘虜。經過宋國請求，魯國把他放了回來。從此，宋閔公就不那麼器重他了，有時還譏笑他。南宮長萬窩了一肚子火，又不好發作。

　　有一天，宋閔公與南宮長萬在一塊兒下棋，閔公又嘲笑他當俘虜之事。南宮長萬一下子血湧腦門，惱羞成怒，抓起棋盤，砸向宋閔公腦袋。南宮長萬是個大力士，一下子就把宋閔公腦袋砸開了花，腦漿都迸了出來。南宮長萬自知闖了大禍，趕緊往外跑。宋閔公衛隊攔不住，南宮長萬一口氣跑到了陳國。宋國派人賄賂陳國。陳國人施美人計，灌醉了南宮長萬，把他手腳捆住，再用皮革裹上，送回了宋國。宋國立刻把南宮長萬處死了，為宋閔公報了仇。老百姓都說，這世道真變了呀，隨隨便便就把國君打死了。

一碗羊湯見人性

　　有一次，宋國和鄭國打仗。開戰之前，宋國司馬華元為了鼓舞士氣，殺羊犒勞將士，每人一碗羊湯。華元一時疏忽，忘記給他的車夫羊斟一碗。羊

斟心懷不滿，就想報復。等到開戰之日，兩軍按照約定，排好陣式，即將開打。忽然，羊斟回頭對華元嘿嘿一笑，說：「喝羊湯，你做主；駕車，我做主。」華元聽了，感到一頭霧水。不等華元明白過來，羊斟揚起鞭子，打馬駕車，向鄭軍陣地跑去。鄭軍紛紛圍了過來，華元毫無防備，稀裡糊塗做了俘虜。鄭軍趁機向宋軍衝殺過去，宋軍沒了主帥，自然潰敗。華元是宋國重臣，宋國打算用一百輛戰車、四百匹馬贖他回來。東西還沒送到，華元自己逃回來了。

華元進城以後，在街上偶然遇到羊斟。華元是君子，不想與羊斟計較，還有意為他開脫，說：「那天的事，是不是你的馬受驚失控了？」沒想到，羊斟仍然憤憤地說：「不是馬驚了，是我故意的。你不給我羊湯喝，我就要你好看。」說完，羊斟就跑出城，逃到魯國去了。老百姓都憤怒地說：「羊斟不是人，為了那麼一點私怨，就讓主帥當了俘虜，使國家戰敗。羊斟哪裡還有一點人性啊！」

◎新視角讀《史記》之三十三 「三家分晉」開啟戰國時代

西元前 771 年，周平王把國都東遷洛陽以後，就開始了春秋時期。過了近三百年，歷史的車輪，又走到了戰國時代。開啟戰國時代的標誌性事件，是晉國的趙、魏、韓三家，瓜分了晉國土地，建立了三個新的諸侯國。晉國滅亡了。

《史記》記載，晉國從晉獻公開始，在國內「不蓄群公子」，國君的兒子們，都要到國外居住。這樣，雖然避免了公子爭權奪位，但也為大臣專權創造了條件。晉獻公沒有想到，公子喜歡權力地位，大臣們同樣喜歡。晉國實行軍政合一的六卿制，就是把軍隊分成三軍，每軍設兩個統帥，共六人。這六卿不僅掌握軍隊，還管理政務。這樣，國家的軍政大權，就都落到六卿手裡了。

六卿的勢力越來越大，國君的勢力就越來越小。到了晉厲公時期，晉厲公想改變這種狀況，把權力抓到自己手裡。但為時已晚，樹大難撼，自己反而被大臣殺死。以後的國君，幾乎沒有敢挑戰六卿的，都老老實實地當個掛名君主。在晉頃公時候，六卿誅殺國君的宗族祁氏和羊舌氏，把他們的領地奪過來，分成十個縣，由六卿的族人去管理。晉頃公竟然連屁也不敢放一個。六卿之間，也相互攻打，爭奪地盤。到晉出公時，智伯與趙、魏、韓聯合起來，滅了范、中行兩卿，瓜分了他們的領地。晉出公倒有點血性，請求齊魯兩國幫忙，討伐四卿。結果四卿反擊，殺死了晉出公。

在四卿當中，智伯勢力最強。智伯霸道，目空一切，經常欺凌其餘三卿。在一次酒宴上，因趙卿不善飲酒，智伯就抓著他脖子硬灌。趙卿惱怒，智伯一拳打了過去，打得趙卿鼻血直流。後來，智伯要三卿每人獻出一座城池。魏、韓兩家乖乖給了，趙卿不給，智伯就帶著魏、韓去打趙卿，並放水淹城。看到趙卿城中一片汪洋，智伯哈哈大笑，扭頭對魏、韓二人說：「你們城外也有大河，也是可以用水淹的。」魏、韓知道，智伯滅了趙卿，一定會再收拾他們的。他們便與趙卿聯合，趁智伯沒有防備，突然反戈，殺死智伯，瓜

分了他的領地。原本智伯是最有條件獨自稱霸的,因其性格傲慢暴戾,導致身死族滅。真是「性格決定命運」。

到這時,晉君手裡只有絳和曲沃兩城,其餘地方,都歸趙、魏、韓三家所有了。晉君畏懼,反而要向三卿朝拜。西元前 403 年,長期被冷落的周天子,為了顯示存在感,冊封趙、魏、韓為諸侯,三家就名正言順地建國了。西元前 376 年,三家又把晉君所剩不多的土地瓜分了。晉國最後一個國君晉靜公,安安靜靜地做了平民。晉國大地上,從此開始了趙國、魏國、韓國並立的新時期。

趙氏,和秦人是同一個祖先。他們祖先的一個後代,叫造父。造父為周穆王駕車,被賜在趙城,後人就姓趙了。造父往下傳十三代,就是趙衰。趙衰輔佐晉文公有大功,從此家族開始發達,幾代人都在晉國執政。中期因「下宮之難」,勢力受到影響。後來,趙家得到平反,趙武又做了正卿。趙武就是「趙氏孤兒」。趙武的孫子趙鞅,也叫趙簡子,十分賢能,眾人順從,宗族興旺。趙鞅位於上卿,獨攬晉國政權,他的封地等同於諸侯。趙鞅的兒子是趙襄子。趙襄子繼承了父親的職位,進一步擴大了家族勢力,終於和魏、韓一起「三家分晉」。趙國建立以後,出了趙武靈王等有為君主,還出了不少賢臣名將,如藺相如、廉頗、趙奢、李牧等。趙國在戰國時期北征戎狄、東防燕齊、西拒強秦,譜寫了許多可歌可泣的英雄篇章。

　　魏氏的祖先，是畢公高的後代。畢公高與周天子都姓姬。畢公高的後代子孫中，有個叫畢萬的，給晉獻公當護衛，因有功被封在魏地，後人就姓魏了。畢萬的兒子叫魏犨，跟隨重耳流浪十九年。重耳繼位後，魏氏開始發達。魏犨有個小妾，聰明伶俐，楚楚動人。魏犨十分疼愛，常對兒子說：「我死以後，別耽誤了她，給她找個好人家嫁出去。」可是，當魏犨臨死時，又對兒子說：「你讓她給我陪葬吧，我捨不得她。」兒子魏顆十分仁義，不忍讓小妾殉葬，就對大家說：「父親這話，是病重糊塗時候說的，我們還是按照他清醒時候說的去做吧。」後來，在一次戰鬥中，魏顆被敵軍將領追趕，十分危險，忽見敵軍將領頻頻摔倒，魏顆才逃脫保全了性命。原來，是一位老人把草打成結，絆倒了敵人。那老人，就是小妾的父親。這就是著名的「結草報恩」的故事。魏犨的孫子叫魏絳，也十分有名。他執政期間的最大政績，是主張與北方的戎狄修好，免除了後顧之憂，使晉國在八年之中，九會諸侯，重整霸業。魏絳的玄孫是魏桓子。魏桓子也不簡單，光大了祖先事業，與趙、韓一起瓜分了晉國。魏國建立以後，在戰國時期「虎頭蛇尾」。戰國初期，魏國最先稱霸，但以後逐漸衰落。最深刻的教訓，是人才流失。吳起、商鞅、樂毅、孫臏、張儀、范雎等大名鼎鼎的人物，都是魏國人，或者最早在魏國服務，後來都跑到別的國家去了。所以，戰國中期以後，魏國常常挨打受氣，不得不臣服於秦國。

　　韓氏，祖先也姓姬，和周天子同姓。其後代侍奉晉國，被封在韓原，後人就姓韓了。韓氏開始興盛，是在韓厥這一代。韓厥作戰勇猛，屢立戰功。在與齊軍作戰時，差點俘虜了齊頃公。韓厥還很仁義，在另一次戰鬥中，他遇到了鄭國國君，說：「我已經侮辱過齊頃公了，不可以再侮辱另一位國君」，就放他走了。在趙家有難時，韓厥挺身相助，後來又仗義直言，幫助趙武恢復了爵位。韓厥的後代韓康子，和趙襄子、魏桓子一起打敗智伯，瓜分了他的領地。韓國在戰國七雄中最為弱小，也沒有出過有為君主和賢臣，因而在戰國時期表現平平。名人也不多，出名的是韓非子。韓國實力最弱，是「軟柿子」，因而被秦國最先吃掉了。

　　「三家分晉」，代表了新興力量崛起，加快了中原大地由分到合的進程，是有積極意義的。

◎新視角讀《史記》之三十四 魏國重視人才率先崛起

在分晉的三家當中，魏國面積狹長、土地貧瘠、人口不多，論實力，比不上趙國，更趕不上齊楚等老牌大國。然而，魏國卻很快脫穎而出，在戰國七雄中率先崛起。它內政清明、軍事強大，向西奪取秦國的河西之地，向北滅了中山國，向南攻伐鄭國。這種強盛持續了百餘年，大有吞併天下之勢。魏國之所以崛起，最重要的原因，是出了一位賢明君主魏文侯。魏文侯最大的特點，是特別能夠尊賢用才。歷史上重視人才的君主不少，但從《史記》記載來看，能做到魏文侯這樣的，卻不是很多。

魏文侯首先改變了賢才標準。現在我們所說的賢才，是指道德高尚而且有能力的人。但是，在西周和春秋時期，賢，是指有錢的人。《說文解字》註釋：「賢，財多也。」賢字下部，是貝，即錢財。過去，人們提到人才，首先是看他是否有錢。有錢的都是貴族，所以，人才大多出自貴族。魏文侯改變了這個標準和偏見，不論貧富，也不管出身貴族還是平民，只要有才能，就加以重用。他的大臣中有貴族，但更多的，則是出身平民。

魏文侯尊重賢人誠心實意。當時，魏國有三個有名的賢人，是卜子夏、田子方和段干木。魏文侯欲拜他們為師，卜子夏、田子方答應了，魏文侯就虛心向他們學習，經常請教治國方面的問題。段干木清高，不願意與官府打交道。魏文侯幾次想去拜訪，他都謝絕不見。魏文侯乾脆就直接去了，沒有事先通報。段干木見魏文侯已到了大門外，就翻牆跑了。魏文侯雖然吃了閉門羹，但對段干木依然尊重有加，每次坐車經過段干木住的地方，都站起身來，憑軾敬禮。眾人都說，段干木不識抬舉，不值得尊重。魏文侯卻說：「他不貪圖榮華富貴，是真正的賢人。給什麼他都不要，我只能給他尊重了。」魏文侯如此尊賢，自然有很多賢人投在他的麾下。

魏文侯使用人才不拘一格。魏文侯既重視本地人才，也重用外來人才。他任用戎狄出身的翟璜為相，主持政務；重用平民出身的李悝，讓他主持革新變法。魏國是戰國時期第一個實行變法的國家，透過變法革新，魏國迅速強大。魏文侯重視發揮人才的特點。吳起去投奔魏國，魏文侯對他不太了解，

就問李克。李克說：「聽說吳起貪婪好色，但要論帶兵打仗，司馬穰苴也不如他。」魏文侯說：「好，那就用他帶兵打仗。」吳起率軍，一戰就奪取了秦國五座城池，占領了河西地區，充分展示了其軍事才能。

魏文侯培養人才不遺餘力。魏文侯不僅重視武功，而且重視文治。他在河西地區建立了河西學院，聘請名家授課，培養了大批人才。儒家、法家、墨家等各種學派的人紛紛前來，一時間人才濟濟，各種思想和學術十分活躍，形成了歷史上著名的河西學派，為「百家爭鳴」拉開了序幕。華夏文化中心由魯國轉向了魏國，使魏國占據了思想文化高地，儼然成為中原各國的文化宗主國。重視文化，對於教化百姓，崇尚道德，形成清明社會，發揮了重要作用。魏國之所以能夠稱霸百年，不僅在於它軍事強大，還在於它文化發達。

魏文侯駕馭人才很有分寸。魏文侯重用平民出身的樂羊，拜他為主將，率軍攻打中山國。戰爭十分激烈，打了三年都沒有攻克。這期間，魏文侯收到大量對樂羊不利的奏摺，說什麼的都有。魏文侯堅持「用人不疑」，不為所動。中山國快招抵不上了，使出毒辣的一招，把樂羊兒子殺了，做成肉羹，送給樂羊一碗，想摧毀樂羊的意志。樂羊竟然眉頭都不皺一下，就把他兒子的肉羹吃了。中山國人大驚，他們的意志反倒垮了，很快被樂羊滅掉。魏文侯聽說以後，十分感嘆，說：「樂羊因為我，竟吃了自己兒子的肉，真是忠臣。」旁邊大臣提醒他說：「他連自己兒子的肉都敢吃，還有誰的肉不敢吃呢？」魏文侯一想也對，他對兒子都不仁慈，能對別人好嗎？樂羊得勝回國以後，十分得意，魏文侯就把那些奏摺拿給他看。樂羊看後，脖子裡直冒冷汗，立即下跪磕頭，說：「臣這才明白，打下中山國，全是仰仗君主的信任。」魏文侯既然對樂羊起了疑心，就「疑人不用」，以後沒有再重用他，但給了樂羊豐厚的賞賜，讓他過著舒服的日子。

魏文侯在位五十年，魏國國力強盛、社會開明，成為戰國七雄中的佼佼者。可見，「得人才者，事業興旺」，是一條古今中外永恆不變的規律。

◎新視角讀《史記》之三十五 魏國人才流失逐漸衰落

　　魏文侯為魏國開創了興盛局面，如果這樣發展下去，魏國是最有希望統一天下的。魏文侯死後，兒子魏武侯繼位。魏武侯武功方面還可以，但文治不行，尊賢用才方面更不行。他最大的失誤，是逼走了吳起。到了他兒子魏惠公時期，由於魏文侯打下的老底厚實，勉強還算強國。但魏惠公只知道夜明珠是寶物，不重視人才，致使人才外流，已經露出衰敗之象。再到其後代，在重視人才方面差得更遠了，就像黃鼠狼生小老鼠，一窩不如一窩。魏國自然衰落下去。

　　《史記》記載，魏武侯當太子的時候，有一次，路上碰見文侯老師田子方。太子下車拜見，田子方因其是晚輩，沒有還禮。太子很不高興，質問田子方：「是富貴的人可以驕傲，還是貧窮的人可以驕傲呢？」田子方明白他的意思，硬氣地回答：「當然是貧窮的人可以驕傲了。因為諸侯驕傲了，就會失去國家；大夫驕傲了，就會失去家族。而貧窮者，沒有可以失去的東西，所以可以驕傲。」太子生氣地拂袖而去。

　　魏武侯即位以後，一次和吳起泛舟黃河，看到地勢險峻，很是高興，說：「山川如此險要，這是魏國的瑰寶啊。」吳起說：「國家穩固，在於施德於民，在於使用人才，而不在於地形險要。過去的夏商，險要的地方很多，不是也亡國了嗎？」魏武侯雖然口頭稱是，但內心仍然重視地利，忽視人才。

　　當時，有很多人才都是魏國人，或者最早在魏國服務，但不是被逼走，就是不被重用，甚至被迫害。人才紛紛外流，削弱了自己，壯大了敵國。

　　第一個被逼走的，是吳起。吳起是著名軍事家，為魏國建立了大功。有他在，秦國就不敢東進一步，趙、韓兩國就對魏國順從。魏文侯很器重吳起，把軍事大權都交給他。魏武侯也重視吳起，但又擔心他不能對魏國全心全意。魏武侯有個女婿，叫公叔。魏武侯覺得還是女婿可靠，就任命他為相國。公叔妒忌吳起的功勞和才能，就設了一計，陷害吳起。一天，公叔對魏武侯說：「吳起是個人才，就是不知道他是否會長期為魏國服務。」這話正說到魏武

侯心裡。武侯問：「那怎麼辦？」公叔說：「吳起沒有妻子，您可以把公主嫁給他。他如果答應了，就表明會長期留在魏國；如果不答應，那肯定就有二心了。」武侯說：「這個辦法好。這樣試探一下，就搞清楚了。」隨後，公叔特意請吳造成家裡吃飯，他與妻子演了一齣雙簧。妻子當著吳起的面，對公叔不是奚落，就是訓斥，或者責罵。吳起看得目瞪口呆，心想：「原來君主的女兒這麼刁蠻，娶什麼人也不能娶公主啊。」第二天，魏武侯召見吳起，要把公主嫁給他。吳起自然百般推託，不敢答應。魏武侯既失望又生氣，從此不再信任吳起，並削弱了吳起的權力。吳起怕有災禍，就獨自一人跑到楚國去了。吳起在楚國實行變法，楚國強大起來。後來，魏、趙、韓三國聯合進攻楚國，都不是楚國對手。

第二個流失的人才，就是大名鼎鼎的商鞅。商鞅是衛國國君姬妾生的兒子。他從年輕時候起，就喜歡刑名法術之學，看到魏國強盛，就來到魏國，想施展自己的才能。商鞅投奔在國相公叔門下。公叔明明知道商鞅是個人才，就是不向國君推薦，而是留在家裡，輔導自己的兒子。直到公叔病重臨死前，才向國君推薦商鞅。當時的國君，已經是魏惠公了。魏惠公根本沒有聽說過商鞅，一點也不了解，便沒有任用他。商鞅在魏國得不到任用，只好到秦國去了。商鞅在秦國實行革新變法，很快使秦國強盛起來，成為魏國最強大的敵人。

孫臏，是孫武的後代，精通兵法。他學成之後，先去投奔魏國。不料，魏國大將龐涓嫉賢妒能，假借罪名砍掉他雙腳。孫臏成了殘疾，流落街頭，乞討為生。齊國使者見到他以後，認定孫臏有奇才，就把他偷偷帶回齊國。孫臏幫助齊國壯大軍隊，打得魏國一敗塗地，並殺了龐涓。

樂毅，就是魏國人，是樂羊的後代。他從小喜歡軍事，十分賢能。年輕時曾在趙國生活，趙國人舉薦他做官。為了報效國家，樂毅從趙國回到魏國，魏國卻不重用他，不讓他領兵，只讓他幹一些出使之類的差事。樂毅出使燕國時，燕昭王看出樂毅是個人才，千方百計留住了他，封他為亞卿。後來樂毅率軍攻打齊國，幾個月就攻下七十多座城池，差一點滅了強大的齊國。燕

昭王兒子繼位後猜忌樂毅，樂毅被迫離開燕國。但他沒有回魏國，而是到趙國居住。

范雎，也是魏國人，很有才幹，因家境貧寒，就到魏國大夫須賈門下當差。一次須賈出使齊國，范雎也跟著去了。須賈能力平庸，齊襄王看不起他，卻看出須賈手下的范雎很有本事。齊襄王送給范雎十斤黃金和酒肉之類的東西，而須賈什麼也沒有。范雎只留下酒肉，沒有接受黃金。須賈連嫉妒加惱怒，回來以後，就向國相魏齊誣告范雎裡通外國。魏齊不做調查，就命人毒打范雎。范雎被打得皮開肉綻、肋折齒斷，昏死過去。這還不算，魏齊還命人把范雎扔在廁所裡，眾人輪番往他身上撒尿，極盡侮辱之能事。後來見范雎沒氣了，就把他扔到亂石崗上餵狗。沒想到，范雎被人救活，歷經曲折到了秦國。范雎後來當了秦國丞相，提出並實施著名的「遠交近攻」策略，打得魏國屁滾尿流、心驚膽顫，幾乎到了低三下四哀求的地步。范雎說要國相魏齊的腦袋，魏國不敢不聽，只好乖乖地把國相的腦袋送了去。

著名的縱橫家張儀，也是魏國人。他同樣沒有被魏國重用，而是當了秦國的丞相。後來，張儀也做過魏國國相，但那是秦國建議的，魏國不敢不從。張儀身為魏相，實際上是秦國「間諜」，一心只為秦國謀利益。真是魏國的悲哀啊！

以上各位，都是戰國時期叱吒風雲的人物，都在一定程度上影響著戰國走勢。魏國如果能夠重用他們，就有可能統一天下；即便重用其中一位，魏國也不至於淪落到挨打受氣、卑躬屈膝的地步。可惜，他們都被魏國逼迫著為別的國家服務去了。如果魏文侯地下有知，不知是何心情？可見，「失人才者，事業衰敗」，也是古今中外永恆不變的規律。

◎新視角讀《史記》之三十六 屢遭流言誹謗的吳起

吳起，是戰國初期著名的軍事家、政治家、改革家。他一生歷仕魯、魏、楚三國，通曉兵家、法家、儒家三家思想，在軍事、內政等方面，都有極高的成就。他愛兵如子，用兵如神，幾乎每戰必勝，深受士兵愛戴。然而，就是這樣一位了不起的英雄人物，竟然也遭受流言蜚語和誹謗之詞。

《史記》記載，吳起是衛國人，出身富戶，家裡積蓄足有千金。吳起年輕的時候，外出四處求官，結果官沒求到，反而蕩盡了家產。同鄉鄰里的人，都笑話他是敗家子。吳起一怒之下，接連殺掉三十多人，然後從衛國的東門逃走了。吳起與母親訣別時，咬著自己的手臂，發誓說：「我吳起不做卿相，絕不再回衛國。」後來，他母親死了，吳起果然沒有回家奔喪。

吳起跑到魯國，先是學習儒學，後來又學習兵法，慢慢地出了名。有一次，齊國軍隊攻打魯國。當時，齊國強大，魯國弱小，每次作戰，魯國必敗。這一次，魯國國君想用吳起為將軍。吳起很高興，終於有施展才能的機會了。不料，有人進讒言，說吳起的妻子是齊國人，怕吳起心向齊國。魯國國君猶豫了。吳起眼見施展才能的機會就要失去，情急之下，殺了妻子，來表明自己的心跡。魯國國君這才消除了懷疑，任用吳起為將軍，讓他率軍迎戰齊國軍隊。吳起精心謀劃戰術，在戰鬥中又身先士卒，一舉打敗了齊軍。弱小的魯國，戰勝了強大的齊國，全國驚喜，諸侯震動。此時，又有人進讒言了，說：「魯國是個小國，本來不引人注目，現在卻有了戰勝國的名聲。以後，諸侯各國都要謀算魯國了，魯國從此就危險了。再說，魯國和衛國是兄弟國家，魯君要是重用吳起，就等於拋棄了衛國這個兄弟。」這都是些什麼謬論啊，但魯國國君卻聽進去了。於是，魯國國君客客氣氣地把吳起趕走了。

關於吳起「殺人止謗」和「殺妻求將」的說法，應該不是事實，而是誹謗。因為《史記》在記載這個事情的時候，用的是「魯人或惡吳起曰」的字眼。意思是說，魯國有的人惡意詆毀吳起，故意造謠中傷、誹謗吳起。另外，從吳起一生的行為來看，他也不是那種濫殺無辜的人。

　　吳起為魯國打了勝仗，不僅沒有得到封賞，反而被免去官職，還被驅逐出境。沒有公理，吳起感到窩囊啊！吳起聽說魏文侯賢明，便去了魏國。魏國又有人說他，「貪而好色」。但魏文侯知道吳起善於用兵，就任用他為主將，攻打秦國，一連奪取了五座城池。

　　吳起做主將，與眾不同。他跟最下等的士兵穿一樣的衣服，吃一樣的飯菜，睡覺不鋪墊褥，行軍不乘車騎馬，而且與士兵一樣，身背糧食和武器，與士兵同甘共苦。古今中外的將軍，能做到吳起這樣的，恐怕不多。有個士兵生了惡性毒瘡，疼痛難忍，吳起就用嘴為他吮吸膿液。這位士兵的母親聽說以後，放聲大哭。別人認為，她是被吳起感動而哭。這位母親卻說：「我是哭我的兒子啊。吳將軍這樣對他，打仗時，他肯定會不要命地往前衝。當年，吳將軍也為他的父親吮吸過毒瘡。他父親就在戰場上勇往直前，結果戰死了。我兒子恐怕也會死在戰場上。所以，我才哭他啊！」從吳起的所作所為來看，哪裡有一點貪，哪裡有一點好色呀？事實證明，說吳起「貪而好色」，明顯也是誹謗。

　　魏文侯後來評價吳起，說他「廉法不貪」。魏文侯的評價是對的！魏文侯不愧是賢明之主，讓吳起擔任了西河地區最高長官。吳起據守西河，使得秦國不敢向東侵犯，韓國、趙國都來服從歸順。後來，魏文侯更加重用吳起，除了負責全國軍事以外，還讓他管理文武官員，參與政務，使百姓親附，充實府庫的儲備。魏文侯時期，吳起的文治武功才能，得到充分發揮，為魏國稱霸做出了重大貢獻。魏文侯死後，國相公叔設計陷害吳起，逼得吳起不得不離開魏國，去了楚國。

　　楚悼王早就知道吳起大名，聽說吳起要來，非常高興，待吳起一到，馬上任命他為國相。楚悼王也是求賢若渴啊！當時，楚國雖然面積大，但國力並不強，主要原因是貴族多、冗官多，國庫空虛，軍隊戰鬥力弱。吳起經過認真分析，向楚悼王提出了革新變法的建議。楚悼王十分贊同，全力支持吳起實行變法。吳起變法的主要內容有：取消貴族歷代世襲，已經三代的停止爵祿；裁減冗官，將節省下來的費用用於強兵；嚴明法律；整頓吏治；獎勵軍功，等等。吳起變法成效顯著，楚國國力強盛了，軍隊戰鬥力提高了。之

後，吳起率兵，向南平定了百越，向北吞併了陳國和蔡國，向西打敗了秦國，還擊退了魏、趙、韓三國的聯合進攻。諸侯各國對於楚國的強大，深感憂慮。照這個趨勢發展下去，楚國足可以稱霸天下。

可惜好景不長，楚悼王不幸去世。楚悼王一死，吳起失去靠山，那些利益受損的貴族們趁機作亂。楚悼王還沒下葬，貴族們就迫不及待地追殺吳起。吳起見無路可逃，就趴在楚悼王的屍體上。那些貴族們對吳起恨之入骨，沒有多想，一陣亂箭射了過去，吳起被射死了。同時，也有不少箭，射中了楚悼王的屍體。按照楚國法令，侮辱楚王屍體的，要被滅族。所以，等把楚悼王安葬完畢，太子即位以後，就開始追究楚王屍體被射的責任，把作亂的人全部處死，並滅其族。當時，被滅族的，達到七十多家。吳起臨死前，還拉了一大群人為他墊背。他用最後的智慧，為自己報了仇。

吳起一死，楚國的革新變法就夭折了。從此以後，楚國再也沒有強盛過，最終被秦國滅掉了。吳起的功績和才能，被人們廣泛認同，也被後人尊奉紀念。唐朝把吳起列為「武廟十哲」之一。歷代都為吳起設廟紀念。如今，陝西省的吳起縣，也是為了紀念吳起而命名的。可見，流言蜚語和誹謗詆毀並不可怕，因為，歷史是公正的，人心也是公正的。

◎新視角讀《史記》之三十七 齊國國君先姓姜後姓田

「三家分晉」不久，齊國又出現了「田氏代姜」。這也是開啟戰國時代的標誌性事件。齊國，是泱泱大國，在諸侯中很有影響。「田氏代姜」以後，國號雖然仍稱齊國，但國君卻悄無聲息地由姜姓變成了田姓。對此，各諸侯國並沒有什麼反應，顯然是水到渠成的事情。

《史記》記載，齊國的開國君主，是大名鼎鼎的姜太公。姜太公有多個名字，叫姜尚，字子牙；也叫呂尚，因祖先曾被封在呂地，所以也姓呂；周文王見到姜尚時說：「太公盼望賢人很久了」，因而又叫「太公望」。姜尚助周滅商建立大功，被封在營丘，國號為齊。之所以叫齊，是因為傳說那一帶有個天齊神。

姜太公到營丘以後，首先打敗了前來進犯的異族萊侯，穩定了局面。然後，修明政事，順其風俗，簡化禮儀，開放工商之業，發展漁業鹽業，民眾多來歸附，齊國逐漸成為東方大國。太公活了一百多歲，到太公第四代胡公時，把國都從營丘遷到薄姑。不久，獻公又把國都遷到臨淄，此後臨淄一直作為齊國國都。從姜太公往下傳第十二代，就是齊桓公。齊桓公是春秋第一霸主，齊國勢力十分強盛。

在齊桓公稱霸期間，陳國發生內亂。陳厲公被殺，陳厲公的兒子陳完逃到齊國。齊桓公知道陳完賢能，要任他為卿。陳完說：「我能夠到齊國避禍，已經是您給我的恩惠了，不敢擔當這麼高的職位。」陳完再三推辭，齊桓公只好讓他擔任工正，並把同族女兒嫁給他為妻。陳完將陳姓改為田姓，叫田完。現在很多姓田的，都是陳完的後代，所以有「陳田一家」的說法。

田完擔任工正，盡心盡力。工正是管理手工業的官職，手工業在當時屬於先進生產力，利益豐厚。田完及其子孫憑藉這個優勢，埋頭苦幹，艱苦創業，積累了大量財富。田氏不到三代，就成了富甲一方的大富豪。田氏富足以後，重視行慈善之舉：借給別人糧食時，用大斗；別人還糧食時，用小斗；

販賣鹽、海產品和木材時，往往按照成本價出售。田氏又成了享譽一方的大善族。

到田完玄孫的時候，開始涉足政界，侍奉齊莊公，很受寵信。到田完第五代孫田乞時，被齊景公任命為大夫。田乞借鑑前輩的做法，向老百姓徵收賦稅時，用小斗；賜給老百姓糧食時，用大斗。老百姓廣泛讚揚。田氏得到齊國民心，家族勢力越來越大。與此形成鮮明對照的，是齊國國君做事越來越荒唐，越來越不得人心。齊桓公一世英名，但他的子孫很不成器。齊桓公死後，他的兒子們紅著眼睛，相互攻打，爭奪君位。在不到五十年的時間內，齊桓公的五個兒子，先後都搶到了君位，有的屁股還沒坐穩，就被殺了，最短的在位不到三個月。以後的國君，有的也很荒唐。比如，齊懿公砍了一個大臣父親的腳，又奪了另一個大臣的媳婦，竟然還讓這兩個大臣陪同自己外出遊玩。這兩個大臣，早就懷恨在心，趁機把齊懿公殺死，扔在竹林裡。還有，齊莊公跑到一個大臣家裡，調戲大臣妻子，被家丁當場捉姦並殺死。國君昏庸，田氏施恩，人們希望田氏能夠管理國家。著名的賢臣晏子就私下說：「田氏雖無大的功績，但有恩德於民。人民擁戴，齊國政權最終將歸田氏。」

田乞覺得時機成熟，就在朝中結黨，大臣們都依從他。齊景公病重時，讓宰相國惠子和高昭子立公子荼為太子。齊景公死後，國、高兩位宰相就扶持荼當了國君。田乞不滿意，想立景公的另一個兒子陽生當國君。田乞與大臣們串通好，帶領自己的部下，去攻打兩位宰相。結果高昭子被殺，國惠子逃走。於是，田乞立陽生當了國君，就是齊悼公。齊悼公即位後，田乞任宰相，開始獨攬齊國政權。一個大夫，竟然打敗兩個宰相，廢立國君，可見田氏力量之強大。

田乞死後，兒子田常接替宰相職務。田常繼續採取施恩於民的做法，仍然大斗出、小斗進，老百姓都編成歌謠頌揚他。齊簡公意識到自己的地位危險，想要除掉田常，結果反被田常殺了。田常立了簡公的弟弟當國君，就是齊平公。田常一手邀買人心，一手排除異己，把勢力較強的鮑氏、晏氏等誅殺。田常還不斷擴大家族實力，他把從安平以東到琅邪的土地，作為自己的封地。這比齊平公的領地還要大。田常還使了一招，他挑選了一百多個女子

充實後宮，做齊平公的姬妾。這些女子，個個都在七尺以上，身強力壯。這一大群高大女子，整天纏著齊平公飲酒作樂，實際上等於把他軟禁了。這樣，齊國政權就全部落到田常手裡了。

田常死後，兒子田盤繼續當宰相。這時，晉國的趙、魏、韓三家殺死智伯，瓜分了他的領地。田盤與三晉互通使臣，學著他們的樣子，讓田氏家族的人，都去做大小城邑的大夫，田氏實際上已經擁有整個齊國了。到田盤的孫子田和的時候，齊國國君就有名無實了。田和乾脆把國君趕到海濱，只給他一座城做食邑，田和成了事實上的諸侯。魏文侯為了與齊國通好，派使臣去向周天子請求，冊封田和為諸侯。西元前 386 年，周天子正式冊封田和為齊侯，開始紀元年。這樣，齊國國號沒有變，但國君，卻由田姓取代了姜姓。

「田氏代姜」與「三家分晉」一樣，也是有積極意義的。田氏家族代表了新興力量，推動齊國向新的階段發展。田和的孫子齊威王，雄心勃勃，勵精圖治，重用人才，使齊國重新稱雄於七國，留下了許多佳話。

◎新視角讀《史記》之三十八 兩個「一鳴驚人」的故事

「一鳴驚人」的故事，人們都很熟悉。故事的主角，有人說是春秋時期的楚莊王，有人說是戰國時期的齊威王。其實，這兩種說法都對，因為在《史記》中，就記載了兩個「一鳴驚人」的故事，而且兩個故事幾乎完全一樣。

《史記》在《楚世家》中記載，楚莊王即位三年來，從未發布過任何政令，日夜尋歡作樂，還下了一道詔令：「有敢進諫者殺無赦。」大臣伍舉實在看不下去了，硬著頭皮入宮進諫。伍舉進宮後，見楚莊王坐在歌舞樂人中間，左手擁一美女，右手抱一美女，一副荒淫君主的模樣。伍舉沒敢直接諫言，而是講了句隱話，說：「有一隻鳥，落在土山上，三年不飛也不鳴。這是什麼鳥呢？」楚莊王回答：「三年不飛，飛將沖天；三年不鳴，鳴將驚人。你下去吧，我知道你的意思了。」除伍舉外，還有大臣冒死進諫。於是，楚莊王停止尋歡作樂，開始管理政務，殺死幾百個罪人，擢升幾百個賢臣，任用伍舉等管理政務。楚國很快強盛起來，楚莊王成為一代霸主。

《史記》又在《滑稽列傳》中記載，齊威王在位時，喜好說隱語，又好徹夜宴飲，逸樂無度，把政事委託給卿大夫。而卿大夫們荒淫放縱，國事荒廢，各國都來侵犯，國家危在旦夕。齊威王身邊的近臣，都不敢進諫。大臣淳于髡就用隱語規勸齊威王，說：「都城中有隻大鳥，落在大王庭院裡，三年不飛也不鳴，您知道這是怎麼一回事嗎？」齊威王回答：「此鳥不飛則已，一飛沖天；不鳴則已，一鳴驚人。」於是，詔令全國七十二個縣的長官，都來入朝奏事，獎賞一人，誅殺一人。然後，發兵禦敵，收復了被別國侵占的土地。齊國從此強盛起來，聲威維持三十六年。

這兩個「一鳴驚人」的故事，其實真正的主角是楚莊王。《史記》的記載，來源於《韓非子喻老》。據《韓非子喻老》記載，當時，伍舉對楚莊王說：「阜山上有一隻鳥，三年不展翅、不飛翔，也不鳴叫，沉默無聲。這是什麼鳥呢？」楚莊王回答：「三年不展翅，是為了生長羽翼；不飛翔鳴叫，是為了觀察民情。雖不飛，飛必沖天；雖不鳴，鳴必驚人。」從這個記載來看，當時楚莊王並

非真的是逸樂廢政，而是在觀察民情，等待時機。而齊威王，則是真的逸樂廢政。於是，淳于髡就拿兩百年前的這個典故規勸他。

淳于髡的規勸起了作用，齊威王不再逸樂廢政，而是勵精圖治，勤於政務。他首先整頓吏治。前面說的被獎賞的一人，是即墨大夫；被殺的一人，是阿城大夫。即墨大夫勤懇做事、不善逢迎，而阿城大夫只拉關係不做實事。齊威王身邊的近臣，都詆毀即墨大夫，稱讚阿城大夫。齊威王派人實地考察之後，把即墨大夫召來，說：「雖然很多人說你壞話，但我派人考察，你的政績卻很好。田野得到開發，百姓生活富足，社會安定，官府沒有積壓的公事。」於是，封給他一萬戶食邑作為獎賞。齊威王又把阿城大夫召來，說：「雖然很多人說你好話，但你那裡田野荒廢，百姓貧苦。你荒廢政務，連衛國奪去薛陵這樣的大事，你都不知道。而且，你還用財物賄賂我的左右。」於是，齊威王下令，烹殺了阿城大夫，並把稱讚他的人一塊烹殺掉。結果，全國震驚，人人不敢文過飾非，齊國得到很好的治理。

齊威王還十分重視人才，有一個著名的比寶故事。有一次，魏惠王向齊威王炫耀說：「我的國家雖小，但有十顆夜明珠，直徑都達一寸。它的光芒，能照亮前後各十二輛車。這樣的寶物，您有嗎？」齊威王回答：「這樣的寶物我沒有，因為我喜歡的寶物與您不同。我有個大臣叫檀子，由他鎮守南城，楚國人就不敢侵犯，附近的十二個諸侯都來朝拜。我有個大臣叫盼子，由他鎮守高唐，趙國人就不敢到黃河捕魚。我有個大臣叫黔夫，由他鎮守徐州，燕國人和趙國人都嚇得求神保佑不受攻伐。我有個大臣叫種首，由他負責治安，結果就道不拾遺。我認為這才是寶物。他們的光芒，都能照亮千里，怎麼能與十二輛車的光照相比呢？」魏惠王聽了，感到慚愧。魏惠王就是那位不用商鞅、迫害孫臏的魏惠公。那樣的德行，竟然也稱王了。

孫臏被使者帶到齊國以後，齊威王就像撿了一個大寶貝，非常高興。齊威王經常向孫臏請教兵法，把他當做老師；同時重用孫臏，採用孫臏的「圍魏救趙」之計，把魏國打得大敗。此後，齊國取代魏國地位，開始稱雄於諸侯。

在齊威王的治理下，齊國重振雄風，大有當年齊桓公爭霸的風采，顯示出新興力量的勃勃生機。

◎新視角讀《史記》之三十九 燕國搞了一齣「禪讓」鬧劇

禪讓，是遠古時期才有的事情。經過夏商週三朝近兩千年時間，父死子繼、兄終弟及的世襲制，已經根深蒂固了。可是，在戰國時期，燕國卻搞了一次「禪讓」。燕王噲想效法堯，把君位禪讓給自己的相國子之，結果引發一場戰亂，自己也被殺了。這場「禪讓」鬧劇成了後人的笑柄。

《史記》記載，燕國開國之君，是召公。召公和周公，都是周武王的弟弟。周公被封在魯國，召公被封在燕國。兩人都沒有去封地，而是在周室輔佐周成王。召公賢能，備受讚譽。召公的後代，卻沒有大的作為，除燕昭王外，也沒有出過像樣的君主。

燕王噲是燕國第三十八代國君，是燕昭王的父親。他對歷史上堯禪讓於舜非常仰慕，是一位理想主義者，書生氣十足。燕王噲的國相子之，是個野心家。他一方面把持朝政，另一方面極力迎合燕王噲的思想和讓賢推能的心理，使燕王噲認定他就是「大賢」。子之與蘇秦是兒女親家，與蘇代關係也很密切。這哥倆可是出色的遊說家，白的能說成黑的，死的能說成活的。經他倆一糊弄，燕王噲就像腦袋被驢踢了，竟然產生了讓位給子之的想法，並異想天開地想透過自己的實踐，建立一套「有德者繼之」的君位傳承制度，以便揚名天下。

一個叫鹿毛壽的人登場了。他對燕王噲說：「人們之所以稱讚堯為聖賢，是因為他把天下讓給了許由，而許由並沒有接受。堯只是得到了美名，並沒有失去天下。所以，您不如把國家讓給子之，子之一定不敢接受，您就會得到與堯同樣的美名。」鹿毛壽很可能是子之蘇代一夥的，他們利用循序漸進的方式，哄騙燕王噲上鉤。果然，燕王噲喜歡沽名釣譽，就把國家託付給了子之。子之獨攬大權，地位更加尊貴。

這時，又有一位神祕人物出場了。他對燕王噲說：「禹推舉益為繼承人，卻任用啟的臣子當官吏，使啟的實力擴大。禹死後，啟就攻打益，奪走君位。所以，天下人都說，禹名義上傳位於益，但實際上是傾向自己的兒子。現在，

大王雖然把國家託付給了子之，但官吏都是太子的臣子。這正是名義上讓給子之，實際上還是太子執政啊。」燕王噲其實是有太子的，而且太子平還很賢明。但此時，燕王噲的腦袋已經徹底被驢踢壞了。於是，他把俸祿三百石以上官吏的印信，都收回來，交給子之，由子之隨意任免。燕王噲還正式把君位禪讓給子之，讓子之坐在君主座位上，面南稱君；自己卻站在下邊，俯首稱臣。

子之當了國君，自然有很多人不服。子之採取高壓政策，百官人人恐懼，百姓人心浮動，社會不穩。子之當國三年，燕國終於大亂。太子平和將軍市被合謀，想推翻子之。這時，齊王派人找到太子平，說：「聽說太子主持正義，將要廢私而立公，整飭君臣之義，明確父子之位。齊國願意聽從太子的差遣。」有強大的齊國相助，事情一定能夠成功，若一般人，肯定大喜過望。但太子平知道齊國居心叵測，沒有答應。還真是賢明！原來幾年前，齊國趁著燕國辦喪事的機會，興兵攻打燕國，奪去了十座城池。雖然後來齊國又歸還了城池，但兩國已心存芥蒂。太子平謝絕了齊國的「好意」，依靠自己的力量去攻打子之。子之既然能夠輕而易舉地奪取君位，自然不是等閒之輩。太子平他們的行動很不順利，將軍市被戰死，雙方混戰幾個月，死了幾萬人。燕國大亂，民眾遭難。

面對這種情況，齊國眾將紛紛請戰，說：「趁這個機會攻打燕國，一定可以取勝。」就連素以仁義著稱的孟子也說：「現在討伐燕國，正是武王伐紂那樣的好時機，千萬不能丟失。」於是，齊王興兵討伐燕國。齊軍到後，燕國士兵並不迎戰，也不關閉城門。只有子之的人馬抵抗，自然是以卵擊石，子之被滅。齊國大軍順利平定燕國內亂，可惜軍紀不嚴，縱兵搶掠，濫殺無辜，連「聖賢」的燕王噲都被殺了。燕國百姓多有怨恨，齊國只好撤兵回國。

燕人擁立太子平為國君，就是燕昭王。《史記》在《趙世家》中記載，當時，是趙武靈王護送燕王噲的另一個兒子，叫公子職的回國登位。那麼，燕昭王到底是太子平呢，還是公子職？不過，這並不重要。重要的是，燕昭王從此奮發圖強，治理破碎江山，富國強兵，後來討伐齊國，報了殺父之仇。燕昭王成為燕國歷史上為數不多的一代賢君。

　　燕王噲「禪讓」鬧劇表明，歷史發展有其自身規律，如果逆歷史規律而行，肯定會碰得頭破血流。

◎新視角讀《史記》之四十 弱小燕國差點滅了強大的齊國

　　燕昭王即位以後，弔祭死者，慰問孤兒，與臣下們同甘共苦，一心想富國強兵，然後伐齊，報殺父之仇。可是，面對傷痕纍纍的現狀，應該怎麼辦呢？

　　《史記》記載，燕昭王首先招攬人才。沒有人才，什麼事都辦不成。這個道理，燕昭王是很清楚的。燕國本地人才缺乏，外部人才願意來的也不多。燕昭王詢問大臣郭隗的意見，郭隗先給燕昭王講了一個「千金買馬骨」的故事。說古代有個國君，最愛千里馬，派人四處去找，三年都沒有找到。一次，國君聽說某地有千里馬，就派侍臣帶一千兩黃金去買。侍臣到後，千里馬卻病死了，侍臣就用千金把馬骨買了回來。國君大怒，侍臣卻不慌不忙地說：「只要這個事情傳開，大家都知道您如此愛馬，肯定會有人把活馬送來。」果然，時間不長，國君就得到好幾匹千里馬。郭隗講完這個故事，又說：「大王可以把我當作『馬骨』試一試。」燕昭王覺得有道理。於是，燕昭王就像對待老師那樣，用最高的禮節對待郭隗，並給郭隗建了豪華住宅，還同時建了好幾處，以備招攬人才之用，被人們稱為「金臺招賢」。這個辦法果然奏效，各地賢士紛紛投奔燕國。這時，樂毅從魏國出使來到燕國。燕昭王與他交談後，知道他有軍事才能，就千方百計留下樂毅，拜他為亞卿，委之以國政和兵權。

　　樂毅傾盡全力幫助燕昭王，改革內政，嚴明法律，獎勵有功之士，發展經濟，很快就改變了燕國面貌。樂毅又著重進行戰法和軍事訓練，燕軍的戰鬥力明顯提高。這樣，經過多年的艱苦奮鬥，燕國實力大增。燕國在蒸蒸日上之時，齊國卻從強盛開始走下坡路了。當時齊國在位的國君，叫齊湣王，是齊威王的孫子。他驕橫狂妄，好大喜功，對內不恤民力，橫徵暴斂，失去民心；對外不斷用兵，四處征伐，招致諸侯反對。齊湣王覺得王的稱號不顯赫，就自稱東帝。忍辱負重的燕昭王，認為報仇雪恨的時機到了，就與樂毅商量伐齊大計。

　　樂毅對燕昭王說：「齊國，它原來就是霸國，現在仍然留著霸國的基業。它土地廣闊，人口眾多，燕國單獨打它比較困難，應該聯合趙、魏、楚等國家，共同對付它。」怎樣才能聯合其他國家呢？燕昭王想了一個計策，派人去遊說齊國，誘使齊國攻打宋國。這正符合齊湣王的心思。他正想對外擴張，便出兵攻打宋國。當時楚、趙、魏等國都想染指宋國，便與齊國產生了矛盾。齊湣王伐宋取勝以後，頭腦發熱，繼續擴張，向南占據了楚國淮水以北的土地，向西侵入三晉，還想吞併周室，自立為天子。這樣四面樹敵，必然引起眾怒。燕昭王抓住這一時機，趕緊派人去聯絡趙、魏、韓、楚等國。各諸侯國都覺得齊國是個禍害，爭著與燕國聯合，共同伐齊。燕昭王動員了全國的兵力，任命樂毅為上將軍。樂毅統一指揮燕、趙、魏、韓、楚五國軍隊，浩浩蕩蕩殺向齊國。

　　此時，齊湣王正在做著天子美夢，沒想到各國軍隊一起殺來。齊湣王倉促調集全國兵力，西進禦敵。各國軍隊都是精銳之師，齊國連續征戰，軍隊疲勞。雙方在濟水以西展開大戰，結果齊國大敗，主力被殲，齊湣王狼狽逃竄。燕昭王聞訊大喜，親自跑到濟西戰場慰問將士。濟西大捷以後，其他國家認為已經懲罰了齊湣王，不想再打了。樂毅則認為，這是滅掉齊國的好機會，不能半途而廢。於是，樂毅單獨率領燕國軍隊繼續東進，一口氣攻占了齊國都城臨淄。然後，又兵分五路，繼續攻占齊國各地。僅半年時間，就占領齊國七十多座城池，都劃為郡縣歸屬燕國。只剩下莒和即墨兩城沒有被攻克，但也被燕軍團團包圍。齊湣王如喪家之犬，先後跑到衛國、鄒國、魯國。到了這種地步，齊湣王依然擺出一副「東帝」的架子，傲慢無禮，各國都不歡迎他。最後，齊湣王被楚國將領殺掉了。齊國沒有了國君，只剩下兩城，幾乎就亡國了。

　　可是，天不滅齊，事情瞬間發生逆轉。燕昭王死了，兒子燕惠王繼位。燕惠王與樂毅有矛盾，齊國田單趁機實施反間計。燕惠王派騎劫代替樂毅。騎劫是個笨蛋，燕軍將士不服。齊國趁機反攻，田單巧施計策，大擺「火牛陣」，燕軍一敗塗地，七十多座城池又被奪了回去。「煮熟的鴨子又飛了」，這對燕國來說，甚是遺憾；而對齊國而言，卻是萬幸！

可見，強弱是相對的，可以相互轉化。因此，切不可因一時之強而鬆懈，也不可因一時之弱而氣餒。

▌◎新視角讀《史記》之四十一 田單復國卻有國難回

齊國失而復得，第一功臣是田單。沒有田單，可能就沒有後來的齊國。田單建立了蓋世奇功，人們無不敬仰。可想不到的是，田單復國以後，日子卻並不好過，以致在國內待不下去，只好去了趙國，最後客死異鄉。這不能不令人痛惜！

《史記》記載，田單雖然是王族本家，但關係較遠，只在臨淄當了個管理市場的小官。臨淄陷落以後，田單和族人逃到安平。他讓族人把長長的車軸兩端鋸掉，再包上鐵箍。不久，燕軍攻打安平，人們爭路逃亡。很多人因為車軸太長，相互碰撞，軸斷車毀，做了俘虜。只有田單帶領族人逃出，一路跑到即墨。後來，燕軍又圍攻即墨。即墨守城官員出城迎戰，戰敗被殺。城中無主，人心浮動。人們聽說田單有智謀，就推舉他當將軍，帶領大家守城。國難當頭，義不容辭，田單就做了這個民選的「草根」將軍。

田單知道，圍城燕軍有數萬之眾，而城內，連士兵加青壯年，只有五千人。敵眾我寡，非用計謀不可。他苦思冥想，接連想出了幾條奇計。

第一計，借助神靈，樹威服眾。田單心裡清楚，雖然眾人推舉他做將軍，但因過去官小，缺少威望。面對強敵，城裡人心也不穩定。於是，田單下令，各家在吃飯之前，都要祭祀祖先。結果飯食灑在地上，引來無數飛鳥搶食，在空中盤旋飛舞，十分壯觀。田單揚言：「這是神人到來的徵兆。」接著，他找了一個機靈士兵冒充神人，下命令時，就說是神人的指示，無人敢不服從。這樣，田單假借神靈樹立了威望，城中人心也穩定了。城外燕軍，聽說城內有神人相助，不免心裡發毛。

第二計，散布謠言，促敵換將。田單知道，要想獲勝，最大的障礙是樂毅。由樂毅統帥燕軍，即墨城遲早會被攻破。恰在這時，對樂毅十分信任的燕昭王死了，兒子燕惠王繼位。田單讓人四處散布謠言，說：「樂毅在半年之內，就打下七十多座城。而即墨城，這麼長時間都打不下來，明顯是要收買人心。樂毅想當齊王。」燕惠王本來就對樂毅有疑心，聽到謠言，信以為真，派騎劫替換了樂毅。燕軍將士為樂毅鳴不平，軍心動搖。

第三計，誘敵犯錯，激勵士氣。田單讓人悄悄對燕軍說：「我們最怕的，是燕軍割掉俘虜的鼻子，毀壞祖先墳墓。」騎劫愚蠢，果然下令，割了俘虜鼻子，挖了齊人的祖墳，並把墳中屍體拖出來焚燒，任意凌辱。城裡人見了，個個痛哭流涕，人人恨得咬牙切齒，都想與燕軍拚命。

第四計，詐降欺騙，麻痹燕軍。田單派人去見騎劫，說城中支撐不下去了，請求投降。騎劫大為高興。田單又讓城中大戶給燕軍將領送黃金，請求進城以後，不要侵擾其家族。燕軍將領滿心歡喜，一口答應，從此放鬆戒備。

第五計，火牛上陣，出奇制勝。田單在城中收集了一千多頭牛，牛角上綁上尖刀，牛尾上綁上蘆葦，蘆葦上灑上油。一切準備妥當，田單一聲令下，士兵點燃牛尾上的蘆葦，一千多頭火牛疼痛難忍，狂怒地撞向燕軍。五千壯士高舉刀戟，隨後砍殺。老弱婦孺登上城頭，拚命敲鑼吶喊，殺聲震天。燕軍膽顫心驚，潰散逃命，死傷無數，騎劫也被殺死。田單率軍緊緊追趕，各地齊人順勢暴動，田單兵力越聚越多。燕軍的戰鬥意志被徹底摧毀，潰不成軍。原來丟失的七十多座城池，很快又被收復了。

田單復國以後，親自去莒城，迎接齊湣王的兒子回臨淄登上王位，就是齊襄王。齊襄王任命田單為相國，封為安平君。田單復國之後的事情，《史記》在《趙世家》中寫道：「齊安平君田單將趙師而攻燕中陽，拔之。又攻韓注人，拔之。二年，田單為相。」這說明，田單又到趙國領兵打仗去了，還做了趙國的相國。那麼，田單為什麼跑到趙國去了呢？

原來，田單復國以後，大家都認為他應該自立為王，可田單卻立了齊襄王。齊襄王就像天上掉下一個大餡餅，既高興又感激，同時也很擔心。高興和感激的心情很快就過去了，擔心卻越來越強烈。他擔心田單的功勞太大、威信太高，對他不利，這就是「功高震主」。田單覺察到齊襄王的擔心，更加小心謹慎地處理國政。越是這樣，田單威信越高，齊襄王越是擔心和猜忌，最後，竟然起了殺心。

有一次，田單遇見一個凍僵的老人，脫下皮裘救活了他。老百姓紛紛稱讚。齊襄王聽說以後，卻大為惱火，自言自語道：「他都那麼高的威望了，還在到處收買人心。不如趁早殺了他。」說完抬頭一看，不想旁邊還站著一

個侍臣。齊襄王厲聲喝問：「我剛才說的話，你聽到了嗎？」離得這麼近，侍臣不敢說沒有聽見。齊襄王又追問：「那你覺得我說得對嗎？」侍臣為難了，說對或者不對，都可能招禍。侍臣也算機靈，說：「我聽說，相國做的那些好事，都是您讓他做的呀。」齊襄王「嗯」了一聲，臉色好看了一些。侍臣抹著冷汗退下去了。

有一天，齊襄王急召田單入宮。田單慌得沒顧上穿鞋，光著腳就跑去了。襄王盯著跪倒在地的田單，看了半天，冷冷地說：「召你來沒什麼事，我這是盡國君的職責；你來了，也是盡臣子的職責。」這叫什麼事啊！就這樣，田單整日生活在君王的猜忌之中。俗話說，伴君如伴虎，況且這老虎已有了吃人之心，田單的日子能好過嗎？

不僅國君猜忌，大臣們對田單也心態各異。對於田單這天大的功勞，有的嫉妒，有的羨慕，有的不服氣。田單心裡憋屈啊！不僅大臣，甚至市井流氓也敢詆毀他。有個叫貂勃的人，經常在大庭廣眾之下汙蔑田單。田單並不認識他，與他更無怨仇。田單不理解，就備了酒宴，很客氣地把貂勃請來，問他緣由。貂勃竟然厚顏無恥地說：「誰都知道，堯是賢聖，但街上的狗仍然會咬他。這不是堯不好，而是堯不是狗的主人。」田單聽明白了，就推薦貂勃做了官。貂勃以後果然不再咬他了。田單心裡，卻像吃了蒼蠅那麼噁心。

後來，趙國有事，請求齊國讓田單去幫忙，齊襄王很高興地答應了。田單到了趙國以後，就不敢回齊國了，齊襄王也不希望他回來。趙國對田單很尊重，任他為相國。田單為相的那幾年，趙齊關係比較融洽。田單雖然客居趙國，但心裡仍然裝著齊國，每當夜深人靜的時候，田單就獨自面向東方，暗自垂淚。

◎新視角讀《史記》之四十二 秦國連出明君迅速崛起

自秦穆公以後，秦國沒有出過有為的君主，自然也沒有大的作為，在戰國初期處於弱勢。魏國和過去的晉國一樣，死死扼住它東進的道路，秦國勢力只能侷限於黃河以西。從戰國中期開始，秦國連續出了幾位賢明君主。他們順應時代，革新變法，短短幾十年時間，秦國就迅速崛起。

《史記》記載，首先使秦國復甦的，是秦獻公。秦獻公十多歲的時候，就跑到魏國避禍，一住就是三十年。這期間，魏國變法圖強，秦國卻內亂不止。秦獻公目睹了魏國的崛起，深為秦國衰落而憂慮。後來，秦國又發生內亂，貴族們擁立秦獻公回國當了國君。秦獻公年富力強，在外流浪多年，具有豐富的閱歷和經驗。他雄心勃勃，著手進行改革，醫治秦國弊政，力圖富國強兵。

秦獻公採取的第一個重大舉措，是果斷廢除了野蠻的活人殉葬制度。用活人殉葬，在商朝比較流行，到春秋戰國時期，雖然還有這種現象，但基本上被廢除了。中原國家流行用木俑、陶俑來陪葬，就是這樣，也有人反對。孔子就曾經憤恨地說，用木俑陶俑陪葬的人，必定會斷子絕孫。而秦國，卻一直沿用活人殉葬制度。當年秦穆公死的時候，陪葬的多達一百七十七人。殉葬的還不是一般人，有些是重要的文臣武將，當時秦國最有名的武將奄息、仲行、鍼虎也在其中。老百姓為他們悲痛惋惜，專門作了一首題為《黃鳥》的詩。中原各國紛紛譴責秦國野蠻、愚昧，視其為夷族。秦獻公即位第一年，就堅決廢除了活人殉葬制度，顯示其改革的決心和魄力。

秦獻公採取的另一個重大舉措，是把都城從遙遠的西部，遷到東部的櫟陽。這是為了便於向東發展，更重要的是為了擺脫貴族們的勢力。推行革新，必然會觸及貴族利益。秦獻公是貴族擁立的，不想得罪他們，於是乾脆躲開，到新的地方去發展。這是明智之舉。果然，以後的改革，沒有遇到大的阻力。

秦獻公最重要的改革舉措，是允許人們開墾土地。開墾的土地歸自己所有，並向國家納稅。這樣，秦國很快出現了大批的自耕農和地主。這是新的

生產力，為社會發展注入了新的動力。同時，也為商鞅推行土地私有制提供了借鑑。經過二十多年的改革發展，秦國初步達到了民富國強。

秦國積累了一定實力以後，開始向東擴張。東進的第一道關口，就是魏國。過去秦和魏打仗，總是敗多勝少。這次與魏國打了兩仗，都獲得勝利，殺了魏兵六萬人。周天子送來禮物表示祝賀。秦獻公在位二十四年，他推行的改革，為秦國全面革新變法拉開了序幕。

秦獻公死後，兒子秦孝公繼位。秦孝公向天下頒布《求賢令》，廣招人才。這時，商鞅從魏國來到秦國。秦孝公重用商鞅，在政治、經濟、軍事、社會各個領域，全面推行革新變法。秦國的真正強大，是從商鞅變法開始的。商鞅變法的直接結果，是打造了一部適於戰爭的強大國家機器，建立了一支虎狼般的軍隊。後來，秦國與魏國又打了幾仗，皆大獲全勝，魏國再也不是秦國對手了。周天子賜予秦國霸主稱號，中原諸侯都不敢小瞧秦國了。秦孝公在位二十三年。

秦孝公死後，兒子秦惠公繼位。秦惠公也很有作為，他雖然因私怨殺了商鞅，但並沒有改變其制定的法令，而是繼續推進革新變法，使秦國更加強大。秦國大軍輕而易舉地收復了河西之地，聲勢浩大地渡過黃河，攻占了汾陰、皮氏等地。魏國乖乖服輸，獻給秦國十五個縣。秦國接連滅了義渠國、蜀國，打敗韓國、趙國。看到秦國咄咄逼人，中原各國害怕了。韓國、趙國、魏國、燕國、齊國、匈奴一起聯合進攻秦國。儘管人多勢眾，但仍然被秦軍擊敗，被殺八萬兩千人。

秦惠公把名稱改為秦惠王，表明與周天子是一個級別了。秦惠王實現了前輩秦穆公的夙願，秦國勢力迅速向東發展。秦惠王在位二十七年。一個兒子秦武王繼位時間不長就死了，另一個兒子秦昭王繼位。秦昭王更是雄心勃勃，而且能力很強。他在位五十五年，為秦國統一天下做出了重大貢獻。

秦國之所以能夠強大，是因為連續出的這幾個賢明君主，持續推進革新變法，催生了新的生產力，為經濟社會發展注入了新的動力。這是秦國迅速崛起和強盛的根本原因。

◎新視角讀《史記》之四十三 商鞅變法致使秦國強大

秦國連續出了幾個有為君主，使秦國迅速復甦和崛起。然而，使秦國真正強大的，是商鞅的革新變法。商鞅是戰國時期著名的政治家、改革家，他為秦國強盛做出了卓越貢獻。《史記》專門寫了《商君列傳》，記載了他的事跡。

《商君列傳》記載，商鞅出身高貴，是衛國國君的兒子，姓公孫。他原本叫衛鞅，或叫公孫鞅，後因封地在商邑，所以也叫商鞅。商鞅最早是在魏國服務，因不被任用而去了秦國。到了秦國以後，商鞅透過受寵太監的關係，見到了秦孝公。商鞅對秦孝公大講了一通堯舜治國的方法，勸秦孝公實行「王道」。秦孝公不愛聽，邊聽邊打瞌睡。事後，孝公埋怨太監，說他推薦了一個大言欺人的傢伙。商鞅不死心，要求再見秦孝公，又講了一通夏商周的治國方法，秦孝公有些動心了。當商鞅又一次見到孝公時，詳細講述了春秋五霸的治國方法，勸秦孝公實行「霸道」。秦孝公聽得入了迷，不知不覺移動膝蓋靠近商鞅，一連談了好幾天，都不覺得累。秦孝公決定重用商鞅，推行革新變法，實現稱強圖霸。

商鞅變法，首先是從推行《墾草令》開始的。《墾草令》主要是刺激農耕、抑制商業、提高農業的社會認知度、實行統一的稅租制度等。《墾草令》實行兩年後，效果明顯。於是，西元前 356 年，秦孝公任命商鞅為左庶長，在全國推行變法。商鞅的革新變法，吸取了吳起、李悝、秦獻公等人的變法經驗，又根據時代需要，在許多方面進行了創新。變法不是一次完成的，而是進行了多次。

商鞅變法是全方位的，涉及多個領域。在制度方面，主要是廢除奴隸制土地國有制度，實行土地私有制，推動奴隸社會向封建社會轉變。這是一項涉及生產關係的帶有根本性的改革措施，為秦國發展注入了強大動力，也是秦國強盛的根本原因。在經濟方面，主要是重農抑商、獎勵耕織。生產糧食和布帛多的，可以免除勞役和賦稅。這極大地調動了百姓的生產積極性，促進了秦國經濟的快速發展。在政治方面，主要是廢除舊的世卿世祿制度，拋

棄舊的血緣宗法制度，開始創立中央集權。這也是一項帶有根本性的改革舉措，使封建國家機制逐漸健全，為後來秦始皇建立中央集權國家作了有益探索。在行政體制方面，主要是推行縣制。把全國合併劃分為四十一個縣，每縣設置縣令、縣丞，為秦始皇實行郡縣制奠定了基礎。在社會方面，主要是推行「伍什制」和「連坐制」。五家為伍、十家為什，相互監視檢舉；一家犯法，十家連帶治罪。在軍事方面，主要是獎勵軍功。制定了二十等爵制度，按斬殺的人頭數量獎賞爵位，把秦國軍隊變成了「虎狼之師」。在法律方面，主要是實行嚴刑峻法、輕罪重罰。制定了一系列嚴酷的法律，一切按照法律約束人們的言行。另外，商鞅還採取了改變戎狄風俗、統一度量衡、焚燒儒家經典、禁止遊宦之民、遷都咸陽等一些重大措施。

商鞅變法，是中國歷史上第一次封建變法改革運動，順應了時代潮流，推動了歷史發展和社會進步。商鞅變法獲得巨大成功，只用了十年時間，秦國就迅速強大起來。國庫充足，百姓富裕，社會安定；人人勇於為國家打仗，不敢為私利爭鬥；秦國軍隊橫掃天下，所向無敵。商鞅變法達到了富國強兵的目的，打造了一部強大的國家機器。這個國家機器，適應於戰爭，適應於稱霸。依靠這部強大的國家機器，秦國實現了吞併六國、統一天下的宏圖大業。

商鞅變法雖然取得了成功，但卻留下一個很大的後遺症。這就是在國家治理過程中，一味地依靠強制手段，不注意解決思想意識問題，不重視教化百姓，不推行道德教育，而是長期實行酷法嚴刑。而酷法嚴刑，容易造成人們暴戾的性格，以致秦國統治者崇尚暴力，不講仁義，缺乏道德，甚至幹出一次坑殺降兵四十萬人的暴行。秦國被認為是虎狼之國，被稱為「暴秦」。秦統一天下以後，繼續實行這樣的政策，只立威，不立德。這是秦朝很快滅亡的重要原因。所以，要想長期實現國泰民安，就必須實行依法治國與以德治國相結合。

由於過多地使用嚴刑峻法，商鞅自己也面臨著極大的危險。有人勸告商鞅說：「用嚴刑酷法殘害百姓，這是積累怨恨、聚集禍患啊。您應該普施仁義，教化百姓。教化百姓比命令百姓更得人心，效果更好。」這話說得非常在理。

　　商鞅的靠山秦孝公一死，太子繼位，商鞅的厄運就來了。那些仇家紛紛告發商鞅謀反，太子因為老師曾被商鞅懲罰，想為老師報仇，明知是誣告，仍然下令逮捕商鞅。商鞅知道自己結怨甚多，性命堪憂，就潛逃到魏國。魏國拒絕收留他。商鞅打算逃到別的國家去，魏國也不允許，而是把他又送回了秦國。商鞅回到秦國以後，跑到他的封地商邑，發動邑中的士兵，向北攻打鄭國，想謀求一條生路。結果，秦國軍隊趕來，把商鞅殺死在鄭國的黽池。商鞅死後，他的屍體又被五馬分屍示眾，而且全家都被誅滅。

　　商鞅雖然死了，但他革新變法的政策仍在繼續實行，秦國繼續強大。面對強大的秦國，東方六國感到了威脅，就想聯合起來，共同抗秦，這便出現了戰國時期著名的合縱。

◎新視角讀《史記》之四十四 蘇秦遊說六國實現合縱

　　秦國強大了，開始向東擴張。六國只有聯合起來，才能與之抗衡。但六國之間，矛盾重重，並不齊心，要想聯合，並非易事。這時，出現了一位著名的縱橫家，名字叫蘇秦。蘇秦遊走於六國之間，憑其三寸不爛之舌，或激或勵，或誘或羞，最終實現合縱，使秦國閉函谷關達十五年。

　　《史記》記載，蘇秦是洛陽人，出身平民，年輕時在齊國鬼谷子門下學習。學成以後，在外遊歷多年，結果一事無成，弄得貧困潦倒，只得狼狽回家。兄嫂、弟妹、妻妾全都譏笑他，說他不務正業，光會耍嘴皮子。蘇秦暗自慚愧，閉門不出，把家中藏書重新閱讀一遍，又找到一本周書《陰符》，埋頭鑽研。他還分析天下大勢，用心揣摩各國君主心態。這樣下了一年的苦功，蘇秦感到胸有成竹，躊躇滿志地踏上了遊說之路。

　　起初，蘇秦並沒有進行合縱。他認為秦國有條件統一天下，便去了秦國，遊說秦惠王吞併六國。這是何等的軍機大事啊！秦惠王不想過早暴露自己的野心，搪塞說：「鳥兒沒有長全羽毛，不可能凌空飛翔。我的國家還很弱小，不會兼併天下。」蘇秦熱臉貼上涼屁股，十分不滿，心想：「你不重用我，那我就去遊說六國，共同對付你。」

　　遊說六國，也不容易。蘇秦先去求見周顯王，吃了閉門羹；又去趙國，也無功而返。蘇秦去了燕國，人家仍不理他。蘇秦不死心，等了一年多，終於有機會見到了燕文侯。蘇秦抓住這一難得機會，趕快展示其口才。他先是大大地吹捧一番，誇讚燕國物產豐富、國家富裕，百姓安居樂業，一派和平景象，這都是君主治理有方。燕文侯被戴上一頂高帽子，聽得津津有味，閉目微笑。蘇秦話鋒一轉，說：「不過，現在燕國既有遠慮，也有近憂。近憂，是您的兩個鄰國趙和齊都很強，它們要想攻擊燕國很容易，只不過現在它們常和秦國打仗，騰不出手來；遠慮，是秦國十分強大，它如果滅了趙國，肯定會順手也把燕國滅了。」燕文侯猛地睜開眼睛，問：「那該怎麼辦呢，先生有何良策？」蘇秦便把六國合縱、共同抗秦的主張，滔滔不絕地說了一通。燕文侯覺得有道理，就贊助蘇秦車馬錢財，讓他去進行合縱了。

　　蘇秦旗開得勝,揚揚得意又去了趙國。趙肅侯即位時間不長,很想有一番作為。蘇秦說:「現在東方六國之中,最強大的莫過於趙國。趙國區域縱橫兩千里,地勢險峻。軍隊有幾十萬,戰車千輛,戰馬萬匹,兵強馬壯。而昔日商湯、周武,戰車不過三百輛,士兵不足三萬,就能奪取天下。趙國有這麼好的條件,為什麼不可以稱霸呢?」這番話,說到趙肅侯心坎裡了。趙肅侯連連點頭稱是。蘇秦接著說:「您稱霸的主要對手,就是秦國。您如果允許我去聯合各國,共同抗秦,六國結成一個整體,秦國不就很容易對付了嗎?到那時,您的霸主事業就成功了。」趙肅侯大喜,送給蘇秦豪華車子一百輛,載上黃金一千鎰,綢緞一千匹,白璧一百雙,用來遊說各諸侯加盟。

　　此時,蘇秦財大氣粗,說話也硬氣了。他又去了韓國和魏國。韓魏擋在秦國東進道路上,被秦國打怕了,正在向秦稱臣服軟。蘇秦見了韓王,劈頭就是一頓諷刺挖苦,說:「有句俗話,叫寧做雞頭,不做牛的肛門。如果向秦拱手稱臣,和做牛的肛門有什麼不同呢?憑大王的賢明,有強大的軍隊,現在又有趙燕支持,再蒙受做牛後的醜名,我都為大王感到羞恥。」韓王被激得變了臉色,捋起袖子,憤怒地瞪大眼睛,手持寶劍,仰天長嘆說:「我雖然沒有出息,也絕不能去侍奉秦國。」這樣,韓魏兩國都同意加盟了。

　　蘇秦又興致勃勃地趕到齊國,對齊王一頓猛吹。說齊國地大物博、人口眾多。臨淄城中,車輛多得相互碰撞,人口多得舉起衣袖就可以成為遮幕。然後又說,連韓魏那樣的小國,都敢聯合抗秦,齊國還能懼怕秦國嗎?於是,齊王也就隨之加入了。

　　最後,蘇秦來到楚國。他知道楚王貪財好色,誘引說:「現在最強大的,是楚國和秦國。如果打敗了秦國,韓、魏、齊、燕、趙、衛等國的美女和好聽的音樂,一定會充滿您的後宮,燕代等地產的良馬、駱駝,一定會充滿您的畜圈,您可以盡情享樂。反之,如果秦國稱霸了,這些好東西,可就都歸秦國所有了。」聽蘇秦這麼一說,楚王毫不猶豫地加入了抗秦聯盟。

　　這樣,蘇秦憑著對六國國君心態的深刻洞察,使用不同的說詞,終於實現了合縱。各國盟約,聯合抗秦,推舉蘇秦當了合縱聯盟的盟長。秦國聽說六國聯盟了,十分擔心,有長達十五年的時間沒有攻打東方的國家。

◎新視角讀《史記》之四十五 張儀破掉合縱實現連橫

蘇秦做成了合縱，對秦國造成很大威脅，秦國當然要想辦法破解。這時，另一位著名縱橫家出現了，他叫張儀。張儀同樣憑藉三寸不爛之舌，利用欺詐權變之術，或打或拉，或逼或騙，破掉了合縱，使六國紛紛與秦和好，實現了連橫。

《史記》記載，張儀是魏國人，也是平民出身，與蘇秦一起師奉鬼谷子，學習遊說之術。張儀學成之後，就去遊說諸侯。他先去了楚國，投在楚相門下。在一次酒宴上，楚相丟了一塊玉璧，懷疑是張儀偷的，把他打得遍體鱗傷。張儀回家後，妻子又氣又急，埋怨道：「你如果不去遊說，怎麼會有這樣的屈辱呢？」張儀張開嘴問：「你看我的舌頭，還在不在呀？」妻子搶白他，說：「當然在了，不然怎麼會說話呢。」張儀笑道：「只要有舌頭在，就足夠了。」

這個時候，蘇秦已經完成了合縱。張儀覺得，可以透過破壞合縱，為自己謀取功名，便去了秦國。秦惠王正在為合縱的事犯愁，聽了張儀破合縱、搞連橫的一番宏論之後，喜笑顏開，連聲說好。張儀趁機獻上一計，說：「破合縱，可以先從魏國開始。建議您集中優勢兵力，迅速拿下它的蒲陽，然後再還給它。這樣，既能展現軍威，又能顯示寬厚，我就可以從中做文章了。」秦惠王馬上照辦了。魏國被搞懵了頭，不知道秦國葫蘆裡賣的是什麼藥。這時，張儀來到魏國，對魏王說：「您離強大的秦國這麼近，一個早晨，秦國就能攻占您的城池，而東方各國離得那麼遠，根本來不及救援。所以，您與東方各國盟約，與秦國為敵，不是很危險嗎？」魏王聽著覺得有道理。張儀又說：「那些搞合縱的人，相約六國為兄弟。然而，即便是親兄弟，還相互爭權奪利，合縱哪裡靠得住啊！現在秦國不費吹灰之力，就攻占了您的蒲陽，然後又奉還給您，這明顯是想與您和好。這可是個好機會啊，千萬不要錯過。」魏王被說動了心，答應背棄合縱盟約，與秦國和好。

張儀搞定了魏國，又去遊說韓王。張儀先是一頓恐嚇，繪聲繪色地說：「韓國土地，不足九百里，民貧國弱，士兵不足三十萬。而秦國軍隊有百萬之眾，

戰馬萬匹。那些戰馬精良，奔跑起來，前蹄揚起，後蹄騰空，一躍就是兩丈多遠。那些士兵威猛，打起仗來，甩掉戰袍，赤足露身撲向敵人，左手提著人頭，右手挾著俘虜，勇不可當。」韓王聽了，臉都嚇白了。張儀又說：「那些搞合縱的人，就是為了封侯。如果相信他們的花言巧語，一定會引來禍端。現在秦國最希望的，是削弱楚國的力量。您如果幫助秦國進攻楚國，秦王一定高興。這樣，您既能在楚國那裡得到利益，又能轉移自己的禍患，沒有比這更划算的了。」於是，韓國也被搞定了。

楚齊是大國，靠威逼恐嚇是不行的，張儀早就想好了「一箭雙鵰」之計。他一見楚懷王，就喜滋滋地說：「大王走好運了。秦國願意與楚國結好，為了表示誠意，想把商於一帶六百里土地獻給大王，但您必須要與齊國絕交。天底下沒有比這更好的事了。」楚懷王一聽，心裡樂開了花。有大臣進諫，說秦國是想破壞楚齊盟約，不懷好意。楚懷王不樂意了，說：「閉嘴！白白得到六百里土地，多大一塊肥肉啊！不要，才是傻瓜呢。」楚懷王馬上給齊國寫信，廢除了盟約。楚懷王為了討好秦國，還專門派人手持符節，去齊國辱罵齊王。齊王大怒，斬斷符節，與楚斷交，轉而與秦國結交。事成之後，張儀耍賴，楚國一寸土地也沒有得到。但楚齊聯盟已經破裂，無法修復了。

張儀說服楚國後又去了趙國，咄咄逼人地說：「大王受蘇秦迷惑，可蘇秦在齊國已被五馬分屍了，合縱已經不存在了。現在，秦國已與楚齊兩個大國結盟，韓魏已向秦國臣服。秦王準備聯合四國，分三路攻打趙國。大王打算怎麼辦呢？」趙王惶恐，忍氣吞聲地說：「當年我還年輕，即位時間不長，受了矇蔽。現在，我打算改變心志，割讓土地，彌補過失，一心侍奉秦國。」

最後，只剩下弱小的燕國，自然不在話下。張儀三言兩語，就逼迫燕王認錯服軟。燕王甚至低三下四地說：「我們地處荒遠的地方，就像蠻夷一樣落後。別看我們長得高大，其實就像嬰兒一樣不懂事。我願意侍奉秦國，並獻出恆山腳下五座城池。」

張儀沒費多大力氣，就破掉合縱，實現連橫。張儀之所以能夠成功，根本原因是六國並不齊心，各有各的打算，合縱的基礎很不牢固。蘇秦張儀之

後，仍有一些遊說家穿梭於各國之間，時而合縱，時而連橫，鬧得不亦樂乎，成為戰國時期一道獨特的風景線。

◎新視角讀《史記》之四十六 蘇秦為燕國充當間諜

　　蘇秦，是著名的縱橫家、遊說家。除此之外，他還有一個身分，就是充當燕國的間諜，到齊國做臥底，刺探軍情，收集情報，耗費齊國財力，為燕國謀利益。

　　《史記》記載，蘇秦完成合縱以後，住在趙國，被趙王封為武安君。蘇秦功成名就，十分得意。不料好景不長，合縱破裂，而且六國之間也起了戰端。齊國聯合魏國，去攻打趙國。趙王很生氣，把蘇秦狠狠地責備了一通。齊國攻打趙國以後，又趁著燕國有喪事的機會，發兵攻打燕國，一連奪取了十座城池。剛剛繼位的燕易王也埋怨蘇秦，說：「先王資助您去搞合縱，現在合縱搞成這個樣子。燕國沒有受到秦國侵擾，反倒被盟友奪取了城池。您不怕被天下人恥笑嗎？」蘇秦臉上白一陣紅一陣，心中怨恨齊國，就對燕王說：「我現在就到齊國去，想辦法報復齊國。一定要為您謀利益。」

　　蘇秦見了齊宣王，彎下腰，拜了兩拜，慶賀齊國得到了燕國城池。齊宣王很高興。接著，蘇秦仰起頭，又向齊宣王表示哀悼。齊宣王很驚訝。蘇秦說：「我聽說，饑餓的人，即便再餓，也不會吃烏頭這種有毒的植物。因為吃了毒物，雖然能填飽肚子，但離死亡也就不遠了。大王得到城池，是件值得慶賀的事。但您想過沒有，燕國雖弱，可燕王是秦王的女婿啊，後臺很硬。您占了燕國的城池，卻得罪了強大的秦國。如果秦王聯合趙國、燕國，從三個方向攻擊您，您不就像吃了烏頭一樣嗎？」齊王聽了，變了臉色，說：「我沒想那麼多，現在該怎麼辦呢？」蘇秦說：「賢明的人，往往能把災禍轉化為吉祥。我為大王著想，建議您立即歸還城池，燕國一定高興。秦王知道是由於他的原因，您才歸還了城池，也一定很高興。這不就使齊國的災禍變成吉祥了嗎？」見齊王動了心，蘇秦進一步忽悠，說：「如果秦國、燕國都支持您，那麼大王向天下發出的號令，有誰敢不聽呢？您實際上是用十座城池的小代價而取得了天下，是很划算的。」齊王連聲說好，於是就把城池歸還給了燕國。蘇秦憑著口舌之利，為燕國謀取了十座城池的利益。齊王還很感激他，任用他為客卿。

　　蘇秦從此就住在齊國，進行間諜活動。齊宣王死後，齊湣王繼位。蘇秦勸湣王把葬禮辦得豪華隆重，說：「天下都知道齊國富裕，如果葬禮不夠規模，會讓天下人恥笑的。規模越大，越能顯示您的孝道。」於是，齊湣王就大操大辦，耗費了大量財物，引起百姓不滿。蘇秦又勸湣王說：「您的宮殿太小了，不足以顯示您的高貴和權威。」於是，齊湣王就大興土木，建設高大雄偉的宮殿，還大規模開闢園林，浪費了不少財力。國庫空虛，蘇秦就建議增加賦稅，導致民怨沸騰。齊湣王好大喜功，蘇秦利用他的這一弱點，今天勸他攻打宋國，明天勸他征討魏國，造成四面樹敵。最終，樂毅率領五國聯軍伐齊，差點滅了齊國。

　　蘇秦在齊國幹的勾當，有人覺察了，向齊王進諫，齊王不聽，於是就有人派刺客去殺蘇秦。蘇秦被刺後，沒有馬上嚥氣，對齊王說：「我死以後，您假裝說我有罪，在鬧市把我五馬分屍。這樣，就能抓到兇手了。」齊王照辦了，兇手果然自動出來了，結果被殺。蘇秦在生命最後一刻，用計謀為自己報了仇。蘇秦死後不久，他破壞齊國的事實洩露出來。齊王又恨又惱，遷怒於燕國，兩國關係迅速惡化。

　　蘇秦在齊國的間諜活動，過了兩千年以後，完全暴露出來了。一九七三年，在長沙馬王堆三號漢墓中，出土了大量帛書。這些帛書，多數是戰國時期的私人信件，整理後定名為《戰國縱橫家書》。全書二十七章，一萬一千多字，具有極其珍貴的史料價值。其中涉及蘇秦的，有十六章。這些史料證實了蘇秦的間諜身分。史料上說，燕王給蘇秦的任務是：「大者可以使齊毋謀燕，次可以惡齊趙之交」。意思是說，蘇秦的任務，主要是不讓齊國攻打燕國，其次是挑撥齊趙之間的關係。蘇秦任務完成得很好，他在齊國五年，齊國雖然多次南征西伐，但就是沒有打過燕國。另外，史料中還收錄了蘇秦寫給燕王的八封書信。蘇秦在信中，向燕王匯報了齊國很多祕密情況，比如，齊國伐宋時的作戰計劃、軍事部署等。由於蘇秦出色的間諜活動，燕國對齊國的政治、經濟、軍事等方面的情況，皆在掌握之中。後來，燕國在伐齊過程中，一路所向披靡，半年時間就攻占七十多座城池。這恐怕與蘇秦的間諜活動，也不無關係吧。

可見，人是最複雜的動物，不僅有兩面性，也可能會有多面性。

▌◎新視角讀《史記》之四十七 張儀玩弄楚國於股掌之上

張儀，是戰國時期著名的遊說家。他遊說的一個重要特點，是為達目的不擇手段，經常使用欺詐行騙之術，說話不算數，翻臉不認人。最典型的是，為了打破楚齊聯盟，他編瞎話、耍無賴，把楚國玩得團團轉。雖然事情辦成了，但其方法卻為人所詬病。

《史記》記載，張儀在遊說楚國時，紅口白牙地說，只要楚國與齊國斷交，秦國就送給楚國商於一帶六百里土地。商於之地，位於秦楚交界處，是重要的戰略要地。這誘惑實在是太大了。於是，楚國就跟齊國斷絕了關係。有大臣進諫說：「可以先表面上與齊國斷交，等得到土地以後，再真的斷交也不晚。」楚懷王說：「秦是大國，怎麼會出爾反爾呢？」楚國與齊國斷交以後，把楚國相印授予張儀，饋贈他大量財物，派了一位將軍，跟著張儀去秦國接收土地。

張儀回到秦國，下車的時候，假裝跌了一跤，受了傷，三個月沒有上朝。接收土地的事，自然無法辦，那位將軍只得傻呼呼地等著。一直等到齊國與秦國正式結盟，張儀才露面。楚國將軍趕緊前去索要土地。張儀假裝吃驚，說：「你怎麼還沒回去呢？我已經安排家人，把秦王賜給我的六里封地，獻給楚王了。」楚國將軍急忙說：「您答應的，是商於一帶六百里土地。」張儀冷笑一聲，說：「商於一帶，是戰略要地，怎麼可能送給別人呢？再說，秦國的土地都是國君的，我怎麼能夠做主呢？我能送的，只能是自己的六里封地。楚王肯定是聽錯了。」張儀耍了無賴。楚國將軍沒有辦法，只好回去匯報。

楚懷王一聽，鼻子都氣歪了，說：「張儀小人竟敢耍我！」怒火中燒，馬上出兵攻打秦國。秦國早有準備，齊國也去幫忙。秦齊聯軍大敗楚軍，殺死官兵八萬。秦齊聯軍乘勝進軍，奪取了丹陽、漢中。楚懷王仍不甘心，又派出更多軍隊，結果仍然大敗。楚國沒辦法了，只好割讓兩座城池，與秦國媾和。楚懷王打不過秦國，只能背地裡咬牙切齒，痛恨張儀。

　　後來，秦國想要得到楚國黔中一帶的土地，打算用秦國的土地作交換。楚懷王很乾脆地說：「不用土地交換，只要得到張儀，我就把黔中之地送給秦國。」黔中之地也是戰略要地，得到它，秦國就形成了對楚國的半包圍圈。秦惠王很是動心，但不好意思說出口。張儀知道惠王心思，主動要求前去。惠王吃了一驚，說：「楚王對您恨之入骨，去了肯定就沒命了。」張儀胸有成竹地說：「未必。我和楚國大夫靳尚關係好，靳尚能與楚王夫人鄭袖說上話，而鄭袖的話，楚王沒有不聽的。我已經策劃好了，應該沒有問題。即便我死了，大王能得到黔中土地，也是很值的。」於是，張儀又一次冒險出使楚國。

　　不出所料，張儀一到楚國，馬上就被囚禁起來，楚王準備用大鍋煮死他。靳尚趕快求見鄭袖，對她說：「我聽說，秦王為了贖回張儀，打算送給楚王大批美女。這些美女，經過精心挑選，不僅貌美如仙，而且能歌善舞。我擔心，這些美女一來，您可能會失寵的。不如勸說楚王放了張儀，那樣秦國就不用送了。」鄭袖信以為真，就對楚懷王說：「張儀做的那些事，固然可恨，但作為臣子，各為其主，也沒有錯。」又說：「秦王派張儀來，是對大王的尊重。您如果殺了張儀，會被天下人恥笑的。」鄭袖還哭哭啼啼，說：「張儀是秦國重臣，如果殺了他，秦王必定不肯罷休。秦軍的厲害，您是知道的。我請求，讓我們母子搬到江南去住吧，不要受到秦軍的欺凌屠戮。」枕邊風果然厲害，楚懷王對張儀的滿腔怒氣，都被枕邊風吹走了。

　　楚懷王不僅赦免了張儀，而且仍然像過去一樣，優厚地款待他。張儀趁機又是一陣猛糊弄，說：「秦國的土地，已經占了天下一半。軍隊的實力，可以抵擋四方的國家。那些搞合縱的人，聚集了一群弱小國家，與最強大的國家為敵，無異於一群羊與一隻兇猛的老虎較量，結果可想而知。大王是想親附老虎呢，還是想親附那些羊？」楚懷王聽了，覺得有道理。張儀接著糊弄：「楚國與秦國連壤接境，從地理上看，應該是親近的國家，楚國只有親附秦國，才是最可靠的。建議您派太子到秦國做人質，再進獻有一萬戶居民的城邑。這樣，楚國就可以永保平安了。」楚懷王傻傻地接受了張儀建議，和秦國相親善。可是，楚懷王做夢也沒有想到，幾年以後，他去秦國訪問，卻被秦國扣押，死在了秦國。秦國為達目的，也是不擇手段的。

　　張儀這次去楚國，不僅化險為夷，而且還為秦國爭取到了利益。秦惠王大喜，封張儀為武信君，賞給他五個城邑。張儀憑著三寸不爛之舌，得到了榮華富貴，真的是有舌頭在，就足夠了。

◎新視角讀《史記》之四十八 膽大包天的趙武靈王

　　戰國後期，趙國出了一位傑出君主，被稱為趙武靈王。他最有名的事跡，是搞胡服騎射，促進了民族融合，增強了趙國實力。梁啟超評價他是「黃帝之後第一偉人」。著名歷史學家翦伯贊寫詩讚他：「胡服騎射捍北疆，英雄不愧武靈王。」另外，趙武靈王還有一個駭人之舉：他竟然冒充使者，親自去秦國偵察敵情。堂堂一國之君，去幹偵察兵的事，這在歷史上恐怕找不出第二個。不說此舉是否妥當，僅論其膽量，那可是足夠大的。

　　《史記》記載，趙武靈王即位時，國力不強，常受大國欺辱。他父親死後，秦、楚、齊、魏、燕同來參加葬禮，但各帶精兵萬餘人，明顯是不懷好意。當時，趙武靈王只有十五歲，卻毫不畏懼，命令全國戒嚴，部隊集結，準備拚個魚死網破。同時，聯絡韓、宋、越等國作為外援。舉行葬禮時，只准五國使者前來弔唁，不許軍隊入境。五國見趙國重兵待客，戒備森嚴，沒敢輕舉妄動。趙武靈王小小年紀，就經受住了如此嚴峻的考驗，足見其膽量過人。

　　趙武靈王在位時，尊賢任能，政治清明，不搞「一朝天子一朝臣」。他首先重用先王的重臣肥義，給他增加品級和俸祿。對八十歲以上的德高老人，每月都給他們送禮。當時，秦、楚、齊等國已經稱王，魏國聯絡韓、燕、趙、中山等國，也想稱王，趙國卻不同意。趙武靈王說：「沒有實力，要那個虛名，有什麼用呢？」他讓國人稱他為「君」。以後趙國強盛了，也沒有稱王。趙武靈王是後人給他的諡號。他生前終身沒有稱王，足見其見識超群。

　　趙武靈王最大的功績，是不遺餘力地推行胡服騎射。《史記》用了很長篇幅，對他推行胡服騎射作了詳細描述。所謂胡服，就是穿胡人的衣服。當時，中原流行寬衣長袖，雖然看起來風度翩翩，實際上卻很不方便。所謂騎射，就是學習胡人騎馬射箭的技術。胡服騎射，不僅是風俗改革和軍事裝備改革，更重要的是，能夠增強少數民族的認同感，有利於向北拓展疆土。從地理上看，趙國南有魏韓，東鄰齊燕，西靠強秦，都很難擴展。只有北邊，是胡人居住的地方，地域遼闊，便於發展。推行胡服騎射，雖然具有戰略意義，但實行起來，阻力相當大。上至貴族，下至群臣，一片反對聲。趙武靈王毫不動搖，強力推行。他帶頭穿上胡服。上朝時，他短衣緊袖坐在上面，

下面一片長袍大褂，很不協調。趙武靈王耐心地講了一通道理，第二天，長袍就少了一大半，沒過幾天就寥寥無幾了。對拒絕穿胡服的貴族，趙武靈王親自登門勸說。透過推行胡服騎射，趙國軍隊的戰鬥力明顯增強，滅了心腹大患中山國，向北拓展千餘里，國力大增，能夠抵擋秦國了。

趙武靈王知道，趙國與秦國遲早會有一戰。如果襲擊秦國，從趙國的雲中、九原一帶出擊最佳。趙武靈王身穿胡服，帶領士大夫去巡視這一帶的地形。而秦國那邊的地形怎麼樣呢？他很想去看一看。他想冒充使者，深入秦地，親自去偵察，並藉機觀察秦昭王的為人。眾臣都被他的大膽想法嚇壞了，拚命勸阻，說：「秦國是虎狼之地，秦人不講信義。楚懷王，就是被這個秦昭王扣留的。現在沒有哪個國家敢去秦國了。這事實在太危險，萬萬不能去！」趙武靈王很有把握地說：「公然以國君名義去，可能有危險。我以使者的名義去，他們根本想不到，秦國也無人認識我，所以沒有危險。」於是，趙武靈王帶了幾個隨從，瀟灑地出使秦國去了。

趙武靈王一路上仔細觀察了秦國的山川河流、地形地貌，然後，到咸陽去見秦昭王。秦昭王一見趙武靈王，便感覺此人氣度不同尋常。一番交談過後，秦昭王更是覺得此人談吐非凡、見識高遠，絕非一般的使者。秦昭王很是疑惑，盯著趙武靈王看了半天，猜不透是何等人物。趙武靈王見秦昭王起了疑心，心裡發虛，趕緊告辭退出。到了驛館，不敢停留片刻，立即喬裝打扮，連夜奔走，留下隨從應付。

果然，第二天一早，秦昭王就派使臣來，說還想與趙國使者會談。隨從很客氣地說：「對不起，使者昨晚偶感風寒，現在臥床不起。明天再去拜見秦王吧。」第二天，使臣又來了。隨從說病還沒好，再等一天吧。秦昭王越想越不對，第三天親自來了，說是探望使者病情。隨從看瞞不住了，只好說了實話：「使者，其實是我們的國君，仰慕秦王風采而來。不料國內有事，就急著回去了。」秦王一聽，恍然大悟，心中大悔，急令騎兵追趕。哪裡還追得上，趙武靈王早已安然回到趙國了。真是膽大包天啊！

▌◎新視角讀《史記》之四十九 英雄難過感情關

　　一代英雄趙武靈王，推行革新大刀闊斧，處理國事多謀善斷，文韜武略很有一套。可是，他在處理個人感情方面，卻是那麼幼稚、輕率，以致造成國家衰落，他本人被活活餓死。

　　《史記》記載，趙武靈王即位以後，娶了韓國宗親之女為夫人，生下兒子趙章。趙章被立為太子。夫人賢惠，太子孝順，趙武靈王很愛他們。在他即位十六年的時候，有一天，趙武靈王做了一個夢，夢見一位妙齡少女，名叫吳娃，長得光彩豔麗、貌似天仙。吳娃邊彈琴、邊唱歌，歌聲美妙動人。趙武靈王醒了以後，對夢中情景、少女姓名、容貌以及歌詞等，都記得十分清晰。他感到奇怪，屢次對人說起。恰巧，有個叫吳廣的大臣，家中有個漂亮女兒，也叫吳娃。吳廣透過夫人，把女兒獻給了趙武靈王。趙武靈王見了吳娃，感覺就像夢中少女一樣，因此十分寵愛。吳娃生下一子，取名趙何。愛屋及烏，趙武靈王對趙何也十分疼愛。

　　吳娃楚楚動人，善解人意，精心侍奉趙武靈王，從來不提任何要求。趙武靈王對吳娃特別寵愛，視之為上天賜給他的寶物，好幾年不出她的宮。可惜紅顏薄命，不到十年，吳娃患病死了。臨死前，吳娃抓著趙武靈王的手，哭泣著說：「大王對我萬分恩愛，可惜我不能再侍奉大王了。我死以後，只有一個心願，希望咱們的兒子能當太子。」趙武靈王正處在悲哀傷痛之中，沒有多想，就含淚答應了。於是，太子就由趙章變成了趙何。

　　吳娃死後，趙武靈王魂不守舍，經常在夢裡與她相會。過了兩年，趙武靈王舉行盛大朝會，把王位傳給吳娃的兒子趙何，就是趙惠文王。當時，趙武靈王只有四十歲出頭，正是年富力強、大有作為的時候，而趙何，還不到十歲，不能理政，完全沒有必要這麼早就把王位傳給他。眾人都不理解，其中原因，可能只有趙武靈王自己心裡清楚吧。新王年幼，趙武靈王派他最信任的大臣肥義，輔佐新王處理國政。他自己稱作主父，主要考慮軍事問題。

　　吳娃死後久了，趙武靈王的情感，又回到了夫人和原太子趙章身上。趙章從十幾歲就跟隨父親南征北戰，多次立下戰功，而且長相、稟性更像父親。

上朝的時候，趙武靈王看到身材魁梧的哥哥卻要向還是小孩子的弟弟跪拜行禮，想到長子有功無過、無故被廢，心中很是不忍；又見趙章一副頹喪的樣子，心中很是可憐。趙武靈王突發奇想，詢問大臣說，能不能把趙國一分為二，兩個兒子都當王呢？大臣們大吃一驚，一致反對。趙武靈王只好嘆口氣，封趙章為代地的安陽君，並派大臣田不禮輔佐他。

趙章年輕力壯，心志很高，早就對趙何當王心中不服，只是畏懼父親，沒有辦法而已。如今，知道父親有這等想法，心中慾火一下子被點燃了。輔佐他的田不禮，也是一個野心家，為人傲慢強硬。兩個人互相投合，常在一起密謀，準備尋找機會殺掉趙何，奪回王位。趙國處在陰謀作亂的危險之中。

對這種危險，大臣們看得很清楚，人人憂心忡忡。大臣李兌，是肥義的好友，悄悄對肥義說：「主父這樣感情用事，肯定會給國家造成禍災。一旦禍亂發生，您首先就會沒命的，不如趁早躲開吧。」肥義不愧是忠臣，絲毫沒有猶豫，十分堅定地說：「主父把新王託付給我，我必須盡到人臣的責任。明知是死，也決不能退縮。」李兌見勸不動肥義，只好痛哭流涕地走了。李兌去找公子成等大臣，想竭力阻止禍亂發生，並做好平息禍亂的準備。肥義回到宮中，立刻下了一道命令，說：「以後新王到任何地方，都由我先去看看。就是主父召見，也是我先去，確保沒有問題，新王再去。」

禍亂終於來了。有一次，趙武靈王和趙惠文王一同離開王宮，父子倆到沙丘遊覽，晚上住在那裡，分住兩處宮室。趙章和田不禮覺得是個機會，就率領黨徒悄悄潛入沙丘。趙章派人詐傳主父命令，要召見趙惠文王。肥義自然先去探路，到了以後，立刻被殺了。趙章他們率眾攻打趙惠文王的宮室。沒想到，李兌、公子成他們早有準備，迅速領兵趕了過來，一舉把趙章黨徒全部消滅，只有趙章倉皇逃走。

趙章無路可逃，只好跑進父親的宮室，哀求父親救他。趙武靈王明知趙章作亂，但還是把他藏了起來。李兌、公子成見趙章躲進主父宮室，立刻率兵包圍起來。公子成問李兌怎麼辦，李兌咬著牙說：「事已至此，必須斬草除根，否則後患無窮。」他們不顧一切，衝進宮去，搜出趙章，當場殺死。趙武靈王阻止不住，眼見愛子被殺，悲痛流淚。趙武靈王這一哭，李兌他們

心裡發了毛，後背直冒冷汗，心想：雖然剿滅了叛亂，於國有功，但擅闖王宮，殺死王子，主父怎麼能饒了他們。乾脆，一不做二不休，李兌高聲喊道：「宮裡所有人，趕快出去，出去晚的殺頭。」宮中侍從們紛紛奪路而逃。等到趙武靈王反應過來，宮中只剩下他一個人了。大門「哐當」一聲關閉了，宮外有士兵緊緊圍著，任憑趙武靈王呼喊怒罵，就是沒人理他。偌大的王宮，只有趙武靈王孤零零地一個人遊蕩。

趙武靈王被關在宮中，要吃沒吃，要喝沒喝。實在餓急了，就挖老鼠洞，掏樹上的鳥窩。此時，肥義已死，趙惠文王年少，李兌、公子成專權。趙武靈王叫天天不應，呼地地不靈，時間不長，就被活活餓死了。據說，趙武靈王高大的身軀，死後縮小得像一段腐木。趙武靈王臨死前，一會兒呼喊「夫人、趙章」，一會兒呼喊「吳娃、趙何」。那可憐的呼聲，斷斷續續，長久不息。那悽慘的聲音傳到牆外，圍宮的士兵聽了，無不掩面痛哭。趙武靈王死時，只有四十五歲，正是人生黃金年齡。可惜一代英雄，本該大有作為，卻過早辭世，死得又是如此悲慘！

李兌、公子成圍宮達三個月之久，確信趙武靈王已死無疑，才敢打開宮門，收屍下葬。此後，趙國衰弱下去。後來儘管有藺相如、廉頗、趙奢等賢臣良將輔佐，也只能是勉強苦撐，再也沒有趙武靈王時候的興盛了。

俗話說，人非草木，孰能無情。但國君的感情，不屬於自己，而是屬於國家。一切應該以國家利益為重。

▌◎新視角讀《史記》之五十 趙國貪占便宜惹大禍

　　戰國末期，爆發了著名的長平之戰，交戰雙方是秦國和趙國。結果秦國大勝，坑殺趙軍四十多萬人。趙國元氣大傷，徹底斷送了趙武靈王開創的興盛事業。長平之戰，是戰國歷史的重要轉折點。此後，秦國統一天下已是大勢所趨。那麼，長平之戰的起因是什麼？趙國又為什麼會敗得那麼慘烈呢？

　　《史記》記載，趙惠文王時期，因為有藺相如、廉頗、趙奢等人輔佐，還能勉強與秦國對抗，趙奢還曾大敗秦軍。但到了趙惠文王兒子趙孝成王的時候，趙奢已死，藺相如病重，已經很難與秦國抗衡了。不過，趙國仍屬於東方六國中較強的國家。

　　西元前 260 年，趙國的南鄰韓國，遭到秦國攻擊。秦軍來勢洶洶，一舉攻占了韓國的野王城，切斷了上黨郡與本土的聯繫，接下來，拿下上黨郡已是易如反掌。韓國抵擋不住秦國進攻，請求獻出上黨郡求和，秦國同意了。上黨郡守將馮亭，卻不願意投降秦國，想把上黨郡獻給趙國。得知消息以後，趙孝成王大喜，趕緊召集群臣商議。有人表示反對，說：「聖人說過，無緣無故得到利益，不是好事，而是禍害。秦國辛苦打仗，馬上就要得到上黨郡了。如果我們接受了，秦國怎麼會善罷甘休呢？馮亭的做法，是要嫁禍於趙國。」平原君趙勝卻說：「出動百萬大軍，征戰一年，也不一定能得到一座城池。如今不費半點力氣，就能白白得到上黨郡十七座城邑。這麼大的便宜，不能丟掉。」其他大臣也隨聲附和。趙孝成王拍板說：「好！」於是，派平原君去接受上黨郡。平原君到達上黨後，想要封賞馮亭。馮亭流著淚說：「我是個三不義之人，不敢接受封賞。不能拚死守衛國土，一不義；不聽國君命令降秦，二不義；拿國君土地得到封賞，三不義。」趙國接受了上黨郡，派大將廉頗領兵進駐長平，以防秦軍。

　　秦昭王得知此事，勃然大怒，命令王齕率軍攻打趙國，雙方在長平一帶交戰。交戰初期，兩軍互有勝負。廉頗見秦軍勢大，就採取固守策略，憑藉有利地形堅守。不管秦軍如何叫罵挑戰，趙軍就是不出戰，秦軍一時也無計可施。但是，趙國國力虛弱，這樣長時間僵持下去，糧食會供給不上。趙孝成王著急，屢次催促廉頗出戰。廉頗知道出戰必敗，仍堅守不出。趙孝成王

對廉頗很不滿意。秦國拿廉頗沒有辦法,就使用了反間計,散布謠言說:「廉頗越老越膽小,他就要投降了。我們根本不怕他,怕的是趙國用趙括做將軍。」趙括,是名將趙奢的兒子,當時有些名氣。趙孝成王聽了,果然動了心,想讓趙括去替換廉頗。

趙括從小熟讀兵書,談起軍事,頭頭是道,連趙奢都說不過他。但趙奢不僅沒有誇讚兒子,反而很擔心,對趙括母親說:「興兵打仗,十分凶險。我每次領兵作戰,都戰戰兢兢。這小子把打仗說得這麼輕飄,如果當了將軍,一定會失敗的。」現在聽說兒子做了將軍,趙括母親急忙給趙王上書,把趙奢的話說了一遍。趙孝成王不聽,反而以為虎父無犬子,老子英雄兒好漢。趙括母親又上書說:「趙括和他父親不一樣。趙奢做將軍時,朋友數以百計。大王賞賜的東西,他全部分給軍吏和僚屬。而趙括剛當將軍,就面東接受朝見,下屬沒有一個敢抬頭看他。大王賞賜的東西,他全部拿回家來。父子二人的心性不同,希望大王不要讓他領兵。」藺相如在病中也向趙王進諫,說:「趙括只會讀兵書,不懂得靈活應變,不宜讓他為將。」趙孝成王仍然不聽,非用趙括為將不可。趙括倒是信心滿滿,誇下海口,說:「若是白起領兵,我還要小心一些。王齕那小子,根本不是我的對手。」趙括興沖沖地上任去了。

秦昭王聽說趙國換了將,心中大喜。秦國知道趙括徒有虛名,畏懼的還是老將廉頗。如今,見反間計成功,認為這是全殲趙軍的好機會。於是,秦昭王立即趕到河內,封給百姓爵位各一級,緊急徵調十五歲以上青壯年,全部集中到長平一帶。秦昭王還親自部署,在外圍攔截趙國的援兵,截斷趙軍的糧道。同時,偷偷地把以勇猛兇狠著稱的大將白起,派到了長平戰場。秦昭王是下定決心,非要置趙國幾十萬大軍於死地不可。

趙括到了長平,首先撤換了一批軍官,改變了原來的制度軍令。然後,下達命令,全線出擊,企圖一戰成功。白起見趙軍脫離了營壘和有利地形,心中竊喜,佯裝戰敗撤退。趙括不知是計,心中大喜,率軍猛追。白起派出兩支精銳部隊:一支迂迴到趙軍背後,截斷其退路;另一支穿插楔入趙軍中間,把趙軍分割成若干孤立的部分。趙括見狀不妙,想要撤兵,但已經來不及了。

幾十萬趙軍被百萬秦軍重重分割包圍，暴露在曠野之中，無堅可守，猶如待宰的羔羊。

白起不愧為名將，並不急於攻擊，而是圍而不打，坐等趙軍自潰。趙軍多次突圍，均未成功。趙孝成王得知消息後，心中大急，忙派兵增援，但援兵被秦軍死死阻擋，不能前進一步。秦軍包圍趙軍長達四十六天。趙軍內無糧草，外無援兵，陷入絕境。士兵們沒吃沒喝，鬥志全無，人心崩潰，竟然到了相互殘殺、搶食人肉的地步。實在無法支撐了，趙括瞪著血紅的眼睛，親自披掛上陣，率軍做最後一搏。但秦軍包圍得像鐵桶一般，趙軍仍然衝不出去，趙括也被亂箭射死了。主將一死，部隊潰散，紛紛向秦軍投降。

面對四十多萬降兵，白起惡狠狠地說：「前時我軍即將拿下上黨，趙國卻輕鬆得利，甚是可惡。趙國士兵變化無常，如不全部殺掉，恐怕會出亂子。」白起策劃好陰謀，將降兵分散關押。在一天深夜，白起命令秦軍全部出動，臉帶黑巾，對手無寸鐵的趙國降兵進行瘋狂屠殺。臉帶黑巾，是為了防止鮮血濺到臉上。可憐趙國四十多萬鮮活的生命，一夜之間，化作冤魂。屠殺完畢後，秦軍挖坑或利用山溝，將屍體掩埋，用了十天時間才掩埋完畢。直到現在，長平一帶，仍然不斷發現殘缺不全的屍骨。真是慘絕人寰！

趙國為貪占便宜，引發如此慘禍，應了聖人所說「無故得利是禍」那句話。當然，從歷史發展來看，即便趙國不貪占便宜，也遲早會被秦國滅掉的。但從當時情況看，貪占那樣的便宜，無異於虎口奪食，是很不明智的。白起，如此喪心病狂地戮殺俘虜，也一定是會遭到報應的。

◎新視角讀《史記》之五十一 殺人大魔頭白起

　　白起，是戰國時期著名軍事家、秦國名將。他善於用兵，作戰兇猛，一生征戰，無一敗績，被稱為常勝將軍。然而，他兇狠殘暴，殺人成性，被稱為「人屠」。據梁啟超考證，戰國時期共死亡將士二百多萬人，其中一半以上，是白起領兵殺的。特別是他濫殺俘虜，更是在歷史上留下惡名。

　　《史記》在《白起王翦列傳》中，開篇就列出了白起殺人的「成績單」。西元前 293 年，白起率軍攻打韓魏，殺死二十四萬人。西元前 273 年，白起率軍攻打魏趙，殺死十三萬人，並將趙國兩萬降兵沉入黃河。西元前 264 年，白起進攻韓國，殺了五萬人。西元前 260 年，白起在長平之戰中，坑殺降兵四十多萬人。僅在以上四次戰鬥中，白起殺了將近九十萬人。白起一生征戰七十多次，其中有不少大戰。在進攻魏國時，一連奪取大小城邑六十一座；在攻打楚國時，攻占了楚國都城，放火燒毀了楚國先王的墓地。在這些戰鬥中，《史記》沒有記載白起殺人的數量。但可想而知，他連死人都不放過，肯定是殺人如麻。說他是殺人大魔頭，應該是不冤枉的。

　　長平之戰以後，趙國上下一片震驚，人人惶恐。白起想乘勝進軍，攻下邯鄲，滅了趙國，建立大功。趙孝成王悔恨交加，六神無主，想割地求和，派蘇代前去秦國遊說。蘇代是蘇秦的弟弟，也是有名的遊說家。蘇代到了秦國，找到丞相范雎，對他說：「白起為秦國立有大功，已經平定了南方地區。這次如果再平定北方，那功勞大得連周公、姜尚都不能相比了。秦王一定會給他最高的封賞。您能甘心居他之下嗎？」范雎與白起早就有矛盾，於是，范雎向秦昭王進諫說：「我軍連續作戰，已經十分疲勞。趙國雖然傷了元氣，但要想很快滅掉它，也不容易。即便滅了趙國，我軍也必定傷亡很大，成為強弩之末。到那時，燕國會趁機搶占趙國北邊的土地，齊國會搶占趙國東邊的土地，魏韓兩國會搶占趙國南邊的土地。秦國不能同時與他們作戰，那就白白給他們做嫁衣了。所以，不如讓趙國割地求和，我軍修養整頓，再尋機攻占邯鄲。」秦昭王對范雎十分信任，言聽計從，便取了趙國六座城邑講和了。白起接到停戰命令，知道是范雎搞的鬼，心中怨恨，對天長嘆，嘆息失去這次建立大功的機會。

　　九個月以後，秦國整頓好兵馬，準備再次攻打趙國。白起說：「上次本應該一鼓作氣拿下邯鄲，現在趙國已經喘過氣來了，再打無益。」於是稱病不出。秦昭王命王陵為將，率軍圍攻邯鄲。沒想到，趙國士兵作戰意志十分頑強，個個拚死殺敵。出現這種情況，很好理解。一是趙國士兵要為長平死難的戰友報仇，人人同仇敵愾；二是知道秦國濫殺俘虜，誰也不敢再有降心，唯有拚命抵抗。秦國見久攻不下，便派來大批增援部隊，結果仍無進展，反而損失了五個軍營。這時，楚魏等國也感到秦國的巨大威脅，知道如果趙國滅亡了，下一個就是他們，於是準備前來救援。

　　秦昭王見此情景，著急了，想讓白起代替王陵，盡快攻占邯鄲。白起還是不肯。一來是他怨氣未消；二來是知道戰況不好，趙國士兵對他積怨甚深，他去了也未必能獲勝。白起向昭王進言說：「趙軍頑強，在城內死戰，諸侯救援很快就能到達城外，到那個時候，他們裡應外合，我軍非敗不可，這個仗不能打了。」秦昭王不聽，堅持要讓白起領兵，又讓丞相范雎親自到白起府上去請。白起始終推託，稱病不出。秦昭王有些惱怒了，改派王齕代替王陵統率部隊。秦國大軍圍困邯鄲八九個月，硬是沒有攻破，可見趙國軍民意志之堅強。這時，楚國和魏國幾十萬援軍趕到，內外夾擊，秦軍傷亡慘重。

　　在秦軍危急關頭，秦昭王又強令白起出戰。白起不僅不接受命令，反而幸災樂禍地說：「不聽我的意見，結果怎麼樣啊？現在讓我收拾殘局，我也沒有辦法。」秦昭王讓范雎再去請，白起仍然堅決不從。秦昭王終於大怒，下令撤掉白起一切職務，並把他驅逐出咸陽。

　　白起離開咸陽時，仍然口吐怨言，一副不滿意、不服氣的樣子。秦昭王聞之，怒不可遏，派使者追上他，賜給一把利劍，命他自殺。直到這時，白起那股狂妄勁頭才不見了。他仰天長嘆，流著淚說：「我對上天有什麼罪過，竟落得這個結果？」過了一會，又說：「我一生殺人無數，本就該死。長平之戰，我坑殺降兵幾十萬，這就足夠死罪了。」說完，手持利劍抹了脖子。

　　在戰爭中殺死敵人，不可避免，但殺戮過重，特別是屠殺俘虜，那就應當受到譴責了。所以，白起儘管位居「戰國四大名將」之首，但他的名望和聲譽，遠不及吳起、樂毅和李牧這三位。

◎新視角讀《史記》之五十二 恩怨分明的丞相范雎

　　范雎，是戰國時期著名的政治家、軍事謀略家。他足智多謀、遠見卓識，提出並實施「遠交近攻」策略，使秦國兼併六國有了明確的方向和目標，加快了統一天下的進程。此外，范雎還有一個鮮明的個性，就是「每飯之德必賞，睚眦之怨必報」。意思是說，別人給他一頓飯吃的小恩，都要報答；而瞪他一眼的小怨，也要報復。真是恩怨分明啊！

　　《史記》記載，范雎是魏國人，很有才幹，但家境貧寒，只好到大夫須賈門下混口飯吃。有一次，范雎跟隨須賈出使齊國。齊王看不起平庸的須賈，倒覺得其隨從很有才幹，便賞給范雎黃金和食物。須賈妒忌，回國以後，誣告范雎裡通外國。相國魏齊不問青紅皂白，就把范雎毒打至昏死，拋在亂石崗上。恰巧，有個叫鄭安平的人從此地經過，摸一摸范雎，還有一絲氣息，就背回家中為他療傷。傷好以後，范雎住在鄭安平家裡，改名叫張祿。在交往中，鄭安平覺得范雎是個人才，就想找機會幫助他脫離險境。

　　機會來了。秦昭王派使臣王稽出使魏國，鄭安平假裝差役，侍候王稽，趁機向他推薦了范雎。王稽與范雎見了面，沒談多大一會，就認定范雎是個人才，很高興地把他帶回了秦國。鄭安平也跟隨去了。進了秦國境地，遠遠望見一隊車馬奔馳而來。范雎順口問是誰，王稽說是丞相魏冉。范雎吃了一驚，說：「我聽說，魏冉是昭王母親的親弟弟，權勢很大。他最討厭各國來的說客，我應該躲一躲。」於是便在車中隱藏起來。不一會兒，魏冉迎面來到，與王稽寒暄幾句，然後問：「先生這次有沒有帶說客來呀？這種人一點好處也沒有，只會禍亂國家，應該趁早殺掉。」王稽連忙說沒有。魏冉走後，范雎急忙跳下車來，對王稽說：「魏冉是個疑心很重的人，一會兒，他可能要回來搜查車子。」果然，不大一會兒，魏冉就派騎兵回來搜查。王稽、鄭安平暗讚范雎料事如神。

　　范雎到了秦國以後，逐漸得到秦昭王信任，授給他客卿的官職。范雎如魚得水，經常與昭王一起謀劃軍政大事。當時，秦國兼併天下的趨勢已很明顯，六國都很擔心。一些遊說家趁機活動，經常聚在一起鼓吹合縱。秦昭王十分憂慮。范雎說：「這事好辦，不費力氣就能搞定。」秦昭王很感興趣，

忙問有什麼辦法。范雎指著堂前一群狗說：「大王您看，這些狗，現在都很安靜，彼此之間也很友好。但是，只要往牠們中間扔一塊骨頭，牠們立刻就會爭搶撕咬起來。」秦昭王大笑，派人用車載著黃金，去收買離間那些遊說家。結果沒用三千金，那些遊說家就為黃金而大起內訌，合縱之聲自然消失了。范雎還為秦昭王出謀劃策，削弱了貴族勢力，加強了王室集權。魏冉也倒臺了，范雎當了丞相，並被封為應侯。秦國在西元前 309 年，從秦武王開始，就正式設置了丞相官職。

范雎為秦國做出的重大貢獻之一，是提出了「遠交近攻」策略。他向秦昭王進諫道：「過去秦國打仗，缺乏計劃性。有些仗雖然打勝了，但由於離秦國遠，土地、人口都不能得到。所以，我們應該採取遠交近攻的策略。遠處的國家，我們要與之結好，讓他們保持中立；近處的國家，我們要奪取它的土地，像蠶食一樣逐步擴大。最後，天下的土地，就都是大王您的了。」昭王一聽，茅塞頓開，連聲叫好，從此就按照范雎的策略實施。近攻，離秦國最近的是魏國。秦國就不斷地派兵攻打魏國，攻占它的城邑和土地。魏國不是秦國對手，被打得狼狽不堪。范雎心裡暗暗解恨。

魏國被打得沒有辦法，就派須賈去秦國，乞求稱臣歸順。須賈只知道秦國丞相叫張祿，並不知道其實就是范雎。須賈多次求見丞相不成，在驛館焦慮發愁。范雎卻故意穿著破舊的衣服，一個人步行到了驛館。須賈見了，大吃一驚，說：「你原來沒死呀？」又問：「現在做什麼？」范雎說：「當時死了，又醒過來，流浪到秦國，現在給人家當差役。」須賈為過去的事有些內疚，就留范雎吃飯，見范雎衣服破舊，又送他一件粗絲袍。吃飯間，須賈說起求見丞相很難。范雎說：「我的主人和丞相是好朋友，我和丞相也很熟。明天，我借用主人的馬車，來拉你去見丞相吧。」須賈大喜，一再拜謝。

第二天，范雎駕車，把須賈拉進丞相府，讓須賈在外邊等候，說自己先去通報。須賈拽著馬韁繩，等了很長時間，不見人來，就問門卒：「剛才范雎進去這麼長時間了，怎麼還不出來？」門卒回答：「剛才進去的，是我們丞相。哪裡有什麼范雎啊？」須賈一聽，大驚失色，趕緊脫掉上衣，光著膀子，雙膝跪地而行，托門卒向范雎認罪。范雎將須賈痛罵一頓，說：「本來是要

殺了你的,看在你留我吃飯和送袍的份上,饒你一條狗命。但魏齊的腦袋,我是非要不可的!」吃飯時,范雎命須賈坐在堂下吃馬料,狠狠地羞辱了他一番。須賈回國,把情況一說,君臣皆驚愕。魏齊匆忙拋棄相位,跑到趙國。後來范雎逼得緊,魏齊無路可逃,只好自殺了。

范雎有仇必報,對有恩的,自然也要報答。他散發家中財物,用來報答所有曾經幫助過他的人。凡是給過他一頓飯吃的小恩小惠,他必定報答;而瞪過他一眼的小怨小仇,他也是一定要報復的。鄭安平、王稽對他有大恩,他當然要報答。范雎向昭王舉薦,讓鄭安平當了將軍,王稽做了河東郡守。可惜,這兩個人很不爭氣。鄭安平在與趙國作戰時,被趙軍包圍,他就帶領二萬人投降了。王稽更是可惡,他利用河東郡守的職權,大肆貪汙受賄,怕罪行暴露,竟然勾結諸侯圖謀叛亂。結果陰謀暴露,王稽被殺。按照秦國法令,官員犯了罪,舉薦他的人負有同樣的罪責。秦昭王不願意對范雎治罪,還再三安慰他。但范雎心裡有愧,十分懊喪。百姓和官員也頗有微詞。范雎終於推託有病,舉薦賢臣蔡澤擔任丞相,自己回到封地去了。

可見,恩怨分明,固然應該,但必須要有底線。對待公事,不能以個人的恩怨為標準。至於一飯之恩,可以報答;而睚眥之怨,就沒有必要計較啦。

▎◎新視角讀《史記》之五十三 孝義兩全的俠士聶政

忠孝節義，是封建社會基本的道德準則。忠臣節婦，具有特指性，而孝和義，卻是對每個人都適用的。要真正做到孝和義，並不容易。戰國時期的聶政，就做到了孝義兩全。

《史記》記載，聶政是軹邑深井裡人，家裡有母親和姐姐。聶政十分孝順，他為殺人躲避仇家，不是自己一走了之，而是帶著母親姐姐一起逃走。聶政一家隱姓埋名，在齊國居住下來。聶政以屠宰牲畜為職業，收入不多，生活貧苦。聶政悉心奉養母親，經常買些甘甜鬆脆的食物給母親吃。母親的衣服用具，也都供養齊備。日子雖然清苦，但一家人的生活卻是和睦平靜。沒有想到，這種平靜的生活，很快就被打破了。

有一天，一位不速之客登門拜訪。來者衣著華麗，手提厚禮，自我介紹叫嚴仲子，是濮陽人。嚴仲子曾經做過韓國的卿相，得知聶政俠義，特來拜訪。聶政本不想與他結交，但嚴仲子十分誠懇，聶政不好意思拒絕他。嚴仲子多次往返聶家，後來又備好宴席，親自捧杯，為聶政母親敬酒。喝到暢快興濃時，嚴仲子獻上黃金一百鎰，到聶政母親跟前祝壽。聶政堅決拒絕，並問緣由。嚴仲子把聶政拉到一邊，悄悄說出了心中的祕密。

原來，嚴仲子在做卿相時，與相國俠累結下怨仇。俠累是韓國國君的叔父，勢力很大，心狠手辣。嚴仲子怕被殺害，便逃走了。他四處遊歷，希望能找到替他報仇的人。這次到了齊國，打聽到聶政是個勇敢之士，很重義氣，就獻上百金，想讓聶政幫他報仇。聶政聽後，沉吟一會兒，說：「我之所以屈辱身分，在這市場上做個屠夫，只是希望藉此奉養老母。我如果死了，老母怎麼辦呢？所以，老母在世，我不敢對您以身相許。」嚴仲子表示理解，願意交個朋友，執意贈送黃金。聶政始終不肯，最終也沒有接受。

過了很久，聶政母親去世了。聶政安葬了母親，直到喪服期滿。聶政心想，我只不過是個平民百姓，嚴仲子貴為卿相，卻不遠千里，委屈身分與我結交。他把天大的祕密告訴了我，既是對我的信任，也是對我的了解。嚴仲子把我當做知己，如今母親享盡天年，我應該為他出力了。於是，聶政向西

到了濮陽，找到嚴仲子，表示願意為他盡力。嚴仲子沒有想到聶政會主動前來，非常感動。嚴仲子熱情招待聶政，並向他詳細介紹了俠累的情況，兩人進行了一番謀劃。嚴仲子說：「俠累居住的地方，防衛十分嚴密，您要多帶些人去。我已經安排好了車騎壯士，可以作為您的助手。」聶政說：「此事非常危險，不要連累別人了。」聶政告別嚴仲子，獨自一人去了。

聶政身帶佩劍，來到韓國都城。到了相府，只見門口持刀荷戟的士兵很多。聶政毫無懼色，抽出劍來，徑直闖了進去。相國俠累正好坐在堂上，忽見闖入一人，正要開口喝問，不想聶政身手敏捷，一個箭步向前，挺劍刺穿他的胸膛。護衛士兵沒有想到，大白天有人行刺，等到反應過來，俠累已經死了。士兵們紛紛圍了上來，聶政一面高聲大喊，一面奮力格鬥，躺在他劍下的有幾十人。但士兵們越聚越多，聶政被團團包圍。聶政見不能脫身，決意一死。他揮劍逼退士兵後，趁機用劍毀壞自己的面貌，挖出眼睛，割開肚皮，掏出腸子，弄得渾身血肉模糊而死。

韓國不知道刺客是誰，就把聶政屍體陳列在街市上，懸賞查問兇手。青天白日刺殺國相，是何等大案啊。消息很快就傳開了，傳得很遠。聶政的姐姐已經出嫁，聽說此事以後，抽泣著說：「大概是我的弟弟吧。母親去世，他沒了牽掛，一定是為嚴仲子效力去了。」她馬上動身，趕往韓國都城，到街市一看，果然是弟弟。聶政姐姐伏屍大哭，極為悲哀。街上的人都說：「這個人殺了國相，君王懸賞千金，詢查他的姓名。你怎麼敢來認屍啊？」聶政姐姐回答說：「我當然知道認屍的後果，但我弟弟怎麼辦？都說士為知己者死，有人在他貧困時與他結交，有恩於他。他除了以死報答，又有什麼辦法呢？弟弟毀壞面容身軀，是不想連累我。我怎麼能害怕殺身之禍，就永遠埋沒弟弟的名聲呢？」於是，聶政姐姐高聲大喊：「這是軹邑深井裡的聶政，是真正的義士！」然後，對天高呼三聲「天哪」，終因過度哀傷，死在聶政身旁。整個街市上的人大為震驚，許多人流淚嘆息。

晉、楚、齊等國的人，聽到這個消息，都說：「聶政是真義士，聶政的姐姐是真烈女。」後世有人寫詩稱讚姐弟倆：「為母辭金孝且仁，肝膽為義輕此生。若非有姐揚風烈，千古誰知壯士名。」

▌◎新視角讀《史記》之五十四 信陵君養士建功名

戰國時期，養士之風盛行。士，一般是指讀書人，或有一定謀略和技能的人。從某種意義上說，也算是人才。各國貴族為了成就事業，或擴大影響，紛紛招賢納士。最有名的是「戰國四公子」，養士數量都達到幾千人。魏國的信陵君，被司馬遷推崇為「戰國四公子」之首。他以富貴之身禮賢下士，在有德之士的幫助下，完成了「竊符救趙」「卻秦存魏」大業，成就了一世功名。

《史記》記載，信陵君，名叫魏無忌，是魏安釐王的異母弟弟，信陵君是他的封號。信陵君為人寬厚，士人無論貧富，他都謙恭有禮，真誠地跟他們交往。方圓幾千里的士人，都爭相歸附於他，於是招攬食客三千人。信陵君儘量發揮他們的能力特長。有一次，信陵君與魏王正在下棋，忽然傳來警報，說趙國興兵進犯。魏王跳起身來，就要去部署迎敵。信陵君淡定地說：「沒事，不過是趙王打獵罷了。」魏王半信半疑。過了一會，又有消息傳來，果真是趙王打獵。魏王大感驚詫，信陵君解釋說：「我的食客中，有人潛伏在趙國。趙王的舉動，我隨時都會知道。」這本來是對魏國有利的事情，但魏王從此起了猜忌之心，不敢讓信陵君掌握大權。

魏國有個隱士，叫侯嬴，已經七十多歲了。他家境貧寒，是城東門的看門人。信陵君知道他賢德，想與他交往，可送官職財物，他一概不收。信陵君心想，侯嬴能夠接受的，恐怕只有尊重了。於是，信陵君擺了酒宴，自己親自駕車，去請侯嬴。侯嬴不好推託，只好上車去赴宴。走到半路，侯嬴故意說，去街市看個朋友，讓信陵君等候。信陵君手握轡繩，在鬧市耐心等待，等了好長時間。侯嬴偷眼觀看，信陵君絲毫沒有不悅之色。到了宴席上，信陵君恭敬地把侯嬴請到上座，鄭重地向貴賓介紹，並帶頭向他敬酒。滿堂賓客無不詫異。這次宴席之後，侯嬴就成了信陵君的貴客。侯嬴對信陵君說：「我在街市看望的朋友，叫朱亥，雖是個屠夫，卻十分賢能。」信陵君便常去拜訪朱亥，朱亥卻並不回拜答謝。

秦國在長平之戰以後，整頓兵馬，再次進攻趙國，圍困邯鄲。趙國向魏國求救。魏王命將軍晉鄙，帶領十萬部隊去救趙國。秦昭王知道以後，派使

者前來恐嚇。魏王害怕，就讓晉鄙駐紮鄴城，按兵不動。趙國頻頻告急。趙國的平原君，是信陵君的姐夫，也多次給信陵君寫信催促。信陵君知道，如果趙國滅亡，魏國也就不保了。他心急如焚，屢次向魏安釐王進諫，又讓食客中能言善辯之士勸說魏王。魏王不聽，仍然採取觀望態度。信陵君無奈，決定帶領自己的食客，到趙國前線去拚命。食客們都願意隨他去死。

　　信陵君帶領食客，走過東門，向侯嬴訣別。沒有想到，侯嬴態度十分冷漠。信陵君走出幾里地以後，越想心裡越不痛快，也十分納悶，便又返了回來。侯嬴見他回來，笑了，說：「我知道您會回來的。你們這樣去抗擊秦軍，無異於向老虎嘴裡送肉，沒有一點意義。我有一計，可救趙國。」信陵君連忙拜謝，詢問計策。侯嬴說：「我聽說，魏國兵符放在魏王臥室裡，他的寵妾如姬能夠偷出來。您曾為如姬報過殺父之仇，她一定會幫您的。有了兵符，取得晉鄙兵權，您就可以率領十萬大軍去救趙國了，不是比這區區千人強得多嗎？」信陵君大喜，再三拜謝。

　　信陵君果然如願拿到了兵符，準備上路。侯嬴又說：「晉鄙是個精細的人，我擔心，您雖然有兵符，他也不一定會把兵權交給您。朱亥是個大力士，可以隨您同去，必要時就殺了晉鄙。」信陵君一聽，心中難過，流下淚來，說：「晉鄙是老將，屢立戰功，要殺了他，心中實在不忍。」侯嬴勸道：「這是沒有辦法的事，到時候，您可千萬不能手軟。否則，會誤了大事。」侯嬴又說：「我老了，不能隨您上陣殺敵，我會用別的方式來幫助您。」信陵君去街市，請朱亥一同前往。朱亥一口答應，沒有絲毫猶豫。

　　果然不出侯嬴所料，晉鄙見了兵符，反覆查看，雖然驗證無誤，但仍滿心狐疑，不肯交出兵權。朱亥見情況緊急，不等信陵君下令，取出藏在衣袖裡的四十斤鐵椎，一椎擊死了晉鄙。於是，信陵君統帥了晉鄙的部隊。信陵君向軍中下令說：「父子都在軍隊的，父親回家；兄弟同在軍隊的，長兄回家；沒有兄弟的獨生子，也回家奉養父母。」軍心大悅，人人稱讚。信陵君率領整頓後的八萬精兵，星夜開赴趙國前線。這時，楚國援軍也已到達。魏軍與楚軍、趙軍聯合作戰，內外夾攻，秦軍大敗潰逃。在戰鬥中，朱亥脫掉上衣，光著膀子，掄起大椎，殺敵無數，最後中箭而死。趙國得救之後，趙王連著

兩次拜謝信陵君，說：「公子大義，救人危難，自古以來的賢人，沒有一個趕上公子的。」

在信陵君奪取晉鄙兵權的時候，侯嬴在魏國面北自刎而死。死前對人宣稱，信陵君所為，都是他指使的，罪在他一人。侯嬴這樣做，是為了把魏王怒氣引到自己身上，為信陵君回國創造條件。

信陵君救趙以後，讓部將把軍隊帶回魏國，自己沒敢回去，就住在趙國。幾年之後，秦國攻打魏國，情況十分危急。魏安釐王派人請信陵君回國，抵抗秦軍。信陵君趕緊回去，見到魏王，兩人不禁相對落淚。魏王把上將軍大印授予信陵君，讓他主持抗秦大計。各諸侯國得知信陵君回國當了上將軍，紛紛出兵援助魏國。信陵君率領諸侯聯軍大敗秦軍，乘勝追擊直到函谷關。信陵君的聲威名震天下。

各諸侯國都進獻兵書，信陵君把它們合在一起，簽上自己的名字，稱作《魏公子兵法》。後來，信陵君將侯嬴、朱亥厚葬，下葬時大哭不止，幾近昏厥。侯嬴、朱亥的墓地，與信陵君住處不遠，便於信陵君每日祭奠。信陵君在患病去世之前，嘴裡還不停地念叨著侯嬴、朱亥的名字。

信陵君慧眼識賢才，得到賢人幫助。侯嬴、朱亥作為平凡卑賤之人，卻成就了信陵君不平凡的事業。這印證了偉人那句名言：「高貴者最愚蠢，卑賤者最聰明。」

▌◎新視角讀《史記》之五十五 平原君養士不識士

平原君趙勝，是「戰國四公子」之一。他以善於養士著稱，有食客數千人。但他養的士，比起信陵君來，可就差得遠了。雖然也有像毛遂這樣的賢才，但不是很多，大多數都是些趨炎附勢之輩，有些甚至是殘忍不法之徒。所以說，平原君養士，只是為了顯豪富，並不是真正認識賢才。

《史記》記載，趙勝先後擔任過趙惠文王和趙孝成王的丞相，曾經三次被免，又三次官復原職。他三次任相，是因為和趙王關係不錯，並非才幹出眾。平原君最有名的事情，是「毛遂自薦」的故事。當時，秦國圍攻邯鄲，情況危急。趙王除了向魏國求救以外，還派平原君去楚國求援，打算訂立盟約，聯合抗秦。平原君準備從食客當中，挑選二十名最賢能的人一同前去，結果只選了十九人，就再也挑不出合適的人來了。食客中有個叫毛遂的自我推薦，平原君就充數帶他去了。那十九個人互使眼色，暗中嘲笑毛遂。可見，這些所謂最賢能的人，素質也並不怎麼樣。

平原君見了楚王，從早晨談到中午，說得口乾舌燥，事情還沒有決定下來。那十九個人慫恿毛遂上去，想看他的笑話。毛遂並沒有推辭，小跑步到了殿堂上，義正詞嚴地對楚王說：「訂立盟約，聯合抗秦，不是為了趙國，而是為了楚國。因為秦國下一個要滅的目標，就是您的楚國。您不會忘了吧，前不久，秦國攻打楚國，占領了您的國都，還燒毀了您先祖的墳墓。您的先祖在地下都不得安寧，這是多麼大的恥辱啊！大王您難道不想報仇雪恨嗎？您如果不想報仇，您的先祖們能答應嗎？」一席話，說得楚王面紅耳赤、啞口無言，只得同意簽約援趙。回國之後，平原君對毛遂說：「先生一張口，能抵百萬兵。您在我這裡三年，我都沒有發現先生賢能，我真是不識人才啊！」

平原君對自己門客中的人才都不能發現，就更不識社會上的賢人了。當時，趙國有兩個賢德之人：一個是毛公，藏身於賭徒中；另一個是薛公，藏身在酒店裡。信陵君在魏國時，就聽說過兩人大名，住在趙國以後，就想與他們交往。毛公、薛公不想見他，便躲了起來。信陵君千方百計地打卻聽到他們的藏身之處，穿著平常百姓的衣服，悄悄步行前去拜訪，這才得以相見。

信陵君從此經常與兩人暢談,感覺受益很大。平原君知道了這事,對夫人說:「你要好好規勸你弟弟,不要整天和賭徒酒鬼廝混。」信陵君聽了,十分生氣,說:「以前我聽說平原君賢德,現在才知道他與士人交往,只是顯示富貴豪放罷了,並不真正認識賢才啊。像毛公和薛公這樣的大賢,我去結交他們,還怕他們不理我呢。平原君竟然以為是恥辱。我要離開這裡,不再與平原君為伍。」平原君趕快前去,向信陵君脫帽謝罪,把他挽留下來。

士人中真正的賢人不多,而且良莠不齊,什麼人都有。平原君既然不識賢人,自然也分不出好壞。他養的食客中,有很多不是善良之輩。平原君的樓房,面對著下邊的民宅。民宅中有個跛子,經常出來打水。平原君的小妾住在樓上,一天,她忽然看到跛子一瘸一拐的樣子,不由得笑了起來。跛子大怒,找上門來,惡狠狠地說:「她敢取笑我,我要她的人頭。」平原君急忙賠禮,教訓了小妾,但並不想殺她。有的食客勸他說:「一小妾何以足惜,您殺了她,可以得到不愛女色而重士人的美名,是很划算的。」平原君說:「因一小錯而殺人,太過分了吧。」終究沒有殺妾。過了一段時間,平原君的養士,陸陸續續走了許多。平原君感到奇怪,說:「我對待各位先生,不曾有失禮的地方啊,為什麼離去的人這麼多呢?」一個門客說:「那是因為您不殺小妾,所以士人紛紛離去了。」平原君無奈,為了自己的顏面,就殺了小妾,砍下她的頭,自己親自登門,將人頭獻給跛子。後來,離去的人又紛紛回來了。這都是些什麼士啊,簡直沒有人性!

當時,像這類的士人還真不少。廉頗也養了一些士,他被免職的時候,那些士走光了;等他恢復職務時,又都回來了。廉頗對此很生氣。那些士卻恬不知恥地說:「您怎麼這麼迂腐呢?您有權勢,我們當然跟隨您;您沒了權勢,我們自然就離開了。這本是很普通的道理,有什麼可抱怨的呢?」廉頗聽了,更加生氣,把他們全都趕走了。看看,這些所謂的「士」,都是些什麼人啊!

平原君養士,只是為了裝潢門面,並沒有得到賢人的幫助。所以,他三次任相,都是政績平平,沒有大的作為。特別是當馮亭要將上黨郡獻給趙國時,他目光短淺,看不到危害,主張接受,結果引發了長平之戰,給趙國帶

來慘痛災禍。可見，只有像信陵君那樣自身賢能，才能識別人才，得到真正
的賢士。

▌◎新視角讀《史記》之五十六 孟嘗君養士為自己

　　孟嘗君是齊國人，「戰國四公子」之一。他禮賢下士，廣攬門客，得食客三千人。不論學士、策士還是方士，甚至有罪之人，統統來者不拒，由此便有了「雞鳴狗盜」和「狡兔三窟」的故事。然而，孟嘗君養士，不是為了國家，而是為了自己。

　　《史記》記載，孟嘗君名叫田文，孟嘗君是他的諡號。孟嘗君的爺爺是齊威王，父親是齊國宰相田嬰。田嬰有四十多個兒子，孟嘗君生於五月，田嬰認為不吉祥，要把他扔掉。孟嘗君的母親不忍心，偷偷把他養大。孟嘗君長到幾歲時，母親帶他去見父親。田嬰十分生氣，說：「我讓你把這個孩子扔掉，你竟敢把他養活了。」孟嘗君的母親是小妾，十分害怕。孟嘗君倒很大膽，問：「您不讓養活五月出生的孩子，這是為什麼？」田嬰回答：「五月出生的孩子，長大了身子跟門戶一樣高，會害父母的。」孟嘗君又問：「人的命運是由上天授予呢，還是由門戶授予？」田嬰不知如何回答。孟嘗君接著說：「如果是上天授予，您何必憂慮呢？如果是門戶授予，您只要把門戶加高，不就可以了嗎？」田嬰見小小孩童，如此聰明伶俐，便由怒轉喜。

　　孟嘗君成人後，趁空問父親：「兒子的兒子叫孫子，孫子的兒子叫玄孫，那麼，玄孫的後代叫什麼？」田嬰說不知道。孟嘗君說：「您現在有萬貫家財，難道想留給那個連叫什麼都不知道的後代嗎？您當宰相，已歷經三代，很難說以後沒有變故。您不如拿錢蓄養門客，以備急用。」田嬰認為有理，就讓孟嘗君主持家政，負責招賢納士。

　　孟嘗君納士很用心，每次有賓客來，他都暗中記下賓客的家庭住址，賓客還沒走，禮物就送到他家了。各國賓客以及犯罪逃亡的人，紛紛前來投靠。孟嘗君來者不拒，一概收留，而且待遇豐厚，飲食與孟嘗君相同。有一次吃飯時，有個食客懷疑孟嘗君吃得比他們好。孟嘗君端著飯碗讓他看，果真是相同的食物。那位食客羞得滿臉通紅，感到無地自容，拔劍自刎了。

　　後來，來的人太多了，孟嘗君就把食客分成了上中下三等。有一天，有個叫馮諼的前來投靠，孟嘗君問他有何本領。馮諼說：「聽說您樂於養士，

我家境貧寒，只想混口飯吃，沒有什麼本事。」孟嘗君見他穿著草鞋，隨身帶著一把長劍，還用草繩纏著劍把，就把他安置在下等食客的住所裡。過了幾天，馮諼彈著那把劍唱道：「長劍啊，咱們回家吧，吃飯沒有魚。」孟嘗君聽說了，就讓他搬到中等食客的住所裡。過了幾天，馮諼又彈劍唱道：「長劍啊，咱們回家吧，出門沒有車。」孟嘗君又讓他搬到上等食客的住所裡。又過了幾天，馮諼仍然彈著劍唱道：「長劍啊，咱們回家吧，沒有辦法養活家。」孟嘗君不高興了，於是不再理他。

漸漸地，孟嘗君名氣大了起來，齊湣王派他出使秦國。秦昭王早就聽說孟嘗君賢能，留下他擔任丞相。有人諫言說：「孟嘗君確實賢能，但他是齊王宗室，遇事肯定先為齊國打算，這樣秦國可就危險了。」秦昭王後悔了，免去孟嘗君的官職，又擔心他被齊國所用，就把他囚禁起來，準備殺掉他。孟嘗君派人去找昭王的一個寵妾求救。寵妾提出條件，想要孟嘗君那件價值千金的白色狐皮裘。可那件白狐裘已經獻給秦昭王了，孟嘗君急得直搓手，沒有辦法。幸虧食客中有個會偷的人，晚上裝成狗爬進王宮，盜來白裘送給寵妾。由寵妾說情，秦昭王才放了孟嘗君。孟嘗君害怕秦昭王反悔，快馬加鞭，連夜逃離，半夜就到達了函谷關。按照規定，只有雞叫以後，才能開關放行。孟嘗君萬分焦急。忽然，食客中有一人，學了一聲雞叫，附近的雞都跟著叫了起來。於是，孟嘗君他們出了關。不一會兒，秦昭王派的追兵就趕到了函谷關。真是好險！這就是著名的「雞鳴狗盜」的故事。

孟嘗君路過趙國，趙國的平原君以貴客相待。趙國人聽說孟嘗君來了，都出來圍觀，想一睹風采。大家看了以後，說：「原來以為，孟嘗君是個魁梧的大丈夫，沒想到這麼瘦小。」這本是平常話，但孟嘗君卻大為惱火，和食客們跳下車來，一口氣砍殺了幾百人，還搗毀了一個縣。《史記》記載的這件事，使孟嘗君的賢德之名大打折扣。

孟嘗君回國以後，擔任了齊國宰相。食客越來越多，開支越來越大，孟嘗君就派馮諼去薛邑收債。馮諼到了薛邑，見百姓生活困苦，無力還債，便把債民召集起來說：「孟嘗君知道你們困難，把你們的債務免除了。」說完，把債據當眾燒毀。眾人感動不已，連續兩次行跪拜大禮。孟嘗君知道以後，

十分惱怒。馮諼說：「那些借據，實際上毫無用處。燒掉它們，能為您換來好名聲，有什麼不好呢？」聽馮諼這麼一說，孟嘗君的臉色才好看了一些。過了一年，齊湣王猜忌孟嘗君，罷免了他的宰相職務。孟嘗君回到封地，薛邑百姓扶老攜幼，夾道歡迎。孟嘗君十分感動，拜謝馮諼，說：「先生真有遠見。」馮諼說：「狡兔都有三窟。您現在有了一窟，我再給您營造兩窟。」

馮諼去了秦國，對秦王說：「孟嘗君無故被免，心中憤怒，從此不會再為齊國打算了，但齊國人心都向著他。您要能把他請來，齊國人心就會向著秦國了。如果齊王一旦明白過來，恢復他的職務，可就晚了。」秦王聽後馬上派遣十輛馬車，載著百鎰黃金，到薛邑去請孟嘗君。馮諼立刻返回齊國，對齊湣王說：「孟嘗君賢能，天下共知。聽說秦國帶了重禮來請他，使者正在路上。如果他去了秦國，天下人心都會向著秦國，齊國可就危險了。」齊湣王吃了一驚。馮諼又說：「您不如趕快恢復他的職務，不然就晚了。」齊湣王聽從了，讓孟嘗君重新當了宰相。秦王知道後，直拍大腿，後悔去晚了。這就是著名的「狡兔三窟」的故事。

馮諼沒有說錯，孟嘗君自此以後，心生怨恨，不再為齊國盡心盡力。他給秦國丞相寫信，洩露齊國內情，鼓動秦國攻打齊國。後來，他又跑到魏國，當了魏國宰相。他積極參加燕國組織的五國聯軍，攻打齊國，差一點讓齊國滅亡。齊湣王死後，齊襄王想與孟嘗君和好。孟嘗君只是保持中立，任憑齊國被別國攻打侵擾，他一概不管不問，似乎與己無關。這就太過分了。

孟嘗君養士，是為了自己，但他的結局並不好。他死後，幾個兒子爭搶爵位財產，打得不可開交。齊魏兩國趁機聯合出兵，滅掉薛邑，孟嘗君的兒孫們都被殺了。所以，孟嘗君絕嗣，沒有後代。

▊◎新視角讀《史記》之五十七 春申君養士擺樣子

　　春申君是楚國人，名叫黃歇，「戰國四公子」之一。春申君是他的封號，他的封地在今天上海一帶。上海，就是春申君開始修建的，所以也叫申城。上海一帶的許多地名，都是以他的姓或號命名的，如黃浦江、黃申路等，均是為了紀念這位開申之祖。2002 年 9 月，中國上海申博成功，在慶祝晚會上唱的第一首歌，就是《告慰春申君》。春申君也喜歡養士，但他養士，只是為了顯豪富、圖虛名，並沒有發揮賢士的作用，食客們也很少有人為他做過什麼事情。所以說，春申君養士，只是為了擺樣子而已。

　　《史記》記載，有一次，趙國的平原君派門客到春申君這裡來訪問，春申君安排他們在上等客館住下。平原君的門客想誇耀富有，特意用玳瑁簪子縮插冠髻，亮出用珠玉裝飾的劍鞘，要求與春申君的門客會面。春申君的門客來了，只見一個個高大英俊，氣宇軒昂，身穿華麗的服裝，光鮮耀目，就連腳上穿的鞋子，都鑲嵌著寶石。平原君的門客看傻了眼，一個個自慚形穢。

　　春申君曾經周遊各地，拜名師學習。他知識淵博，智謀過人，善於雄辯，曾經一封書信勸退幾十萬秦兵，很有兩下子，楚頃襄王也很信任他。所以，他自認為用不著食客給他出謀劃策，自己就可以應對一切。有一次，秦國派大將白起，率幾十萬大軍進攻楚國。在這之前，白起已經率軍攻占了楚國的大片領土，楚國連都城都丟失了，楚頃襄王只好把都城東遷到陳縣。這次秦國再次來攻打，楚國面臨滅亡的危險。春申君就給秦昭王寫了一封信，勸告秦國退兵。信的大意是：天下諸侯，最強的是楚、秦兩國。兩虎相鬥，必有一傷；鷸蚌相爭，漁翁得利。楚秦相互攻打，消耗實力，魏、韓、趙、齊等國就會趁機強大起來，這對楚秦兩國都沒有好處。即使滅了楚國，中間有魏韓相隔，秦國也得不到土地。所以，秦國應該攻打相鄰且弱小的魏韓，占領他們的土地。那樣，秦國的實力就會大增。春申君的信，引經據典，分析透徹，很有說服力，是「遠交近攻」的最初版本。秦昭王看了，感嘆地說「真好！」下令白起撤軍，使楚國渡過了危機。春申君的本意，是想把禍水引向魏韓而自保，結果真的被秦昭王採納了。後來，秦國暫時把楚國放在一邊，先把魏、

韓占領了，再回頭收拾了楚國。春申君的做法，是飲鴆止渴，搬起石頭砸自己的腳。

楚頃襄王為了表示友好，派春申君協助太子到秦國做人質。幾年以後，楚頃襄王病重，太子想回國準備繼位，但秦王不放行。春申君找到丞相范雎說：「太子在秦國多年，與秦友好，如果回國當了楚王，對秦是有利的；假如王位被別的公子搶了去，對秦國是不利的。」范雎覺得有道理，向秦昭王進言。秦昭王擔心楚王病情不重，太子回去了，手裡的人質就沒有了，於是，想讓春申君先回去看看。春申君對太子說：「如果大王不幸辭世，您不在國內，很容易讓別人繼承了王位。事不宜遲，需要當機立斷。」春申君安排太子換了衣服，冒充楚國使臣的車夫，先回國了。估計太子安全了，春申君主動找到秦昭王，說：「太子已經回國了，我當死罪，願大王賜我一死。」秦昭王很惱火，要殺了春申君。范雎諫言道：「殺了他，於事無補，反而把秦楚關係搞僵了。不如放他回去，他感恩大王，自然與秦國結好。」秦昭王聽從了，把春申君送回了楚國。

春申君回國三個月以後，楚頃襄王死了，太子繼位，就是楚考烈王。考烈王很感激春申君，任命他為宰相，並賞賜淮北地區十二個縣。春申君任宰相的第五年，率兵與魏軍一道，解了邯鄲之圍，救了趙國。他任宰相的第八年，楚國滅掉了魯國。春申君任宰相二十多年，盡心盡力地輔佐楚考烈王。

楚考烈王沒有兒子，春申君十分著急，四處尋找宜於生子的女人獻給楚王，雖然進獻了不少，卻始終沒有生出兒子來，看來是楚考烈王自己的問題了。春申君的侍從李園，為人陰險，野心勃勃，見此狀況，便動了歪主意。他的妹妹有些姿色，李園想獻給楚王，又擔心仍不能懷孕，就想先獻給春申君，等懷孕後再獻給楚王。有一次，李園請假回老家，故意回來晚了。春申君問他原因，李園說：「齊王聽說我妹妹有傾城之貌，派人來提親，所以回來晚了。」春申君好奇，想看看他妹妹是怎樣的傾城之貌。李園把妹妹領來，春申君一見，果然美貌，十分喜歡，李園就順水推舟把妹妹獻給了春申君。

不久，李園妹妹懷孕了。她按照哥哥教給的話，對春申君說：「楚王信任您，使您富貴至極。如果其他人當了國君，您的富貴就難保了。您寵幸我

的時間不長，沒有人知道，您不如把我獻給楚王。如果老天保佑生個兒子，那楚國不就是您的嗎？這樣，可以永保富貴。」春申君同意了。楚考烈王得到李園的妹妹，滿心歡喜，十分寵愛。李園的妹妹不久生下一個兒子，楚考烈王大喜，封她為王后，立兒子為太子。李園也因此受到器重，加官進爵，參與朝政。

李園的陰謀實現了一半，接下來準備實施另一半，就是伺機殺掉春申君。這樣做，既是為了滅口，更是為了獨攬大權。危險逼近，春申君卻渾然不覺。這時，他養的食客中，終於有人進言了。有個叫朱英的對春申君說：「李園野心很大，聽說豢養了不少刺客，肯定會有陰謀。您要早做防備。」春申君不信，說：「李園是個軟弱的人，我對他又很好，怎麼可能有陰謀呢？你不要有這種想法。」朱英見春申君不聽進言，怕禍及自身，便逃走了。

果然，禍患來了。楚考烈王病重去世，李園搶先入宮，做好安排，在棘門埋伏下刺客。春申君毫無防備，一進棘門，刺客突然出擊，鋒利的刀劍從身體兩側插入，春申君一聲慘叫，氣絕身亡。李園砍下他的頭，扔到棘門外邊，又派人趕到春申君家裡，不分老幼一律殺死，以絕後患。可憐春申君，養士三千，卻不會用，最後慘死於小人之手，而且被滅門。

司馬遷評價春申君，說他是「前智後昏」。前期書退秦軍、以身殉君，是明智之舉；後期的「移花接木」，則是荒唐而昏聵，以致引禍上身。可見，人在一生當中，都必須始終保持清醒的頭腦。否則，很容易造成「一失足成千古恨」的悲劇。

◎新視角讀《史記》之五十八 東周竟又分成西周和東周

周朝的歷史，分為西周和東周。東周時期，不僅諸侯混戰，就連徒有虛名的周王室，內部也在爭鬥。到了戰國時期，竟然又分成了西周和東周。兩周各自為政，有時還互相攻打。真是夠亂的。

東周時期，周王室衰落，一天不如一天。在春秋時期，周王還被諸侯口頭上稱為共主，偶爾打打他的旗號。到了戰國時期，周天子就被徹底拋棄了。各諸侯國紛紛稱王，與周王平級了。周王室蜷縮在洛陽一帶，土地不過百里，人口只有數萬，軍隊不到數千。然而，即使這樣，王室內部仍然津津有味地爭奪王位，互相攻伐。

《史記》記載，西元前 441 年，周定王逝世，兒子們為搶王位，爭得你死我活。長子繼位才三個月，就被其弟殺了。其弟當王不到五個月，又被另一個弟弟殺了。這另一個弟弟當了王，就是周考王。周考王還有弟弟呀，為了不讓弟弟再殺自己，周考王就把周室土地拿出一塊，封給了他，稱之為西周桓公。後來，周室再次分封，又出現了東周惠公。這樣三分兩分，周天子連領地都沒有了，在周室土地上，又出現了西周和東周，而且西周東周各自為政。周天子幾乎是一無所有，名存實亡了。到了周赧王時期，實在維持不下去了，周赧王就跑到西周，客居在那裡。就像一個窮困潦倒的老頭，跑到兒子家裡討口飯吃一樣。堂堂周天子，真是可憐啊！

這個時候的西周和東周，仍然是洛陽一帶那塊小地方。因為名義上還有一個周赧王，西周東周只能稱君，比諸侯王還矮了一輩。他們的周邊，是秦、楚、魏、韓等諸侯國，經常對他們呼來喚去，不高興了，還要打他們一下。兩周夾在大國中間，日子很不好過。有一次，秦昭王要召見西周君。西周君不願意去，但又不敢不去，就想了一個辦法。他派了一個說客，去對魏王說：「秦王召見西周君，是為了脅迫西周，去攻打貴國的南陽。西周君不想與您為敵，想請您出兵南陽，西周君就有藉口不去秦國了。」西周君就這樣矇混過關了。

又有一次，楚國攻打韓國的雍氏，韓國藉機向東周索要兵器和糧草。東周已經窮得叮噹響了，自然不願意給。東周君就派一說客，對韓王說：「楚國攻打雍氏幾個月，已經很疲憊了。這個時候，您向東周要東西，不是表明您也疲憊了嗎？這明顯對戰事不利啊。」韓王一聽有道理，就作罷了。

還有一次，趙國蠻橫地奪去了東周的祭田。東周君心裡難過，但沒有辦法。一個叫鄭朝的人說：「我有辦法把祭田要回來。」他就拿三十斤黃金，賄賂了趙國的太卜。趙國國君生病了，召太卜詢問。太卜裝模作樣地掐指一算，說：「這是東周祭田的鬼神在作怪。」於是，趙國趕緊歸還了東周的祭田。西周和東周，就是靠著這些小伎倆，在大國夾縫中艱難地生存著。

生存環境儘管如此惡劣，但西周和東周之間還在互相爭鬥。東周到了該種水稻的季節，西周就是不放水。東周很憂慮，就花錢請來說客。說客對西周君說：「我聽說，由於沒有水，東周的百姓都種植了麥子。這時候您放水，就會沖毀他們的麥子。有了水，東周的百姓就會再種植水稻，到那個時候您再停水，會讓他們顆粒無收的。如果這樣做了，東周的百姓勢必仰仗西周，因此就聽命於您了。」西周君聽了很高興，就給東周放水，並給說客賞錢。說客得到兩個國家給的賞金，滿心歡喜。

西周和東周，不僅暗鬥，有時還明打，自己沒有力量，就去求別的國家幫忙。一次，西周用寶物賄賂楚國和韓國，想請他們幫忙滅掉東周。東周君聽說以後，十分恐慌，馬上派人對楚、韓兩國說，東周也願意獻出寶物。並且說，西周雖說要獻出寶物，但如果東周的軍隊不緊逼西周的話，西周是不會甘心獻出寶物的。所以，楚、韓要想得到寶物，就應該幫助東周攻打西周。楚、韓兩國見此情景，感覺就像兩個小孩子打架，十分可笑，不屑一顧，誰也沒有幫。

西元前 256 年，秦國攻占了韓國的陽城。西周感覺秦國可能要滅掉他，就聯合其他諸侯作困獸猶鬥，出伊闕塞攻打秦國，使得秦國與陽城之間無法相通。秦昭王很生氣，派軍隊攻打西周。西周自然不是對手，眼看就要國破人亡，西周君只好跑到秦國，叩頭認罪，並把全部三十六邑三萬人口，都獻

給了秦國。秦國毫不客氣地接受了，西周就此滅亡。七年之後，秦國又滅掉了東周。這樣，歷經八百多年的周王朝，算是徹底玩完了。

據說，西周和東周滅亡以後，兩位國君再見面時，才意識到彼此原來是兄弟。當初，兩眼只盯著利益，沒有看到兄弟；現在，利益沒有了，後悔也來不及了。

◎新視角讀《史記》之五十九 戰國時期小故事

　　從三家分晉開始，到秦滅六國結束，這兩百多年的歷史，被稱為戰國。《史記》不僅記載了這一時期許多轟轟烈烈的大事件，也記載了一些小事情。事情雖小，同樣能夠反映出當時的社會狀態。

豫讓甘為知己者死

　　西元前 453 年，晉國的趙、魏、韓三家聯手，滅掉了智伯，瓜分了他的領地。智伯狂妄自大，被滅是咎由自取。但沒有想到，智伯的門客豫讓，卻對他忠心耿耿，發誓要為智伯報仇。

　　豫讓要刺殺的對象，是趙襄子。豫讓更名改姓，偽裝成受過刑的人，身藏匕首，進入趙襄子宮中修整廁所，想趁機行刺，不料被趙襄子認了出來。侍衛要殺豫讓，趙襄子卻說：「這是個義士，讓他走吧。」趙襄子行仁義放了豫讓，但豫讓報仇之心仍然不改。他為了不讓別人認出自己，就把漆塗在身上，使肌膚腫爛，像得了癩瘡；又吞炭把喉嚨燒壞，使聲音變得嘶啞。這樣，連妻子都不認識他了。於是，豫讓又去刺殺趙襄子，結果仍然沒有成功。趙襄子責問豫讓：「你以前侍奉過范氏、中行氏，智伯把他們殺了，你怎麼不為他們報仇啊？為什麼非要死心塌地地為智伯報仇呢？」

　　豫讓很有道理地說：「范氏和中行氏拿我當一般人看待，我就像一般人那樣報答他們。而智伯把我當作國士看待，我當然要像國士那樣報答他了。」豫讓自知殺不了趙襄子，就請求趙襄子把衣服脫下來，讓他刺上幾劍，以了卻報仇的心願。趙襄子感嘆他的忠義，就把衣服脫下來給他。豫讓把衣服攤在地上，狠狠地刺擊它，一連刺了好幾下，說：「我可以報答智伯於九泉之下了。」說完，揮劍自殺了。

　　老百姓聽說此事以後，都說：「豫讓是一位真正的義士。」因為士為知己者死，是當時大家公認的行為準則。

周天子不識抬舉

在戰國時期，周王室已經名存實亡，很少有人再去理它了。齊威王即位以後，為了稱雄，想學齊桓公，打一打周天子的旗號，就去朝拜周烈王。沒有想到，周烈王還挺神氣，依然擺出一副天子的架子。齊威王心裡覺得十分好笑。第二年，周烈王死了，兒子周顯王繼位。周顯王更是不知道自己幾斤幾兩。齊威王奔喪去遲了，顯王很生氣，大聲斥責，說：「天子逝世，如同天崩地裂般的大事，就是繼位的天子，都要離開宮殿，服喪守孝，睡在草蓆上。東方屬國之臣居然敢遲到，當斬。」齊威王聽了，勃然大怒，張口罵道：「呸！你這個婢女生的，是個什麼東西呀，真不知道好歹。」從此不再理他了。

周天子見沒人理他，也沒有辦法，便去搞內訌。後來，又分出一個東周和西周。結果，在秦始皇曾祖父和祖父手裡，東周西周都被滅掉了。堂堂周王朝被滅，居然沒有引起一點反應。老百姓反而說，周王朝早就不該存在了，它到現在才滅亡，也算是奇蹟了。

公儀休怕沒魚吃而不敢收魚

公儀休是魯國國相，位高權重。他嚴守法度、廉潔奉公，不占一點便宜。公儀休特別喜歡吃魚，幾乎每頓飯都少不了。這樣，自然有很多人給他送魚，但公儀休堅決不收。送魚的人不理解，說：「您那麼愛吃魚，為什麼不收呢？」公儀休說：「正因為我喜歡吃魚，所以才不敢接受。現在我做國相，俸祿不少，買得起魚吃；如果因為收魚而被免官，沒有了俸祿，那可就真吃不起魚了。所以，我才不敢接受啊。」老百姓都稱讚公儀休，說他這個帳，算得真對。

老丈人不認國王女婿

能夠當國王的岳父，那是夠榮耀的。可是，齊國有個倔老頭，女兒都嫁給了國王，而且當了王后，可他卻死活不認女婿。

原來，在燕國攻打齊國的時候，齊湣王被殺，他的兒子法章躲到民間，更名改姓，到莒太史敫的家裡當用人。太史敫的女兒心地善良，見他可憐，常常偷著送他一些衣服和食物。兩人慢慢有了感情，就好上了。後來，田單

打跑了燕軍，扶立法章做了齊襄王。齊襄王很重感情，即位後立她為王后。這本來是皆大歡喜的一件事，但太史敫死活不同意。理由是，沒有父母之命、媒妁之言，這婚姻不算數。太史敫反對自然不管用，女兒照樣住進了王宮，還生下一個兒子。太史敫更覺得女兒玷汙了家風，乾脆斷絕了父女關係，終身不再與女兒見面，當然，也就更不認國王這個女婿了。老百姓都覺得這老頭有意思，有人說他有骨氣，也有人說他死腦筋。

廉頗的結局也不妙

歷史上功名顯赫的將軍，往往結局都不好，廉頗也不例外。廉頗是趙國有名的大將，屢立戰功。秦國人最怕他，所以在長平之戰的時候，使用反間計，讓趙王免掉了廉頗的職務，換上了「紙上談兵」的趙括，結果造成四十多萬趙軍被坑殺。長平慘敗之後，趙孝成王後悔莫及，又重新起用了廉頗。廉頗也真厲害，在趙國元氣大傷的情況下，領兵抗擊趁虛進攻的燕國，不僅大敗燕軍，殺死燕軍大將，而且揮師直搗燕國都城，逼著燕王割讓五座城池才罷休。廉頗還率軍進攻魏國的繁陽，把它攻克了。這期間，秦國忌憚廉頗威名，也沒敢再進犯趙國。廉頗可稱得上趙國的中流砥柱。趙孝成王為了表彰廉頗的功績，把尉文封給廉頗，封為信平君，還讓他代理國相。

趙孝成王去世以後，兒子悼襄王繼位。一朝天子一朝臣。悼襄王剛即位，就派親信樂乘去接替廉頗的職務。廉頗大怒，與樂乘打了起來，樂乘被打敗了。廉頗也知道自己闖了大禍，便逃到了魏國。魏國接受了廉頗，但並不信任他。楚國知道以後，暗中把廉頗接到了楚國。廉頗雖然做了楚國的將軍，但心情鬱悶，不想打仗，沒有戰功。最終，廉頗死在異國他鄉。臨死前，廉頗含著眼淚說：「我一生最想做的事，是指揮趙國的士兵作戰。」

王翦自保有妙招

王翦，是秦國名將，曾率軍滅了趙國、燕國。其子王賁又滅了魏國，逼降了齊國。王家可算得上功勳卓著。然而，王翦深知「功高震主」的利害，便想方設法進行自保。秦滅韓、趙、魏、燕以後，秦始皇又派王翦率領六十萬大軍去攻打楚國。大軍出征那天，秦始皇親自來送行，問王翦還有什麼要

求。王翦從懷裡掏出一個布帛，遞給秦王。秦始皇以為是作戰計劃之類，沒想到，布帛上卻寫著請求秦王賜給他良田、美宅、園林池苑等物。王翦憨笑著說：「趁著大王器重我的時候，我想為自己和子孫置份家產。打仗回來，我就好好地享受生活。」秦始皇聽了，哈哈大笑，馬上照單全准。王翦領兵打仗期間，不斷派人回去，請求秦王恩賜這個、恩賜那個。手下人看不下去了，認為王翦太過分了。王翦卻悄悄地說：「我不是貪圖財物，而是想透過這種方式，向秦王表示，我只想過富裕的生活，而沒有別的野心。這次秦王把全國的兵力都交給了我，我不能讓秦王有疑心。」王翦攻打楚國，用了一年多時間。這期間，秦始皇對王翦始終都很放心。楚國平定以後，王翦立即交還兵權，自己去過舒服日子了，最後得以善終。秦軍將士和百姓都說，王翦將軍真是聰明人啊！

甘羅十二歲當上卿

甘羅是呂不韋的門客，雖然只有十二歲，但智謀過人。燕國為了向秦國示好，派太子丹到秦國做人質。秦國準備派張唐去燕國任相，打算與燕國一起攻打趙國，擴大河間一帶的土地。但張唐怕有危險，不願意去燕國。呂不韋親自去請，張唐仍不答應。見呂不韋悶悶不樂，甘羅自告奮勇，要去說服張唐。呂不韋不屑地說：「去一邊玩去，你一個小孩子，張唐怎麼會聽你的？」甘羅說：「項橐七歲就做了孔子的老師，我已經十二歲了，為什麼不可以試一試呢？」呂不韋見甘羅人小志大，就同意讓他去試一試。

甘羅去拜見張唐，問：「您與白起相比，誰的功勞大？」張唐很乾脆地回答：「白起的功勞誰人能比，當然是他的功勞大了。」甘羅又問：「當時的宰相范雎，與現在的宰相呂不韋，誰的權力大？」張唐想了想說：「應該是現在的宰相權力大。」甘羅接著說：「當年白起有那麼大的功勞，得罪了宰相范雎，尚且被害死了。現在，您的功勞沒有白起大，宰相又比范雎的權力大，然而，您卻敢不聽宰相的話，豈不是想找死嗎？」張唐愣了半天，說：「你這個小孩子，說得還挺有道理。」於是，張唐趕快去找呂不韋，表示願意去燕國任相。

甘羅一炮打響，又要求出使趙國。這回呂不韋不敢小瞧他了，奏報秦王同意，正式委任甘羅為使者，去出使趙國。甘羅年齡雖小，卻是大國的使者，趙國自然不敢怠慢。趙王親自來到郊外，遠迎甘羅。甘羅問趙王：「您聽說燕太子到秦國做人質，秦國派張唐到燕國為相的事了嗎？」趙王點頭說知道了。甘羅說：「這說明，秦燕兩國關係親密。如果兩國聯合起來攻打趙國，趙國可就危險了。」趙王聽得害了怕，忙問：「那該怎麼辦呢？」甘羅接著說：「大王不如把河間的五座城池送給秦國，秦國就不會幫著燕國了，反而會幫助您攻打燕國。您失去的土地，可以再從燕國那裡補回來。」趙王一聽有理，就答應了，送給秦國五座城池。同時，有恃無恐地去攻打燕國，奪取了燕國三十座城邑，又把其中的十一座送給了秦國。秦國不費一兵一卒，就得到了大片土地。秦王十分高興，便封甘羅做了上卿，並賜給他許多田地房宅。人們都說，有志不在年高，秤砣雖小，能壓千斤。

鄭國渠原來是「陰謀渠」

鄭國渠，是中國古代一項偉大的水利工程，距今已有兩千多年，現在仍在發揮作用。但令人想不到的是，當時修建鄭國渠，其實是韓國的一個陰謀。

戰國末年，秦國強大，屢次對東方諸侯用兵。秦國的東鄰韓國，十分弱小，無法與秦國抗衡。韓國就想出一條「疲秦」之計，誘引秦國大興土木，想以此消耗它的國力。於是，韓國派出了水利專家鄭國，到秦國去遊說。鄭國對秦王說：「秦國土地貧瘠，缺雨少水。如果鑿穿涇水，修一條水渠，長三百餘里，這樣可以灌溉廣大的農田。」秦王同意了，命鄭國主持修渠。修渠工程浩大，耗費了大量人力物力。秦國人終於明白了，這是個陰謀，於是要殺鄭國。鄭國說：「臣開始是為韓國做奸細而來，但渠成以後，確實對秦國有利。」鄭國列舉了詳細數據，說明渠成以後的好處。秦王覺得鄭國說得有道理，不僅沒有殺他，反而讓他繼續把渠修好。結果，渠修好以後，引涇河水灌溉鹽鹼地四萬多頃，畝產都達到六石四斗。從此，關中沃野千里，再也沒有饑荒年份了，秦國因此富強起來。此渠因為是鄭國主持修建的，所以被命名為鄭國渠。

　　韓國策劃了這麼一條笨拙的陰謀，結果搬起石頭砸了自己的腳。現在看來，鄭國渠體現了古代勞動人民的勤勞智慧，是遺留給人們的一筆寶貴財富。

2016 年 11 月 8 日，鄭國渠申遺成功，被列為「世界灌溉工程遺產」。

◎新視角讀《史記》之六十 沒有呂不韋就沒有秦始皇

呂不韋，不僅是戰國末期的大商人兼政治家，也是歷史上的一個奇人。他硬是把原本沒有希望的子楚弄成了秦王，子楚又傳位給嬴政。如果沒有呂不韋，子楚就當不上秦王，也就沒有後來的秦始皇了。司馬遷專門寫了《呂不韋列傳》。

《呂不韋列傳》記載，呂不韋是一個大商人，十分富有。有一次，他去邯鄲做生意，結識了秦國公子子楚。子楚的父親，是秦國太子安國君。安國君有二十多個兒子，子楚排行居中。子楚的母親不受寵愛，子楚自然也不被重視，被派到趙國長期做人質。秦趙關係不好，趙國對子楚也不以禮相待，他乘坐的馬車破舊，生活窘迫，很不如意。呂不韋認識子楚之後，突發奇想，別看子楚現在窘困，但如果幫助他當上太子，以後做了秦王，那不等於有了天大的財富嗎？呂不韋以商人的眼光精明地看到，子楚就像一件奇貨，可以囤積居奇，以待高價出售。可是，以子楚目前的狀況，無論如何也當不上太子啊。呂不韋對子楚分析說：「安國君最寵愛的妃子，是華陽夫人。要想當太子，就必須在華陽夫人身上下功夫。可巧，華陽夫人沒有兒子，您如果被認做兒子，當太子就有希望了。我雖然不富裕，但願意拿出千金，為您去辦這件事。」子楚聽罷，趕緊叩頭拜謝說：「如果事情成功，我願意與您共享秦國的土地。」

呂不韋到了秦國以後，先去拜訪了華陽夫人的姐姐，獻上禮物，與她結交。等到與她混熟了，再由她領著去拜訪華陽夫人。呂不韋見到華陽夫人，把帶來的珍奇寶物獻上，說：「這是子楚孝敬您的。子楚雖然遠在千里之外，但日夜哭泣思念父親和夫人。」華陽夫人十分感動。呂不韋趁機誇讚子楚，說子楚如何賢能，如何仁義，如何結交賢士，如何敬重夫人，說得天花亂墜，彷彿真的一樣。華陽夫人的姐姐也在一旁幫腔。華陽夫人聽得很有興趣。

呂不韋正說得高興，忽然話鋒一轉，嘆口氣說：「不過，子楚也常常為您擔憂。雖然現在安國君寵愛您，但您年老色衰以後，就難說了。特別是由於您現在受寵，其他嬪妃一定嫉妒。一旦安國君去世，其他嬪妃的兒子繼了

位，您的日子肯定就不好過了。」這話正戳在華陽夫人痛處。她皺起眉頭，問道：「呂先生見多識廣，您有什麼好辦法嗎？」呂不韋說：「我看，您不如從諸公子中選一個孝順的，認做兒子，立他為太子，以後繼位為王。那樣，您照樣可以享受榮華富貴。」華陽夫人聽了，連連點頭。呂不韋接著又說：「我看子楚就很合適。他知道按次序是不會被立為太子的，您如果這個時候提攜他，子楚一定會感恩戴德，萬分地孝敬您。那麼，您的一生都會受到尊寵啦。」華陽夫人的姐姐在一旁連聲叫好。華陽夫人眉開眼笑地答應了。

此後，華陽夫人多次在安國君面前誇讚子楚，把呂不韋說的那些話，又添枝加葉地講給安國君聽。安國君沒有想到，自己還有那麼賢能的兒子，也很高興。華陽夫人見時機成熟，就哭著說：「我有幸填充後宮，但非常遺憾的是沒有兒子。我想認子楚當兒子，立他為繼承人，以便日後有個依靠。」安國君對華陽夫人所提之事無不應從，再加上聽說子楚賢德，於是就答應下來。安國君和夫人刻下玉符，決定立子楚為繼承人，並請呂不韋當他的老師。就這樣，子楚由醜小鴨一下子變成了白天鵝。

呂不韋為子楚辦成了這件天大的事情，萬分高興，兩人擺酒祝賀。席間，子楚見呂不韋的小妾趙姬美麗，十分喜歡，請求把此女送給他。呂不韋一聽很生氣，但轉念一想，已經為子楚破費了大量家產，這個奇貨馬上就可以高價出售了，不能在這個時候翻了臉，於是忍痛割愛，把趙姬送給了子楚。趙姬當時已有身孕，但他們隱瞞了這個事實。趙姬嫁給子楚後，生下個兒子，取名嬴政。後來，呂不韋又拿出六百斤金子，賄賂了趙國官員，子楚和呂不韋順利地逃回了秦國。再後來，趙姬和兒子嬴政也回到了秦國。

西元前251年，在位五十五年的秦昭王去世了，子楚的父親安國君繼位。安國君命短，很快也死了。子楚如願以償登上王位，就是秦莊襄王。子楚尊奉華陽夫人為華陽太后，立趙姬為王后，任用呂不韋為丞相，封為文信侯，並賜給他洛陽十萬戶作為食邑。呂不韋的奇貨，終於賣出了天價。

秦莊襄王即位三年後死了，嬴政當了秦王。嬴政尊奉趙姬為太后，尊奉呂不韋為相國，並稱他為「仲父」。當時嬴政只有十三歲，一切大權都在呂不韋手中。呂不韋執政十餘年，保持了秦國強大的勢頭，為秦兼併六國做出

了重要貢獻。呂不韋推崇「戰國四公子」，禮賢下士，結交賓客，門下食客多達三千人。呂不韋還編著了《呂氏春秋》，並將此書刊布在咸陽的城門，發出布告說，如果有人能增減一字，就給予千金的獎勵。這就是成語「一字千金」的來源。

呂不韋雖然功成名就，但有一件事情，令他日夜提心吊膽。多年來，他與趙姬舊情不斷。現在嬴政逐漸長大，他唯恐事情敗露，引禍上身。呂不韋就想了一個辦法，暗地裡尋找到一個叫嫪毐的人，獻給太后，自己抽身而退。不料，後來太后醜行暴露，嫪毐謀反，把呂不韋也牽連出來。嬴政下令，誅滅嫪毐三族，免去呂不韋的相國職務。

秦王嬴政不忍心殺呂不韋，但也不想讓他活著，就寫信責備他，質問他對秦國有何功勞，與秦王有什麼血緣關係。呂不韋知道秦王是想逼他自殺，於是長嘆一聲，喝下鴆酒而死。這樣的結局，大概是精明的呂不韋沒有算計到的吧。

▌◎新視角讀《史記》之六十一 秦王嬴政初露鋒芒

　　戰國末年，秦國經過幾代人的不懈努力，國力強大，兵強馬壯，已經占有絕對優勢。就在這時，秦國又出了一位大有作為的君主，名叫嬴政，就是秦始皇。嬴政剛剛親政，就粉碎了一場叛亂，把權力牢牢抓在自己手裡，顯示其果敢強硬之風格。然後，發動兼併戰爭，開始奪取天下。

　　《史記》記載，嬴政，是西元前 295 年正月在邯鄲出生的，所以叫政。因嬴姓和趙姓是同一祖先，也叫趙政。嬴政的童年，並不幸福。他父親子楚在趙國當人質，不受待見，生活窘迫。子楚是後來的名字，當時人們稱他異人。嬴政兩歲時，子楚丟下他們娘倆，偷跑回了秦國。趙國要殺嬴政和他母親，幸虧他們及時隱藏了起來。直到嬴政八歲時，娘倆才回到秦國。在趙國期間，他們吃了不少苦，受了不少欺辱和白眼。《史記》記載，後來秦滅了趙國，嬴政親自到邯鄲，找到當年的仇人，把他們全部活埋了。可見，小時候的事情，在嬴政腦海裡是多麼深刻啊。童年的磨難和不幸生活，對嬴政的成長是有幫助的，這比起生長在蜜罐裡的公子王孫來說，要強得多。嬴政十三歲的時候，父親去世，他繼王位。由於年齡小，丞相呂不韋獨掌大權。

　　呂不韋在掌權期間，害怕他與太后私情暴露，就暗地裡找了一個男寵，名叫嫪毐。呂不韋讓嫪毐假裝有罪受了宮刑，拔掉鬍子，送到太后身邊。太后歡喜，便不再纏著呂不韋了。後來太后懷孕，呂不韋害怕事情敗露，就讓太后帶著嫪毐，搬到雍地居住。雍地遠離咸陽，偏僻安靜。太后和嫪毐形影不離，日夜淫亂，好不快活，一連生了兩個私生子。太后得到男寵，心滿意足。可嫪毐是個男人，不甘心只做太后的情人，心中有更大的野心。嫪毐仗著太后寵愛、丞相同謀、嬴政年小，就無所顧忌，為所欲為。雍地宮中之事，都由他說了算。後來，嫪毐竟然被封為長信侯，不僅被賜給土地，而且還有封國。嫪毐家中有奴僕幾千人，透過他謀求到官職的，多達一千多人。嫪毐儼然成了除呂不韋之外的又一強大勢力。

　　太后和嫪毐的醜行，肯定是紙裡包不住火。有大臣悄悄告訴了嬴政。但嬴政隱忍不發，只是暗中作著準備，一切等到親政以後再說。嫪毐也知道事情已經敗露了，罪不可赦，就計劃在嬴政舉行加冠禮時發動叛亂，想趁其不

備，突然襲擊。西元前 238 年 4 月，嬴政留宿雍地，舉行加冠禮。嫪毐見時機已到，就發動自己的黨羽，又盜取了秦王大印和太后印璽，調動附近部隊，企圖一舉成功。不想嬴政早有準備，對嫪毐他們予以迎頭痛擊。嫪毐他們沒有見到嬴政，認為他躲到咸陽去了，就轉而攻打咸陽。咸陽早就埋伏了重兵，嫪毐黨徒不是對手，被消滅殆盡，只有嫪毐等少數人逃走。嬴政當即通令全國，懸賞捉拿叛亂者，嫪毐等人很快就被全部擒獲。嫪毐被五馬分屍，滅三族。嫪毐黨徒二十多人被砍頭示眾，家奴四千多人被流放。受到牽連的呂不韋被免去相國職務，不久服毒自殺。兩個私生子也被殺掉。嬴政剛一親政，就初露鋒芒，果斷平息了一場叛亂，顯示出卓越的能力和強硬的手腕。從此，秦國大權被牢牢控制在嬴政手中。

嬴政親政以後，因為偶然發生了一件事情，使他差點做了一件錯事。秦國人發現，韓國以修築水渠為由，派人到秦國進行間諜活動。嬴政很生氣。一些王公大臣趁機說，別的國家的人，都不可靠，應該一概驅逐。嬴政正在氣頭上，沒有好好考慮就同意了。當時，客卿李斯寫了一篇著名的《諫逐客書》。李斯在諫書中，先列舉了大量事實，說明人才不分國別，只有用好人才，國家才會強盛。像著名的人才百里奚、由余、商鞅、范雎、張儀等，都不是秦國人，但都為秦國做出了重大貢獻。然後，李斯又用優美的散文筆法，闡述了深刻的道理，並寫出了「泰山不讓土壤，故能成其大；河海不擇細流，故能就其深；王者不卻眾庶，故能明其德」的千古名句。嬴政看了，拍案叫絕，馬上取消逐客令，重用李斯。李斯勸說嬴政：「秦國現在占有絕對優勢，奴役各諸侯已經六代，應該趁此良機，掃平諸侯，統一天下，成就帝業。這事如果懈怠而不抓緊的話，等到諸侯再強盛起來，可就晚了。」嬴政是位雄心勃勃的君主，這話說到他心坎裡了。嬴政把李斯提拔成了廷尉，執掌國政，參與制定吞併六國的大計。

這時，有個叫尉繚的人來到秦國。他向嬴政提出了滅六國的詳細計策。總體上仍然採取遠交近攻的策略，但遠交要有具體行動。他建議拿出三十萬金，到各國去行賄送禮。他提出滅六國的具體策略是「先近後遠，先弱後強，分化瓦解，各個擊破」。嬴政大喜，馬上就要重用尉繚。但尉繚這次見到嬴政之後，卻不想留在秦國了。他對別人說：「秦王這個人，高鼻梁，大眼睛，

老鷹的胸脯，豺狼的聲音，缺乏仁德，而有虎狼之心。他窮困的時候，可以對人謙下；得志的時候，也會輕易吃人。如果他奪取了天下，天下之人就都會成為他的奴隸。」尉繚的看法不錯，秦始皇統一天下之後，真的把天下百姓都當成了自己的奴隸，這是秦朝很快滅亡的重要原因。尉繚要走，嬴政不准。尉繚想逃走，嬴政早有防備，堅決勸止。尉繚沒有辦法，只好留下來為秦國服務。嬴政讓他當秦國的最高軍事長官，採取他的計謀；同時給他很高的待遇，衣服飲食都與秦王一樣。嬴政使用人才，也採取強硬手段，與別人不一樣。

嬴政親政八年以後，按照李斯、尉繚的計策，開始了兼併六國、統一天下的宏圖大業。

◎新視角讀《史記》之六十二 荊軻刺秦王並非心甘情願

　　荊軻刺秦王的故事，千古流傳。荊軻臨危不懼、鎮定自若、視死如歸的形象，永遠銘刻在人們心中。《史記》在《刺客列傳》中，對荊軻事跡作了詳細描寫。不過，筆者讀過之後，感覺荊軻刺秦王，不是很情願，好像有點無奈和迫不得已。

　　《史記》記載，荊軻的祖先是齊國人，遷移到衛國，後來又到了燕國。荊軻喜歡讀書、擊劍。他的性格深沉穩重、與人無爭。有一次，荊軻與蓋聶談論劍術，話不投機，蓋聶瞪了他一眼，荊軻就悄悄躲開了。又有一次，荊軻漫遊到邯鄲，與魯句踐博戲，爭執博局的路數。魯句踐發怒喝斥他，荊軻卻悄無聲息地逃走了。荊軻到了燕國，燕國隱士田光對他很好，兩人成了好朋友。

　　燕國國君的兒子太子丹，曾在趙國當過人質，小時候與嬴政玩得很好。後來太子丹又去秦國做人質，本以為嬴政會對他很友好，不料嬴政不念兒時情誼，對他並不好。太子丹一怒之下逃回燕國，發誓要向秦王報復。太子丹請教他的老師鞠武。鞠武勸他說，秦國強大，統一天下已無可避免，不要因為被欺辱，就去觸犯秦王。後來，秦國將軍樊於期得罪了秦王，逃到燕國，被太子丹收留。鞠武又勸他趕快把樊於期送走，免得引禍上身。太子丹不聽，仍然不斷地向老師求教報仇的辦法。鞠武只好把田光推薦給他，說田光不僅智慧深邃，而且勇敢沉著，可以謀大事。

　　太子丹去迎接田光，倒退著走為田光引路，跪下來拂拭座位，恭敬地請田光坐下，然後請教報仇之事。田光受此禮遇，不得不為太子丹盡力。但他已經年老，力不從心，便推薦了荊軻，並自願前去說服他。分別時，太子丹囑咐田光，說今天談的是機密大事，希望先生不要洩露。田光找到荊軻，說明情況，請求荊軻去為太子效力。田光說：「太子怕我洩露機密，我現在就自己滅口吧。太子的事，就託付給您了。」說完，就自殺了。田光自殺，其實是為了以命相託，激勵荊軻，以報答太子丹。這就是那個時候的士！

　　田光以命相託，荊軻只能去見太子了。太子丹聽說田光死了，痛哭流涕。太子丹請荊軻坐穩，自己離開座位，以頭叩地行大禮，然後說：「秦王狼子野心，必定會占盡天下之地。燕國弱小，不是秦國對手。我私下有個不成熟的計策，想派勇士去秦國。如果能夠劫持秦王，讓他全部歸還侵占各國的土地，那就太好了；如果不行，就殺死他。希望荊卿能仔細考慮這件事。」這無異於天方夜譚，按照荊軻的智慧和沉穩的性格，是不會同意的。果然，沉默了好一會兒，荊軻推託說：「這是國家的大事，我的才能低劣，恐怕不能勝任。」太子丹走上前去，再次以頭叩地，堅決請求不要推辭。太子作為尊貴之身，幾次頭拱地施大禮，而且田光已經以命相託了，荊軻能有什麼辦法呢？士為知己者死，明知不可為而為之，這就是當時的士！荊軻只好答應了。透過《史記》的這段描述，筆者感覺到了荊軻的勉強和無奈。見荊軻答應了，太子丹大喜，尊奉荊軻為上卿，住進上等的賓館。太子天天去拜望，供給珍貴的飲食，獻上奇珍異物、車馬美女，任荊軻隨心所欲。

　　這樣過了很長一段時間，荊軻並沒有行動的表示。太子丹著急了，催促荊軻趕快行動。荊軻這才說，要想接近秦王，需要兩件東西作為禮物。一是燕國督亢一帶的地圖；二是樊於期的人頭。太子丹愁眉苦臉地說，地圖容易，但不忍心殺樊於期。荊軻就自己去找樊於期，樊於期很爽快地自殺了。為了這兩件東西，似乎用不了很長時間。荊軻的態度明顯不夠積極。

　　這兩樣東西準備好了，又過了些日子，荊軻依然沒有行動。太子丹早已花費百金，買了鋒利的匕首，塗上毒藥，用人實驗，只要見一絲絲血，沒有不立刻死的。太子丹還為荊軻找好了一名助手，叫秦舞陽。秦舞陽十三歲時就敢殺人，是燕國有名的勇士。一切都準備好了，荊軻仍然沒有動身的打算。太子丹覺得，荊軻是在有意地拖延時間，便不耐煩了，再次催促，並且說得很難聽：「您如果不打算去，我就派秦舞陽去了。」荊軻一聽，發怒了，斥責太子說：「太子是什麼意思？只顧去而不顧完成使命回來，那是沒有出息的小子！況且是拿一匕首進入深不可測的強秦。我之所以暫留的原因，是等待另一位朋友同去。既然太子認為我有意拖延時間，那就告辭訣別吧。」荊軻決定立刻動身，大家都來為他送行。人人都知道，荊軻此去，必定是有去

無回。所以，大家都穿著白衣，戴著白帽，悲情地唱道：「風蕭蕭兮易水寒，壯士一去兮不復還。」荊軻上車走了，連頭也不回。荊軻明顯是生氣走的。

荊軻他們到了秦國，秦王見燕國送來兩件大禮，非常高興，安排隆重的九賓儀式召見使者。秦舞陽走到大殿前，見朝廷威嚴，害怕起來，渾身發抖。荊軻笑笑，對秦王說：「北方蠻夷之地的粗野人，沒見過這種場面。」荊軻登上臺子，獻上地圖。秦王展開地圖，圖窮匕首現。秦王一愣，荊軻趁機左手一把抓住秦王衣袖，右手一刀直刺過去。這麼近的距離，秦王又沒有防備，竟然沒有刺中。秦王掙脫衣袖，繞著柱子奔跑，荊軻手持利刃，在後面緊追。那臺子能有多大，柱子能有多粗啊，竟然沒有追上。秦王趁機拔出佩劍，一劍砍斷荊軻的左腿。荊軻坐在地上，用匕首投刺秦王。這麼近，居然又沒有擊中。荊軻被刺傷八處，倚在柱子上大笑，說：「事情沒能成功，是因為我想活捉你，迫使你歸還諸侯土地，以回報太子。」說完，含笑而死。

在那麼有利的條件下，荊軻竟然沒有殺死秦王，許多人覺得遺憾，有人說是荊軻劍術不精。其實，當時用不著很精妙的劍術，只要擦破一點皮，秦王就必死無疑。筆者大膽猜測，荊軻之所以沒有殺死秦王，可能是內心矛盾，或許是並不想殺他。因為在荊軻三千多字的傳記中，荊軻始終沒有說過秦王一句壞話，也沒有表現出對秦國的一點仇恨，更沒有說過誓殺秦賊這類的豪言壯語。那個時候，秦國統一天下已是大勢所趨，連太子丹的老師都是這種看法。經過春秋戰國五百多年的戰亂，老百姓很需要一個統一安定的環境。

荊軻喜歡讀書，明辨事理，很清楚這一點。但面對太子丹的屈尊相求和田光的以命相託，荊軻又不能不去。所以，從《史記》記載來看，荊軻刺秦王，並不是心甘情願，表現出來的是無奈和不得已。特別是荊軻臨死前說的話，更像是對太子丹的交代。

荊軻沒有殺死秦王，既是最好的結果，也是荊軻最好的選擇。如果荊軻殺死了秦王，就沒有後來為中國歷史做出巨大貢獻的千古一帝了。荊軻答應朋友所託之事，為太子丹報仇，是小義；不殺秦王而有利於天下，是大義。荊軻捨棄了自己寶貴的生命，保全並兼顧了大義和小義，真是一位深明大義、可歌可敬的英雄人物！

▌◎新視角讀《史記》之六十三 六國是怎樣滅亡的

荊軻沒有殺死秦王，反而促使秦國加快了兼併天下的步伐。在這之前，秦國經過幾代人的征戰，已經削弱了六國的實力，占領了大片土地。如今，秦王聽從李斯、尉繚的建議，採取「先近後遠、先弱後強，分化瓦解、各個擊破」的策略，以武力強行吞併六國。秦國大軍橫掃中原大地，所向披靡。東方六國先後被滅，天下歸秦。那麼，六國是怎樣滅亡的？六國的滅亡各有什麼特點？透過讀《史記》，筆者有以下幾點看法。

韓國滅亡最無奈。韓國是西元前 403 年正式建國的，是「三家分晉」的諸侯國之一。建國初期，韓國還表現出一些新興力量的生機和活力，鄭國就是被它滅掉的。在申不害任宰相的時候，實行法家的治國之道，國內出現過短暫的安定。但在此後近兩百年間，韓國沒有出過賢明君主，也沒有出過能臣名將，更沒有做過革新變法，再加上人口少、條件差，是戰國七雄當中最弱的。同時，它又擋在秦國東進的道路上。所以，秦國第一個要吃掉的，就是韓國。西元前 230 年，秦國派了一個不出名的將軍，領兵攻打韓國，沒費多大勁，就擒獲了韓王，收繳了韓國土地。秦國把韓國設置成一個郡，叫潁川郡。韓國就這樣，無可奈何花落去地滅亡了。

趙國滅亡最剛烈。趙國也是「三家分晉」的諸侯國之一，但它出過不少賢臣名將，所以，能夠長期與強秦對抗。趙國與秦國其實是一個祖先，但彼此打起來毫不留情。秦國在長平之戰中，一次坑殺趙軍四十多萬人。趙國在元氣大傷的情況下，骨頭仍然不軟，此後還曾幾次打敗過秦軍。秦國滅了韓國以後，趁勢向北攻打趙國。秦國不敢輕視趙國，派出名將王翦統領軍隊。王翦使用反間計，讓趙王殺了名將李牧，自毀長城。王翦率領大軍，經過一年多的浴血奮戰，於西元前 228 年攻占了趙國，俘獲了趙王。在國破家亡的情況下，趙公子嘉拒絕投降，帶領趙氏宗族幾百人，跑到代地，自立為代王，幾年之後才被滅掉。

燕國滅亡最悲傷。燕國是老資格的諸侯國，是周召公的封地，已有近千年歷史。燕國只有在燕昭王的時候，出現過「曇花一現」式的強盛，還差點滅了強大的齊國，其他時候都處於弱勢。燕國與趙國相鄰。秦國滅了趙國以

後，大軍陳列於燕國邊界。這時，秦軍兵強馬壯、士氣高漲，大將王翦足智多謀、善於用兵，燕國滅亡已無可避免。西元前 226 年，王翦率軍攻下燕國都城，燕王逃到了遼東。秦軍緊追不捨，燕王沒有辦法，只好殺了秦王痛恨的太子丹，把自己兒子的人頭獻給秦王，才勉強苟活了幾年。幾年之後，秦軍攻下遼東，俘虜了燕王，燕國徹底滅亡了。

　　魏國滅亡最活該。魏國也是「三家分晉」的諸侯國之一。戰國初期，魏文侯尊賢用才，使魏國率先強大起來，稱霸百餘年。魏國與秦國是鄰居，長期敵對。魏文侯時期，魏國奪取了秦國土地，打得秦國不敢東進一步。後來，魏文侯的不肖子孫們，只知道夜明珠是寶物，而不重用人才。魏國人才大量外流，削弱了自己，壯大了敵國。魏國送給秦國頂級的人才就有三個：商鞅、范雎、張儀。這三人都當過秦國丞相，對強秦弱魏起了關鍵性作用。此外，魏國還把孫臏送給齊國，把吳起送給楚國，把樂毅送給燕國。這些大名鼎鼎的人物，原本都是魏國的。試想，哪怕有一個留在魏國，魏國也不至於落得如此狼狽啊。早在秦國滅韓、趙、燕之前，秦國就占領了魏國的大片土地，在魏國土地上設置了東郡。魏國除了割地求和、俯首稱臣之外，毫無辦法。秦國之所以沒有先滅魏國，是覺得它已經是囊中之物了。西元前 225 年，秦國滅了燕國以後，不費吹灰之力就把魏國滅了。消滅魏國，根本不需要王翦動手，王翦的兒子王賁就足夠了。王賁也沒有動兵馬，只是放出汴河水，去淹魏國都城大梁。大梁城牆倒塌，魏王就投降了。

　　楚國滅亡最艱辛。短短幾年，秦國就滅掉了韓、趙、燕、魏四國。它的下一個目標，就是楚國。楚國可稱得上地大物博、人口眾多。它的面積，幾乎相當於其他各國的總和。陳、蔡、魯等幾個國家，都是楚國滅掉的。可惜，楚國出的賢明君主不多，也沒有實行過徹底的革新變法，貴族勢力龐大，中央集權較弱。所以，楚國是大而不強。這些年來，楚國沒有明確的戰略思路，經常被秦國牽著鼻子走。現在，眼見四國已亡，楚國感到了冬天的寒冷，急忙整軍備戰，準備抗擊秦國的進攻。秦王知道楚國是塊硬骨頭，打算用名將王翦統領部隊，就問王翦需要多少兵力。王翦算了算，說：「需要六十萬人。」這幾乎是秦國的全部兵力，秦王猶豫了。李信卻說：「最多需要二十萬人，就足夠了。」李信也是秦國有名的將領，年輕氣盛，英勇威武，曾經率領幾

千人深入燕國腹地，以少勝多，大敗燕軍。秦始皇聽了大喜，以為還是年輕人有勇氣，就命李信率二十萬大軍攻楚。不料楚國早有防備，大敗李信部隊，又連續追擊三天三夜，攻破秦軍兩個軍營，殺死七個都尉，秦軍慘敗。這是秦國失敗最慘重的一次。秦王大驚，十分後悔，親自去見王翦，向他道歉，請他出馬。王翦說：「大王一定要用我，非得六十萬兵力不可。」秦始皇一口答應，說：「一切全聽王將軍的。」王翦率領六十萬大軍進攻楚國，楚國竭盡全國之兵抗擊秦軍，雙方勢均力敵。王翦下令，構築堅固的營壘，與楚軍對峙。楚軍屢次挑戰，秦軍堅守不出。這樣過了很長時間，楚軍逐漸麻痺了。王翦見時機到了，一聲令下，全線出擊，大敗楚軍。秦軍乘勝追擊，占領了楚國城邑。又經過一年多的苦戰，才最終平定了楚國各地，俘虜了楚王，滅掉了楚國。

齊國滅亡最窩囊。齊國是東方泱泱大國，國力強盛，歷史上曾經多次稱霸，與秦國並稱「東帝」「西帝」。在秦國兼併戰爭中，如果齊國出面阻撓，秦國還真不好辦。所以，秦國早就謀劃好了對付它的辦法。秦國派出許多間諜，到齊國宣揚秦齊交好，又花重金賄賂齊國官員，重點賄賂齊國宰相後勝。於是，齊國採取與秦國友好的策略，不管其他國家如何被秦國打得頭破血流，齊國一概置之不理，悠然自得、舒舒服服地過著太平日子。等到秦國摧枯拉朽般地滅了五國，齊國四下一看，只剩自己了，心裡才慌起來，趕緊派軍隊防守西部邊境。秦國軍隊大兵壓境，齊國上下人心惶惶。這時，秦國將軍王賁從燕國往南攻入齊國，齊國大亂，無人敢於抵抗。宰相後勝急忙對齊王說，趕緊投降吧，保住性命要緊。於是，堂堂東方大國，竟然一仗沒打，就乖乖投降了。

這樣，從西元前 230 年開始，到西元前 221 年結束，只用了短短十年時間，秦始皇就完成了兼併六國、統一天下的宏偉大業。之所以如此，主要原因有：一是歷史發展的必然趨勢。經過五百多年春秋戰國時期的戰亂，人們對於戰爭頻繁、生靈塗炭的社會環境已是深惡痛絕，人心思穩、人心思安的大勢不可阻擋。二是秦國具備了強大實力和統一天下的條件。秦國的強大，不是一兩代人成就的，而是經過多代人的不懈努力才實現的。特別是經過商鞅變法等一系列改革，打造了強大的國家機器，這個國家機器適應戰爭的需

要。透過改革，秦國還形成了先進的生產力。這種新興力量足以摧毀舊的秩序，建立起新的社會形態。三是六國舊貴族腐朽沒落。與秦國形成鮮明對照的，是六國舊貴族日益腐朽，已經到了大廈將傾的程度。六國當中，只有趙、楚有過頑強抵抗，其他四國，根本不堪一擊。內部腐朽，這是六國滅亡的內在原因。所以，有的歷史學家評論說：「滅六國者，非秦也，實六國也。」

六國滅亡，標誌著諸侯國統治時代的結束，取而代之的，是中央集權之下的郡縣制，中國從此進入了新的時代。這既是社會的進步，也是歷史發展的必然趨勢。

◎新視角讀《史記》之六十四 郡縣制不是秦始皇發明的

　　秦始皇順應歷史潮流，結束了五百多年的戰亂，把中國推向大一統時代。所以，明代思想家李贄稱他為「千古一帝」。秦始皇最大的功績，是他堅決廢除分封制，堅持郡縣制，建立了中央集權制度，奠定了中國兩千多年政權機構的基本格局。這是他為中國社會發展做出的巨大貢獻。然而，具有重大進步意義的郡縣制，卻並不是秦始皇發明的。因為在秦始皇之前，就已經有了郡縣制。

　　《史記》記載，消滅群雄，完成統一大業，那一年，秦始皇才三十九歲。人在盛年，建立了如此輝煌的業績，自然是春風得意。他召集群臣，商議帝號，以顯揚功德。丞相王綰、廷尉李斯等人商議後說：「從前，五帝的土地，縱橫不過千里，外面還有夷服地區，天子不能控制。現在，您興正義之師，討伐四方殘賊，平定天下，法令歸於一統。這是亙古不曾有過的，三皇五帝也比不上。古代有天皇、地皇、泰皇，泰皇最尊貴。我們這些臣子，冒死獻上尊號，稱大王您為『泰皇』，下命令稱為『詔書』。您看怎麼樣？」秦始皇沉吟一會兒，說：「其餘的都按你們所議的去辦，只有這個『泰皇』，可以去掉『泰』字，留下『皇』字，再加上『帝』字，稱為『皇帝』。我就叫做始皇帝，後代稱二世、三世直到萬世，永遠相傳，沒有窮盡。」可見，「皇帝」這個流行了幾千年的尊稱，就是秦始皇自己創造的。他認為自己的功勞，大過從前的「三皇五帝」，就從中各取一個字，構成了「皇帝」。

　　帝號很順利地定下來了，可是，國家實行什麼樣的體制，卻產生了較大分歧。丞相王綰等人說：「諸侯剛剛被打敗，燕國、齊國、楚國地處偏遠，不給它們設王，就無法鎮撫那裡。請封立各位皇子為王。」秦始皇把這個建議交給群臣商議，群臣都認為這樣做有利。廷尉李斯卻有不同意見，說：「過去周朝搞分封，可他們的後代逐漸疏遠了，互相攻擊，像仇人一樣，以致造成多年的諸侯混戰。現在天下靠您的神靈之威獲得統一，都劃分成了郡縣，這樣很容易控制。這才是使天下安定的好辦法啊，千萬不要再設置諸侯了。」

　　透過以上記載，可以看出兩點：一是王綰提出的分封建議，並不是像周朝那樣，在全國普遍實行，而是在燕、齊、楚等偏遠之地才封王；二是李斯說得很明白，當時的天下，都已經劃分成郡縣了，而且控制得很好。

　　郡縣制，是中國古代繼宗法血緣分封制度之後，出現的以郡統縣的兩級地方行政制度。縣的名稱，早在西周時期就有了。不過，那個時候的縣比郡大，「縣有四郡」。真正的縣制，起源於春秋初期的楚國。西元前 741 年，楚國熊通自封為楚武王。當時，楚國旁邊有個弱小的權國。楚武王吞併了權國，改為權縣，並在權縣選拔人才做縣伊。這是中國縣制之肇始。西元前 598 年，楚莊王討伐陳國，就想把陳國改成楚國的一個縣。到春秋中後期，各諸侯國都開始實行縣制了。但當時的縣制，規格並不一致。有的縣，直接

歸君主管理，有的則是卿大夫的封邑。西元前 514 年，晉國六卿把國君的宗族祁氏和羊舌氏滅掉，把他們的領地分成十個縣，分別派六卿家族的人去管理。這說明當時已經實行縣制了。郡制比縣制要晚，起源於春秋中期的秦國。之後，晉、趙、吳等國相繼設郡。但那個時候的郡，有的與縣沒有隸屬關係，有的比縣的地位低。到了戰國時期，才有了郡管縣的體制。戰國末期，各國的郡縣制已經很普遍了。樂毅打下齊國七十多座城池以後，把他們都設置成了燕國的郡縣。

秦國是較早設立郡縣的國家，而且對郡縣制的探討比較成功。《史記》記載，早在西元前 688 年，也就是東周初期，秦武公攻打邽、冀兩地的戎族，就開始在杜、鄭兩地設縣。西元前 456 年，秦厲共公派兵攻打大荔國，攻占了大荔王城邑，在那裡設置了頻陰縣。到秦孝公時期，商鞅變法的一個重要內容，就是在全國推行縣制。商鞅把各個小鄉小村合併為大縣，每縣設縣令一人，全國共有四十一個縣。這個時候，秦國的縣制已經比較成熟了。它對於秦國的崛起和強盛，發揮了重要作用。

秦國的郡制，也設立得比較早。西元前 321 年，秦國攻占了楚國的漢中，奪取了六百里土地，在那裡設置了漢中郡。西元前 278 年，秦國攻占了楚國郢都，將郢都改成了南郡。第二年，又奪取了楚國的巫郡和江南，設立了黔中郡。這樣，在秦昭王時期，秦國就在奪取的楚國地盤上，設置了三個郡。在呂不韋執政和秦始皇時期，更是每打下一個地方，就在那裡設置郡縣。秦國先後設置了三川郡、太原郡、東郡、潁川郡、南陽郡、會稽郡，等等。到秦始皇統一天下的時候，除了滅亡最晚的齊國以及燕國、楚國一些偏遠地方尚未設置郡縣，其餘大部分地方，都已經實行郡縣制了。這種新興的行政體制，比起分封制來說，已經顯示出了很強的生命力和優越性。

所以，秦始皇旗幟鮮明地支持了李斯的意見。秦始皇說：「以前，連年打仗，無止無休，天下人受苦。根本原因，就是有那些諸侯王。現在，天下剛剛安定，如果再設諸侯王，就等於再次挑起戰爭，重新陷入混亂。這怎麼能行呢？」於是，秦始皇下令，經過規劃調整，把全國分成三十六個郡，每郡設置郡守、郡尉、郡監；郡以下設縣，萬戶以上的叫縣令，不滿萬戶的叫

縣長。郡守和縣令或縣長,直接由中央任命,不得世襲。秦始皇還改革了中央機構,皇帝之下設立三公九卿,都直接向皇帝負責。

郡縣制,雖然不是秦始皇發明的,但是,他堅定不移地堅持鞏固了這一制度,徹底拋棄了分封制,這是一個巨大的歷史性貢獻。特別是秦始皇對郡縣制進行充實完善,並以此為基礎,建立了大一統的中央集權制度。兩千多年的歷史表明,這套制度,在中國封建社會歷史進程中發揮著決定性的作用。什麼時候中央集權強大有力,什麼時候國家就富強,社會就安定;反之,就會出現國家分裂、軍閥混戰、人民流離失所的悲苦景象。從這個意義上說,秦始皇這個「千古一帝」,確實是當之無愧的。

◎新視角讀《史記》之六十五 「焚書」和「坑儒」是兩回事

提起「焚書坑儒」，人們頭腦裡往往會浮現出一幅悲慘的圖像：一大堆書籍，在熊熊烈火中化為灰燼；一大群儒生，在哭喊聲中被活埋。長期以來，「焚書坑儒」成了秦始皇毀滅文化、迫害知識分子的代名詞。然而，《史記》記載的「焚書坑儒」，卻與此大相逕庭。

《史記》記載，秦始皇廢除分封制，實行郡縣制，建立大一統中央集權制度以後，又大刀闊斧地進行了多方面改革。統一文字，統一法令，統一貨幣，統一車軌，統一度量衡。遷徙天下富豪人家十二萬戶，到咸陽居住。還收集天下兵器，熔化之後，鑄成十二個銅人，每個重達十二萬斤，放置在宮廷裡，寓意天下太平，再不用動刀兵了。然而，天下太平，只是表面上的。當時，天下初定，人心並不穩定。舊的秩序被打破，新的秩序正在建立，新舊思想碰撞十分激烈。對於秦朝諸多的改革措施，人們褒貶不一，反應不同。特別是六國舊貴族勢力不甘心滅亡，造謠生事，企圖復辟。

在這樣的形勢下，西元前 213 年，秦始皇在咸陽宮擺設酒宴，宴請七十位博士。博士，在秦朝是一種官職，負責編撰著述，保管文獻，傳授學問，培養人才，應該屬於高知識分子。秦朝共有七十位博士，秦始皇專門宴請他們，說明對文化和知識分子還是重視的。席間，博士們紛紛敬酒頌德。周青臣頌揚道：「陛下把諸侯國改置為郡縣，人人安居樂業，不再擔心戰爭。您的威德，從古至今無人能比。」而淳于越卻反對說：「殷朝、周朝統治天下達一千多年，就是因為分封了子弟功臣作為輔佐。如今陛下擁有天下，而您的子弟卻是平民百姓。一旦天下有事，靠誰來輔佐呢？凡事不師法古人的，都不能長久。」對於這兩種意見，秦始皇沒有表態，而是交給朝臣議論。

李斯當時已擔任了丞相。他旗幟鮮明地說：「五帝和夏商周的制度，也並不相同，因為時代變了，制度也不能一成不變。特別是淳于越所說殷周之事，更不值得效法。他們統治天下一千多年，但戰亂的時間就有一半多。諸侯紛爭、天下大亂，根源就是分封制。」李斯越說越生氣：「現在，有些儒生，不學習今天的，卻要效法古代的，以此來誹謗當世。這樣的言論，必須要禁

止。如果不禁止，朋黨的勢力就會形成，人心就會渙散，這對陛下的統治是不利的。」

接下來，李斯向秦始皇建議說：「臣冒死罪進言：我請求，讓史官把不是秦國的典籍全部焚毀。除博士官署所掌握的之外，天下凡有收藏《詩》、《書》、諸子百家著作的，全部送到地方官那裡一起燒掉。命令下達三十天仍不燒書的，處以臉上刺字的黥刑，或處以城旦之刑四年，或發配邊疆。而醫藥、占卜、種植之類的書，則不必取締。」秦始皇說：「可以。」這就是所謂的「焚書」。李斯的「焚書」建議，雖然有些不妥，不能用強硬的方式，禁固人們的思想和議論。但是，在當時人心不穩、思想混亂的情況下，加強輿論管理，還是有必要的。至於李斯的建議落實得怎麼樣，有沒有出現大規模焚書情況，有沒有因不焚書而獲罪的，《史記》沒有記載。

「焚書」過了一年多以後，才有了「坑儒」事件。起因是，秦始皇熱衷於研究長生不老，於是，大批方士應運而生。秦朝的方士，是指自稱能訪仙煉丹以求長生不老的人。這些方士，或妄稱與神仙是朋友，或瞎吹能找到不老仙藥，或誇談透過行氣吐納獲得長生。由於秦始皇的需要，方士越來越多，逐漸形成了專門的方士集團，甚至還分成了不同的派別。其實，這都是騙術。

秦始皇一開始十分相信，對方士們也很尊敬，給他們優厚的待遇，希望他們能夠引來神仙，找到不死仙藥。但時間一長，沒見到什麼效果，秦始皇開始懷疑了。畢竟秦始皇是一代梟雄，不是那麼好騙的。秦始皇下令，如果方士的法術不能應驗，就要處死。這一下，嚇壞了那些曾經誇下海口的方士們，很多方士就偷偷溜走了。秦始皇知道後，很是氣惱。這時，秦始皇最敬重的兩個方士侯生和盧生也逃跑了。更可惡的是，他們為了掩蓋因找不到長生之藥而逃跑的真相，反而散布謠言說，是因為秦始皇天性粗暴兇狠，自以為是，殺戮過重，權欲熏天，所以，不是他們找不到仙藥，而是不能為他去找。

秦始皇聽說以後，十分憤怒，恨恨地說：「這些方士，想要煉製仙丹、尋找奇藥，我尊重他們，給的賞賜十分優厚。可是徐福等人，花費的錢數以萬計，最終也沒有找到奇藥。我倒是聽說了他們非法牟利、互相告發的消息。如今，韓眾逃跑了，侯生、盧生也逃跑了。最可恨的是，他們竟敢誹謗我，

企圖以此加重我的無德。這些人妖言惑眾，惑亂民心，必須嚴辦。」於是，秦始皇親自命御史辦理此案，要求一一審查清楚。御史見皇帝親自下令，不敢怠慢，很快抓捕了一批方士，進行審訊。在大刑之下，這些方士把如何造假、如何牟利、如何哄騙皇帝等罪行，交代得一清二楚。而且這些方士相互揭露，相互告發，一個供出一個，共有四百六十多人。御史把案件審查清楚，報告給皇帝。秦始皇恨得牙根癢癢，下令把他們全部活埋了。這就是所謂的「坑儒」。

對於「焚書坑儒」，《史記》對其前因後果以及過程，都記載得十分清楚。特別是「坑儒」，《史記》明明白白地記載，這四百六十多人，都是以方士的罪名活埋的。其中可能也有儒生，因議論朝政而獲罪。但不管是哪些人，罪名都是「妖言惑眾」。而「妖言惑眾、惑亂民心」，明確指的就是方士，而不是儒生。

從《史記》記載來看，有兩點是很明確的：一是「焚書」和「坑儒」不是同時發生的，兩者相隔了一年多；二是「焚書」和「坑儒」沒有聯繫，是性質不同、相互孤立的兩件事情。而把「焚書」和「坑儒」連在一起，很容易使人產生毀滅文化、迫害知識分子的聯想和錯覺。那個把「焚書坑儒」連在一起的人，真是煞費苦心、居心叵測啊！

▌◎新視角讀《史記》之六十六 秦始皇出巡到過哪裡

　　秦始皇平定六國，一統天下，功成名就，心情愉悅。他想親眼看看疆土之遼闊、山河之壯美，再加上政治形勢的需要，所以，便四處巡視。十年時間，秦始皇大規模出巡就有五次，東西南北都去過，到處留有他的足跡。對秦始皇的幾次出巡，《史記》都作了詳細記載。

　　西元前 220 年，也就是統一天下的第二年，秦始皇就迫不及待地外出巡視了。這一次，目標是西方。秦始皇西行巡視了隴西、北地，穿過雞頭山，路經回中，在渭水南面建造了極廟，以象徵處於天極的北極星。為方便皇帝巡視，動用了大量勞工，從極廟開通道路直達驪山。為顯示皇帝恩德，給百姓普遍賜爵位一級。秦朝的發祥地在西邊，秦始皇首次巡視就去了西方，主要目的是鞏固後方，同時，頗有點衣錦還鄉、告慰祖先的意味。

　　西元前 219 年，秦始皇巡視西方剛剛回來，又馬不停蹄地去巡視東方，踏上了遼闊的齊魯大地。這一次，巡視時間長，到的地方多，經歷的事件重要。秦始皇首先巡視了東方各郡縣。郡縣制是他的精心之作，自然掛在心上。視察完郡縣，秦始皇登上鄒縣的嶧山。嶧山不高也不大，但很獨特，幾乎全是用大石頭堆集而成的，傳說是女媧補天時剩餘的石頭。當地有句俗話：「泰山雄，黃山秀，不如嶧山的大石頭。」秦始皇見狀，讚嘆不已，在山上立碑紀念。

　　在此期間，秦始皇召見齊魯各地的儒生和博士，共七十多人。秦始皇向他們了解民情，商議事情，並請他們一同登泰山封禪。可見，秦始皇對知識分子還是很重視的。

　　秦始皇這次東巡，一個重大事件，是登泰山封禪。封，是祭天；禪，是祭地。封禪，是古代帝王祭祀天地最重要的典禮。古人認為泰山最高，離天最近，所以要到泰山封禪。據說古代登泰山封禪的，有炎帝、黃帝、顓頊、帝嚳、堯、舜、禹、商湯、周成王等十二位帝王。但那都是傳說，而有確切記載的，秦始皇是泰山封禪第一人。秦始皇帶領文武百官，還有七十多名儒生和博士，一行人浩浩蕩蕩攀登泰山。他們先從南邊陽坡爬上泰山頂峰，舉

行祭天盛典；然後，從北邊陰坡下山，在梁父山舉行祭地儀式。下山時，突然風雨大作，秦始皇在一棵大樹下避雨。那棵大樹因護駕有功，被封為「五大夫」，至今仍枝繁葉茂，巍然屹立。封禪大典結束以後，在石碑上鐫刻碑文，永作紀念。

泰山封禪結束以後，秦始皇沿著渤海岸往東走，途徑黃縣、腄縣，攀上成山頭，登上芝罘山，刻石立碑，歌頌秦之功德。秦始皇接著又往南走，登上琅琊山。琅琊山景色秀美、氣候宜人，秦始皇十分喜歡，在這裡一連住了三個月。秦始皇說，這裡是個好地方，下令遷來百姓三萬戶，免除他們十二年的賦稅徭役。百姓們修築琅琊臺，立石刻字，讚頌秦始皇。秦始皇戀戀不捨地離開了琅琊山，繼續巡視。他路過彭城，向西南渡過淮河，前往衡山、南郡，然後乘船順江而下，來到湘山。途中遇到狂風，風大浪急，幾乎不能渡河，所幸有驚無險。最後，秦始皇經武關回到京城，結束了東巡之行。

秦始皇這次東巡，還有一個重要事件。齊人徐福上書，說大海之中有三座神山，叫蓬萊、方丈、瀛洲，有仙人居住。徐福向秦始皇請求，帶領童男童女前去拜訪仙人，尋求長生之方。秦始皇很高興，同意了。於是，徐福帶領幾千名童男童女，乘船出海尋仙去了。不料，徐福一去不返，下落成謎，至今眾說紛紜。

西元前 218 年，秦始皇第三次出巡。連續三年巡視，秦始皇夠辛苦的。這次出巡的目標，仍然是東方，可見秦始皇對東方各國的重視。但沒有想到，這次東巡遇到了危險。秦始皇車隊經過博浪沙時，突遇行刺。所幸刺客誤中副車，秦始皇沒有受傷，只是受了驚嚇。這次行刺是張良策劃的，刺客成功逃走了。秦始皇大怒，下令在全國大規模搜查了十天，仍然沒有捉到刺客。秦始皇久經戰爭，一個刺客算不了什麼，於是繼續東巡。秦始皇再次登上芝罘山，發布詔令，譴責原六國國君邪僻，不恤人民，是秦朝安定了天下，救民於水火。這是秦始皇出巡的重要內容，走到哪裡，都要宣傳這一套。然後，又到了他特別喜歡的琅琊山，住了一段時間。最後，經由上黨返回京城。

西元前 215 年，秦始皇第四次出巡。本來，他想在上一年就出巡，不料剛出咸陽，在蘭池遇見了強盜，情況十分危急。所幸武士們英勇，消滅了強

盜，才化險為夷，那次出巡也就因此「夭折」了。第四次巡視，秦始皇選擇了北方。他先到了碣石，毀掉城牆，拆除了關東舊城，又挖通了河川堤防，夷平各處險阻，形成平坦的地勢。於是，在碣石山門刻石立碑，記錄這一功績。然後，秦始皇巡視北部邊界。見匈奴勢力日益強大，已成心腹之患，秦始皇就命蒙恬率領三十萬大軍，去攻打匈奴，奪取了黃河以南的大片土地。又從榆中沿黃河往東，一直到陰山，劃分成四十四個縣，以便於統治。這期間，方士侯生、盧生、韓眾等人上書，說能找到不死仙藥。秦始皇大喜，賞賜錢財，讓他們去找。最後，秦始皇經由上郡返回京城。

西元前 210 年，秦始皇第五次出巡，也是最後一次。這次目標是向南。走了一個多月，到達雲夢，在九嶷山遙祭虞舜。然後，乘船沿長江而下，觀覽籍柯，渡過海渚，經過丹陽，到達錢塘。渡江之後，登上會稽山，祭祀大禹，遙望南海，在那裡刻石立碑。從南方返回，秦始皇途徑吳地，沿海岸北上，第三次來到琅琊山。可見，秦始皇對琅琊山確實是情有獨鍾。離開琅琊山，秦始皇繼續向北，第二次登上成山頭。成山頭，凸出於大海之中，是齊魯大地的最東端。面對洶湧澎湃、一望無際的大海，秦始皇以為到了天的盡頭，便命名為「天盡頭」，讓李斯刻碑紀念。秦始皇沒有想到，天盡頭，也寓意著天子的盡頭，秦始皇不久就死了。所以，直到現在，有些高官顯貴，仍不敢去天盡頭，認為不吉利。這自然是無稽之談。漢武帝也曾經到過天盡頭，不僅沒事，而且長壽。秦始皇離開成山頭，再次來到芝罘，觀看大海汪洋。忽然，波濤中出現一群大魚。秦始皇急令放箭，射殺了一條。秦始皇離開芝罘，向西進發，走到平原津的時候，不料生了病。這病來勢兇猛，御醫束手無策，秦始皇病情越來越重。七月丙寅日，秦始皇在沙丘平臺逝世，終年不足五十歲。皇帝忽然離世，李斯等人恐生變故，祕而不宣。他們一邊嚴密封鎖消息，一邊取直道返回咸陽。到京城後，才發布治喪公告，把秦始皇葬在驪山。

秦始皇不顧勞累和風險，多次外出巡視，不單純是為了遊山玩水，而是當時政治社會形勢的需要。出巡一是為了宣德揚名，樹立秦朝威望。秦始皇覺得自己立下了萬世不朽之功，需要廣泛傳揚，所以，幾乎每到一地，都要立碑刻字，為其歌功頌德。二是為了鎮服天下，促進社會穩定。天下初定，

人心不穩，六國舊貴族勢力蠢蠢欲動。所以，秦始皇出巡的重點是東方，特別是齊、趙之地。趙國人反抗意識最強。齊國是最後滅亡的，秦的統治薄弱。秦始皇對這兩地最不放心，多次前去巡視。三是為了實地考察，尋求治國途徑。秦朝疆域遼闊，各地差異性很大。如何制定法令，實行統一管理，是一個嶄新的課題。所以，秦始皇不辭辛勞，一路考察民情民俗，考察各地的軍事和政務，以便治理起來心中有數。四是為了強化統治，解決急迫的棘手問題。秦始皇不僅四處巡視，有時還現場辦公，解決了一些類似匈奴那樣的重大問題。五是為了求仙拜神，企圖做到長生不老。秦始皇出巡時，經常召見方士，尋仙求藥。他在海邊逗留的時間比較多，大概是幻想能夠遇見神仙吧。

秦始皇多次出巡，實際上也是在搞調查研究。是為了深入實際，熟悉國情，把握全局，便於統治。從這個角度講，秦始皇為我們做調查研究樹立了榜樣。

◎新視角讀《史記》之六十七 趙高篡詔埋下秦亡禍根

雄心勃勃的秦始皇，一心追求長生不老，他壓根兒就沒有想到，自己會死得這麼早，因而沒有安排好接班人。秦始皇有二十多個兒子，長子扶蘇，正在北方抵禦匈奴。秦始皇臨死之前，匆忙下詔，讓扶蘇趕快回京，準備繼位。可沒有想到，宦官趙高竟然篡改了遺詔，逼死扶蘇，讓胡亥當了皇帝。趙高的逆行，為秦朝崩潰埋下了禍根，拉開了秦朝滅亡的序幕。

《史記》記載，趙高，與趙國王室同宗，但血緣關係較遠，已經淪為平民。趙高兄弟幾人，都是一生下來就被閹割，之後當了宦官。他們的母親，也因為犯罪被處以刑罰。所以，趙高幾代人地位都很卑賤。卑賤的出身，使趙高養成了善於察言觀色、逢迎獻媚的性格。趙高很會辦事，熟悉刑獄法令。秦始皇覺得這個小宦官挺不錯，就提拔他擔任了中車府令，負責管理皇帝的車輿，後來，又讓他兼掌皇帝印璽。在這個崗位上，趙高一做就是二十多年，沒有出過差錯，很受秦始皇寵信。秦始皇的少子胡亥，常在宮中，趙高刻意討好，精心侍奉，還私下裡教他決斷訟案。所以，趙高算不上是胡亥真正的老師。

有一次，趙高犯了重罪，由蒙恬的弟弟蒙毅負責審理。蒙毅鐵面無私，依據法令，判了趙高死刑，剝奪了他的官籍。趙高向秦始皇痛哭哀求，又讓胡亥為他說情，秦始皇赦免了他，官復原職。從此，趙高對蒙毅、蒙恬等人懷恨在心，伺機報復。

西元前 210 年，秦始皇第五次出巡，李斯、趙高隨行。胡亥也纏著要去，秦始皇答應了。秦始皇走到平原津時，得了重病。他感到大限將至，自然要考慮由誰繼位。雖然胡亥就在身邊，但秦始皇並沒有考慮他，而是想到了遠在北方的大兒子扶蘇。扶蘇多年隨軍征戰，經驗豐富，年富力強，賢能仁義，有政治遠見。他曾多次勸諫秦始皇，不要濫施酷刑，而要推行仁政、廣布恩德。秦始皇不高興，派他去北部邊界，與蒙恬一起抗擊匈奴。「扶蘇」，是樹木茂盛的意思。秦始皇為他起了這麼一個名字，顯然寄託著無限的期望；把三十萬大軍交給他，也是對他莫大的信任。扶蘇賢德，又有大將蒙恬輔佐，

並且符合嫡長子繼承制度，當然是最佳人選。由他繼位，秦始皇希望秦朝能像大樹一樣枝繁葉茂。於是，秦始皇下了一道詔書，命扶蘇把軍隊交給蒙恬，趕緊回來主持葬禮，實際上是讓他回來登皇帝之位。詔書寫好了，蓋上御印封好，交給趙高，讓趙高安排使者辦理。秦始皇考慮得挺好，但萬萬沒有想到，趙高這個小人壞了他的大事。

趙高接過詔書，知道內容關係重大，沒有馬上交給使者，而是扣留下來。秦始皇很快就死了，詔書和皇帝印璽都落在趙高手裡。趙高打開詔書一看，心中十分不快。如果扶蘇當了皇帝，必然重用蒙恬，蒙恬一家可是他的仇人啊。趙高轉動著眼珠，心裡暗暗醞釀著一場陰謀。他想偽造秦始皇詔書，除掉扶蘇和蒙恬，讓胡亥當皇帝。這樣，既能報一己之仇，又有擁立大功，必然會得到榮華富貴。主意拿定，趙高急忙去見胡亥。胡亥已經二十一歲了，知道當皇帝尊貴至極，聽了趙高的計謀，心中又驚又喜。他假惺惺地說：「廢兄立弟，是不義；違背父命，是不孝；自己才能淺薄而登基，是無能。這三件事都是大逆不道，天下人會不服從的。」趙高了解胡亥的心思，安慰他說：「現在，天下大權和所有人的生死，都在你、我和李斯手裡掌握著，沒有人敢不服從。這是一個天大的機會，千萬不能錯過。」胡亥有些擔心，說：「丞相李斯，是父皇的重臣，就怕他不同意。」趙高很有把握地說：「李斯那人，患得患失，凡事都為自己打算，不難說服他。再說，我是奉了您的命令去和他談，他怎麼敢不聽從呢？」胡亥起身，向趙高拜謝，說事成之後，一定同享富貴。

趙高去找李斯，故作神祕地說：「有件大事，需要告訴您。始皇下詔，讓扶蘇回京，詔書未送，皇帝去世，沒有人知道這件事。詔書在胡亥手裡，胡亥讓我與您商議。立誰為皇帝，就在於你我的一句話了。您看怎麼辦？」李斯吃了一驚，瞪大了眼睛，說：「你怎麼能說出這種亡國的話來呢？這不是臣子應該議論的事情。你想幹什麼？」趙高悄悄地說：「我看，不如立胡亥當皇帝。胡亥慈悲仁愛，誠實厚道，心裡聰明不善言辭，竭盡禮節尊重賢士。在始皇兒子中，沒有一個能趕上他。」李斯聽了，大驚失色，怒斥趙高：「你這是大逆不道！」趙高抬高聲音，理直氣壯地說：「胡亥是始皇的親生兒子，立了他，大秦朝依然姓嬴，怎麼就大逆不道了？難道你想立扶蘇嗎？

別忘了，扶蘇對你搞的那套政策，早就不滿意了。他若上臺，能有你的好？再說，扶蘇登位，必定重用蒙恬，你的丞相位置也保不住了。你自己好好想想吧。」

　　趙高的這番話，戳到了李斯的軟肋。李斯心裡明白，扶蘇當皇帝，對自己是沒有好處的。李斯愣了半天，流下淚來，說：「我李斯本是一介百姓，承蒙皇帝提拔，得到今天的高位，我怎麼能辜負他呢？罷了，我不管你們的事，也不當丞相了，再去當個平民百姓吧。」趙高冷笑一聲，說：「就怕你平民百姓也當不成。我進宮二十多年，見過不少丞相，還沒有看見過哪個丞相被免職以後，還能夠善終的，不被滅三族，就算好的了。你不為自己考慮，難道也不為子孫著想嗎？」李斯默不作聲。趙高狡點一笑，進一步說：「始皇並沒有指定誰為繼承人，只要是他的兒子，誰當皇帝都一樣。始皇最喜歡的是胡亥，這次出巡，只帶了他一個，其他兒子都沒帶。依我看來，讓胡亥繼位，也是始皇的心願。您怎麼能辜負他呢？再說，現在詔書和皇帝印璽都由胡亥掌握著。他當皇帝，已經是板上釘釘的事了。您若不從，胡亥會饒了您嗎？我這是為您著想啊。」李斯聽罷，淚流滿面，仰天長嘆：「老天啊，為什麼讓我生在這亂世之中。」趙高軟硬兼施、連哄帶騙，終於把李斯說服了。

　　就這樣，趙高和胡亥、李斯合成一夥，共同密謀。趙高認為，要想讓胡亥順利登基，就必須先除掉扶蘇和蒙恬。於是，他們偽造了一份詔書，派使者送給扶蘇、蒙恬。詔書歷數了他們的「罪狀」，說他們「不忠不孝」，命令他們自殺。扶蘇接到詔書，不知是假，有口難辯，悲痛欲絕。那個時候，人們奉行的道德規範，是「君叫臣死，臣不死，乃不忠也；父叫子死，子不死，乃不孝也」。秦始皇既是君，又是父。扶蘇如果不死，就真成了「不忠不孝」了。於是，扶蘇大哭一場，面南跪拜，與父皇訣別，然後含冤自盡。

　　趙高這邊，嚴密封鎖秦始皇去世的消息。一日三餐，照常獻食；官員奏事，照樣受理。當時正值暑天，屍體腐爛，臭氣難聞。趙高讓人把車上裝上醃魚，使人分不清屍臭和魚臭。直到得知扶蘇自殺消息，車到咸陽以後，才告知天

下，說皇帝駕崩。胡亥根據偽造的詔書，登基做了皇帝，稱為「二世」。之後，趙高又設計殺害了蒙恬、蒙毅等人，報了當年之仇。

趙高偽造詔書，逼死賢明的扶蘇，擁立昏聵的胡亥，使秦朝走上覆滅之路。至於趙高為什麼要處心積慮地這麼做，史學界也有一些不同的看法。唐代司馬貞和清代趙翼說，趙高本為趙國公子，因痛恨秦滅趙國和長平屠殺，不惜殘體入宮，志在復仇。甚至有人作詩讚美趙高：「可憐百萬死秦孤，只有趙高能雪恥。趙高生長趙王家，淚灑長平作血死。」

即便趙高志在復仇，其做法也是小人所為。假如沒有趙高偽造詔書，扶蘇登位，歷史可能會是另一個樣子。扶蘇素有賢名，陳勝、吳廣起義時，就打著他的旗號，可見很得人心。他如果當了皇帝，有可能會改變暴政政策，秦朝就不會崩潰，起碼不至於「二世而亡」。可憐！秦國多代人的浴血奮鬥，竟毀於小人之手。可見，小人，雖不能夠成就大事，但可以毀壞大事。小人最可恨，小人必須提防！

◎新視角讀《史記》之六十八 胡亥昏聵加速秦朝崩潰

胡亥，是秦始皇的少子，登基後被稱為「二世」。他昏聵無能、暴虐無道、驕奢無德。胡亥是趙高一手扶立的，自然對趙高言聽計從。趙高似乎真的是為復仇而來，連續出歪招邪謀，搞得民怨沸騰、人心渙散。很快，秦朝大廈就開始崩塌了。

《史記》記載，胡亥登基後，任命趙高擔任郎中令。李斯雖然仍為丞相，但朝廷大權都落在趙高手裡。胡亥是個花花公子，只知享樂，胸無大志，對治國之道一竅不通，凡事都聽趙高的。趙高心術不正，陰險毒辣，把胡亥玩弄於股掌之上。

趙高出的第一個邪謀，是讓胡亥殺害皇子和大臣。胡亥當了皇帝，心中高興，對趙高說：「我已經有了天下，可以享受一切了吧？」趙高陰沉著臉說：「陛下切不可掉以輕心。對於沙丘的密謀，皇子和大臣都有懷疑，心中不服。皇子們是您的兄長，大臣們是先帝安置的，都很有勢力，您的統治並不牢固。所以，我每天都提心吊膽，害怕有禍事發生。」胡亥嚇了一跳，急忙問道：「那怎麼辦呢？」趙高咬著牙說：「只有把皇子都幹掉，把先帝舊臣全部剷除，重新任命您信任的人，才能杜絕禍害。到那時，您才能高枕無憂、盡情享樂。」於是，胡亥下令，大開殺戒，一次就殺害十位皇子，甚至十二位公主也被處死。同時誅殺大臣，連一些郡縣的地方官也沒有放過。還對皇宮進行大清洗，中郎、外郎、散郎統統獲罪。新提拔的人，自然都是趙高的親信。一時間秦王朝人人自危，陷於腥風血雨的恐怖之中。

趙高出的第二個邪謀，是讓胡亥深居皇宮不露面。胡亥由於沒有治國經驗，朝堂議事不會決斷。趙高說：「先帝統治時間長，大臣們不敢亂說。而您剛即位，又年輕，大臣們在朝堂上胡說一通，您很為難。如果決斷錯了，就會喪失威信。所以，您不能當面與大臣們在朝堂議事。皇帝為什麼自稱朕呢？朕，是徵兆的意思，就是讓人只聞其聲不見其面，那才顯得尊貴。」趙高的話，說到了胡亥心坎兒裡。從此，胡亥深居皇宮，不再上朝，只與趙高一人商議事情。大臣們很難見到皇帝，只能任憑趙高發號施令，為所欲為。

　　趙高出的第三個邪謀，是讓胡亥進一步加重嚴刑峻法。從商鞅變法開始到秦始皇統治時期，秦朝法律一直都很嚴苛。趙高卻還嫌不夠，他重新修訂法律，加重刑罰。老百姓稍有不慎，就會因違法受到嚴厲制裁。輕者割鼻刺字，或被流放；重者斬首，或凌遲處死。當時，路上行走的人，竟有一半是犯人；在集市上處決的犯人，屍體堆積如山。如此殘暴，民若不反，那才怪呢！

　　趙高出的第四個邪謀，是讓胡亥大興土木。秦始皇在世時，開始修建阿房宮和驪山陵墓。沒有建成，秦始皇就死了。於是，胡亥把修建阿房宮的勞工，全部調到驪山陵墓，突擊把它修好，安葬了秦始皇。這時，李斯等人建議，暫停修建阿房宮，減少徭役。趙高卻說：「現在停建阿房宮，不是表明先帝辦事有誤嗎？如果不把阿房宮建好，怎麼向先帝交代？」於是，胡亥下令，增加勞工和財力，繼續修建阿房宮，並且把它建得更大更好。同時，徵召五萬兵丁守衛咸陽。還飼養了許多狗馬禽獸，供宮廷玩賞，耗費了無數糧食。糧食不夠用，就從各郡縣徵調。運糧人員自帶乾糧，不准吃這些糧食，否則予以嚴懲。

　　趙高出的這些邪謀，應該是存心不良、居心叵測。但胡亥已是二十多歲的成年人了，怎麼那麼容易任人擺布呢？究其原因，是因為趙高說的話，正對胡亥的心思，這也表明了胡亥的昏聵和暴虐。

　　趙高玩弄胡亥，還有一個著名故事，就是「指鹿為馬」。趙高設計殺了李斯，當上丞相，想要謀反。他怕群臣不服，就想了一個辦法，來試探大家的態度。一天，趙高把胡亥請到朝堂上，讓人牽來一隻鹿，說是一匹馬，要獻給皇帝。胡亥一見，笑了，說：「丞相弄錯了，這明明是鹿，怎麼說是馬呢？」趙高很認真地說：「陛下看錯了，這就是馬。」然後，轉身面向群臣，說：「讓各位大臣說說，究竟是馬，還是鹿？」大臣們多數都迎合說是馬，只有少數大臣沉默或者說是鹿。結果，沉默或說鹿的人，後來都被趙高害死了。胡亥見眾人都說是馬，大驚，懷疑自己腦子出了問題，就把太卜召來，讓他算上一卦。趙高已經吩咐好太卜，太卜就說，是因為胡亥祭祀神靈不虔誠，才出現這種異常情況。於是，胡亥齋戒沐浴，日夜燒香，尋求鬼神保佑。可見胡亥確實昏庸。

　　趙高、胡亥的倒行逆施，終於逼反了百姓。陳勝、吳廣在大澤鄉揭竿而起，振臂一呼，八方響應，勢如烈火，點燃秦朝大地。負責傳報消息的謁者，慌慌張張地跑去稟報胡亥。趙高卻說：「這都是些盜賊，成不了氣候，用不著大驚小怪。」胡亥發怒，懲治了謁者。第二個謁者又到了。他吸取了教訓，對胡亥說：「那不過是些盜賊，已經全部抓獲了。皇上不用擔心。」胡亥高興，賞賜了謁者。

　　後來，起義聲勢越來越大，劉邦西征已逼近咸陽。趙高便與劉邦祕密接觸，要設計殺掉胡亥。趙高派咸陽縣令閻樂，帶領一千多名士兵攻打皇宮。閻樂領兵衝進宮去，消滅了宮中衛士，把刀架在胡亥脖子上。胡亥驚恐萬分，顫抖著說：「我可以見丞相嗎？」閻樂說：「不行！」胡亥乞求道：「我不當皇帝了，讓我做個郡王行嗎？」閻樂鼻子裡冷笑兩聲。胡亥趕緊又說：「那就當個侯，行嗎？」閻樂仍不答應。胡亥跪下哀求：「求您，讓我當個普通百姓吧。」閻樂冷冰冰地說：「別做夢了，今天你非死不可！」胡亥無奈，仰天長嘆，自殺身亡。

　　趙高殺了胡亥，對眾人說：「秦國本來就是個諸侯，滅了六國以後才稱帝。現在六國都有王了，秦國也不能再稱帝了，還像過去那樣稱王，才合適。」於是，立了胡亥兄長的兒子子嬰為秦王。子嬰對他的兩個兒子說：「趙高狼子野心，表面上立我為王，但我遲早會被他所害，不如先下手為強。」父子三人商議好，趁機殺掉趙高，滅其三族。此時，子嬰已無力回天，他當王四十六天以後，秦朝覆滅。

　　可憐秦始皇，一世英雄，被稱為千古一帝，卻生出胡亥這樣的窩囊兒子來。真是天不佑秦，可悲可嘆啊！

◎新視角讀《史記》之六十九 李斯自保坐視秦朝滅亡

　　李斯，是秦朝著名的政治家、改革家。他輔佐秦始皇，在平定天下、建立中央集權的過程中建立了大功。然而，在秦始皇死後，他受趙高脅迫，為保相位，參與了沙丘陰謀。胡亥登基以後，他又明哲保身，隨意附和，坐視秦朝崩潰。但最終自保不成，死於趙高之手。司馬遷評價說：「人們都認為李斯忠心耿耿，反受五刑之死。但我仔細考察事情的真相，和世俗的看法有所不同。」因而，專門寫了《李斯列傳》。

　　《李斯列傳》記載，李斯年輕的時候，曾在郡裡當小吏。他看到一個現象：廁所裡的老鼠，吃的是髒東西，瘦小可憐，還經常受到驚擾；而糧倉中的老鼠，吃的是白大米，養得肥肥胖胖，並且十分安逸，無人打擾。同樣是老鼠，差距竟如此之大。李斯便暗下決心，做人，一定不能像廁所裡的老鼠，而應該像糧倉中的老鼠。那樣，才不虛度此生。

　　李斯辭去小吏，拜荀子為師，學習帝王治國之術。李斯學成之後，去了秦國，先在呂不韋門下，後來輔佐秦始皇，為秦國統一天下做出了重要貢獻，官至丞相。李斯得到了榮華富貴，終於成了「糧倉中的老鼠」。這期間，李斯的同學韓非來到秦國，李斯嫉妒韓非的才能，設計害死了他。秦朝建立之後，李斯堅持「廢除分封制，實行郡縣制」的政治主張，協助秦始皇建立了中央集權制度，並制定法律，統一文字、貨幣、車軌、度量衡。這些，影響了中國的幾千年歷史。因此，司馬遷評價說，如果李斯不參與沙丘陰謀，他的功績，要與周公、召公相提並論了。

　　在沙丘陰謀中，李斯身居相位，大權在握。如果他不同意，趙高的陰謀就很難得逞。他雖然不很情願，但由於私心作怪，為了自己的高官厚祿，還是順從了趙高，合謀害死扶蘇，扶立胡亥上臺。可見，李斯並非忠心為國，而是患得患失，凡事都為自己打算。趙高把他看得很透徹。

　　胡亥登基之初，李斯也想盡心輔佐他，建議胡亥停建阿房宮，減少兵役徭役，防止激起民變，無奈胡亥不聽。李斯還想奉勸胡亥，做個像堯、舜、

禹那樣的賢明帝王。沒有想到，胡亥講了一通歪道理，李斯聽得目瞪口呆，半天說不出話來。

胡亥振振有詞地說：「我聽說，堯當帝王，住的殿堂很小，穿麻布衣，吃粗米飯，連守門人的生活都不如。禹當帝王，還要親自勞作，整天泡在泥水裡，大腿上沒有白肉，小腿上沒有汗毛，最後累死在外，連個奴隸都不如。我想，當皇帝是無上尊貴的，之所以尊貴，是能夠享受天下的一切。如果像堯那樣，吃守門人的食物，像禹那樣，幹奴隸的活，那當皇帝有什麼意思呢？又怎麼能夠顯示尊貴呢？」見李斯發愣，胡亥又說：「人生在世，十分短暫，就像駿馬馳過縫隙一樣。所以，必須抓緊時間享受。我既然當了皇帝，就想滿足耳目方面的一切慾望，享受我能想到的一切樂趣。這難道不對嗎？」看看，這就是胡亥的世界觀、人生觀、價值觀。什麼國家大事，什麼天下蒼生，什麼秦朝萬世不衰，胡亥統統都不管，只管自己享受。這哪裡有半點秦始皇的遺傳基因啊！李斯聽了胡亥這套歪理邪說，哭笑不得，從此就不再奉勸胡亥當賢君了。

趙高雖然當了郎中令，但仍然不知足，還想要當丞相。當丞相就要扳倒李斯，於是就設計陷害他。每當胡亥擁抱美女、觀舞聽樂、玩興正濃的時候，趙高就對李斯說，皇上有空，可以奏事。李斯中了圈套，連續三次攪了胡亥雅興。胡亥發怒了，說：「我平時空閒的時候，丞相都不來，偏偏人多的時候，就來奏事。這不是有意讓我難堪嗎？」李斯知道了，心中不安，唯恐胡亥降罪。李斯要想改變這種狀況，就只有討好胡亥。於是，李斯思索著胡亥的心思，順著胡亥的想法，給胡亥上了一書。

李斯的上書洋洋灑灑，有幾千字。大體上有這麼幾個意思。一是皇帝要確定君臣的職分，明確上下關係，讓群臣都為君主效命。這樣，君主就可以達到極致的享樂了。二是君主不能把天下當成自己的「鐐銬」，不能做百姓的奴僕，而是要做統治天下的尊貴帝王，可以縱情恣欲，想幹什麼就幹什麼。三是要進一步實行嚴刑峻法，說「慈愛的母親會養出敗家的兒子，而嚴厲的主人家中沒有強悍的奴僕」。只有嚴明法律，嚴厲懲罰，人人不敢違背，君主才能統治天下。天下安定了，君主才能盡情享樂。四是對下要實行嚴厲的

督責，使臣子不敢有離異之心，君主的尊嚴就能至高無上。只要嚴格執行督責，君主的慾望就能得到滿足，就能夠享受得更多。李斯的上書，完全是為了討胡亥歡心，順著胡亥的心思說，對胡亥阿諛奉承，以達到自保的目的。李斯的上書，其後果是縱容胡亥繼續犯錯，使秦朝局面越發不可收拾。《史記》記載了李斯上書的全文，使李斯明哲保身、阿順苟合、坐視秦朝崩潰的心態和行為暴露無遺。

李斯為了自保，不惜喪失立場原則和做人的氣節，一切迎合胡亥，但收效並不明顯。趙高為了能當丞相，必然要陷害李斯。他對胡亥說：「李斯知道沙丘的密謀。現在您當了皇帝，李斯的職務地位卻沒有提高，必定心中不滿。他如果對您有二心，那是很危險的。」胡亥認為趙高說得對，於是處處提防和猜忌李斯。

李斯知道這是趙高搗的鬼，為保住相位，決定鋌而走險。他找到胡亥，揭發趙高，說趙高有邪僻過分的心態，有險詐叛逆的行為，像從前齊國的田常一樣，遲早會發生叛亂。胡亥昏庸，不僅不信，反而把李斯的話告訴了趙高。趙高陰險地說：「這就對了，李斯要作亂，最忌憚的是我。我死之後，他就可以做田常那樣的事了。我聽說，李斯的兒子李由，暗中與造反的盜賊勾結，足以可以證明李斯有反心。」胡亥深以為然，很信任地對趙高說：「那就由你查辦這個案子吧。」

趙高得到了胡亥授權，肆無忌憚地開始對李斯下毒手了。他下令逮捕李斯，套上沉重的刑具，關在陰森的監獄裡。李斯見自保的一切努力都化為泡影，仰天長嘆道：「可悲啊！無道的昏君，怎麼能為他出謀劃策呢？過去關龍逄、比干、伍子胥三人盡忠而死，我比不上這三個人。胡亥殺害忠良，重用卑賤小人，又對百姓橫徵暴斂。不是我不勸諫，而是他不聽我的呀。現在造反的人，已占天下的一半，秦朝很快就要滅亡了。」李斯對胡亥還心存幻想，抱著一線希望，上書胡亥，歷數自己的功勞，表明自己的冤屈，讚頌胡亥的恩德，乞求能得到寬恕。然而，趙高一手遮天，李斯的上書，怎麼能到胡亥手裡呢？即便到了胡亥手裡，估計也不會起什麼作用。

　　趙高對李斯懷恨在心，特別是如果李斯不能獲罪，他就當不上丞相，所以，必欲置李斯於死地。趙高對李斯嚴刑拷打，打了一千多下，打得李斯體無完膚，哭天喊地，求生不得，欲死無門。李斯經不起酷刑折磨，只得冤屈地招供了，承認自己和兒子李由謀反。趙高為了坐實李斯罪狀，使出狠毒的一招，他派自己的門客，假扮成御史，覆審李斯。李斯認為真是御史，便改口翻供，訴說冤情，這正中了趙高圈套。趙高命人再繼續進行嚴刑拷打，一直打得李斯再也不敢翻供了。後來，胡亥派真正的御史來覆審，驗證李斯口供，李斯認為仍是趙高派來的，始終沒敢再改口。胡亥確認李斯有罪，十分感激趙高，說：「沒有趙君，我幾乎被李斯出賣了。」胡亥下令，判處李斯五刑，在咸陽街市腰斬示眾，並滅其三族。最可憐的是李斯的兒子李由，當時正率兵與項羽、劉邦作戰。李斯受審時，李由已經戰死沙場，為國捐軀了，死後卻落了個叛逆的罪名。

　　李斯貪戀高官厚祿，不以國家為重，一心自保，坐視秦朝滅亡。然而，自保不成，反而落了一個慘死街頭、夷滅三族的下場，真是可悲可嘆！

◎新視角讀《史記》之七十 陳勝點燃滅秦烈火

　　陳勝，字涉，出身雇農，生活在社會最底層。他首舉義旗，反抗暴秦，振臂一呼，八方響應。由他點燃的星星之火，很快形成燎原之勢。陳勝起義，是中國歷史上第一次大規模的農民起義。陳勝是中國農民起義第一人。司馬遷對他十分重視和肯定，按《史記》體例，「世家」是王侯傳記，陳勝不屬於王侯，司馬遷卻破格將其事跡列入「世家」，還專門寫了《陳涉世家》。

　　《陳涉世家》記載，陳勝是陽城人，陽城屬於原來的楚國。陳勝家裡很窮，用破甕當窗戶，用草繩栓門軸，靠當雇工維持生計，經常挨餓受凍。但陳勝胸有大志，不甘心過這種貧困的生活。有一次，他和其他雇工一起給人家耕田，活很累，很辛苦。陳勝十分感慨惱恨，就對大家說：「如果以後富貴了，我們互相不要忘記。」夥伴們都笑起來，說：「你只是一個雇工，供人役使，怎麼能富貴呢？」陳勝嘆口氣，說：「燕雀怎麼會知道鴻鵠的志向呢！（燕雀安知鴻鵠之志哉！）」

　　儘管陳勝他們食不果腹、衣不蔽體，卻還要承擔繁重的徭役。有一次，朝廷徵調了九百多人，由幾個縣尉押送，去防守漁陽，陳勝、吳廣都在其中。這夥人走到大澤鄉的時候，天下大雨，道路不通，不能按時到達。按照秦朝法律，只要誤了期限，不管什麼理由，一律斬首處死。大夥心裡惶恐不安，許多人想要逃走。

　　陳勝找吳廣商量，說：「已經誤了日期，必定會被殺頭；逃跑被抓回來，也是死。橫豎都是死，不如反了吧，興許能闖出一條活路來。即便是死，也死得轟轟烈烈。」吳廣很贊同。陳勝又說：「天下受暴秦之苦，已經很久了。如果舉行起義，肯定會有許多人響應。我聽說，現在的皇帝，是秦始皇的小兒子，本不應該繼位。他害死了大公子扶蘇，自己當了皇帝。扶蘇賢德，深得人心，老百姓都同情他。還有，楚國的大將項燕，威信也很高。如果我們冒用扶蘇和項燕的名義，向天下發出號召，影響肯定是會很大的。」吳廣說，這個辦法好。他倆又對起義的細節，作了一番商議。

　　陳勝、吳廣知道，他們人微言輕，不足以服眾，就想利用鬼神樹立威望。有個戍卒，從市場上買回來一條魚，打算煮著吃，卻在魚的肚子裡發現一塊白綢子，上面寫著「陳勝王」三個字。這當然是陳勝安排的。大夥都很驚訝，互相傳播，陳勝的名字，很快就傳開了。到了晚上，吳廣藏到一座草木叢生的古廟裡，點燃一堆篝火，模仿狐狸的聲音，叫道：「大楚興，陳勝王。」這樣，九百多人都被震驚了，以為是神仙顯靈，紛紛議論，說陳勝不是凡人。

　　陳勝、吳廣見時機成熟，便開始行動。吳廣一向關心別人，與大夥關係很好。吳廣故意向縣尉找碴兒，誘他侮辱自己，藉以激怒眾人。那縣尉果然鞭打吳廣，眾人都很氣憤。吳廣反抗，縣尉又拔出佩劍，要殺吳廣。吳廣奮起，奪過劍來，刺死縣尉。另外兩個縣尉舉刀趕來。陳勝大喊：「縣尉殺人了！和他們拚了！」陳勝帶領眾人蜂擁而上，殺死了兩個縣尉。此時，群情激憤，人心沸騰。陳勝登上高處，大聲說道：「大家都知道，天下大雨，誤了期限，要被殺頭。但是，這絕不是我們的過錯。朝廷無道，逼得我們沒有活路，不得不反。大丈夫不死便罷，要死，就要名揚後世。我們要橫下一條心，幹一番大事業。王侯將相難道都是有種的嗎？」吳廣也高聲喊道：「現在，只有起義這一條路了。我們跟著陳勝，去打天下吧。」大夥異口同聲地說：「我們甘願聽憑差遣。」

　　陳勝他們築起高臺，對天宣誓，以扶蘇、項燕的名義號召天下。起義軍袒露右臂為標誌，砍下木棍做武器，高舉竹竿作為旗幟，一窩蜂地攻占了大澤鄉，接著又打下蘄縣。大批沒有活路的窮人，紛紛加入起義軍，陳勝的隊伍越聚越大。這些窮苦百姓組成的隊伍，打仗不懂戰法，只知道光著膀子往前衝。遇到這麼一群不要命的人，官兵自然抵擋不住，只得望風而逃。在很短的時間內，起義軍就連續攻克了銍、酇、苦、柘、譙五座縣城。隊伍也迅速擴大，形成了一支擁有戰車六七百輛、騎兵一千多人、步兵數萬人的龐大隊伍。

　　陳勝率領起義軍，一路攻打，到了陳縣城下。陳縣可不是一般的縣城，它曾經是楚國的國都，秦朝把它定為郡，可見地位之重要。郡丞領兵出城迎戰，結果兵敗身死。起義軍士氣高漲，一鼓作氣攻占了陳縣。陳勝召集地方

三老和名士議事。眾人都說：「將軍披堅執銳，伐無道，誅暴秦，復立楚國之社稷。論功勞，應該稱王。」於是，擁立陳勝為王，號為張楚。張楚，就是張大楚國的意思。

陳勝起義的消息傳開，天下震動。人們受到鼓舞，被秦朝壓制多年的怨恨，像火山一樣迸發出來。各地民眾紛紛殺掉郡守、縣令，奮起造反，旗號都是討伐暴秦，人數多得數不清。一些六國貴族的殘餘勢力，也趁機收羅舊部，起兵反秦。其中，項梁、項羽在會稽造反，劉邦在沛縣起義。後來，他們逐漸發展成兩支重要的反秦力量。而此時，皇帝胡亥，卻以為各地起義的都是盜賊，成不了氣候，仍然深居皇宮，只顧自己享樂。

陳勝稱王以後，聲勢大振。各地名士紛紛前來投靠，一些六國貴族也來投機。面對這快速取得的勝利果實，陳勝有些飄飄然了。他急於滅掉秦朝、統一天下，在內部尚不穩固的情況下，下令四面出擊。陳勝把主攻方向，放在秦都咸陽所在的西方，派出兩支隊伍西征：一支由吳廣率領起義軍主力，西擊滎陽，取道函谷關，然後進攻咸陽；另一支由周文率領，繞過滎陽，攻占函谷關，直搗咸陽。與此同時，陳勝派出多名將領，分別攻打各地：向北，渡過黃河，進攻原趙國地區和魏國舊地；向南，攻取九江郡和廣陵；向東，攻打淮南地區和長江下游。一時間，反秦烈火燃遍大江南北，農民革命達到高潮。

然而，盛極而衰。西征的吳廣，率軍到達滎陽。滎陽是通向關中的重要通道，自古以來就是兵家必爭之地，而且囤積了大批糧食。所以，朝廷設置重兵把守。吳廣久攻不下，西征受阻。時間一長，內部發生分歧。有個起義軍將領假借陳勝之名，殺害了吳廣，導致部隊潰散。周文這一支，起初十分順利，一路斬關奪隘，勢如破竹，百姓紛紛響應，隊伍很快擴大到幾十萬人。周文率領大軍，一直打到離秦不到百里的地方，兵指咸陽，威震朝廷。直到這時，胡亥才知道實情，猶如晴天霹靂，大驚失色，急忙派章邯率軍迎敵。章邯是秦朝名將，周文不是對手。起義軍都是百姓組成，沒有經過訓練，雖然頑強作戰，但最終兵敗潰散，周文自殺，西征宣告失敗。

　　陳勝派出南征北伐的那幾路將領，多是六國貴族，各懷異心，打下一個地方以後，就自立為王，不聽陳勝節制了。此時，陳勝又犯了一個大錯。從前的夥伴，聽說他當了王，特意從老家趕來投奔。但因為自恃老友，說話隨便，竟被陳勝殺了。陳勝將自己當年說的「苟富貴，勿相忘」，早就拋到九霄雲外去了。陳勝的其他朋友，見此情景，紛紛離去，從此再沒有親近陳勝的人了。

　　秦朝大將章邯，果然厲害。他消滅周文以後，又連續剿滅幾支起義軍。然後，率兵東進，攻打陳縣。陳勝親自領兵，與章邯激戰，但也不是對手。陳縣被攻克，陳勝被迫退到下城父。他的車夫莊賈，見形勢不妙，起了歹心，趁其不備，殺害陳勝，投降了秦軍。可嘆陳勝，竟死於小人之手。小人確實可恨！後來，陳勝的部將組織了敢死隊，收復陳縣，誅殺莊賈，為陳勝報了仇。

　　陳勝從起義，到稱王，再到兵敗被殺，前後不過半年時間。時間雖短，卻在中國歷史上留下了光輝的一頁。由陳勝點燃的反秦烈火，越燒越旺，終於焚滅了秦朝。劉邦得到天下以後，追悼陳勝，安排了三十戶丁役，守護陳勝墓地，按時殺牲祭祀。陳勝的功績和英名，永垂史冊！

◎新視角讀《史記》之七十一 項羽破釜沉舟滅秦主力

項羽，是在陳勝起義洪流中湧現出來的一位英雄人物。他是楚國大將項燕的孫子，項燕被秦國所殺。項羽滿懷國恨家仇，跟隨叔父項梁起兵反秦。陳勝、項梁犧牲之後，項羽成為起義軍的核心人物之一。他英勇善戰，威名顯赫，在殲滅秦軍主力、推翻秦王朝過程中建立功勛。司馬遷對此充分肯定，按《史記》體例，「本紀」是帝王的傳記，項羽沒有當過帝王，但司馬遷仍為他寫了《項羽本紀》。

《項羽本紀》記載，項羽，名叫項籍，字羽。項氏世代做楚國的將軍，名聲顯赫，因被封在項地，所以姓項。項羽從小就有大志，他不愛讀書，也不愛學習劍術。叔父項梁很生氣，項羽卻說：「讀書，能記住姓名就行了；劍術，只能敵一人，都不值得學。我要學能敵萬人的本事。」於是，項梁就教他兵法。項羽長大以後，身高八尺有餘，力能舉鼎，才氣過人，當地人都怕他。有一次，秦始皇到會稽郡巡視，人們都去觀看，見秦始皇威嚴，項羽卻說：「我可以取代他。」項梁急忙捂住他的嘴，壓低聲音說：「不要胡說，會被滿門抄斬的。」項梁嘴上斥責項羽，心裡卻很高興，認為項羽不是一般人。

陳勝起義的消息傳開後，項梁、項羽決定響應。他們二人進入會稽郡府，項羽揮劍殺死郡守。項梁手提郡守人頭，身上掛著郡守官印，喝令眾人歸服。郡守的部下見他們人少，想要反抗。項羽奮起神威，一連斬殺了一百多人，郡府上下都嚇得趴倒在地，沒有一個敢起來的。於是，項梁召集郡中豪傑，舉行起義，又占領郡下各縣，接收兵丁，招兵買馬，很快就聚集了八千多人。

陳勝的屬下召平，代替陳王巡視各地。召平以陳王的名義，封項梁為上柱國，並令他領兵西進攻秦。項梁接受任命，帶領八千多人，渡過長江，向西進軍。此時，天下大亂，各地起義風起雲湧。項氏出身名門，名氣很大，陳勝起義就打著扶蘇、項燕的旗號，所以，項梁所到之處，各路人馬紛紛歸附。項梁到達薛縣時，隊伍已迅速擴大到六七萬人。就在這時，陳勝兵敗被殺的消息傳來。項梁大驚，急忙派人打探情況，得知消息確鑿之後，項梁召

集各路起義軍首領，來薛縣聚會，共議大事。在沛縣起義的劉邦，此時已歸屬項梁，也前來參加聚會。會議商定，為了擴大影響，要立楚國國君的後代為王。因為楚懷王是被秦國扣押害死的，老百姓都同情他，所以，找到楚懷王的孫子熊心，立他為王，仍然稱為楚懷王。熊心當時已淪為奴隸，被項梁找來，扶上王位。楚懷王封項梁為武信君，統領軍隊。後來，齊、趙、魏、韓、燕等原諸侯國，也都先後立了王。

項梁把楚懷王安置在盱眙，自己率兵繼續西進，兩次打敗了秦軍，項梁開始驕傲起來。宋義知道章邯部隊尚未到達，便勸諫項梁要小心謹慎，項梁卻不以為然。宋義嘆息說：「看來，武信君必定要失敗了。」果然，章邯大軍一到，就在定陶大敗楚軍，項梁也戰死了。楚懷王聽說宋義能預知項梁失敗，就召他前來，商議軍機。楚懷王與宋義交談之後，很欣賞他，任命他為上將軍，同時任命項羽為次將。項羽父親死得早，從小由項梁養大，如今見叔父戰死，心中悲痛，決心與秦國誓不兩立。

章邯打敗楚軍之後，認為楚地已不足為慮，轉而北渡黃河，進攻趙地。趙軍組建不久，缺乏訓練，抵擋不住，紛紛潰逃。趙王、國相等人，都逃進了鉅鹿城。章邯下令，把鉅鹿城團團圍住。章邯率領的幾十萬大軍，是秦軍主力，其中有扶蘇、蒙恬曾經統領過的邊防軍，此時由王離統帥。王離是名將王翦的孫子，也很有名。鉅鹿城被圍得水洩不通，危在旦夕。趙王只得向各諸侯求救。各諸侯雖然派出一些軍隊前來救援，但因畏懼秦軍，特別是忌憚章邯、王離威名，便各自築起營壘，不敢靠近秦軍，更不敢出戰。

楚懷王接到趙王求援書信，就派宋義、項羽領兵前去救援，其他各路將領，都歸宋義節制。宋義率軍走到安陽，就停留下來，不再前進了。宋義的打算是，先讓秦趙互鬥消耗，等待秦軍疲憊，再趁機進攻。項羽為報叔父之仇，求戰心切，催促宋義進兵。宋義說：「若論披堅執銳，勇戰前線，我比不上您；若論坐於軍帳，運籌決策，您比不上我。」宋義不聽項羽之言，並且下了一道軍令，說：「凡是倔強不聽指揮的，一律斬首。」

項羽知道，宋義的軍令，是針對他的，十分氣惱。大軍在安陽，一住就是四十六天。當時天氣寒冷，常下大雨，軍糧不濟，士兵們又冷又餓。秦軍

猛攻鉅鹿，趙國眼看就要滅亡。項羽再也忍不住了，對將士們說：「秦軍如果攻占了趙國，只能更強大，怎麼能疲憊呢？我軍如果不與秦軍決戰，停留在這裡，一定會被拖垮的。宋義這樣做，是置國家安危於不顧。」於是，項羽闖進軍帳，一刀砍下宋義的腦袋。項羽提著宋義的人頭，對大家說：「宋義想謀反，楚王密令，讓我處死他。」將領們畏服項羽，都說：「扶立楚王的，本來就是項將軍，如今將軍誅滅叛臣，又立大功，我們都聽您的。」大家一致推舉項羽為代理上將軍。項羽把這事奏報楚懷王，楚懷王知道項羽勇猛，沒有辦法，只好讓他當了上將軍，統領楚國軍隊。

　　項羽當了上將軍，大權在握，立即下令全軍開拔，很快抵達趙國前線。當時，秦軍人多，楚軍人少，敵眾我寡。但項羽毫不畏懼，率領全軍渡過漳河。渡河之後，項羽下了一道絕令，命令把所有船隻沉入河底，把鍋碗統統砸碎，把軍營全部燒毀，表達有去無回之決心。士兵們一看，心裡都明白了，已經沒有了退路，只能向前拚命了。楚秦兩軍在鉅鹿城下，展開了殊死決戰。兩軍相遇勇者勝。楚國將士，人人抱著必死的決心，個個如猛虎下山，不避刀槍，奮勇拚殺。項羽一馬當先，喝聲如雷，大刀閃過，人頭滾滾。一時間，沙場之上，煙塵飛揚，殺聲震天，山搖地動，血流成河。秦軍士兵沒有見過這麼不要命的，個個心膽俱裂，爭相逃命。結果，秦軍大敗，大將蘇角被殺，將軍涉間自刎，王離做了俘虜，章邯帶領殘兵敗將逃跑了。各諸侯部隊親眼看到這場大拚殺，目睹了項羽天神般的威猛，人人顫慄膽寒。戰鬥結束以後，諸侯拜見項羽，一個個低著頭，跪著用膝蓋往前走，沒有一人敢抬頭仰視項羽。從此以後，項羽威名傳遍天下，各路諸侯紛紛歸附。

　　章邯雖然吃了敗仗，但手下將士仍有二十多萬人，駐紮在棘原。皇帝胡亥得知敗績，非常不滿意，派人前來問責怪罪。章邯恐慌，連忙讓長史司馬欣回朝匯報情況。司馬欣到咸陽以後，被滯留宮外三天，胡亥、趙高拒絕接見。司馬欣情知不妙，趕緊返回棘原，但沒敢走原路。趙高果然派兵追殺。當時，章邯是秦朝唯一的救命稻草，趙高竟如此對待，似乎存心要讓秦朝滅亡。

　　司馬欣回到軍中，哭泣著對章邯說：「皇帝昏庸，趙高專權。不管我們怎樣流血拚命，也不管是打勝仗還是打敗仗，看來，都難逃一死。請將軍考慮後路吧。」章邯也流淚不止，連聲嘆息。最後，無奈投降了項羽。秦軍投降之後，諸侯部隊因對秦軍怨恨，隨意侮辱、虐待他們。秦軍官兵心生悔意，口出怨言。項羽聞之，擔心他們作亂，於是下令，趁著夜晚，把二十萬秦軍全部坑殺，只留下章邯、司馬欣等幾個人。如此慘狀，僅次於長平屠殺。至此，秦軍主力被消滅殆盡。

　　項羽殲滅了秦軍主力，對推翻秦朝起了關鍵性作用，也為劉邦攻占咸陽創造了有利條件。劉邦趁著項羽與秦軍主力作戰的機會，率兵西征，直搗咸陽，滅掉了秦朝。

◎新視角讀《史記》之七十二 劉邦避實就虛攻占咸陽

劉邦，也是在陳勝起義中湧現出來的一位英雄人物。他不像項羽那樣，出身顯赫，而是出身平民；也不如項羽驍勇善戰，但他足智多謀，善於隨機應變。在項羽與秦軍主力決戰之時，劉邦率軍西征，一路上易攻則攻，難攻則繞，直搗咸陽，滅了秦朝。然後又與項羽爭奪天下，最終獲勝，建立漢朝，被稱為「漢高祖」。司馬遷專門寫了《高祖本紀》。

《高祖本紀》記載，劉邦，字季，沛縣人。劉邦是美男子，寬額頭，高鼻梁，有龍的容貌，一部漂亮的鬍鬚。他仁厚愛人，喜歡施捨，心胸豁達，不拘禮節。同時，愛喝酒，好女色。他經常到酒館賒酒喝，喝醉了倒地就睡。劉邦出身農家，卻不愛幹農活，整日裡遊手好閒。父親經常訓斥他，說他創家立業，趕不上他哥哥劉仲。劉邦稱帝以後，還記得這事，取笑父親說：「您看，我和劉仲相比，誰創的家業大呀？」劉邦立志要幹大事，成年以後，試著去做官，當了泗水亭的亭長。官雖不大，但能結交官吏。因此，劉邦和縣裡的官吏混得很熟，與蕭何、曹參是好朋友。劉邦和項羽一樣，也見過一次秦始皇。劉邦見秦始皇前呼後擁，威風凜凜，長嘆一聲，說：「作為大丈夫，就應當是這個樣子。」

劉邦當亭長時，有一次，押著勞役去驪山。服勞役十分辛苦，許多人在半路上就逃走了。劉邦估計，等到了驪山，人差不多就跑光了，無法交差。劉邦索性停了下來，召集大夥一塊喝酒，喝到高興時，劉邦豪放地說：「去驪山服勞役，九死一生。我不忍心看你們受苦，都逃命去吧。」勞役們十分感激，有十多人覺得劉邦仗義，自願跟隨他。劉邦帶領他們，趁夜晚也逃走了。路上，遇到一條大白蛇，被劉邦揮劍斬為兩段，於是，便有了劉邦「斬蛇起義」的故事。劉邦帶領眾人，躲到芒山、碭山一帶的深山湖澤中。許多年輕人願意依附劉邦，追隨者逐漸達到上百人。看來，劉邦是落草為寇了。

陳勝起義，天下震動。劉邦等人十分高興，摩拳擦掌，準備響應。恰在這時，劉邦的連襟樊噲找來了。原來，陳勝起義以後，許多郡縣的百姓紛紛造反，殺掉了郡守、縣令。沛縣縣令十分驚恐，想帶領沛縣民眾響應陳勝，

以求自保。主吏蕭何說：「您是秦朝官吏，想要起義，恐難以服眾。您可以召回在外逃亡之人，用他們來脅迫眾人，眾人就不敢不聽命令了。」蕭何是想讓劉邦回來。於是，縣令就派樊噲去找劉邦。樊噲走後，縣令忽然後悔了，害怕劉邦來了會發生變故，就關閉城門，拒絕劉邦進城，還想殺掉蕭何、曹參。蕭何、曹參跑出城去，加入了劉邦的隊伍。劉邦率眾來到沛縣城下，寫了一封信，用箭射入城中，號召城中百姓起義。城中百姓見劉邦來了，好像有了主心骨，聚眾起事，殺了縣令，打開城門，迎接劉邦，擁立他做了沛公。劉邦祭祀了黃帝和蚩尤，豎起紅色的旗幟，招募士兵二三千人，宣布起義反秦。

劉邦起義以後，以沛縣為根據地，向外擴展。先後攻打胡陵、方與、豐邑、碭縣等地，隊伍也擴大到上萬人。這時，項梁大軍打到薛縣。劉邦久聞項氏大名，決定前去投奔。劉邦帶著一百多名隨從騎兵，趕到薛縣，拜見項梁，要求歸附。項梁十分高興，撥給劉邦士兵五千人，將領十人，劉邦勢力更加壯大了。後來，劉邦參加薛縣聚會，積極擁護項梁提議，立熊心為楚懷王。楚懷王任命劉邦為碭郡太守，封他為武安侯；同時，封項羽為長安侯，與劉邦同等級別。此後，劉邦多次與項羽並肩作戰，他倆，一個勇猛，一個多謀，相得益彰，配合很好，並結下友誼，相約為兄弟。他倆率軍攻占了城陽，在濮陽以東大敗秦軍，然後向西奪取土地，再次打敗秦軍，殺了李斯的兒子李由。正當他們接連取勝，即將攻下陳留的時候，忽然聞知項梁兵敗被殺，急忙率軍東返，意欲為項梁報仇。不料，章邯打敗項梁之後，迅速揮師北上，進攻趙國去了。

楚懷王聽說項梁戰死，大吃一驚，急忙把都城由盱眙遷到彭城，安撫人心，又把各路兵馬合在一起，自己親自統領。軍心安定之後，楚懷王決定，兵分兩路。一路由宋義、項羽率領，北進援趙，然後西征，攻取咸陽；另一路由劉邦率領，揮師西進，直搗咸陽。楚懷王還約定，誰先攻入函谷關，平定關中，就讓誰在關中做王。

當時，西部秦軍仍然很多，而且路途遙遠，地勢險要，易守難攻，沒有人願意去西征，只有項羽滅秦心切，又願意與劉邦並肩作戰，便向楚懷王請

求，讓他隨劉邦一塊西征。楚懷王徵求手下將領的意見，一些老將領說：「項羽雖然作戰勇猛，但很殘暴。他打下襄城之後，把全城的人都活埋了，沒有留下一個。凡是他經過的地方，沒有不被毀滅的。秦地的百姓，受暴君奴役已經很久了，只有讓忠厚之人領兵，實行仁義，不欺壓百姓，才能使秦地降服。」楚懷王覺得有道理，沒有答應項羽的請求。項羽很不高興，懷恨在心，後來殺了楚懷王。

劉邦奉命率軍西征，沿途收攏陳勝、項梁的散兵，壯大隊伍。在昌邑遇見當地起義的彭越，彭越願意幫助劉邦，便合兵一處，攻打昌邑。這個昌邑，在山東西南一帶，不是現在的昌邑市。昌邑城堅難攻，劉邦不願意耗費兵力和時間，就繞了過去。劉邦用突襲的辦法，一舉攻占了陳留，獲得了大批秦軍儲存的糧食，使自己的軍糧得到了保障。劉邦繼續西進，到了開封。開封城秦軍人多，就又繞了過去，直抵洛陽。在洛陽東邊與秦軍打了一仗，沒有取勝。劉邦認為，從洛陽往西，雖然離咸陽路徑最近，但關隘甚多，秦軍防守嚴密，困難重重。於是，改變路線，揮師南下，想從南部迂迴到咸陽。

劉邦率軍突然包圍了南陽郡，南陽郡守沒有防備，急得想自殺。劉邦沒有急於攻城，而是派人勸降了南陽郡守，封他為殷侯，讓他繼續留守南陽。劉邦這一招，取得奇效。沿途的郡縣，沒有想到起義軍會來，防備鬆懈，又聽說劉邦仁義，因此，所經過的城邑，沒有不降服的。劉邦對投降的官兵，一律優待，並給予賞賜；同時命令部隊，嚴守軍紀，不得掠搶擾民。秦地百姓都很高興，紛紛歡迎劉邦大軍。劉邦一路綠燈，很快迂迴攻占了武關。秦朝急忙派兵阻截。劉邦在藍田南面大敗秦軍，又乘勝追擊，在藍田北面把秦軍徹底消滅。隨後，引軍抵達霸上，來到了咸陽腳下。咸陽，已是劉邦的囊中之物了。此時，胡亥、趙高已死，秦王子嬰駕著白馬車，用絲繩繫著脖子，封好皇帝的玉璽和符節，前來投降。至此，秦朝滅亡。

劉邦兵不血刃，進了咸陽城。進城以後，劉邦命令部隊秋毫無犯，宣布廢止秦朝的嚴苛法令，與百姓「約法三章」。百姓喜悅，爭著送來牛羊酒食，慰勞劉邦軍隊。劉邦推讓不肯接受，百姓更加高興，紛紛稱讚劉邦仁德，人人都希望劉邦能在關中稱王。

　　從《史記》記載來看，劉邦西征取得勝利，完全是自己獨自率軍指揮的，並沒有韓信等人的輔佐。然而，劉邦的戰略戰術和政策，都是十分正確和有效的。事實證明，劉邦本人，就是一位能率軍打仗的統帥，更是一位出色的政治家，並不是像韓信說的那樣，「最多只能帶十萬兵」，或者「只會用將，不會帶兵」。

　　項羽在鉅鹿破釜沉舟、殲滅秦軍主力之後，也領兵西進，意取咸陽。但由於宋義在安陽停留時間過長，耽誤時日，已被劉邦搶先入關，占據了咸陽。項羽不服氣，要與劉邦爭高下，這便有了「鴻門宴」的故事。

◎新視角讀《史記》之七十三 人心背離是秦亡根本原因

秦朝滅亡，固然有趙高篡詔、胡亥昏聵、李斯自保、陳勝起義、項羽滅其主力、劉邦西征等重要因素，但根本原因，是秦朝政策失誤，失去了人心。自古以來，都是得人心者得天下，失人心者失天下。從《史記》的記載來看，秦朝不施仁政、不惜民力、不改暴政，是導致人心喪失的三個主要方面。

秦始皇繼承先輩事業，憑藉強大實力，只用十年時間，就兼併六國、統一天下。然而，秦朝建立之後，只存在了短短十四年時間，就迅速土崩瓦解，秦始皇欲將皇位傳至萬世的願望成為泡影。秦朝滅亡如此迅速，被後世歷代所關注。究其原因，眾說紛紜，主流的說法是：秦亡於暴政。西漢時期的賈誼，寫過一篇著名的《過秦論》，論述了秦的興衰，闡明了秦朝滅亡的原因，中心論點是秦不施仁義而施暴政。《史記》記載了《過秦論》全文，表明司馬遷贊同賈誼的觀點。然而，筆者認為，不施仁義而施暴政，只是一種政策取向，是表面現象，其根本原因，是因為採取了這樣的政策而失去了人心。

秦朝沒有順時權變，不施仁政，導致人心渙散。《過秦論》說，秦之所以能夠吞併諸侯、統一天下，是因為春秋戰國以來，周天子衰弱，無力保國安民，致使諸侯混戰，百姓陷於水火。天下人都滿懷希望，企盼能有統一天下的帝王出現，依靠他安身立命。《過秦論》這個觀點是有道理的。秦始皇統一天下，不僅在於秦朝實力強大，根本在於人心所向。《過秦論》還說，秦朝建立以後，天下之人都伸長脖子，希望看到新王朝的愛民政策，使百姓過上好日子。如果秦朝實行仁政，免去刑戮，簡化法律，減輕徭役，賑濟窮人，以仁德對待天下，天下人自然歸附，也就不會發生暴亂了。然而，秦朝仍然採用打天下時的那一套辦法，沒有做到順時權變，所以很快滅亡了。《過秦論》這個觀點，也是有道理的。打天下和保天下，應當採取不同的政策。秦自商鞅變法以來，一直採用強硬政策，傾力打造一部強大的國家機器。這部國家機器適用於戰爭，在打天下時發揮了巨大作用，但卻不適宜治天下。秦朝建立以後，統一了文字、貨幣、車軌和度量衡，這是必要的。但當時最需要、最迫切的，是統一人們的思想意識。六國雖然滅亡了，但貴族殘餘勢力仍然

存在，人們舊的思想意識仍然存在。這就需要廣施仁政、普施恩惠，推行道德教育，增強人們對秦朝的認同感，樹立大一統意識。然而，秦始皇沒有認識到這一點，繼續依靠強硬政策治天下。天下百姓久受戰爭之苦，希望新朝能給他們帶來安定的生活，結果希望破滅，自然人心渙散。

秦朝不惜民力，稅賦徭役繁重，造成人心怨恨。秦朝不惜民力，集中表現在沉重的賦稅和繁重的徭役上。《史記》記載，秦始皇在進行兼併戰爭的時候，就開始大興土木。每滅掉一個諸侯，就按照該國宮殿的樣子，在咸陽北面進行仿造。宮殿之間用天橋和環形長廊連接，規模十分宏大。從諸侯國搶來的美女、樂器、寶物等，都放置在裡面，供秦始皇享樂。秦朝建立以後，到處建造宮殿，關中建造三百座，關外建造四百多座，又修道路、築長城，建阿房宮和驪山陵墓，還要戍邊。這些，都需要大量的賦稅，也需要大批的勞役。這些勞役，都是強行徵調的平民百姓或犯人。他們的財產被榨盡，又終日做著重活，苦不堪言。秦始皇正像尉繚說的那樣，得到天下以後，就把天下百姓當成奴役的對象，百姓必然心生怨恨。

秦朝不改暴力政策，繼續實行嚴刑峻法，激發民變暴動。秦朝制定了一系列嚴酷的法律，法律條文之繁多，懲罰之殘酷，都達到了極致。有人把灰灑在路上，就要被判刑；甚至讚揚朝廷法律好，也要被流放。因為秦朝的治國理念，是崇尚暴力，不做道德教育，朝廷怎麼說，民眾就怎麼做，不准百姓發表任何議論，一切全靠壓服。說朝廷法律不好，當然不行；說法律好，也不允許，同樣要被治罪，真是豈有此理！胡亥當了皇帝，進一步加重嚴刑峻法，以致在路上行走的人，竟有一半是受過刑罰的；每天處死的犯人，屍體堆積如山。陳勝起義的直接原因，就是因為法律不當和嚴酷造成的。因為天下大雨，道路不通，耽誤了日期，就要被殺頭。陳勝他們只有鋌而走險，走起義造反這條路了，這完全是官逼民反。

秦朝建立以後，沒有順應時代變化，及時改變政策，教化百姓，推行仁政，而是繼續實行戰爭時期的強硬政策，導致民生怨恨、人心背離。人民起來一造反，貌似強大的秦朝就垮掉了。這充分表明：人民，只有人民，才是推動歷史前進的真正動力。

◎新視角讀《史記》之七十四 「鴻門宴」上並無伏兵

提起「鴻門宴」，人們會不由得感到一股殺氣。項羽設宴，宴請劉邦，帳外埋伏刀斧手，只等項羽一聲號令，伏兵四起，劉邦就要人頭落地，十分凶險啊！可是，這只是文學作品中的情節，《史記》記述的鴻門宴，卻並無伏兵，項羽也根本不想殺劉邦；真正想殺劉邦的，只是項羽的謀士范增而已。

《史記》記載，劉邦進入咸陽以後，立刻下令，把秦宮中的貴重財物和庫府全部封存，任何人不得擅自取用。為了防止士兵搶掠，又命軍隊撤回霸上駐紮。同時，大行安民活動。劉邦召集各縣父老和有名望的人，對他們說：「楚王曾與諸侯約定，誰先平定關中，誰就當關中王，所以，我應當在這裡做王。這一帶苦於秦朝的苛虐法令已經很久了，現在我和父老們約定，法律只保留三條，殺人者處死刑，傷人者和搶劫者治罪，其餘的全部廢除。所有官吏仍然行使職責，百姓也和往常一樣安居樂業。」大家聽了，十分高興，紛紛稱讚劉邦仁德。劉邦又派人和秦朝的官吏一起巡視各地，安撫民心，關中的局面很快穩定下來。看來，劉邦是真的準備要當關中王了。這也是應該的，因為楚懷王有過約定啊。

正當劉邦精心治理關中的時候，忽然傳來一個消息，令他十分氣惱。原來，秦國將領章邯投降之後，項羽封他為雍王，雍就在關中，章邯做了雍王，劉邦怎麼辦呢？這時，有人對劉邦說：「秦地富足，勝過其他地方十倍，再加上地勢險峻，是個成就大業的好地方。可是，如果章邯來了，您恐怕就不能擁有這個地方了。您應該趕快派兵守住函谷關，不讓諸侯軍隊進來，然後再擴大自己的實力，以便抵抗他們。」劉邦正在氣頭上，不假思索就同意了。

項羽在殲滅秦軍主力之後，也揮師西進，意取咸陽。鉅鹿一戰，項羽威名遠颺，各路諸侯紛紛歸附，殘餘秦軍聞風而逃。項羽一路順利，很快抵達函谷關，卻見關門緊閉，有士兵把守，又聽說劉邦捷足先登，已經占據咸陽。項羽覺得失了面子，很是惱火，下令攻打函谷關。項羽軍隊士氣正旺，守關士兵抵擋不住，函谷關不費力氣就被攻破了。項羽率軍繼續西進，到達鴻門，離霸上只有四十里路了。這時，劉邦的左司馬曹無傷派人來告密，說：「劉

邦想在關中稱王，讓秦王子嬰為相，珍奇寶物都據為己有了。」曹無傷是劉邦沛縣起義時的老部下，如今見項羽勢大，就想叛劉投項，博取富貴。又是一個小人！曹無傷一告密，劉邦就危險了。果然，項羽很氣憤，心想：「我與秦軍主力浴血奮戰，他卻坐享其成，太便宜他了。」於是，項羽下令：「明天準備酒食，好好犒勞士兵，給我把劉邦的部隊打垮。」項羽的謀士范增也趁機說：「劉邦過去貪財、愛美女，現在進了咸陽，美女財物都不要，可見其志不小，應該趁其羽翼未滿，趕快滅了他。」當時，項羽軍隊有四十萬，兵強馬壯、士氣高漲，而劉邦在霸上的駐軍只有十萬，實力懸殊，劉邦危在旦夕。

項羽有個叔父，叫項伯，擔任楚國的左尹。項伯見劉邦軍隊處在危險之中，很為好友張良擔心，因為張良眼下正在劉邦軍中。張良曾經救過項伯性命，救命之恩，不能不報，於是，項伯連夜趕到劉邦軍中，找到張良，告知險情，要帶他一塊離開。張良聽了，感到事態嚴重。他當時還不是劉邦的人，而是韓王的臣子，奉韓王之命幫助劉邦。張良對項伯說：「沛公現在危急，我如果跟你走了，既不仁義，也無法向韓王交代，必須要告訴沛公。」張良急忙找到劉邦，把情況一說，劉邦大吃一驚，知道項羽勢力強大，自己不是對手。張良說：「這事可能有誤會，應當向項羽解釋清楚。項伯是個關鍵人物。」張良就帶著項伯去見劉邦。劉邦很恭敬地接見項伯，誠懇地對他說：「我進咸陽以後，什麼東西都沒敢動，封存了倉庫，只等著項將軍前來處理，軍隊也沒敢駐在城內。我派人守函谷關，是為了防備盜賊和意外變故。我和項將軍情同手足，日夜盼望項將軍到來，哪裡會造反啊！希望您能向項將軍解釋清楚。」劉邦拿出酒來，頻頻向項伯敬酒。說話間談起家事，劉邦又主動提出要與項伯結成兒女親家。劉邦當時已被楚王封侯，項伯與他結親，算是高攀了。項伯被劉邦的一片誠意所打動，答應去向項羽說情，並建議劉邦趕快去見項羽，把事情當面解釋清楚。分別時，項伯囑咐劉邦：「明天您可要早點來啊！」

項伯回到楚軍營中，已是深夜，但他知道事情重大，不敢耽誤，馬上去見項羽，把情況一五一十地都說了。說完情況，項伯又說：「如果不是沛公先攻破關中，你怎麼能順利進關呢？沛公立有大功，天下皆知，如果攻打他，

是不符合道義的，天下之人，也會不服。明天沛公來了，你要好好招待他。」項伯是楚國重臣，又是項羽的叔父，說話份量很重，而且說得合情合理，於是，項羽就答應了項伯，不再為難劉邦了。可見，在鴻門宴開始之前，劉邦的危險就已經解除了。

第二天一大早，劉邦帶著一百多名隨從到達鴻門。見到項羽，劉邦很親熱地說：「當初，我和將軍並肩作戰，合力攻秦，相約為兄弟。倚仗將軍在河北作戰，我才有機會先入關攻破秦朝。不知有什麼地方得罪了將軍，今日特來請罪。」聽了劉邦這番話，項羽顯得有點尷尬，不由得說道：「那是因為您的左司馬曹無傷說了您的壞話，才讓你我之間產生了嫌隙。不然的話，我怎麼會那樣做呢？」這剛一見面，項羽就出賣了曹無傷，明顯是對劉邦沒有敵意了，而且還有為自己開脫的意思。

接下來，項羽擺好酒宴，請劉邦一起喝酒。項羽、項伯叔侄倆並肩面東而坐，劉邦面北而坐，范增、張良在兩側相陪。席間，劉邦大談與項羽並肩作戰的經歷和兄弟情誼，氣氛十分融洽。這時，范增坐不住了。他知道劉邦是與項羽爭奪天下的勁敵，今日前來，如同羊入虎口，只需項羽上下牙一碰，劉邦就會被輕鬆吃掉，多好的機會啊！范增好幾次給項羽遞眼色，項羽卻假裝沒看見，不予理睬。范增只好起身出去，找到項莊，說：「項將軍心腸太軟，你進去假裝舞劍，趁機殺了劉邦，不然的話，我們都將成為人家的俘虜啦。」項莊進去，敬酒完畢，舞劍助興。項莊一邊舞劍，一邊慢慢靠近劉邦。項伯見項莊不懷好意，也拔出劍來，說要雙舞，用身子護住劉邦。酒宴上的氣氛驟然緊張起來。

　　張良見情況不妙，趕緊出來找到樊噲。樊噲聽說劉邦有危險，立即持盾挺劍闖了進去，面西站定，怒視項羽。項羽忽見闖入一名彪型大漢，伸手握住寶劍，挺直身子，問：「這位客人是幹什麼的？」張良介紹說，是沛公的衛士。項羽讚道：「好一位壯士！」命人賜給他酒肉。樊噲吃完酒肉，對項羽說：「秦王有虎狼一樣的兇狠之心，所以天下之人都背離了他。如今沛公率軍西征，攻占咸陽，滅了秦朝，立下大功，如果聽信讒言，殺害有功之人，那是走暴秦的老路啊。我認為將軍是不會那樣做的。」項羽聽了，什麼也沒說，只是請樊噲入席坐下，一塊兒喝酒，酒宴照樣進行。

　　過了一會，劉邦起身上廁所，樊噲也跟著出去，勸劉邦趕快回營。劉邦說：「還沒有告辭呢，怎麼好意思離開啊。」樊噲急了，說：「做大事不拘小節，如今人為刀俎，我為魚肉，還告辭幹什麼！」於是，樊噲等人保護著劉邦，抄近路返回了霸上。劉邦回到軍營，立刻殺了曹無傷。劉邦走後，張良進去，向項羽致歉，說劉邦喝多了，就先回去了。張良還代表劉邦，獻給項羽白璧一雙，獻給范增玉斗一對。項羽接受了白璧，范增卻把玉斗扔在地上，拔劍砍得粉碎，氣憤地說：「項莊這小子，沒法與他謀大事。奪取天下的，一定是劉邦了。」項羽知道范增是在說他，並沒有任何表示。

　　從《史記》記載來看，在鴻門宴上，項羽並沒有殺害劉邦之心。對此，許多人感到遺憾，認為如果當時殺了劉邦，天下就是項羽的了。筆者卻認為，

即便殺了劉邦，項羽也不可能得到天下，因為從他的所作所為來看，項羽根本就不是當帝王的材料。

◎新視角讀《史記》之七十五 項羽大搞分封開歷史倒車

秦朝滅亡，天下無主。項羽滅秦建立大功，威名顯赫，無人不服；他又驍勇善戰，實力強大，無人能敵。此時，如果項羽登基稱帝，應該是順理成章。然而，他卻反其道而行之，效法周朝，大封諸侯，導致戰火重起，天下又亂，被稱為「後戰國時代」。項羽真是戰場上的勇者、政治上的庸者。

《史記》記載，鴻門宴之後，項羽率軍進入咸陽城。他進咸陽與劉邦截然不同，不僅不安撫百姓、收買人心，反而縱兵燒殺搶掠，使百姓陷於水火。秦王子嬰已經投降，卻被項羽殺了。秦宮中的寶器財物，原本被劉邦封存完好，如今被項羽軍隊搶了個精光，宮中女人也沒能倖免。最後，項羽又一把火燒了皇宮，可惜宏偉的宮殿，在熊熊烈火中化為灰燼。大火燒了三個月都不熄滅，咸陽城陷於一片火海。可見，不僅燒了皇宮，老百姓的房屋也燒了不少。楚懷王手下的老將領說得沒錯，凡是項羽到過的地方，沒有不被毀滅的。由於項羽施暴，關中百姓心生怨恨，項羽盡失民心。項羽這樣做，是源於他對秦朝的刻骨仇恨，同時也暴露了他政治上的無知和暴虐的心態。連「得人心者得天下」這樣基本的道理都不懂，項羽怎麼可能得到天下呢？

項羽毀壞了咸陽城，率軍東返，打算榮歸故里。有人勸他說：「關中這塊地方，有山河作為屏障，四方都有要塞，土地肥沃，可以建都成就帝業。」項羽卻說：「富貴了，如果不回故鄉，就像穿著錦繡衣服在黑夜裡行走一樣，有誰能知道呢？」「衣錦還鄉」這個成語，就來源於此。可見，項羽滿心想的，就是出人頭地、光宗耀祖、炫耀顯擺。這暴露了他心胸狹隘、目光短淺，缺少帝王應有的雄心大志。勸他的那個人見項羽如此不明事理，十分失望，發牢騷說：「人們都說，楚人就像猴子戴了人的帽子一樣，終究是猴子，果真是這樣啊。」項羽聽了，十分生氣，把那人扔到鍋裡，活活煮死了。

項羽在榮歸故里之前，需要辦一件大事，就是要獎勵那些跟隨他入關的將領，打算每人分一塊「蛋糕」，讓他們與自己同享富貴，這倒有點像行俠仗義的綠林好漢。於是，項羽就學著周朝的樣子，分封土地。當時，項羽只是楚國的上將軍，上頭還有一個楚懷王。項羽說：「懷王雖然沒有功勞，但

也應該分給他土地。」項羽一邊給了楚懷王一個徒有虛名的稱號，叫義帝；另一邊把義帝由彭城遷往郴縣，在半路上把他截殺了。這是項羽的又一個重大失策。楚懷王並不昏庸，也無過錯，而且毫無實力，構不成威脅，殺了他，並無任何好處，只會引起人們同情，使項羽失去人心。果然，後來劉邦在起兵之時，就打著為義帝報仇的旗號，命令全軍穿白戴素，哭弔三天，又通告諸侯，說項羽殺害義帝，大逆不道，應予討伐。這使劉邦占據了道義高地，並且師出有名。劉邦的確比項羽高明得多。

項羽處置了義帝，接下來一道難題，就是如何分封劉邦。按照當初的約定，劉邦應該在關中為王，但關中之地重要，項羽不願意給他。透過鴻門之會，項劉關係已經和解，特別是劉邦西征立有大功，又不能不封。於是，經過暗地策劃，項羽把劉邦封為漢王，統治巴、蜀、漢中之地，並說這些地方也屬於關中地盤，不算違約。劉邦在鴻門宴上沒有被害，覺得已是萬幸，哪裡還敢討價還價，趕緊率軍到巴蜀之地去了。各諸侯國的人因敬慕劉邦，自願跟隨去的有幾萬人。劉邦進入巴蜀之後，放火燒毀棧道，表示沒有出川東進之意。項羽把關中之地分成三塊，分別封給三個秦朝降將：封章邯為雍王，統治咸陽以西地區；封司馬欣為塞王，統治咸陽以東到黃河的地區；封董翳為翟王，統治上郡。司馬欣既無功勞，也無名望，只因曾與項梁有關係，就被封王了，結果造成眾人不服。

項羽身為楚國上將軍，楚軍將領跟著他南征北戰，自然優先分封。其中，黥布作戰勇敢，屢立戰功，被封為九江王；吳芮率領百越將士，跟隨項羽作戰有功，被封為衡山王；共敖曾率軍攻打南郡，戰功多，被封為臨江王。

項羽在與秦軍作戰期間，各諸侯國都派出將領協助作戰，也不能虧待他們。項羽對這些將領說：「起義之初，暫時立了諸侯的後代為王，那是為了擴大影響，共同伐秦。然而，身披堅甲，手持利器，勇敢作戰，滅掉秦朝的，是你們這些將領，所以，你們應該封王。」將領們一聽，高興得手舞足蹈，紛紛稱讚項羽仗義。於是，燕國派出的將領臧荼，被封為燕王，把原來的燕王遷到東邊，改為遼東王。趙國因項羽在鉅鹿救了他們，十分感激，派出三位將領隨項羽入關。項羽就把趙國一分為四：原來的趙王被趕到北部的邊緣

地區，改稱代王，而三位將領分別被封為河南王、殷王和常山王。項羽把齊國也一分為三：原來的齊王改為膠東王，而與他關係好的兩位將軍被封為齊王和濟北王。項羽如此分封，有點隨心所欲，為各國內亂埋下了禍根。果然，分封剛剛完畢，燕、趙、齊三國就發生內亂，重燃戰火。

有些人雖然有功，但項羽看不順眼，也不予分封。韓王由於派大臣張良幫助劉邦，引起項羽不滿。項羽把韓王降成侯，並把他帶到彭城，不許他回國，不久又把他殺了。張良此時已經從劉邦那裡回到韓王身邊，見韓王被殺，就逃跑了，投奔劉邦，從此成為劉邦的謀士。齊國的田榮，趙國的陳餘，以及猛將彭越等人，雖有功勞，但項羽與之不合，不予封王。這些人心懷不滿，很快興兵反楚。可見，項羽分封全憑個人好惡。

就這樣，項羽一口氣封了十八個諸侯王，還封了不少侯，而且把一塊最大最好的地方留給了自己，自封為西楚霸王，定都彭城。彭城，就是現在的江蘇省徐州市一帶。項羽統治的地盤有九個郡，占天下的四分之一。過去楚國地域遼闊，分為東楚、西楚和南楚，因彭城在西楚之地，所以項羽被稱為西楚霸王。項羽分封完畢，以為大功告成，就得意揚揚，衣錦還鄉，回到他的彭城去了。

從《史記》記載來看，項羽大搞分封，完全是開歷史倒車。他的思想意識，依舊停留在春秋戰國時代，所以，他想的不是如何當皇帝，而是熱衷於做霸主。項羽不是一名政治家，所以說，既便他在鴻門宴上殺了劉邦，也注定當不了帝王，得不到天下。

◎新視角讀《史記》之七十六 齊國不滿分封率先反楚

　　項羽分封不公，諸侯心中不服，中原重燃戰火。劉邦趁機出兵，攻擊項羽，爭奪天下。然而，首先興兵反楚的，並不是劉邦，而是齊國。

　　《史記》記載，齊國是泱泱大國，在反秦戰爭中獨樹一幟。陳勝起義之後，齊人田儋立即響應。田儋是齊王田氏的同族，關係較遠，但他有能力、有名望，深得人心。田儋振臂一呼，萬人響應，齊國大地燃起了反秦烈火。當時，秦朝對齊國的統治比較薄弱，田儋率眾殺掉郡守縣令，平定齊地，自立為齊王，然後率軍西進，攻擊秦朝。不料，在魏地遇到章邯的秦軍主力，田儋兵敗被殺。

　　田儋的堂弟田榮，也很有能力。他重整起義軍隊伍，繼續與秦軍作戰。田榮立田儋的兒子田市為齊王，自己當丞相，任命弟弟田橫為大將，兄弟倆掌握實權。正當田榮在前線抗擊秦軍的時候，不料後院起火，齊國貴族擁立了田假做齊王，與田榮政權相對峙。田榮當然不幹，立即率軍返回，滅掉了這個貴族政權。田假跑到楚國，投奔項梁去了。後來，項梁派使者聯繫齊國，希望能聯合作戰，共同抗秦。田榮提出條件，要求殺了田假，才予聯合。項梁覺得田假在走投無路之時來投靠，殺了他不仁義，沒有同意。從此，田榮與項梁各自為戰，項梁兵敗時田榮也沒有派兵援救。田榮與項家產生了矛盾，不過在項羽西進的時候，還是派了一名將領跟隨。

　　等到項羽推翻秦朝、大封天下的時候，問題就出現了。當時田榮在齊國勢力最大，而且在反秦中立有大功，只有封了他，齊國才能穩定。可惜項羽不是政治家，只會意氣用事，堅決不封田榮。齊軍跟隨項羽入關的將領叫田都，雖然沒有大的功勞，但由於沒有其他人選，項羽就硬把田都封為了齊王，建都臨淄。齊國有個將領叫田安，曾經在項羽渡河救趙的時候幫過忙，也被封為濟北王。原來的齊王田市，則改為膠東王，遷到東部邊緣地帶。項羽封的這三個王，論功勞、能力、名望、實力，都比田榮差遠了，但項羽對田榮卻沒有任何封賞。田榮自然心中怨恨，齊人也都不服氣。項羽封的齊王田都，還沒有走到臨淄上任，就被田榮打垮，跑到楚國尋求庇護去了。田榮不讓田

市去膠東，仍然讓他留在臨淄做齊王。田市膽小，害怕項羽怪罪，就自己偷偷跑到膠東，想按照項羽的要求，去當膠東王。田榮知道後，勃然大怒，派兵追趕。田市還沒有跑到膠東，就被追上殺了。田榮一不做二不休，又率兵攻打濟北王田安，不費力氣就把他滅了。這樣，項羽封的三個王都沒有了，田榮自立為齊王，占有了全部齊國土地。

田榮自立為王以後，知道項羽必定不會善罷甘休，為了擴大實力，便去聯絡趙國的陳餘。陳餘原是趙國大將，屢立戰功，又有名望，但項羽看他不順眼，沒有封王，只是勉強分給他三個縣。陳餘心中不滿，又見趙國被一分為四，更是氣憤。田榮就借給他兵馬，陳餘又發動了三縣兵力，率兵攻打常山王張耳。張耳抵擋不住，投奔劉邦去了。陳餘到了代地，把原來的趙王接回來，繼續當趙王。趙王就把陳餘封為代王。與此同時，燕國也出了亂子。項羽把跟隨他入關的燕國將領臧荼封為燕王，把原來的燕王改為遼東王。這樣，雙方必定產生矛盾，很快就打了起來，結果臧荼把遼東王殺死，占有了燕國全部土地。

項羽辦完分封大事，剛回到彭城，還沒過上幾天安穩日子，就聽說齊國帶頭作亂，趙、燕等國也亂了起來，各地紛紛擅自稱王。項羽大怒，心想太不把他這霸王放在眼裡了，於是興兵伐齊。項羽搞政治一竅不通，打仗還真有兩下子，很快就把田榮部隊打垮，田榮被殺。項羽又犯了老毛病，燒殺搶掠，無惡不作。項軍所到之處，見人就殺，見房就燒，見女人就搶，降兵也被活埋，齊國成了人間地獄。項羽的暴行，激起齊人的憤慨和反抗。田榮的弟弟田橫，收攏齊軍散兵，得到幾萬人馬，百姓們也紛紛參戰，抗擊項軍。由於齊軍報仇心切，人人拚命，在以後的戰鬥中，項羽沒有占到便宜，雙方僵持不下。在齊軍與項羽鏖戰之時，劉邦趁機率兵出關，揮師東征，一舉攻占了項羽的老巢彭城。項羽慌了手腳，急忙撤兵回救彭城。趁此機會，田橫得以收復齊國大小城邑。田橫立田榮之子田廣為齊王，自己做丞相。

此後，劉邦與項羽爭奪天下，打得難解難分。漢楚兩家都顧不上齊國，齊國暫時安定，休養生息。三年之後，劉邦派親信大臣出使齊國，希望齊國能夠歸附漢朝。田橫本來與項羽有仇，對劉邦有好感，又見劉邦已占上風，

就同意了。田橫從此廢棄了守城設備，只等歸附劉邦。此時，韓信已經攻占了魏國、趙國，降服了燕國，正要趁勢進攻齊國，聽說齊國已經歸順，就停止了進軍。有說客進言道：「漢王並沒有撤軍的命令，怎麼能停止進攻呢？現在齊國肯定疏於防備，正是攻擊的好時機。滅了齊國，可是大功一件啊。」韓信聽從了說客意見，採取襲擊的方式，突然大舉進攻齊國。齊國毫無防備，措手不及，都城丟失。田橫認為自己受了騙，非常氣憤，殺了劉邦的大臣，轉而投向項羽，項羽派兵支援。齊楚聯軍與韓信苦戰多時，最終兵敗。田橫帶領少數殘兵敗將，向東逃到一個海島上。韓信占領了齊國。

劉邦當時正倚重韓信，得知消息後，雖然心中不滿，但也沒有責怪他，為了拉攏韓信，還把他封為齊王。等到劉邦稱帝以後，覺得對不住田橫，就派使者到了海島，要召田橫入朝封賞。田橫辭謝說：「我曾經殺過皇帝的大臣，是有罪之人，不敢奉詔進京。如果皇帝赦免我的罪責，我請求做個平民百姓，就待在海島上吧。」劉邦不准，再派使者前去，說：「田橫如果進京，大可以封王，最小也能封侯；如果不來，就派軍隊剿滅。」田橫無奈，帶了兩個部下進京去了。

田橫走到離洛陽三十里的地方，停了下來，流著淚說：「我田橫當初與漢王是同樣的王，如今漢王當了天子，我卻成了亡國奴，這是多麼大的恥辱啊！再說，我齊國是被漢王滅掉的，如果我再稱臣侍奉他，怎麼對得起被漢軍殺死的將士和百姓啊！」說罷，拔劍自刎了。劉邦聽說後，忍不住流下眼淚，以諸侯王的規格安葬了田橫。劉邦任命田橫的兩個部下為都尉，沒有想到，這兩個部下在田橫的墓旁挖了個洞，然後自刎，倒在洞裡，追隨田橫死去了。劉邦聽了，大為吃驚，感嘆世上竟有如此忠義之人。劉邦聽說海島上還有田橫的部下五百多人，就派使者召他們進京，打算予以重用。五百多人進京以後，才知道田橫已經死了。這些人來到田橫墓前，跪倒磕頭，然後一起揮劍自殺了。這就是《史記》記載的田橫和五百義士的故事，感人至深！

由於齊國率先反楚，吸引牽制了項羽主力，才使劉邦能夠趁機出關，奪取天下。齊國本已歸附漢朝，韓信卻為貪一己之功，背信棄義，滅了齊國。所以，田橫和五百義士，寧可去死，也決不侍奉漢朝。這就是齊人的性格！

◎新視角讀《史記》之七十七 劉邦揮師出關爭天下

齊國率先反楚，東方重開戰端，這給了遠在西方的劉邦一個好機會。劉邦迅速出兵，首先平定關中，然後率軍出關，爭奪天下，開始了長達四年多的楚漢戰爭。

《史記》記載，劉邦被封為漢王之後，率軍進入巴蜀之地，避開了項羽鋒芒，又燒毀棧道，表示再無出川之意，以此迷惑項羽。劉邦胸懷大志，哪裡甘心久居這偏遠之地呢？這時，韓王信對他說：「軍中將士，大多是崤山以東的人，他們日夜踮起腳跟東望，盼著回歸故鄉。您可以利用這種士氣，去建立大業。」劉邦深以為然，時刻關注天下局勢，等待機會。不久，機會來了，齊、趙、燕等國亂了，項羽忙著鎮壓，無暇西顧。劉邦大喜，立即興兵，他要首先收復關中之地。關中之地富饒遼闊，眼下分別由章邯、司馬欣、董翳三王統治。這三王雖然都是秦朝舊將，但百姓卻對他們恨之入骨。因為他們帶領二十萬秦軍投降，而降兵全被坑殺，只有他們幾個人留了下來，而且還當了王。被坑殺的都是關中子弟，關中父老怎能不恨他們呢？而劉邦，當初入關時盡得人心，再加上現在將士歸鄉心切，士氣高漲，所以，大軍所到之處，百姓歡呼歸附，三王軍隊望風而降。章邯是有名的將領，打仗很有一套，但他的軍隊卻一觸即潰，章邯只好逃跑了，後來無奈自殺。司馬欣、董翳乾脆也隨軍隊一起投降了劉邦。劉邦不費力氣就平定了關中之地，然後安撫百姓，穩定社會，建立政權，發展經濟。劉邦在關中設置了隴西、北地、上郡、渭南、河上、中地等郡，把關中作為爭奪天下的根據地和大本營。此後，關中由蕭何管理，為劉邦源源不斷地提供了大量物資和兵馬。而項羽呢，每打下一個地方，就殺人放火，把它夷為平地。對比之下，劉邦確實比項羽高明得多。劉邦占據關中以後，給項羽寫了一封信，說我只想按照當初約定，得到做漢中王的封職，不敢再東進了。項羽信以為真，只顧與齊國打得不可開交，不再關注他了。

劉邦雄心勃勃，可不是僅僅得到關中就能滿足的。劉邦辦理好關中事情，留下蕭何鎮守，就親率大軍出關東征，去奪取天下了。劉邦首先打出為義帝報仇的旗號，占據了道義制高點。他派使者通告各諸侯，要求一起去討伐那

個殺害義帝的罪人。此時，在劉邦東征道路上，共有五個諸侯王，分別是魏王、韓王、殷王、河南王、常山王。這五個諸侯王，或對項羽分封不滿，或懾於劉邦軍威，再加上劉邦師出有名，都表示願意跟隨劉邦去征討項羽。六國聯軍共有五十六萬人，浩浩蕩蕩向東進發，一舉攻占了彭城。可見，劉邦搞的統一戰線，還是蠻有成效的。

項羽見老巢丟失，顧不上齊國，立即率三萬精兵回救彭城。項羽搞政治不行，打仗還真是神勇，三萬楚軍就把五十六萬聯軍打得大敗。聯軍四散逃命，楚軍奮勇追殺，殺死十多萬人，還有十多萬兵卒擁擠掉進睢水，致使睢河水都被屍體堵塞。劉邦被楚軍包圍，十分危急。恰在這時，狂風大作，房倒樹折，飛沙走石，天昏地暗，楚軍大亂，隊陣崩潰，劉邦趁機逃離戰場，身邊只剩下十幾名騎兵。劉邦正在倉皇逃命，忽然遇見自己的兒子和女兒，就把他們拉上車來。楚軍騎兵在後面緊緊追趕，劉邦見情況危急，咬著牙，一腳把兒子和女兒踢下車，想減輕車子重量。兒女號啕大哭，夏侯嬰不忍，跳下車把他們抱上來。劉邦又把他們踢了下去，這樣反覆好幾次。但好在夏侯嬰堅持，姐弟倆才得以脫險。劉邦的父親太公和妻子呂后，卻沒有這麼幸運，都被項羽捉了去。各諸侯見項羽勇猛無敵，紛紛叛漢附楚。這一戰，劉邦真是狼狽啊！

劉邦一口氣逃到下邑，呂后的哥哥呂澤帶兵駐守在那裡。劉邦得到喘息，逐漸收攏殘兵，然後到了滎陽。這時，散兵紛紛歸來，蕭何又從關中派來援兵，漢軍重新大振。項羽以少勝多，十分得意，乘勝追擊，企圖把這些殘兵敗將徹底消滅。但他沒有料到，漢軍這麼快就恢復了元氣。俗話說，驕兵必敗，項羽與漢軍在滎陽南面相遇，結果吃了敗仗，從此楚軍不能越過滎陽向西推進。劉邦與項羽在滎陽對峙了一年多。這期間，劉邦派人策反了九江王黥布，聯絡了彭越，他們都歸附了劉邦。劉邦讓他們在側翼襲擾項羽，使項羽首尾不能相顧。劉邦還派韓信開闢第二戰場，從北面進軍，迂迴到項羽背後，實現前後夾擊。只要劉邦在此地拖住項羽，韓信就能順利進軍，實現戰略意圖。而項羽一介莽夫，只知道逞個人之勇，沒有任何戰略謀劃。所以，儘管劉邦在與項羽作戰中，經常敗多勝少，但從戰略布局來看，劉邦獲勝已是必然。

　　項羽圍困滎陽久了，劉邦漸漸不支，便決定突圍。趁著夜色，把城中兩千多名身穿鎧甲的女子放出東門，又讓人假扮成劉邦，乘坐劉邦的車駕。楚軍不知是計，四面圍了過來，認為捉住了劉邦，高興地大呼小叫。劉邦乘機從西門逃出，進入關中。在關中整頓兵馬，然後再次東進。幾年之間，劉邦先後在宛城、成皋等地，與項羽對峙作戰。劉邦幾乎是屢戰屢敗，但總是屢敗屢戰，目的就是拖住項羽主力。只要拖住項羽，就是勝利。後來，漢楚兩軍隔著廣武澗對峙，又對峙了很長時間。

　　項羽見不能很快消滅劉邦，心中焦急，便讓勇士出營挑戰。漢軍並不出戰，只是亂箭齊放。漢軍有個將領叫樓煩，善於騎射，箭不虛發，挑戰的楚軍勇士都被他射殺了。項羽大怒，親自披掛上陣。樓煩正要搭箭射他，項羽怒目圓睜，大喝一聲，如同霹靂。樓煩嚇得渾身一抖，弓箭掉地，轉身逃回營壘，可見項羽神威！項羽見漢軍堅守不出，就把劉邦的父親押到陣前，聲稱要煮死他。劉邦不為所動，很平靜地說：「我和你曾經相約為兄弟，我父親就是你父親。你如果執意要煮死你的父親，希望能分給我一杯肉湯。」項羽大怒，要殺太公。項伯阻止說：「做大事的人，都是不顧家的。殺了太公，沒有用處，反而落下壞名聲。」項羽只得作罷。項羽又對劉邦說：「天下紛爭，只是因為你我二人的緣故，希望我們兩人單鬥，決一雌雄，不要讓百姓跟著受苦了。」要論單打獨鬥，一百個劉邦恐怕也不是項羽的對手，但劉邦是何等精明之人，項羽想得太天真了。聽項羽這樣說，劉邦笑了，說：「我不和你鬥力，只與你鬥智。」接著，劉邦高聲歷數了項羽十條大罪，包括殺害義帝、擅殺宋義、坑殺降兵、屢施暴行，等等，一項項都有根有據，把項羽氣得半死。劉邦說得正高興，忽然，楚軍中有人放一冷箭，正中劉邦胸部。劉邦疼得彎下腰來，趁勢摸著腳說：「那個強盜，射中了我的腳趾。」回營以後，劉邦忍著疼痛巡視部隊，以安軍心。劉邦夠狡猾吧？

　　在劉邦與項羽長時間對峙期間，韓信已經攻占了魏、趙、燕、齊大片地區，大軍正向項羽背後攻來。彭越又在側翼襲擊楚軍，斷絕楚軍糧道。項羽見狀不妙，就與劉邦約定，平分天下，以鴻溝為界，鴻溝以西屬漢，鴻溝以東歸楚。劉邦答應了。項羽把劉邦的父親和妻子送還，然後領兵東返了。劉邦此時已占很大優勢，怎肯半途而廢，隨即率兵追擊；同時，派人聯繫韓信

和彭越，約定日期，三方會合，圍殲楚軍。此時，漢勝楚敗已成定局，項羽覆滅的日子已經不遠了。

從《史記》記載來看，在漢楚戰爭中，劉邦的戰略布局十分正確，表明他是一位出色的戰略家。劉邦不顧個人安危，率軍牽制項羽主力，讓韓信開闢第二戰場。劉邦屢打敗仗的一個重要原因，是一批能征善戰的將領，像曹參、灌嬰等人，都不在他身邊，而是跟隨韓信攻城略地去了。劉邦採取這樣的戰略部署，不僅體現了他的智慧，也體現了他的勇氣和自信。

◎新視角讀《史記》之七十八 韓信率軍開闢第二戰場

劉邦東征，與項羽對峙，牽制了楚軍主力。與此同時，劉邦派韓信北進，然後向東開闢了第二戰場。韓信充分展示了其軍事才能，率軍連續攻占魏、代、趙、燕、齊廣大地區，迂迴到了楚軍背後，最終與劉邦、彭越會合，滅掉了項羽。韓信為漢朝打下半壁江山，立下了汗馬功勞。

《史記》記載，劉邦率軍出關，打著為義帝報仇的旗號聯合諸侯，一舉攻占了彭城。項羽反擊，聯軍大敗，劉邦退守滎陽，各諸侯國又歸附了項羽。劉邦見項羽勇猛，東征受阻，便把目光投向遼闊的北方。地處北方的魏、趙、燕等諸侯國，被項羽分封拆得七零八落，力量分散。剛剛被封的諸侯王又沒有威望，人心不穩，這是一個好機會。於是，劉邦就派韓信、張耳率軍去攻打北方之地，一些能征善戰的將軍，如曹參、灌嬰等人都被派到這一戰場。劉邦本人則留守滎陽一帶，牽制項羽主力。這個決策十分正確，也非常重要，對於打敗項羽造成了關鍵性作用。

韓信出征的第一戰，是攻打魏國。劉邦在彭城敗退之後，魏王豹藉口父母有病，回到魏國，一到封國，就立即切斷交通要道，反叛劉邦。韓信率軍前去攻伐，魏王豹想借黃河天險據守，把主力部隊擺在臨晉關渡口一帶。韓信採用「聲東擊西」戰術，故意在臨晉關設置疑兵，排列戰船，虛張聲勢，佯裝進攻，卻另外派出一支精銳部隊，悄悄到了黃河下游，用木質的盆甕浮水渡河，繞到魏軍背後，突然發起進攻。韓信大軍前後夾擊，魏軍大亂。魏王豹驚慌失措，倉皇逃走。漢軍將領曹參奮勇追擊，活捉了魏王豹，並把魏王的母親、嬪妃、兒女全部抓獲。韓信旗開得勝，平定了魏地，得到五十二座城邑。劉邦隨即在魏地設置了三個郡，即河東郡、太原郡、上黨郡。

韓信平定魏國以後，繼續領兵北進，攻打代國。代國弱小，不是對手，很快被滅。韓信部隊連打勝仗，士氣旺盛，兵鋒又指向了趙國。就在這時，滎陽前線吃緊，劉邦把韓信的精銳部隊調往滎陽，只剩下數萬老弱殘兵。趙國聽說韓信來犯，調集二十萬大軍，由大將陳餘率領，駐紮井陘口拒敵。敵眾我寡，將士們幾乎全都認為，此時如果進攻趙國，無異於以卵擊石。但韓

信卻毫不畏懼，信心十足，率領數萬老弱殘兵繼續前進，抵達井陘口附近，準備攻擊趙軍。

井陘口一帶地形複雜，道路狹窄，兩輛戰車不能並行，騎兵難以排列成行，如果貿然進兵，被趙軍截斷退路，極易造成全軍覆沒。所以，韓信不敢冒進，而是派人日夜打探訊息，尋求戰機。這時，趙國有人向陳餘獻計說：「井陘地形，於我有利。您可以深挖戰壕，高築營壘，堅守軍營，不與交戰，再出奇兵截斷他們的後路。這樣，過不了十天，漢軍必敗。」趙國將軍陳餘，雖然久戰沙場，但此時知道韓信兵少，又多是老弱病殘，有些輕敵，說：「兵書上說，超過敵人一倍，就可以攻擊他，超過十倍就可以包圍他。如今我軍超過敵人十倍以上，敵軍又經過千里跋涉，極其疲憊。如果我們高築營壘不出戰，諸侯們會認為我們膽小，以後會來欺負我們的。」陳餘不聽諫言，自恃軍力強大，想擺開陣勢，一舉殲滅韓信部隊。

韓信探聽到這個消息，心中大喜，馬上領兵快速通過井陘狹道，抵達趙軍營前紮寨，準備決戰。韓信挑選了兩千名輕裝騎兵，每人手持一面紅旗，半夜出發，悄悄繞到趙軍背後，囑咐道：「明日交戰，如果我軍敗退，趙軍必然會傾巢追擊。你們就趁機占領趙營，拔掉他們的旗幟，插上我軍紅旗，然後在背後襲擊他們。」拂曉時分，韓信傳令開飯，說：「今日決戰，我軍必勝。等打垮了趙軍，我們再正式會餐，好好慶賀一下。」將士們都半信半疑。天明之後，漢趙兩軍排兵布陣，準備開戰。韓信部隊背靠大河，擺開戰鬥隊列。趙軍見了，紛紛取笑。陳餘大笑不止，說：「都說韓信善於用兵，沒想到這麼愚蠢，背水而戰，這是兵家之大忌，今天韓信要被我活捉了。」陳餘下令攻擊。趙軍人多勢眾，漢軍抵擋不住，紛紛後撤，退到河邊時，只見洶湧的河水擋住去路，韓信大喊：「後退是死路，只有奮勇向前，打垮趙軍，才能活命。」在這性命攸關之時，漢軍將士們只能返身向前，與趙軍拚命。這時，趙軍營中突然豎起一片紅旗。韓信高喊：「趙營被我們占領了！」兩千名漢軍騎兵高聲吶喊，從趙軍背後殺來，與韓信前後夾擊趙軍。漢軍士氣大振，人人奮勇爭先，趙軍則軍心動搖，膽顫心驚，紛紛落荒而逃。漢軍趁勢追殺，擊垮了趙軍，俘虜了大批人馬，陳餘死於亂軍之中。戰後，眾將領請教韓信，說：「背水而戰，不符合兵法，這是什麼戰術啊？」韓信笑著說：「兵

書上不是說，置之死地而後生，置之亡地而後存嗎？我軍兵弱，又缺乏訓練，如果留有生路，很容易潰散，只有置於死地，才能獲勝。」眾將領都十分佩服。韓信不愧為軍事奇才。

韓信占領趙國之後，劉邦封張耳為趙王，安撫百姓，穩定社會秩序，撫恤陣亡將士遺孤，很快就使人心歸附。韓信則擴充軍隊，訓練兵馬，部隊達到幾十萬人，兵強馬壯。大軍陳列在趙燕邊界上，燕國十分恐慌。韓信並不急於進攻，而是派人勸降。燕王見大兵壓境，韓信又用兵如神，自知不是對手，便乖乖投降了。韓信不費吹灰之力，就使燕國成為漢朝之地，然後，揮師直指齊國。韓信在短短幾年之內，就連續攻占魏、代、趙、燕等地，充分顯示了其卓越的軍事才能，為劉邦統一天下建立了大功。然而，他攻打齊國，卻是犯了大錯，甚至是犯罪。

齊國見韓信連續攻占了各諸侯國大片土地，咄咄逼人，很是擔心，就在邊界設置重兵，加強城防，準備抗拒。這時，劉邦派親信大臣酈食其出使齊國，勸說他們歸順漢朝。齊國本來與項羽有仇，對劉邦有好感，又見劉邦勢大，就欣然同意了。齊國既然已經歸順了漢朝，自然就不會戒備韓信，韓信也沒有必要再進攻齊國了。但是，說客蒯通卻對韓信說：「酈食其是個書生，鼓動三寸之舌，就降服了齊國，得到齊國七十多座城邑。而將軍率領數萬大軍，征戰一年才得到趙國五十座城邑。這樣相比，將軍還不如一個讀書小子的功勞大嗎？現在，漢王並沒有停止進攻的命令，齊國放鬆戒備，正是攻擊的好機會啊。」經蒯通一鼓動，韓信為了貪功，竟然下令偷襲齊國，大舉進攻。齊國認為已經歸順了漢朝，日夜飲酒慶賀，根本沒有防備，結果被打得潰不成軍，國都臨淄也丟失了。齊王田橫又驚又怒，認為劉邦欺騙了他，就把酈食其煮死了，轉而投降了楚國，項羽便派出援軍幫助齊國。韓信又與齊楚聯軍進行了多次戰鬥，經過長時間的苦戰，才平定了齊國。韓信攻打齊國，完全是出於一己私利，不僅損傷人馬，延誤時日，而且引起齊人憤慨，以至於田橫和五百義士寧可集體自殺，也絕不再順從漢朝，另外，還讓劉邦背上了「不信不義」的黑鍋。韓信用不光彩的手段占領了齊國，還認為自己功勞甚大，竟然要挾劉邦封他為齊王。劉邦雖然心中惱怒，但又不得不答應，這為日後韓信被殺埋下了禍根。韓信是聰明一世，糊塗一時啊！

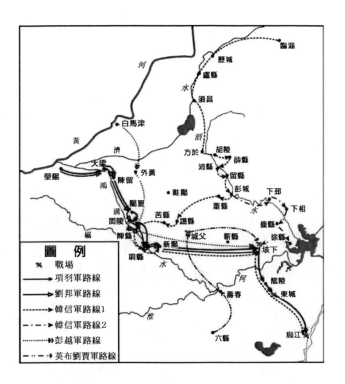

　　韓信攻占齊國、當上齊王之後，率軍直插項羽背後。此時，彭越從側面攻擊，劉邦尾隨追擊而來，三方會合，將項羽重重圍困，開始了著名的「垓下之戰」。

◎新視角讀《史記》之七十九 垓下之戰盡顯項羽個人英雄

　　垓下之戰，項羽全軍覆滅，標誌著長達四年之久的楚漢戰爭，最終以項羽失敗而告終。《史記》對垓下之戰作了生動描述。項羽在失敗的最後關頭，仍然勇猛蓋世，大展神威，淋漓盡致地顯示了他的個人英雄主義。然而，偌大的天下，怎麼可能靠個人的力量就能得到呢？項羽至死都不明白這個道理，真是可悲可嘆！

　　《史記》記載，項羽與劉邦長期對峙，後來，見韓信已經迂迴到自己背後，威脅到老巢彭城，只得與劉邦講和，平分天下，然後領兵東返。但劉邦怎肯罷休，不僅沒有按約定撤兵西歸，反而趁機東進，尾隨追擊項羽，同時聯絡韓信和彭越，約定日期，合圍楚軍。可是，到了約定日期，韓信和彭越都沒有來，只有劉邦獨自對敵。楚軍見劉邦不講信義，軍心憤慨，大敗漢軍。劉邦吃了敗仗，心情鬱悶，對韓信、彭越十分不滿。張良說：「目前項羽敗局已定，您即將得到天下，這是大家都清楚的事情。但是，韓信和彭越還沒有得到分封的地盤，所以不肯前來。您可以把從陳縣到海濱一帶的地方封給韓信，把睢陽到穀城的地方封給彭越，讓他們為自己的利益而戰。這樣，很快就能打敗楚軍了。」劉邦儘管心裡不情願，但也沒有別的辦法，只好照辦了。果然，韓信、彭越立即率兵前來，與劉邦會合，把項羽合圍在垓下。

　　此時，韓信部隊有三十萬，加上劉邦、彭越的軍隊，漢軍總數達七十萬之眾，而項羽兵力已不足十萬。韓信大軍與楚軍正面對陣，率先發起攻擊。項羽確實作戰勇猛，無人能敵，韓信吃了敗仗。但是，漢軍人多勢眾，很快圍了上來，大敗楚軍。項羽兵少糧盡，被漢軍重重包圍，已經陷入絕境。深夜，漢軍紛紛唱起楚國歌曲，歌聲悽慘悲涼，楚軍士兵聽了，思鄉心切，人人流淚，軍心渙散。聽到四面楚歌，項羽大吃一驚，以為漢軍已經占領了楚國土地，擄掠了大批楚人，心中悲傷，借酒澆愁。美人虞姬在旁邊相陪。項羽一邊喝酒，一邊作詞吟唱：「力拔山兮氣蓋世，時不利兮騅不逝。騅不逝兮可奈何，虞兮虞兮奈若何！（大意：我的力氣能拔山，英雄氣概世無雙，天要亡我怎奈何，我的虞姬怎麼辦？）」項羽唱完，淚流滿面，虞姬失聲痛哭。

左右侍者，無不紛紛落淚。《史記》既沒有記載虞姬舞劍，也沒有記載自刎，而是下落不明。試想，一個嬌弱女子，身陷亂軍之中，是不可能有好結果的。

項羽痛飲一番，酒壯英雄膽，便趁著夜色，向南突圍，身後只有八百騎兵追隨。項羽英勇，又在性命相搏之時，漢軍抵擋不住，被他殺出重圍。漢軍騎兵隨後緊緊追趕，項羽且戰且走，渡過淮河，身邊只剩下一百多人了。項羽到達陰陵，迷了路，遇到一個農夫。那農夫痛恨項羽殘暴，不願意幫助他，故意指錯方向，使項羽陷入了大沼澤地之中。就是這一短暫的時間，項羽失去了寶貴的逃生機會，漢軍又從四面八方趕來，重新將項羽團團圍住。

項羽又經過一番拚殺，身邊只剩下二十八騎，英雄末路，再也無法逃脫了。他對身邊士兵說：「我自起兵至今已有八年，身經七十多戰，從來沒有打過敗仗，因而能夠稱霸。如今被圍困在這裡，這是上天要滅我，絕不是因為我打仗不行。今天肯定要戰死了，臨死之前，我們要打個痛快仗，一定要衝殺三個來回，斬殺漢將，砍倒軍旗，讓各位知道，確定是上天要滅我，而不是我的過錯。」於是，項羽把二十八人分成四隊，分別向四個方向攻擊，約定到山的東邊集合。項羽一馬當先，高聲大喊衝了出去，大刀飛舞，觸者非死即傷，漢軍紛紛潰散。漢將楊喜在後邊緊緊追趕，項羽勒馬，返身大喝一聲，聲如巨雷，楊喜連人帶馬都被嚇壞了，倒退了好幾里。項羽一直衝殺到山的東邊，與部下會合。漢軍又像潮水般地湧了上來，項羽再次衝殺，往返三次，斬殺漢將數十名，殺死士兵幾百人，而項羽的部下，只損失了兩人。項羽得意地問部下：「怎麼樣啊，我說得沒錯吧？」部下都敬服地說：「正像大王說的那樣，大王英雄，蓋世無雙。」都到這個地步了，項羽還在耍個人英雄主義。若論個人英雄，項羽確實是天下無敵，可惜僅僅是匹夫之勇而已。

終究是敵眾我寡，戰至最後，部下全部陣亡。項羽隻身一人，來到烏江渡口。烏江亭長正停船等在那裡，見項羽來到，急忙說：「大王趕快渡江，江東雖小，但縱橫千餘里，民眾幾十萬，足夠稱王了。」項羽苦笑著說：「天要滅我，還渡江幹什麼？再說，當初我和八千江東子弟渡江西征，如今沒有一人回來，我沒有臉面再見江東父老了。」亭長流著淚，再三勸項羽渡江。

項羽說：「我意已決，絕不過江。我看您是位忠厚長者，這匹馬隨我征戰多年，與我感情深厚，今天就送給您吧。」這時，漢軍蜂擁追殺過來，再想渡江也不可能了。於是，項羽轉身再戰，又斬殺漢軍數百人。最後，項羽力氣耗盡，受傷十幾處，再也無力作戰了。項羽回頭，看見漢將呂馬童。呂馬童曾經是項羽的部下，後來投靠了劉邦。項羽對呂馬童說：「你不是我的老相識嗎？我聽說劉邦用黃金千斤、封邑萬戶，來懸賞我的頭顱，現在我把這份好處送給你吧。」說完，揮刀自刎。漢軍見項羽已死，紛紛搶奪屍體，相互殘殺。結果，項羽屍體被肢解成五塊，分別被五名漢將獲得。後來，這五名漢將都被封侯了。可憐項羽赫赫一代霸王，只知道逞個人英雄，最終卻落了一個自刎身死、身首異處的下場！

項羽死後，楚地全部歸漢，劉邦統一天下。劉邦為項羽舉行了隆重的葬禮，並且在昔日戰友墓前大哭一場，似乎十分感人。劉邦下令，對於項氏宗族，一概不加殺戮，給予優待，有的還賜姓為劉。對於有恩的項伯，則封其為射陽侯。劉邦在死了的項羽身上，又做足了仁義的文章。

對項羽這位悲劇式的英雄，司馬遷感慨萬分，評價說：「項羽趁秦末大亂興起於民間，只用三年，就率領諸侯滅掉秦朝，古今以來這樣的人物，還不曾有過。但他放棄關中之地，封王封侯，自誇戰功，竭力施展個人英雄，結果丟掉國家，自殺身亡。特別是他至死都不覺悟，竟然拿『上天要滅我，不是我用兵的錯』（天亡我，非用兵之罪也）這話自我解脫，真是十分荒誕。」司馬遷的評價是對的。項羽的所作所為，足以用來警示後人。

◎新視角讀《史記》之八十 劉邦稱帝後並不輕鬆

　　劉邦打敗項羽，得到天下，登基稱帝，遂了心願。群臣慶賀，歌功頌德，劉邦心花怒放。可沒有想到，他當皇帝之後，麻煩事仍然不少，日子過得並不輕鬆。

　　《史記》記載，滅了項羽之後，劉邦大軍凱旋西歸。還沒有走出齊國地界，眾將領和諸侯王就急迫地尊請劉邦稱帝。劉邦謙讓，眾人再三請求，非要讓劉邦當皇帝不可。別認為他們這是為劉邦著想，實際上是在打自己的小算盤。這些人跟著劉邦南征北戰、出生入死，如今得到天下，都想分得土地，弄個王侯當當。這就需要劉邦先當皇帝，然後才能封賞他們。《史記》記載，他們是這樣說的：「大王從平民起事，誅伐暴逆，平定四海，有功的分賞土地封為王侯。如果大王不稱皇帝尊號，人們對大王的封賞就不會相信。我們這些人願意以死相請求。」這話說得很明白，劉邦本是平民，靠我們才打下了天下，如今你當上皇帝，自然要封我們做王侯了。劉邦推辭不過，就在泗水北面登臨皇帝之位。劉邦當然願意當皇帝了，他雖然樂意當皇帝，但卻不願意分封諸侯。因為他清楚，項羽由於大封天下，導致了天下大亂。再往前說，春秋戰國五百多年的戰亂，根源就是分封制。但是，如果不加封賞，就難以平息功臣們心裡的慾火，再加上當時人們普遍認為，秦朝是因為沒有分封，才二世而亡的，所以，劉邦不得不先封幾個意思意思。早在消滅項羽之前，韓信和黥布就被封王了，當時如果不給封王，人家就不出力，能有什麼辦法呢？已經開了頭，就只好再封彭越為梁王。原來的諸侯王，像韓王、燕王、趙王、衡山王等，一直都在劉邦陣營，幫助劉邦滅掉項羽，自然不好意思取消人家的王位，也保留其王位不變。這樣，劉邦封了七個異姓王。而劉邦的親信功臣們，像張良、曹參、蕭何等人，都暫時沒有封賞，以後再說，眾將領也只能眼巴巴地盼望著。

　　劉邦率兵繼續西歸，來到洛陽，大擺宴席，款待將領。請將領們吃肉喝酒，劉邦還是毫不吝嗇的。喝到高興時，劉邦得意地說：「各位都說說，我為什麼能夠得到天下，項羽為什麼失去天下。你們要講真話，不許哄老子。」將領們說：「陛下派人攻城略地，占領了土地，就分封有功之人，與大家共

享利益，所以得到天下；而項羽自私，打了勝仗不給人家授功，奪了土地不給人家好處，所以失去天下。」劉邦一聽，又扯到分封上去了，趕緊岔開話題說：「你們只知其一，不知其二。老子之所以得到天下，是靠人才。若論運籌帷幄之中，決勝於千里之外，我不如張良；鎮守國家，安撫百姓，保障供應，不絕糧道，我不如蕭何；統率百萬大軍，攻必克、戰必勝，我不如韓信。這三個都是人中俊傑，我用了他們，才得到了天下。而項羽有一范增都不能用，所以失去天下。」劉邦這番話，流傳至今，成為劉邦善於用人的標誌。但從《史記》記載來看，劉邦當時說這番話，並非完全是真心稱讚三人，而是另有用意。言外之意是說，像張良、蕭何這樣的人中俊傑，還沒有封賞，哪裡輪得上你們呢？果然，聽劉邦這麼一說，似乎天下就是他們三人打下來的，眾將領就都不吭聲了。

這是劉邦稱帝之後遇到的第一件麻煩事：如何獎賞這些征戰多年的將領們，是不是分封王侯？國家是要分封制，還是實行郡縣制？這是根本性的大事。劉邦不愧為出色的政治家，他認定秦朝的中央集權制有利於自己的統治，總體上仍然實行郡縣制，所以有漢承秦制的說法。但他根據當時的實際情況，也作了一些變通，在不好控制的地方，不得已設了幾個諸侯王，出現了郡國並立現象。這在當時是有必要的，體現了劉邦善於權變的政治智慧。後來，劉邦很快剷除了異姓王，並殺馬為誓：「非劉姓不得封王。」即便這樣，到劉邦孫子漢景帝時期，仍然出現了「七國之亂」，這七個王可都是姓劉的。好在漢朝封王不多，諸侯力量不強，叛亂很快被平息了。

劉邦遇到的第二件麻煩事，是在哪裡定都。劉邦的將領們，多數是東方人，來到洛陽以後，見此地富庶，生活習慣和自己相同，就不願意再往西走了，在洛陽住了很長一段時間，並紛紛要求在洛陽建都。劉邦見洛陽確實是個好地方，也猶豫了。有個叫劉靜的人，卻有不同意見，說：「洛陽境域狹小，四面受敵，不是用武之地。而關中有高山被覆，黃河環繞，四面都有堅固防線，並且土地肥沃，物產豐富，是天下的咽喉。一旦有事，扼住咽喉，就能立於不敗之地。」眾將領爭先恐後地表示反對，說：「關中那麼好，秦朝怎麼二世而亡了？周朝建都洛陽，不是也延續了好幾百年嗎？」公說公有理，婆說婆有理，雙方爭論不休，劉邦遲疑難決。他徵求張良的意見，張良同意

劉靜的說法。劉邦經過深思熟慮，下了決心，力排眾議，毅然率軍繼續西進，到長安建都去了。

後來，劉邦的麻煩事依然接連不斷。原臨江王雖然降服，但內心仍然效忠項羽，首先起兵反叛漢朝。劉邦派大軍打了幾個月，才把他滅了。接著，燕王又造反，聲勢浩大，攻占了代地。劉邦親自率軍前去征討，俘虜了燕王。項羽的部將利幾也反叛漢朝，劉邦又親自領兵前去平定。以後，大功臣韓信、黥布、彭越等人謀反，親信陳豨、盧綰和韓王信也造反鬧事。劉邦不辭辛勞，東征西討，把他們逐一蕩平。可見，劉邦雖然得到了天下，但天下尚不太平，各地起火冒煙。劉邦就像消防隊一樣，忙著四處滅火，沒有過上幾天安穩日子。

劉邦更大的麻煩事，不是在內部，而是在外部。由於中原地區長期戰亂，北方的匈奴趁機崛起強大起來。匈奴是遊牧民族，擅長騎射，經常騷擾邊境，燒殺搶掠，朝廷很是頭疼。秦始皇時期曾派長子扶蘇和將軍蒙恬，率領三十萬大軍駐守邊境，抵禦匈奴。反秦戰爭中，這些軍隊都用來打內戰了，邊境空虛，匈奴乘虛而入，屢屢進犯中原。劉邦稱帝以後，命韓王信遷徙到太原以北，抵禦匈奴。這個韓王信，與大將軍韓信同名，但才能差遠了，根本不是匈奴對手。韓王信私下向匈奴求和，劉邦知道後十分不滿。韓王信乾脆投降了匈奴，與匈奴聯手攻擊漢朝，興兵圍困太原。劉邦聞訊大怒，親自率軍北上，攻打匈奴。當時劉邦尚不知道匈奴的厲害，心想：強大的項羽都是手下敗將，小小的匈奴更不在話下。匈奴人雖然粗野，但頭腦並不笨。他們採取誘敵深入的策略，故意讓劉邦打了幾個小勝仗，然後假裝不敵，逐步後撤。劉邦原本輕敵，此時更加驕傲，驅動大軍，步步緊逼，企圖一戰殲滅匈奴，解除邊境禍患。匈奴一步步地把劉邦誘到平城一帶，劉邦登上城外的白登山。匈奴突然出動大軍，把劉邦團團包圍在白登山上。時值寒冬，漢朝軍隊不習慣北方氣候，士兵被凍掉手指的有十之二三，戰鬥力嚴重下降。匈奴圍困白登山達七日之久，劉邦糧草用盡，援兵未到，處在危急之中。這就是歷史上著名的「白登之圍」，差點要了劉邦性命。劉邦沒有辦法，只好採用陳平計策，給匈奴送了大量財物，還承諾了很多好處。好在匈奴人只注重利益，並不想爭奪天下，於是撤圍離去，放了劉邦一條生路。這時，漢朝援兵趕到，劉邦

沒敢再與匈奴交戰，狼狽地回到了京城。這一戰，劉邦領教了匈奴的厲害，便改變策略，與匈奴和親。劉邦曾許諾把自己的女兒嫁給匈奴首領，呂后不幹，哭鬧不止，劉邦只好讓一個宮女冒充公主，嫁到匈奴去了。

劉邦這一輩子，大半生都在戰火中度過，經歷大戰七十次，小戰四十次，千辛萬苦打下了江山。稱帝以後，不僅需要親自率軍，四處平定叛亂，而且還要治理天下，沒過上幾天舒服日子，只當了八年皇帝就死了。看來，想當一個有作為的帝王，是要付出很大代價的。作為皇帝尚且如此，何況一般人呢？

◎新視角讀《史記》之八十一 劉邦雄才大略卻行事怪誕

劉邦，是中國歷史上傑出的政治家和戰略家，是漢民族重要的開拓者。他把四分五裂的中國真正統一起來，對漢民族的形成和強大，對漢文化的保護和發揚，都做出了卓越的貢獻。從這個角度來講，稱劉邦為「千古一帝」亦不為過。劉邦雖有雄才大略，但其性格粗魯、行事荒誕，具有鮮明的人物個性。

從《史記》記載來看，劉邦的雄才大略，主要體現在他善於用人、善於謀大事、善於納諫等幾個方面。

善於用人，是劉邦的突出特點，也是被人們公認的。人們在評價劉邦獲勝、項羽失敗時，總是把劉邦善於用人作為重要原因。劉邦稱讚張良、蕭何、韓信是人中俊傑，由於有了他們，才得到天下。劉邦的這番話，至今被人們津津樂道，成為劉邦善於用人的重要標誌。在這「三傑」中，蕭何是劉邦沛縣起義時的老朋友，張良原是韓國的大臣，韓信則是項羽的部下，最終三人都歸劉邦所用。除了「三傑」之外，劉邦身邊還聚集著一大批謀士和猛將，他們為劉邦出謀劃策，攻城略地，奪取天下。這些人，有的是劉邦起義時候的老班底，像曹參、樊噲、周勃、灌嬰等；有的來自各諸侯國，像張耳、韓王信等；有的出身平民甚至強盜，像酈食其、彭越等；有的則是從項羽那邊投奔過來的，像陳平、黥布等。他們雖然來自不同的陣營，但都是楚漢相爭時期的著名人物，對歷史走向產生了重要影響。劉邦因為有這麼多人才幫助，所以能夠得到天下；而項羽只逞個人之勇，身邊缺乏人才，必然失敗。然而，駕馭和使用這些人才，絕非易事。人才，都是一些賢能之人，在天下大亂之時，他們只會佩服輔佐賢者，而不會臣服於庸者。這些人才甘願為劉邦效力，表明劉邦比他們更高明，能夠使他們心悅誠服。

善於謀大事，是劉邦的重要特點。雖然有眾多人才的輔佐，但在一些事關全局的戰略問題上，幾乎都是劉邦自己謀劃決定的。劉邦起義後的第一個重大決策，是投靠項梁，借勢壯大自己的力量，效果十分明顯，劉邦的隊伍很快壯大，成為滅秦主力之一。劉邦率軍西征，顯示出了他卓越的謀略和指

揮才能。當時劉邦身邊幾乎沒有謀士，像陳平、韓信等人還沒有歸順劉邦，張良是作為韓國的大臣，在半路上跟隨劉邦的，所以，西征中的軍事部署、進軍路線、政策制定等重大事項，基本上都是劉邦自己決策的，事實證明都很正確。在楚漢戰爭中，劉邦統攬全局、深謀遠慮，一邊自己吸引項羽主力，另一邊派韓信開闢第二戰場，最終獲得成功。在謀大事方面，劉邦才是真正的運籌帷幄。在統一天下之後，人們普遍認為，秦朝之所以二世而亡，是因為沒有分封諸侯造成的。眾將領要求分封的願望更是十分強烈，呼聲甚高。而劉邦憑藉政治家的智慧，力排眾議，十分堅定地繼續實行中央集權制度，總體上仍然堅持郡縣制，只是不得已封了少量的諸侯王。這充分顯示了劉邦的高瞻遠矚，不愧是一位成熟的政治家。

善於納諫，是劉邦的明顯特點。劉邦從諫如流，特別注重聽取別人的意見，只要說得對，馬上就採納。劉邦西征進入咸陽以後，本想在秦宮休息，樊噲、張良進諫說：「咸陽尚不穩定，容易造成士兵搶掠，不易在城裡駐軍。」劉邦覺得有道理，馬上下令，軍隊撤回霸上，自己也回軍營休息。這一舉動，深得民心。鴻門宴脫險、火燒棧道、離間項羽與范增的關係、白登解圍等一些重要事件，都是劉邦聽從了張良、陳平等人的建議，取得了好的效果。劉邦雖然善於納諫，但不是人云亦云，他實際上很有主見。統一天下之後，幾乎所有的將領都建議分封王侯，劉邦卻堅決不聽。在定都問題上，大多數人都建議定都洛陽，劉邦也沒有聽從。劉邦善於用人、善於謀大事、善於納諫，成就了他的輝煌帝業，體現了他的雄才大略。

劉邦高人一籌、與眾不同，他性格的另一面，也與其他帝王大不一樣。

《史記》記載，劉邦的性格，是表面寬厚而內心狡詐，胸有謀略而行事粗魯，豪放而不拘禮節，還時常幹出一些荒唐怪誕的事情。

劉邦語言粗魯，喜歡罵人，張口「你老子」，閉嘴「他娘的」，不管是誰，不高興了就是一頓臭罵，有時甚至是破口大罵，諸侯王也不例外。魏王豹反叛漢朝，原因之一就是不能忍受劉邦的辱罵。漢朝建立以後，對眾臣論功行賞。劉邦認為蕭何的功勞最大，因而封賞的食邑最多。眾將領不服，說：「我們身經百戰，出生入死，攻略城池，奪取土地，屢立戰功。蕭何沒有上過戰場，

只是舞文弄墨，發發議論，封賞反倒在我們之上，這是為什麼？」劉邦一聽，不高興了，說：「你們見過打獵嗎？打獵時，追咬獵物的是狗，而指揮狗的是獵人，獵人當然比狗的功勞大。你們雖然有戰功，但只不過就像狗一樣，而蕭何就像獵人，狗怎能與人相比呢？」眾將領一聽，自己都成狗了，還能說什麼呢？在堂堂朝廷之上，公然罵眾將領是狗，這恐怕只有劉邦能幹得出來。

劉邦待人傲慢無禮。劉邦西征途中，路過高陽。高陽有個賢士，叫酈食其，已經六十多歲了。他聽說劉邦仁義寬厚，就去求見。劉邦卻叉開兩腿坐在床上，讓兩個女子洗腳，見了酈食其愛搭不理。酈食其很生氣，責怪劉邦說：「您如果想要誅滅暴秦，就不應該這樣對待長者。」劉邦倒是聞錯即改，馬上站起身來，整理好衣服，施禮道歉。還有一次，劉邦派人策反了黥布，黥布去拜見劉邦。黥布當時已是諸侯王了，接見黥布，應該是件很隆重的事情。但劉邦卻是一邊洗腳，一邊接見黥布。黥布感覺受到侮辱，後悔前來，甚至想要自殺，直到見到自己的用器、飲食都與劉邦相同，才減輕了心中火氣。劉邦待人傲慢，並不是擺架子、看不起人，而是他就是這樣的性格，隨隨便便，不講禮節。劉邦如此，群臣也跟著效仿，在朝廷喝酒時，經常大呼小叫，有的甚至拔劍砍擊庭中立柱，沒有規矩，不成體統。

劉邦行事有些荒唐怪誕。在楚漢戰爭時期，劉邦知道要想奪取天下，儒家那一套不管用，所以不喜歡儒生。有的儒生求見，劉邦就一把扯下他的帽子，往他帽子裡撒尿。歷史上的帝王，有哪個能做出這等荒唐事來呢？劉邦統一天下以後，知道儒家思想有用，就專門跑到曲阜，以隆重禮儀祭奠孔子。劉邦是歷史上第一個親臨孔廟祭孔的帝王，這與他向儒生帽子裡撒尿，形成了鮮明對照。劉邦當皇帝以後，一次藉口生病，一連十多天不出宮門，也不讓群臣見他。樊噲忍不住了，徑直闖了進去，見劉邦躺在床上，拿宦官當枕頭，枕著睡覺。樊噲指責他說：「您難道不知道趙高作亂的事情嗎？」劉邦聽了，笑著從床上爬起來。還有一次，大臣周昌進宮奏事，正巧撞見劉邦摟著美女親熱，周昌趕緊扭頭就跑。劉邦追了上去，把周昌按倒在地，騎在他脖子上，並且問道：「你看老子是一個什麼樣的皇帝？」周昌挺直脖子，昂起頭說：「我看您就是夏桀、商紂那樣的皇帝。」劉邦聽了，並不生氣，反

而哈哈大笑，說：「你的狗膽真夠大的。」堂堂帝王，能做出這等荒誕事來的，在歷史上恐怕沒有幾個。

　　劉邦性格上雖有缺陷，但掩蓋不了他的雄才大略，反而襯托出了他鮮明的個性。畢竟皇帝也是人，而不是神。

▌◎新視角讀《史記》之八十二 張良運籌帷幄卻名過其實

張良是劉邦的重要謀士，與蕭何、韓信並稱為「漢初三傑」。劉邦誇讚他說：「運籌帷幄之中，決勝於千里之外，我不如張良。」運籌帷幄，是指坐於軍帳，統籌全局，主持大計。從《史記》記述來看，劉邦這句話有些自謙。張良確實足智多謀，經常出謀劃策，然而，真正運籌帷幄、主持大局的，卻是劉邦本人。劉邦是一位有遠見卓識的戰略家和政治家，張良只不過是一位高明的謀士，他所造成的作用，沒有想像中的那麼大。所以，司馬遷寫的《留侯世家》，是排在蕭何、曹參之後的。

《留侯世家》記載，張良出身於韓國貴族。他的祖父和父親，先後擔任過五代韓王的國相，家族顯赫，家庭富裕，有奴僕三百多人。秦國滅韓之後，張良的尊貴生活自然結束了，所以他對秦朝有著刻骨仇恨。張良為了報仇，用全部家產尋求勇士，打算刺殺秦王。經過多方尋找，終於找到一個大力士，打造了一個重達一百二十多斤的大鐵錘。秦始皇到東方巡視，路過博浪沙。張良和大力士埋伏在那裡，見秦始皇車隊浩浩蕩蕩而來，不知道秦始皇乘坐哪一輛車。大力士就瞄準了中間一輛豪華車子，奮力把大鐵錘投擲過去，只聽「撲通」一聲，頓時車毀人亡。可是，秦始皇並不在那輛車上，張良他們趕緊趁亂逃走。秦始皇震怒，下令全國搜查，結果沒有抓到刺客。張良改名換姓，跑到下邳躲藏起來。像這樣搞暗殺，充其量是俠客所為，而不是政治家應該做的事情。

張良在下邳住了十年，他行俠仗義，逐漸有了名氣。這期間，項伯因為殺了人，逃到下邳，被張良藏了起來。張良對項伯有救命之恩，所以項伯在鴻門宴上袒護劉邦。陳勝起義的消息傳來，張良十分興奮，也聚集了一百多人，起兵反秦。張良自知力量弱小，打算去投奔假楚王景駒，正巧半路上遇見了劉邦。劉邦當時率領幾千人的隊伍，正在攻打下邳以西的地方。張良與劉邦交談後，認為劉邦能成大事，就沒有去投奔景駒，而是歸順了劉邦。劉邦對張良也很賞識，但並沒有將他當做身邊的謀士，而是任命他做了一名廄

將。在這期間，張良雖然為劉邦出過一些計謀，但在大的戰略方面，並沒有提出過高深的見解。

後來，劉邦投靠了項梁，張良自然也跟了過去。項梁為了擴大影響，擁立了楚懷王。張良見狀，也想恢復韓國，就對項梁說：「您已經擁立了楚王的後人，為了增強同盟者的力量，也應該擁立其他諸侯王的後人。韓國公子韓成，是韓王的後代，十分賢能，請求您立他為王。」項梁同意了，派張良找到韓成，立他為韓王。於是，張良離開了劉邦，去輔佐韓王，擔任了韓王的司徒，相當於丞相。韓王和張良率領一千多人，向西進軍，攻取韓國原來的領地，企圖恢復韓國的地盤。張良他們起初還算順利，奪取了幾座城邑，但秦軍一反擊，城池又被奪了回去。經過一年多的時間，韓軍沒有任何進展，也沒有打下固定的地盤，只好在穎川一帶打游擊，處境十分困難。這期間，張良盡心輔佐韓王，卻沒有什麼建樹，也沒有顯示出他的才能。

一年之後，劉邦率軍西征，經過韓國，大敗秦軍，一舉攻克了十餘座城邑，收復了韓國大片領地，也解救了處於困境的韓軍。韓王十分感激，自己留守陽翟，派張良去幫助劉邦西征。張良再度與劉邦合作，但此時的張良，是韓國的大臣，而不是劉邦的屬下。在西征過程中，張良出過一些好的計謀，做出了貢獻，特別是在鴻門宴上，如果沒有張良的周旋，劉邦可就危險了。劉邦很尊重張良，幾乎是言聽計從，但並沒有把他當成自己的心腹，所以，當劉邦被封為漢王，率軍去巴蜀的時候，就與張良告別，讓他返回韓國去了。可見，當時張良在劉邦心目中的地位，並不是特別重要，不然的話，憑劉邦的智慧和手段，一定會千方百計地留住張良。

張良再次與劉邦分手，繼續輔佐韓王，仍然沒有什麼建樹。項羽因為韓王幫助劉邦的緣故，對韓王很不滿意，東返時順手把韓王帶到了彭城，不讓他回國，張良也隨之去了。後來，項羽任性地把韓王變成侯，降了一級；再後來，乾脆把韓王殺了。張良見情況危險，性命堪憂，趕緊逃走，抄小路跑到劉邦軍營。劉邦此時已經平定關中，正在揮師東征，見張良又來歸順，十分高興。從此，張良死心塌地追隨劉邦，輔佐劉邦奪取天下。正是因為有劉邦這樣的明主，張良的聰明智慧才得到了充分發揮。

　　張良成為劉邦的真正謀士之後，出的第一個計策，是勸劉邦重視彭越、韓信、黥布三人的力量。張良說：「要想打敗項羽，必須用好這三個人。彭越在梁地反楚，可以聯合；黥布是楚國猛將，但與項羽有隔閡，可以策反；韓信是我軍將領中能夠託付大事的人，可以獨當一面。」劉邦很贊同，馬上派人去聯繫彭越，策反黥布，同時派韓信獨自率軍，去開闢第二戰場。後來，劉邦又聽從張良建議，給三人封王封地，極力拉攏，使他們全力效命。最終，主要依靠這三支力量，消滅項羽於垓下。張良的這一計策，體現了他識人用人的才能。

　　張良為劉邦出的最重要的計策，是勸阻了劉邦封立諸侯王後人的打算。當時，楚漢兩方相持不下，一時難分勝負。有儒生建議說：「秦滅了六國，六國的後人沒有立足之地，心中怨恨。您如果重新封立六國的後人，讓他們接受您的印信，他們一定會感恩戴德，六國的百姓都會順從歸服。這樣，楚國就孤立了，您就能夠得到天下。」劉邦覺得有道理，趕快讓人刻製印信。張良聽說了此事，感到不妥，急忙去見劉邦。劉邦正在吃飯，張良直截了當地說：「封立六國後人，這是個餿主意。如果恢復了六國，天下之人就都回自己的國家效力，誰還跟著您打天下呢？再說，項羽現在仍然很強大，六國為了自己的利益，可能會去依附楚國，那您的大業不就完了嗎？」劉邦一聽，頓時醒悟，飯也不吃了，吐出口中食物，罵道：「這個笨書呆子，差點壞了老子的大事。」馬上命人銷毀了那些印信。張良勸阻劉邦一事，體現了他的政治遠見和深謀遠慮。

　　張良為劉邦出的最有效的計策，是勸諫劉邦封賞功臣。劉邦登基稱帝以後，必然要論功行賞。但封賞不是一件容易的事，眾將領都覺得自己的功勞大，紛紛爭功，終日爭吵不休，難以決定高下。劉邦只封賞了二十多人，就進行不下去了。劉邦感到頭疼，只好暫時擱置。一天，劉邦遠遠望見一些將領聚在一起議論，就問張良他們在幹什麼。張良故弄玄虛地說：「陛下不知道嗎？他們在議論謀反啊。」劉邦嚇了一跳，說：「天下已經安定，為什麼還要謀反呢？」張良說：「這些人跟您辛苦打天下，現在唯恐得不到封賞；有的人平時有過錯，也擔心您報復。所以，大家常常在一起議論，發牢騷。封賞之事拖得越久，人心就越不穩定，是很容易出亂子的。」劉邦一聽，更

加頭疼了，忙問張良有何計策。張良說：「可以挑一個大家都知道您最憎惡的人，先把他封賞了，人心自然就穩定了。」劉邦想了想說：「那就先封賞雍齒吧，那小子與我有宿怨，大夥都知道。要不是他有戰功，老子早就把他殺了。」雍齒被封賞以後，眾將領都很高興，說：「像雍齒那樣的人都被封賞了，我們還有什麼可擔憂的呢？」劉邦又催促丞相御史，抓緊時間評定功勞，加快封賞進度，人心很快穩定下來。張良的這一計策，體現了他應對複雜問題的智慧和能力。

張良還在許多方面出過一些好計謀，深受劉邦信任。天下統一之後，劉邦要封給他三萬戶作為食邑，張良推辭不肯，只願意受封留縣，因而被稱為留侯。張良深知「兔死狗烹，鳥盡弓藏」的道理，功成之後激流勇退，辭去一切官職，摒棄人間萬事，崇信黃老之學，專心修道養生，最後自然得以善終。

張良的作用雖然沒有想像中的那麼大，但他確實有超群的才幹和高明的計謀，特別是他為人忠義，不求名利，更是難能可貴，所以備受後人推崇。宋朝評選歷代名將時，張良竟然名列第一，排在諸葛亮、孫武、管仲等人之前。也許宋太宗是想提示群臣，要效仿張良，別圖名利，趕緊功成身退吧。

◎新視角讀《史記》之八十三 蕭何穩坐關中卻惶恐不安

蕭何，是輔佐劉邦治國理政的高手，一代名相，「漢初三傑」之一。劉邦誇讚他說：「鎮守國家，安撫百姓，保障供應，不絕糧道，我不如蕭何。」這話是真的。劉邦善於運籌帷幄謀大事，管理政務確實比不上蕭何。蕭何鎮守關中，治理得井井有條，源源不斷地向前線輸送大量物資和兵員。沒有關中這個穩固的後方，劉邦就不可能取得天下。所以，在劉邦心目中，蕭何的功勞最大。按理說，蕭何應該志得意滿，心情舒暢，但想不到的是，他卻整日惶恐不安，如履薄冰。蕭何惶恐的原因，正是因為他功勞太大，把關中治理得太好，生怕引起劉邦的猜忌。司馬遷在《蕭相國世家》中，把蕭何的處境和心態描寫得淋漓盡致，讀後令人感慨不已。

《蕭相國世家》記載，蕭何與劉邦是同鄉，都是沛縣人。蕭何在縣令手下當官吏，他通曉法律，無人能及，辦事有條有理，清清楚楚，在公務考核中名列第一。有一次，秦朝的御史來督察，發現蕭何有才幹，打算推薦他入朝做官。這本來是可遇而不可求的大好事，但蕭何看出秦朝難以長久，便再三推辭，始終沒有入朝任職。蕭何確實挺有遠見。

當劉邦還是平民的時候，蕭何就認識他，感到劉邦不是平凡之輩。劉邦整日遊手好閒，有時還惹是生非，蕭何憑著官吏的職權，多次保護他。後來劉邦當了亭長，蕭何更是處處幫助他，兩人成了好朋友、鐵哥們。有一次，劉邦以官員的身分到咸陽服役，縣裡的官吏都來送行，每人奉送了三百錢，唯有蕭何送他五百錢。事情雖然不大，劉邦卻一直記在心上，等他稱帝以後，封賞功臣，額外多封給蕭何兩千戶，以報答當年多給他兩百錢的情誼。劉邦在沛縣起義，蕭何首先響應，並利用自己的影響，擁立劉邦當了沛公。從此，蕭何死心塌地跟隨劉邦，輔佐他奪取天下。蕭何看人也是挺準的。

蕭何獨具慧眼、善於識人，突出表現在他發現並推薦了韓信這個軍事奇才。韓信原是項羽的手下，因不受重用，投靠了劉邦。劉邦也沒有重用他，韓信很是失望。蕭何曾與韓信多次交談，發現他才能出眾，打算向劉邦推薦，但還沒來得及說，韓信就逃走了。蕭何知道後，心中大急，顧不上報告劉邦，

單槍匹馬連夜追趕，一直追出很遠，才把韓信勸了回來，這就是著名的「蕭何月下追韓信」的故事。蕭何對劉邦說：「像韓信這樣的傑出人才，普天之下，找不出第二個。您如果想奪取天下，沒有韓信不行。」劉邦確實有過人之處，他並不了解韓信，但他知道蕭何對自己忠心不二，又善於識人，他推薦的人一定錯不了。於是，劉邦以隆重的禮儀封韓信為大將軍。韓信從此大展身手，建立了蓋世奇功。可以說，沒有蕭何，就沒有韓信的成就。至於後來，韓信謀反，蕭何又設計幫助呂后殺了韓信，所以有「成也蕭何，敗也蕭何」的說法。其實，不管是推薦韓信，還是殺掉韓信，蕭何都是忠心為劉邦著想，無可厚非。

蕭何的特長，不是衝鋒陷陣，而是治國理政。在滅秦過程中，他跟隨劉邦左右，做他的助手，督辦各種公務。劉邦西征進了咸陽，將領們爭先恐後奔向府庫，搶取金帛財物，唯獨蕭何不顧這些，急如星火地趕往丞相府和御史府，將地理圖冊、戶籍檔案、法律條文全部收藏起來。這些，都是治理國家不可缺少的。正是因為有了這些檔案，才使劉邦對天下的關塞險要、各地強弱、民眾多寡、風俗民情瞭如指掌，為奪取天下、建立漢朝政權造成了巨大作用。蕭何不愧為相才。

劉邦平定三秦之後，就要率軍出關，與項羽爭奪天下。漢中及巴蜀之地，沃土千里、物產豐富、地勢險峻，需要得力之人鎮守，這自然非蕭何莫屬。於是，蕭何以丞相的身分留守漢中。蕭何身負重任，兢兢業業，竭盡全力建設後方，不斷為前線提供糧草和兵員。劉邦與項羽對峙數年，軍糧從不缺乏。有幾次劉邦戰敗，軍隊潰散，蕭何及時從關中派來援軍，使劉邦轉危為安。劉邦部隊疲憊了，也時常回到關中休整。有這樣一塊可靠的根據地，劉邦沒有後顧之憂，心中有底氣，可以放手與項羽拚搏。但是，劉邦在內心深處，卻有一些擔心。關中之地，實在太重要了，如果蕭何有野心，在關中自立為王，那劉邦不就完蛋了嗎？儘管蕭何是他的鐵哥們，但在巨大的利益面前，任何人都不能百分之百地相信。劉邦具有雄才大略，自然明白這一點。但他當時沒有別的辦法，只好經常不斷地派人慰勞表彰蕭何，千方百計地要把蕭何籠絡住。客觀地講，劉邦的擔心是可以理解的，畢竟部下反叛的事情多得不勝枚舉，特別是在天下大亂之時，誰不想當王呢？

　　蕭何一心一意為劉邦效命，對劉邦的擔心，起初並沒有察覺，對劉邦經常派人來慰勞，還很得意。直到有一天，有個叫鮑生的人對他說：「丞相覺得漢王經常慰勞您，這事正常嗎？」蕭何茫然。鮑生又說：「您日夜操勞，確實辛苦，但遠離戰場，生活穩定。而漢王在前線打仗，風餐露宿，還十分危險，比您辛苦多了。但漢王卻屢次派人來慰勞，明顯是對您不放心啊！」蕭何一聽，猛然醒悟，冷汗就流了下來。被主子懷疑，可是一件危險的事情。蕭何站在劉邦的角度想想，心中豁然明白了。從此，蕭何不敢得意，更不敢大意，而是更加小心謹慎。劉邦軍中所需之物，不敢有絲毫怠慢，總是按時送達，要人有人，要糧有糧。遇到大事，也不敢擅自做主，而是及時向劉邦匯報。蕭何一邊嘔心瀝血治理漢中，另一邊還要處心積慮地消除劉邦的疑心，日子過得能不如履薄冰嗎？後來，蕭何為了消除劉邦猜忌，使出了絕妙的一招，他把自己已經成年的兒孫、兄弟以及家族的幾十名青壯年，全部送到劉邦身邊，名義上是從軍打仗，實際上是給劉邦當人質去了。劉邦對此非常高興，也放心了許多。

　　後來，劉邦率軍北上，平息陳豨的叛亂。這期間，韓信與陳豨勾結，意圖謀反，被呂后所殺。劉邦又開始擔心蕭何了，對蕭何封官加爵，拜蕭何為相國，加封五千戶，還專門為蕭何設置了五百人的衛隊。眾人都來祝賀，但有人卻對蕭何說：「這絕不是好事，皇上風吹日曬統軍在外，你留守朝中十分安逸，皇上反而增加您的封邑，並設置衛隊，很不正常。這是因為韓信剛剛謀反，皇上對您不放心的緣故。」蕭何認為很對，趕緊辭掉封賞，並且把家中資產全部獻出，捐助軍隊。劉邦果然十分高興。

　　蕭何心裡清楚，劉邦屢屢猜忌自己，根本原因就是自己功勞太大，威望太高。他治理關中多年，制定法令、教化百姓、發展經濟，成績斐然，深得人心。如果他想作亂，必定會一呼百應，劉邦怎麼能不提防呢？要想徹底消除劉邦的擔心，只有自汙名節。於是，蕭何故意低價強行購買別人的土地房屋，做一些令老百姓不滿意的事情。果然，劉邦班師回京，許多百姓攔路上書，狀告蕭何的「劣行」。劉邦十分高興，把告狀信都交給蕭何，讓他自己處理去了。

蕭何的能力太強了，所以，劉邦一邊重用他，一邊又提防他，有時還敲山震虎。有一次，劉邦找藉口把蕭何下到獄中，但很快又放了他。蕭何赤腳步行前去謝罪，劉邦笑著說：「相國沒有罪。我之所以把你拘禁起來，是想讓人們知道，我是昏君，你是賢相。」這話明顯是言不由衷，也只有劉邦能說出來。面對這樣的主子，蕭何也沒有辦法，只好一邊勤勉做事，一邊設法打消劉邦的疑心，真是太不容易了。劉邦死後，蕭何繼續輔佐漢惠帝，最後總算得以善終。

其實，劉邦和蕭何，君臣兩人都不容易，各有各的立場和苦衷。這起初的鐵哥們，後來搞成這種關係，歸根結底，都是「利益」兩個字惹的禍。

▌◎新視角讀《史記》之八十四 韓信軍事奇才卻政治平庸

韓信，是歷史上著名的軍事家，與張良、蕭何並稱為「漢初三傑」。劉邦誇讚他說：「統率百萬大軍，戰必勝、攻必克，我不如韓信。」這話沒錯，劉邦善於統籌戰略問題，戰術方面確實比不上韓信。韓信率軍開闢第二戰場，擒魏、破代、滅趙、降燕、伐齊，直至垓下全殲楚軍，歷經百戰，無一敗績，被後人奉為「兵仙」「戰神」。然而，這樣一位軍事奇才，在政治上卻很平庸，不會處理關係，只知道謀軍事，不懂得謀自身，功成之後，反而被殺，夷滅三族，令人痛惜。司馬遷專門寫了《淮陰侯列傳》，記述了韓信的事跡。

《淮陰侯列傳》記載，韓信是淮陰人，年輕的時候，家裡很窮，自己不想辦法維持生活，而是經常到別人家裡討吃討喝，人們都很厭惡他。韓信曾經一連數月，在南昌亭長家裡吃閒飯，亭長妻子終於不能忍受，把他趕走了。韓信沒地方吃飯，在河邊蹓躂。一群女人在洗衣服，其中一位大娘心善，見韓信餓了，就把自己帶的飯給他吃。韓信卻一連幾十天都去吃大娘的飯，還對大娘說：「以後，我一定會重重地報答您。」大娘十分生氣，指責他說：「大丈夫不能養活自己，何以立於天地之間？我是可憐你，才給你飯吃，難道是要你報答嗎？」可見韓信為人處事的方式，不受人們喜歡。韓信雖窮，卻有大志，想去做官，因為品行不好，沒有被推選。韓信腰裡插把劍，整日遊手好閒。一天，淮陰屠夫中有個年輕人攔住他，挑釁說：「你雖然長得高大，還帶著劍，其實是個膽小鬼。你如果不怕死，就拿劍刺我；如果你怕死，就從我褲襠底下鑽過去。」韓信打量了他一番，然後趴在地上，果真從他褲襠底下爬了過去，滿街的人都哄然大笑。這就是著名的韓信受「胯下之辱」的故事。其實，韓信完全可以不理他，一走了事，根本沒有必要受這「胯下之辱」。從以上記載來看，韓信在年輕的時候，就不懂得如何處理人際關係，不會處世。

陳勝起義，天下大亂。項梁率軍來到淮陰，韓信參加了項梁部隊，當了一名小兵；項梁死後，又隸屬項羽。項羽讓他做了郎中，是一名低級軍官。韓信屢次獻策，以求重用，但項羽都沒有採納。等到劉邦入蜀之時，韓信就

脫離項羽，投奔了劉邦，但也只是做了一個接待賓客的小官。這期間，韓信不僅沒有受到重用，反而險遭殺身之禍。不知因為何事，韓信犯法被判斬刑。刑場之上，眼見同伴十三人都已經人頭落地，最後輪到了韓信。韓信壯志未酬，心中不甘，仰天長嘆，恰巧看見夏侯嬰從此路過，便大聲喊道：「漢王難道不想奪取天下嗎？為什麼要殺壯士！」夏侯嬰聞聲一看，見韓信相貌堂堂，說話不同凡響，就把他放了。夏侯嬰與他交談後，認為韓信有才幹，就向劉邦推薦。劉邦沒有察覺韓信有出奇超眾的才能，看在夏侯嬰面子上，便讓他做了治栗都尉，官稍大了一點。夏侯嬰與劉邦是貧賤之交，忠心耿耿，屢立戰功。許多人只知道「蕭何月下追韓信」，殊不知，當時如果沒有夏侯嬰，韓信早就成了刀下之鬼，哪裡還有什麼大功可言？

後來，韓信的才能終於被蕭何發現了。蕭何竭力勸說劉邦，讓韓信當了大將軍。劉邦在拜將儀式結束之後，與韓信作了一番長談。韓信終於有了機會，展示自己胸中韜略和軍事才能。他向劉邦闡述了天下大勢，分析了劉邦與項羽各自的優勢和劣勢，提出了一些精闢的見解。韓信說：「項羽雖然勇猛，但只是匹夫之勇；他雖然待人慈愛，部下生病，他都流淚，也不過是婦人之仁；項羽號稱霸王，卻分封不公，殘暴無道，已經失去人心。所以，項羽是不難被打敗的。大王要與他反其道而行之，實行仁義，重用人才，分封功臣。應該首先平定三秦，以關中為根據地，然後揮師東征，奪取天下。」韓信這一番宏論，總體上是對的，劉邦十分高興。但在一個重大問題上，韓信卻與劉邦有著嚴重分歧。韓信建議劉邦，打下來的城邑和土地，用來分封功臣，同享富貴，以便讓人心服口服。劉邦作為有遠見卓識的政治家，對此卻並不贊同，他要做的，仍然是中央集權。同時，劉邦也看出韓信有稱王的野心，對他產生了提防之心。劉邦按照韓信的計策，迅速平定三秦，同時占領了關外大片土地。然而，劉邦並沒有聽從韓信分封的建議，而是繼續實行郡縣制。劉邦在關中設立了隴西、北地、上郡、渭南、河上、中地等郡，在關外設置了河南郡、河內郡，占領魏國以後，又把魏國設置為三個郡。可見，早在韓信出山之前，就與劉邦有了嚴重分歧，引起了劉邦的猜忌，為日後的悲劇埋下了禍根。而韓信卻根本沒有意識到這一點，表現了他在政治上見識淺薄。

　　劉邦出關東征，採取的重大戰略部署是兵分兩路：一路由劉邦率軍與項羽對峙，吸引楚軍主力；另一路由韓信率領，去攻打魏、代、趙、燕、齊等廣大地區。韓信不負重託，充分展示其軍事才能，所向披靡，一路凱歌。他採用「聲東擊西」之計，一舉攻占魏國，活捉魏王，接著又滅掉代國。劉邦聞訊大喜，但卻立即調走了韓信的精銳部隊，同時又派張耳，與韓信一同領兵。張耳，是劉邦的親信。劉邦還是平民的時候，就與張耳是好朋友，經常在張耳家裡一住就是幾個月，後來又把寶貝女兒嫁給了張耳的兒子，兩人成了兒女親家。劉邦把張耳派到韓信身邊，用意不言而喻。韓信卻並不在意，繼續乘勝進軍，攻打趙國。韓信採取「背水一戰」「置之死地而後生」等計策，經過一年多苦戰，終於占領了趙國。然後，大軍威逼燕國，「不戰而屈人之兵」，燕國投降。這樣，韓信憑藉卓越的軍事才能，攻占了北方大片土地，為劉邦打下了半壁江山。這時，劉邦突然清晨來到韓信軍營，趁韓信還沒起床，闖進臥室，收取了他的印信和兵符，用軍旗召集眾將，宣布張耳為趙王，韓信任相國，命張耳鎮守趙地，韓信去收復齊國。劉邦對韓信猜忌提防之心，已表露得十分明顯，而韓信卻渾然不覺，十分幼稚。

　　韓信領兵去收復齊國，走到半路，聽說齊國已經歸順了劉邦。這本是件大好事，完全不必用兵了，但韓信為貪戰功，竟然趁齊國毫無防備之機，偷襲齊國，攻占了臨淄。齊國認為受了騙，殺死了劉邦的大臣，轉而投向項羽。項羽派出援兵，韓信經過與齊楚聯軍苦戰，雖然最終占領了齊國，但耗費時日，損傷兵力，又讓劉邦背上了「不信不義」的黑鍋，劉邦心裡肯定十分惱怒。韓信糊塗，沒有想到這些，反而派使者去見劉邦，要求封他當假齊王。劉邦勃然大怒，張口罵道：「他娘的，現在軍情緊急，老子心急如焚，他卻要當假齊王。」還沒罵完，張良和陳平在桌底下分別踢了他一腳，劉邦頓時醒悟，接著罵道：「這小子真沒出息，男子漢大丈夫，要當就當真王，當什麼假王？」韓信的使者，竟然沒有聽出破綻。劉邦立即派張良前往，冊封韓信為齊王，但心裡肯定十分惱恨。韓信絲毫沒有察覺，反而對劉邦感恩戴德。

　　此時，項羽已明顯處於劣勢，於是派人遊說韓信，希望韓信自立為王，與項羽、劉邦三分天下。韓信的謀士中，也有人提出這種建議。韓信猶豫不決，想到劉邦對他的好處，終於不忍心背叛他。劉邦在一些小恩小惠上，確

實對韓信下足了功夫。自己的好衣服，送給韓信穿；自己的好食物，送給韓信吃；對韓信有意見，也隱忍不發。韓信認為劉邦對自己好得不得了，就拒絕了項羽。許多人為此感到惋惜，認為韓信坐失良機。筆者卻認為，即便韓信想背叛，也未必能夠成功。劉邦是何等人物，他對蕭何都時時防範，豈能對韓信不加提防？再說，韓信手下的大將，像曹參、灌嬰等人，都是劉邦的心腹，韓信能夠反叛得了嗎？

後來，劉邦勝局已定，派人與韓信、彭越約定日期，要求三方會合，圍殲項羽。但韓信、彭越卻按兵不動，直到劉邦答應分給他們土地，才領兵前來，真是太不明智了。這個時候要挾劉邦，能有好果子吃嗎？果然，劉邦消滅項羽之後，做的第一件事，就是驅馬馳入韓信軍營，奪了他的軍權。後來，又藉口韓信熟悉楚國風俗，把他改封為楚王。當時楚地不如齊國重要。韓信到了楚地，私自收留了一名項羽手下逃亡的將領，有人告他謀反。劉邦藉機逮捕了韓信，隨後又赦免了他，改封其為淮陰侯，降了一級。這個時候，劉邦對韓信還沒有起殺心，但猜忌之心已經非常重了。對皇帝的猜忌，連鐵哥們蕭何都戰戰兢兢，想方設法化解，而韓信卻不知危險，自恃功高，並不在意，更沒有設法自保。有一次，劉邦問他：「憑你我的能力，各自能帶多少兵？」韓信依然很神氣地說：「您最多只能帶十萬兵，而我是越多越好。」劉邦不服氣，說：「你有那麼大的能耐，怎麼被我逮住了？」韓信只好說：「您不能帶兵，卻善於駕馭將領。」這番話，體現了韓信十分自負，還有點天真。

客觀來講，韓信儘管有些錯誤，但立有蓋世大功，只封為侯，確實有失公平，韓信心中不平，也可以理解。但是，韓信千不該萬不該，不該在此時起了謀反之心。陳豨赴外地上任，向韓信辭行。陳豨曾在韓信手下為將，對韓信很崇拜。韓信對陳豨說，劉邦猜忌之心很重，必要時可以造反，他在京城做內應。陳豨後來果然造反，劉邦親自率軍前去平定，韓信託病沒有隨從。韓信與家臣商量，打算假傳詔書，赦免罪犯和奴隸，發動他們去襲擊呂后和太子，與陳豨裡應外合。韓信真是糊塗而幼稚，此時天下已定，人心思穩，自己又無兵權，造反豈不是找死嗎？韓信過高地估計了自己的能力，低估了呂后。韓信部署完畢，還未行動，不料一個家臣告密，出賣了他。呂后聞訊大驚，立即與蕭何商量，設計騙韓信入宮，立刻殺掉，並滅其三族。劉邦得

知後，既高興又憐憫。韓信死時，只有三十六歲，正值英年，令人惋惜，後人對其寄予深切的同情。

司馬遷評價說：「假設韓信能夠謙恭退讓，不誇耀功勞，不自恃才能，那麼，他的功勳可以與周公、召公、太公相比了。可是，他沒能這樣做，天下已經安定，反而圖謀叛亂，誅滅宗族，不也是應該的嗎？」可見，人無完人，一個人如果在某個方面能力超強，必定會有弱的一面，十全十美的人是沒有的。

韓信雖有反意，但尚未成行，統治者全然不念韓信大功，斷然殺掉，還滅其三族，未免太狠毒了，難怪遭到後人指責。劉邦落下誅殺功臣的惡名，也應該是個教訓。

◎新視角讀《史記》之八十五 曹參戰功名列第一

劉邦身邊，除了「漢初三傑」之外，還有一大批謀士和猛將。他們各有所長，盡心盡力輔佐劉邦。若論橫刀立馬、衝鋒陷陣、攻城拔寨、戰功卓著，曹參堪稱第一人。曹參不僅武功了得，而且文治也有一套。蕭何死後，他接任相國，蕭規曹隨，開創了漢初清明之世。司馬遷專門寫了《曹相國世家》，記載了他的事跡。

《曹相國世家》記載，曹參也是沛縣人，與劉邦同鄉。曹參在沛縣當小吏，蕭何是他的上司，劉邦是他的下屬。三人情投意合，交情深厚，是鐵哥兒們。劉邦起義以後，他倆自然成為劉邦的左膀右臂。蕭何善於辦理公務，曹參勇於領兵打仗。當時，劉邦身邊將領不多，韓信、彭越、黥布等人尚未歸順，曹參就是軍中主將。曹參作戰勇猛，身先士卒，不怕犧牲，深受士兵擁護。劉邦起義之初，他率軍攻打胡陵、方與、豐邑、虞縣等地，大破秦兵。在攻打爰戚和亢父時，曹參都是第一個冒死登上城牆，銳不可當。劉邦投靠項梁之後，軍力大增。曹參率軍向北救援東阿，攻打定陶，奪取臨濟；向南救援雍丘，打敗李斯兒子李由的部隊，並殺死李由。楚懷王封劉邦為碭郡長，劉邦任命曹參為爰戚縣令，曹參成為劉邦的得力助手。

劉邦率軍西征，曹參充當先鋒，一路攻城奪隘，搶關破陣。他先後與秦朝名將王離、王賁交鋒，獲得勝利；又打敗了楊熊率領的秦軍，俘虜了秦朝的司馬和御史。曹參還攻下軒轅、緱氏，占據黃河渡口，為劉邦西征開闢了道路。西征途中，遇見秦將呂齮帶領的部隊。曹參率先衝鋒，攻破秦軍陣列，活捉了呂齮。隨後，平定南陽郡，攻占武關、嶢關。在西征過程中，曹參一馬當先，衝鋒在前，軍心大振，勢不可當，大軍一路西進，兵指咸陽。秦朝慌了手腳，急忙派軍阻截。又是曹參大展神威，在藍田南面大敗秦軍，接著馬不停蹄，乘勝追擊，在藍田北面將秦軍徹底消滅，隨即兵臨咸陽城下。秦王子嬰無兵可派，只好出城投降。曹參在劉邦西征、滅亡秦朝過程中，立下了赫赫戰功。

劉邦平定三秦、出關東征以後，兵分兩路，他和韓信各領一路。曹參智勇雙全，勇猛無敵，如果留在身邊，劉邦豈不是得心應手，也不至於屢次被

項羽打敗，搞得狼狽不堪。但劉邦卻把曹參派給了韓信，這正是劉邦的高明之處。曹參是他的鐵哥兒們，如果韓信命他攻城略地，曹參自然奮勇向前；假如韓信想要反叛劉邦，曹參豈能善罷甘休？劉邦一方面要利用韓信的軍事才能，另一方面又在韓信身邊安插了許多親信，比如曹參、張耳、灌嬰等人。所以，劉邦幾次都能輕而易舉地奪取韓信的兵權。有這些親信在，韓信即便想要反叛，恐怕也難以成功。劉邦確實有雄才大略。

曹參在韓信手下，仍然是一員得力的大將。曹參打仗不怕死，常常帶頭拚殺，在軍中有著極高的威望。曹參跟隨韓信南征北戰，多次負傷，屢立戰功。韓信一門心思謀劃打仗，沒有花花腸子，對曹參很欣賞，也很信任，遇有硬仗常派他出馬。攻打魏國的時候，是曹參率兵擊潰魏軍，然後長途追擊，活捉了魏王，一連奪取魏國五十二座城邑；在攻打趙國的時候，也是曹參打敗趙國夏說的軍隊，斬殺了夏說，並乘勝追擊，殲滅了趙國戚將軍的部隊，為奪取趙國立下大功；在與齊楚聯軍作戰的時候，又是曹參首先攻占臨淄，不久又大敗敵軍，斬了楚國大將龍且，俘虜了他的部將周蘭，還捕獲了齊國丞相田光和將軍田既，攻占七十餘縣，最終平定齊國。當韓信率軍參加垓下之戰的時候，劉邦沒有讓曹參再繼續跟隨韓信作戰，而是命他留在齊國鎮守。有人對劉邦進諫說：「齊國是戰略要地，東有琅琊、即墨之富饒，南有泰山之險固，西有黃河天險，北有渤海地利，即使有百萬軍隊來犯，齊地只需二十萬兵力就可以抵擋。所以，只有陛下最親近的人，才可以做齊王。」於是，劉邦把韓信改為楚王，封長子劉肥為齊王，任命曹參為相國，輔佐自己的兒子。可見劉邦對曹參是高度信任。

當時，劉肥年輕，齊國大事皆由曹參做主。曹參重視人才，他把辦公的正廳騰出來，讓招攬的人才住進去，自己則住在偏房。曹參採用黃老學說治理齊國，施行仁政，清靜無為，很快醫治了戰爭創傷，社會穩定，百姓歸附，人們紛紛稱讚。劉邦不僅讓曹參治理齊國，遇有大事，首先還是想到曹參。陳豨作亂時，劉邦命曹參率軍攻打陳豨的部將張春，大獲全勝；黥布造反時，劉邦又命曹參率兵出征，合攻黥布，平息了叛亂。劉邦對同樣是鐵哥兒們的蕭何，時常還有猜忌之心，而對於曹參，劉邦沒有任何猜忌和防範，一直委以重任。因為劉邦知道，曹參忠心耿耿，沒有二心，更重要的是，他對劉邦的

皇權構不成威脅。劉邦並不是所有的功臣都殺,只有對他造成威脅的,他才痛下殺手。

曹參雖然戰功卓著,又深得帝寵,卻十分謙和,人緣很好。所以,當劉邦評議功臣排位時,文臣武將紛紛推薦曹參功居第一,並歷數曹參功績。曹參總共滅掉了兩個諸侯國,奪取一百二十二個縣,俘虜諸侯王兩人,丞相三人,將軍司馬等十人,而且不懼生死,屢次負傷。群臣還硬讓曹參脫下衣服,當場展示身上傷疤。只見曹參渾身上下,傷痕纍纍,粗略計算,竟有七十多處創傷。劉邦和群臣都感動不已。劉邦因為之前已經給了蕭何最高食邑的封賞,也想根據眾人意願,把曹參定為功臣第一。這時,有一位大臣進言說:「曹參雖然功勞很大,但不過是一時的事情,還是不能與丞相蕭何相比。陛下與項羽對峙五年,蕭丞相留守漢中,源源不斷地供給物資和兵員,還多次解救陛下於危難,這是萬世不朽之功。假如沒有曹參,對陛下大業影響不是很大,但如果沒有蕭丞相,陛下是很難取得天下的。所以,綜合來看,應該是蕭丞相功勞第一,曹參次之。」劉邦一聽,覺得也有道理,最終決定,蕭何功勞第一,曹參第二。對此,許多人心中並不服氣。曹參與蕭何也產生了隔閡,但沒有鬧到面上,更沒有影響大局。後來,蕭何臨終時,仍然推薦曹參為相國人選。

蕭何病重時,曹參仍在齊國為相,聽到蕭何去世的消息,心中悲傷,冷靜一想,便讓門客趕快整理行裝,說:「我將要入朝當相國去了。」門客們都不相信。過了不久,朝廷果然召曹參入朝為相。曹參接任相國之位,從各郡挑選了一些厚道之人,充當相府的屬官,辭掉了一些花言巧語的人。屬下有些小的過失,曹參也不追究,反而隱瞞遮蓋,相府上下和諧無事。對蕭何制定的法令規定,曹參不作任何改動,只是強調繼續遵守。之後,曹參便整日飲酒,不理政事。對曹參的行為,百官皆有微詞。漢惠帝也十分擔憂,埋怨曹參,說他無所作為。曹參脫帽謝罪說:「請陛下考慮一下,您和先帝誰強?」惠帝回答:「我怎麼敢與先帝相比呢?」曹參又問:「陛下認為我與蕭相國相比,誰強?」惠帝說:「蕭何好像比你強一些。」曹參接著說道:「陛下說得很對,先帝和蕭相國平定天下,制定法令,他們的智慧才能無人能比。如今,我們只要認真遵循,謹守各自的職責,天下自然穩定,而不應該隨意

更改。」漢惠帝聽了，打消了疑慮，心裡高興起來。從此，便有了「蕭規曹隨」
的成語。

　　曹參的做法是對的，當時，人們經歷了多年戰亂，之前又深受暴秦之苦，
最重要的是休養生息。曹參順應時代需要和民眾願望，實行清靜無為的治國
策略，使得社會穩定，經濟發展，民眾安居樂業。老百姓都編成歌謠讚頌曹
參。曹參與蕭何一樣，成為一代賢相，名垂史冊。

▌◎新視角讀《史記》之八十六 陳平智謀高人一籌

陳平，是劉邦的重要謀臣。他機智靈活、多謀善變，常出妙計，為劉邦奪取天下、鞏固帝位做出了重要貢獻。陳平與韓信不同，他特別善於謀自身。劉邦稱帝之後，許多功臣下場都不好，有的被猜忌，有的被殺掉，而陳平則平安無事，依然受到重用；在呂后執政時期，陳平仍然順風順水，堪稱「不倒翁」。司馬遷專門寫了《陳丞相世家》，記載了他的事跡。

《陳丞相世家》記載，陳平是陽武縣戶牖鄉人，父母早亡，他和哥嫂一起生活。家中有薄田三十畝，由哥哥陳伯耕種。陳平不愛幹農活，喜歡讀書，經常外出求學。兄弟倆關係很好，嫂子卻對陳平有意見，嫌他不顧家、不幹活、吃閒飯。陳伯很生氣，把妻子休掉趕走了。陳平素有大志，有一次祭祀土地神，陳平做主持割肉的人，他把祭肉分配得很均勻。父老鄉親都誇獎他，說：「陳家孩子有出息，會分割祭肉。」陳平很神氣地說：「這算什麼，假如讓我主宰天下，也一樣分配得公平。」

陳平成年後，身材高大，相貌堂堂，是個帥哥。他想娶個有錢人家的女兒為妻，但因家境不富裕，有錢人看不上他，因而很長時間都沒有討上媳婦。當地有個富戶，叫張負，家產頗豐。張負有個孫女，一連嫁了五個男人，結果五任丈夫都死了，落了個「剋夫」的名聲，沒人敢娶她了。陳平卻不在意，表示願意娶她。張負很高興，倒貼錢為孫女和陳平辦了婚事，還囑咐孫女，一定要好好侍奉陳平。陳平娶了張家女子以後，日益富裕，有了錢，交遊也越來越廣了。看來，陳平是很講實惠的。

陳勝起義，天下大亂，各地紛紛稱王。陳平夥同一些年輕人，投奔了魏王。魏王不識人才，沒有重用他，陳平就離開了，投靠了項羽。陳平在項羽那裡待的時間不短，並跟隨項羽入關。項羽分封時，賜給他卿一級的爵位。項羽東歸，陳平又跟隨他到了彭城。項羽一介武夫，只迷信個人的力量，很少聽從別人的計策，陳平自然沒有用武之地。所以，當劉邦率軍出關，與項羽爭奪天下之時，陳平毅然決定，背離項羽，投奔劉邦，以博取功名。陳平獨身一人逃走，來到黃河邊，找了一個船夫渡他過河。不料船夫是個強盜，船到河中間，船夫死盯著陳平腰間看，打量著陳平身上帶有多少金銀。陳平

是個機警之人，見船夫目露凶光，想謀財害命，急中生智，口中稱熱，把全身衣服脫得精光，幫著船夫撐船。船夫見陳平身上並無多少錢財，就打消了念頭，陳平躲過了一劫。

陳平見到劉邦，劉邦與陳平交談後，認為他很有才幹，十分喜歡，當天就任命他為都尉，讓他負責監軍，並讓陳平乘坐自己的車子，這是相當高的待遇了。眾將領都喧譁起來，說他們跟隨漢王多年，還不如一個楚國的逃兵受寵。周勃、灌嬰等人是劉邦舊部，與劉邦關係密切，也詆毀陳平，說他曾經與嫂子私通，品行低劣。劉邦確實有雄才大略，與常人不同，他知道陳平有才幹，能幫助自己奪取天下，這就足夠了，管他盜嫂幹什麼？劉邦仍然對陳平信任有加，陳平也為劉邦出了許多奇謀妙計。陳平被後世人們認為是才能出眾而品行不端的典範，其實是冤枉。從《史記》記載來看，他和嫂子的關係並不好，說他與嫂子私通，既無根據，也不可能，應該是誹謗。

劉邦與項羽在滎陽長期對峙，雙方都難有進展。陳平對劉邦獻計說：「眼下雙方勢均力敵，單靠軍事力量很難取勝，不如採用反間計，讓他們內部自亂。項羽為人猜忌多疑，頭腦簡單，好聽讒言，搞離間是很容易的。」劉邦認為此計可行，馬上拿出四萬斤黃金，任憑陳平使用。陳平用這些黃金拉攏楚軍將領，搞離間活動。楚軍將領鐘離昧，智勇雙全，是項羽的得力助手。陳平在楚將中散布謠言，說鐘離昧自恃功高，埋怨項羽不予封王，想與漢王聯合，滅掉項羽，自立為王。項羽聽到謠言後，果然懷疑鐘離昧，不敢再信任他了。范增是項羽的主要謀士，從項梁起兵時就輔佐項氏，很有智謀，又忠心耿耿，項羽尊稱他為「亞父」，劉邦很忌憚他。陳平略施小計，就離間了項羽和范增的關係。劉邦與項羽對峙期間，時常打打談談，經常有使者來往。有一次，項羽派使者到劉邦軍營，劉邦備下豐盛酒宴，親自接待，熱情問道：「亞父近來身體可好？派您來又有什麼軍機大事？」項羽使者一愣，隨口答道：「我是項王的使者，不是亞父派來的。」劉邦佯裝吃驚，連聲說：「弄錯了，弄錯了。」讓人把精美的菜餚端走，換上粗劣的飯菜，自己也離席而去，改由下人作陪。使者十分生氣，回去後稟報了項羽。項羽懷疑范增與劉邦早有勾結，懷有二心，以後范增再給項羽獻計，項羽就不敢相信了，對范增的態度也冷淡了許多。范增見項羽竟然懷疑自己，氣憤填膺，對天長嘆，要求

告老還鄉，項羽也不挽留。范增在路上越想越氣，還沒走到家，就氣得患病死了。這就是陳平的計策。這些計策算不上十分高明，但陳平的高明之處，是他看透了項羽，知道項羽一定會上當。像這類的計策，陳平為劉邦出了不少。

劉邦得到天下以後，把韓信由齊王改封為楚王。不久，楚國有人上書，告發韓信謀反。劉邦問眾將領怎麼辦。眾將領都憤憤不平地說：「還能怎麼辦？趕緊發兵去打，活埋了這小子。」劉邦沉默不語，又詢問陳平。陳平獻計說：「韓信的軍事才能，諸將中無人能敵，貿然出兵攻打，恐難獲勝。您不如假借出巡各地，在陳縣會見諸侯，韓信必來拜見，到那時，您只需要一名武士，就可以把他拿下，沒有任何風險。」劉邦聽了大喜，便派人告知各地，說自己即將到南方巡視。果然，劉邦還沒有走到陳縣，韓信就在半路上等候接駕。劉邦輕而易舉地擒住韓信，把他帶回洛陽。因為韓信只是私自收留了一名楚國逃將，雖然有錯，但沒有其他謀反證據，劉邦就赦免了他，把他降為淮陰侯。劉邦封自己的弟弟劉交為楚王，對楚地也不用擔心了。

後來，陳平跟隨劉邦征討匈奴。由於劉邦輕敵冒進，被匈奴大軍重重包圍在白登山上，內無糧草，外無援兵，又天寒地凍，士兵水土不服，情況十分危急。陳平獻計，送給匈奴厚禮，又派人到匈奴王妻子那裡去疏通。匈奴圍了七天七夜，最後竟然自己撤軍走了，劉邦轉危為安。至於陳平使用了什麼計策，始終祕而不宣，沒有人知道內情，直到今天，仍然眾說紛紜。不管是什麼計，只要能讓劉邦脫險，就是好計。此後，陳平又跟從劉邦征討陳豨和黥布，出過六次奇計，每次劉邦都為他增加封邑，一連增封了六次。可見陳平的計謀，深受劉邦賞識。陳平出的奇計，有的頗為隱祕，世間無人得知，顯得神祕莫測。

陳平不僅善出奇計，還特別善於自保。劉邦病重期間，有人說，樊噲對劉邦寵愛的戚夫人十分不滿，想等劉邦死後，把戚夫人和她兒子一同殺掉。劉邦一聽，勃然大怒，命陳平、周勃去殺樊噲，並說：「到了樊噲軍營，不用多說，立即砍下樊噲的狗頭。」當時，樊噲正在領兵討伐燕國。陳平、周勃奉詔急忙趕往樊噲軍營，在路上，陳平對周勃說：「樊噲是皇上的老朋友，

功勞很大，現在皇上發怒要殺他，只怕過後會後悔。更重要的是，樊噲是呂后的妹夫，如果殺了他，肯定就得罪呂后了。」於是，兩人商議好，到了樊噲營中，並沒有立即殺他，而是把他囚禁起來，押解回京，想交給劉邦自己處理，結果走到半路，就聽說劉邦死了。陳平立即策馬先行，趕回宮中，求見呂后，把情況詳細稟報。呂后自然十分感激，一邊下令放了樊噲，一邊安慰陳平，讓陳平好好輔佐和教導她的兒子漢惠帝。在呂后執政期間，陳平仍然很受寵信，官運亨通。曹參死後，他被任命為左丞相，後來，呂后趕走了右丞相王陵，讓陳平當了右丞相。令呂后沒有想到的是，她一閉眼，又是陳平設計剷除諸呂，恢復了劉氏江山。

司馬遷對陳平評價頗高，說他少有大志，選擇明主；歸附高祖後，常出妙計，解救危難；到了呂后執政時期，又能自免於禍，而且安定漢室，終身保持榮耀，被稱為賢相，做到了善始善終。如果沒有過人的才智和謀略，怎麼會做到這一點呢？

▌◎新視角讀《史記》之八十七 彭越黥布亂世英雄

　　彭越和黥布，是西漢開國功臣，與韓信並稱為「漢初三大名將」。他倆都是出身卑賤卻有大志，憑藉戰功被封為王，用自己的實踐，印證了陳勝「王侯將相寧有種乎」的名言，堪稱亂世英雄。但他們功成之後卻遭殺害，留給人們無限感慨和同情。司馬遷對二人都寫有傳記。

　　《魏豹彭越列傳》記載，彭越，別號彭仲，昌邑人。昌邑在今天山東省菏澤市巨野縣一帶。彭越常在巨野湖澤中捕魚，夥同一幫人做強盜。陳勝起義之後，這夥人也想效仿。彭越卻說：「現在兩條龍剛剛搏鬥，還是等一等再說。」過了一年多，各地起義已成燎原之勢，這夥人又想行動，並推舉彭越做首領。彭越答應了，約定明天太陽出來的時候，集合舉事，不准遲到，否則殺頭。到了第二天約定的時間，遲到的有十多人，最晚的一個，接近中午才到。彭越抱歉地對大家說：「約好了遲到的要殺頭，但遲到的太多，不能都殺了，只殺最後一個吧。」大夥認為彭越是在開玩笑，沒想到彭越拔出刀來，一刀把那人殺了，眾人震驚。彭越設置土壇，用人頭祭奠，號令眾人，無人敢不服從。彭越樹起大旗，興兵反秦，很快聚攏了一千多人。

　　劉邦奉命西征，攻打昌邑，彭越主動前來幫忙。這是劉邦和彭越第一次合作，彼此留下了良好印象。劉邦見昌邑城堅難攻，不願意耗費兵力和時間，就繞過昌邑，繼續西進，彭越則留在老家一帶，繼續打擊秦軍。彭越的人馬駐紮在巨野澤中，經常神出鬼沒，打得秦軍惶恐不安，隊伍也發展到一萬多人。彭越沒有歸屬任何人，獨自率軍與秦軍作戰。秦朝滅亡以後，項羽大封天下，卻對彭越沒有任何封賞，彭越心中不滿。所以，當齊國田榮興兵反楚的時候，派人聯絡彭越，彭越欣然答應，帶領他的部隊，在項羽背後打擊楚軍，攻占了濟陰等地。劉邦出關東征的時候，也派人聯絡彭越。彭越當時已經擁有三萬多人，是一支很強的力量了。彭越與劉邦有舊情，很爽快地率部歸順了劉邦。彭越從此堅定地站在劉邦陣營，幫助劉邦奪取天下。

　　劉邦與項羽對峙期間，彭越經常在背後襲擊項羽，攻占城邑、截斷糧道、搶奪供給。留守的楚軍打不過彭越，向項羽求救，項羽只好東返，親自與彭越作戰。彭越知道項羽厲害，並不與他正面交鋒，項羽一到，彭越就撤退；

項羽一走，他又攻擊楚軍。這樣反覆多次，搞得項羽疲憊不堪，十分頭疼。劉邦之所以能夠與項羽長期對峙，與彭越的作用是分不開的。彭越雖然出身卑微，卻具有卓越的軍事才能，而且意志堅定，不怕挫折，有時部隊被打散了，很快就能重新整合起來。有人說，彭越是中國游擊戰的始祖，這是有道理的。楚漢戰爭，正是有了劉邦正面禦敵、韓信迂迴包抄、彭越敵後游擊戰，才使劉邦最終取得了勝利。

項羽耗不過劉邦，只好講和東返了。劉邦卻趁勢追擊，並與彭越、韓信約定日期，合圍項羽。到了約定日期，彭越、韓信都沒有來。劉邦很是氣惱，但沒有辦法，只好答應二人，封給他們土地，二人才率軍前來，與劉邦一起，全殲項羽於垓下。平定天下之後，劉邦雖然封彭越為梁王，但心裡卻並不情願。

後來，劉邦征討陳豨，讓彭越出征。彭越推說有病，派了一名將領前往。劉邦很生氣，責備彭越。彭越害怕，他的部將扈輒趁機鼓動他造反。彭越不同意，但也沒有處罰扈輒。彭越的太僕告發他謀反，劉邦藉機把彭越廢為平民，並把他流放到蜀地。彭越走到鄭縣，恰巧遇見呂后。呂后與彭越都是菏澤一帶人，算是同鄉，平時關係不錯。彭越感到委屈，向呂后哭訴。呂后假惺惺地答應帶他回來，向皇上求情。沒想到，呂后卻陰險地對劉邦說：「彭越是亂世英雄，很有才幹，您流放他，不是留下禍患嗎？不如殺掉他。」可憐彭越，並未謀反，也無大錯，卻被劉邦誅殺，並且滅其家族，可見劉邦、呂后之狠毒。

《黥布列傳》記載，黥布，是六縣人，原名叫英布，因犯法受了黥刑，所以又叫黥布。黥布臉上被刺字，破了相，反倒很高興，說：「小時候有人給我看相，說我當在受刑之後稱王。」黥布受刑後，被押送驪山服勞役。他專門結交罪犯頭目和英雄豪傑，找機會帶他們逃了出來，到長江之中做了強盜。

陳勝起義，天下大亂。黥布十分高興，認為出頭之日就要到了。他聚集起幾千人的隊伍，投奔了項梁，項梁死後，又歸屬項羽。黥布雖然出身卑微，卻胸有謀略，帶兵打仗很有一套，他的部隊很快成為項羽的精銳之師，項羽

經常派他當先鋒。黥布驍勇善戰，戰功總是列於眾軍之首。在著名的鉅鹿之戰中，黥布率先渡河攻擊秦軍。項羽破釜沉舟，大敗秦軍，威名遠颺，黥布對此功不可沒。項羽殲滅秦軍主力之後，揮師西進，到達函谷關。劉邦的士兵把守，不讓通過。黥布率軍猛攻，一鼓作氣攻占了函谷關，為項羽打開了通道。項羽對黥布十分欣賞，重要事情都讓他去辦，像坑殺二十萬秦軍降兵、截殺義帝等，都是黥布做的。項羽大封天下的時候，因黥布功居楚軍第一，被封為九江王。黥布終於實現了稱王的夢想。

黥布從一個罪犯，只用數年時間，就當上王，心滿意足，在自己的封地裡日夜縱情享樂。齊國興兵反楚，項羽前去平定。項羽想起能征善戰的黥布，命他率軍出征。黥布此時只顧享樂，不願意再上戰場，推說有病，派其他將領去了。項羽十分不滿，兩人產生了隔閡。劉邦趁項羽在齊國作戰之機，一舉攻占了彭城。黥布離彭城不遠，但未去救援，項羽更加氣惱。項羽奪回彭城，此後又與劉邦多次作戰，形成對峙。這期間，項羽屢次派使者徵召黥布，黥布仍然託病不出。項羽終於大怒，派人嚴厲責備黥布，黥布心裡害怕，更不敢去見項羽了。劉邦見有機可乘，派出能言善辯之士，前去遊說黥布，經過一陣猛糊弄，把黥布策反了。黥布幫助劉邦攻打楚國，項羽怒不可遏，派軍攻擊黥布。黥布大敗，軍隊潰散，妻子兒女也被殺害。他自己僥倖逃脫，沿著偏僻小路跑到劉邦軍營。

劉邦接見黥布，十分隨意，一邊洗腳，一邊與黥布交談。黥布十分氣憤，怒悔交集，想要自殺。黥布到了劉邦為他安排的住處，見用器、飲食、侍從官員等，都與劉邦一樣，規格很高，又喜出望外，減輕了心中怒氣。後來，劉邦給黥布增加兵力，讓他回九江收攏舊部，招兵買馬，很快又成為一支重要力量。黥布在九江一帶牽制打擊楚軍，後來參加垓下之戰，消滅了項羽。平定天下之後，劉邦封黥布為淮南王。

黥布重新當上王，又繼續尋歡作樂。後來，韓信被殺，黥布心中恐懼。再後來，劉邦又誅殺了彭越，把他剁成肉醬，把肉醬分送給諸侯，以示威懾。黥布當時正在打獵遊玩，見到肉醬，悲憤不已，感到自己也難逃這樣的下場，於是集結軍隊，暗中做好部署，準備應對意外變故。不料，他的這一舉動被

人告發，說他圖謀不軌，意欲造反。劉邦派人調查，黥布有口難辯，索性真的反了。他對部將們說：「劉邦老了，一定不會親自率軍前來。眾將領當中，我只畏懼韓信和彭越，可是他們都被劉邦殺了，我還怕誰呢？」果然，黥布向東攻占了荊國，又渡過淮河打敗漢軍，勢不可當，諸將都不是其對手。劉邦年紀大了，身體有病，本來想派太子率軍征討，但怕太子敵不過黥布，只好抱病親自前去平定。劉邦與黥布相遇，氣呼呼地問道：「你為什麼要造反呢？」黥布狡黠一笑，說：「我也想當皇帝啊。」劉邦大怒，揮師與黥布交戰。劉邦打仗也很有兩下子，黥布打不過劉邦，連戰連敗，最後只剩下一百多人，逃到長江以南，最後被殺。劉邦在作戰時受了箭傷，病情加重，回京不久也死了。

　　俗話說，亂世出英雄。彭越和黥布，就是在亂世中湧現出來的英雄人物，沒有亂世，就沒有彭越黥布的成就。有些人懷才不遇，感嘆沒有生於亂世，難以有所作為。然而，彭越黥布的興亡表明，英雄也不是那麼好當的，稍有不慎，就會落個身死、名裂、族滅的悲慘下場。

◎新視角讀《史記》之八十八 親信反目不能善始終

韓王信、盧綰、陳豨三人，都是劉邦的親信，有的還是世交，可以隨意出入劉邦寢室，可見關係之密切。他們跟隨劉邦打天下，功成之後被封為王侯，後來卻與劉邦反目成仇，被劉邦殺掉。劉邦不僅殺了「漢初三大名將」，對親信們也毫不留情。可見，劉邦既有善於用人、雄才大略的一面，也有猜忌狠毒、誅殺功臣的一面。司馬遷專門寫了《韓王盧綰列傳》，記載了劉邦這三個親信的事情。

《韓王盧綰列傳》記載，韓王信本來也叫韓信，與淮陰侯韓信同名，為了區別，史書稱他為韓王信。韓王信原是韓國公子，胸有謀略，雄壯勇武。劉邦西征路過韓國，韓王信認為他不同凡響，能成大事，就自願追隨，逐漸成為劉邦的親信。劉邦被封為漢王，率軍進入巴蜀。韓王信對劉邦說：「項羽違背約定，把您封在這偏遠的地方，是貶職啊。您的部下都是東方人，急切盼望回歸故鄉，所以，此地不能久留，應該順應將士們的心願，向東進發，奪取天下。」劉邦認為他說得對，很快就率軍平定三秦，出關東征。

項羽分封天下，衣錦還鄉，順手把韓王成也帶到彭城，後來又殺了他。韓國無主，人心不穩。劉邦藉機任命韓王信為韓國太尉，撥給他一支軍隊，讓他去收復韓國，並許諾事成之後封他為王。韓王信很高興，立即帶兵去了韓國。項羽見狀，趕緊封自己的老友鄭昌做韓王，對抗韓王信。鄭昌只當過吳縣縣令，在韓國沒有根基，怎能抵擋住韓國公子。韓王信很快便攻占了十幾座城池，俘虜了鄭昌，收復了韓國。劉邦沒有食言，果真讓韓王信當了韓王。

韓王信對劉邦更加忠心，帶領韓軍與項羽作戰。不料，有一次打了敗仗，韓王信被俘，無奈之下，投降了項羽，但不久就逃了回來。劉邦沒有計較，再次立他為韓王，對他仍然十分信任。劉邦稱帝以後，正式冊封他為韓王，封地在潁川。

潁川是戰略要地，離漢朝都城不遠。韓王信雖說是親信，但韓國地理位置重要，劉邦心裡有點不踏實。當時，匈奴日漸強大，經常騷擾北方。劉邦

藉口抵禦匈奴，下詔讓韓王信遷移到太原以北，定都馬邑。北方之地荒涼，韓王信很不樂意，從此與劉邦產生隔閡。韓王信遷到馬邑以後，匈奴經常來犯，韓王信打不過，就私自派使者求和。劉邦知道以後，非常生氣，多次派人責備。韓王信見兩頭都不好應付，一氣之下，乾脆投降了匈奴，並與匈奴聯合，攻打太原。劉邦聞訊大怒，親自率兵征討，不料白登被圍，險些丟了老命，僥倖逃脫，狼狽而歸。

過了三年，劉邦平息了陳豨叛亂，誅殺了韓信、彭越等人，帝位鞏固，就派柴將軍討伐韓王信，將他圍困在參合城。柴將軍派人勸韓王信投降，說：「皇上寬厚仁愛，當年您投降了項羽，並沒有受到責怪；現在您如果歸順，也一定會沒事的。」韓王信流著淚說：「我何嘗不想回歸漢朝，我回歸之心，如同癱瘓之人盼望行走、瞎子盼望光明一樣。但此一時彼一時，當年皇上能夠寬恕我，是因為尚未得到天下，正在用人之際；如今皇上擁有天下，唯恐帝位不牢，連韓信、彭越那樣的大功之人，都被誅殺，我怎麼敢奢求活命呢？」柴將軍見韓王信不降，便攻破城池，殺了韓王信，並屠平了參合城。

《韓信盧綰列傳》記載，盧綰和劉邦是同鄉，而且是同日所生。他們的父輩是好朋友，兒童時兩人一同玩耍、一同讀書，整天形影不離。長大後劉邦喜歡惹是生非，需要躲藏時，盧綰也隨同左右，東奔西走。鄉親們紛紛誇讚說，他倆的友誼勝過親兄弟。

劉邦起義，盧綰自然參加，從此跟隨劉邦不離左右，兩人關係十分密切。劉邦的臥室，盧綰也可以任意出入，而鐵哥們蕭何、曹參以及張良等人，只有得到允許，才能進入劉邦寢室。劉邦對盧綰的寵信，無人能及。但盧綰似乎才能一般，並沒有出過大的計謀，也沒有立過戰功。

後來，劉邦為了讓盧綰立功，特意派他和劉賈一起領兵，攻打反叛的臨江王，取得勝利，總算有了一點戰功。劉邦征討燕王時，盧綰跟隨，又立了一點功勞。燕國平定之後，劉邦很想讓盧綰做燕王，但知道眾人心中肯定不服，就做了一些手腳，暗示群臣上書，推薦盧綰。群臣知道劉邦的心思，就上書說：「盧綰跟隨皇帝平定天下，功勞最多，可以封為燕王。」說盧綰功勞最多，鬼都不信。劉邦卻很高興，馬上順水推舟，封盧綰為燕王。

　　盧綰雖然做了燕王，但似乎並不是當王的料，犯了一個不該犯的錯誤。陳豨在代地造反，劉邦前去平定，盧綰率兵相助。陳豨向匈奴求救。燕國平時與匈奴也有聯繫，盧綰就派部下張勝出使匈奴，想說服匈奴不要救助陳豨。可是，張勝到匈奴以後，有人勸他說：「燕國能夠平安無事，是因為其他諸侯屢屢造反，朝廷顧不過來。如果陳豨被滅掉，朝廷就會關注燕國了。燕國應該設法不讓陳豨滅亡，同時與匈奴修好，這樣燕國就能夠長存了。」張勝覺得有理，回去後向盧綰作了匯報，盧綰竟然也認為有道理。盧綰一方面讓張勝經常與匈奴聯繫，日後張勝成了匈奴的間諜；另一方面暗中勾結陳豨，洩露軍情，商議策劃，想讓陳豨勢力長期存在，使戰爭連年不斷，以便燕國從中受益。盧綰這樣腳踏三條船，看似聰明，其實是很危險的。

　　一年後，劉邦平息了陳豨叛亂，殺死陳豨。陳豨的副將投降，供出了盧綰與陳豨暗中聯繫之事。劉邦半信半疑，打算召盧綰回京問問。盧綰感到事情敗露，稱病推託不去。劉邦派人到燕國去接盧綰，並對此事進行調查。盧綰更加害怕，仍然拒絕進京。他對部下說：「朝廷殺了韓信、彭越，這都是呂后的計謀。現在皇帝病重，呂后當權，她總想找藉口殺了異姓王和功臣。當初皇上封了七個異姓王，現在只剩下我和吳芮了，可悲啊！」不想這話傳了出去，劉邦又找到其他一些證據，確信盧綰背叛他了，十分氣惱，於是派樊噲攻打燕國。盧綰其實只是為了自己的利益，並不是想要造反。他見事情鬧成這樣，便把自己的家屬和幾千名騎兵安頓在長城下，等待機會，希望劉邦病好之後，親自進京謝罪。但劉邦不久死了，盧綰大哭一場，無奈之下，投降了匈奴，後來死在那裡。

　　《韓信盧綰列傳》記載，陳豨是宛朐人，年輕的時候，傾慕信陵君，喜歡與人結交。陳豨很早就跟隨了劉邦，屢建戰功，成為劉邦的親信，被派到韓信身邊為將。平定天下之後，陳豨被封為列侯，任趙國相國，統領趙國、代國的邊防部隊，很受劉邦信任。

　　韓信曾對陳豨說過：「你是皇上信任寵幸的臣子，所以管轄的地區，是天下精兵聚集的地方。但皇上多疑，如果有一個人說您謀反，皇上可能不信，兩個人說，皇上就會起疑心，三個人說，皇上就相信了。」果然，有大臣向

劉邦進言說：「代地位置重要，陳豨在外獨掌兵權好多年，應該提防他生變。」陳豨善於招攬賓客，禮賢下士，出門的時候，隨行賓客有一千多輛車子，又有人把這事報告了劉邦。劉邦起了疑心，便派人調查，並召陳豨進京。陳豨心裡害怕，稱自己病重，不敢進京，劉邦更加懷疑了。這時候，韓王信派人遊說陳豨，勸他造反。陳豨想起韓信曾對他說過不得已就造反的話，於是橫下心來，舉兵反叛，自立為代王。

　　得知陳豨反叛，劉邦親自領兵前去平定，並詔令燕國、齊國的軍隊協同作戰，大將曹參、周勃、樊噲等人都上了戰場，先後在曲逆、聊城、太原、代郡、東垣等地大戰，歷經一年多時間，才平定了叛亂，殺了陳豨。這期間，淮陰侯韓信想在京城做內應，殺掉呂后和太子，占領京城，與陳豨裡應外合，結果機密洩露，呂后、蕭何設計殺了韓信。

　　劉邦與親信反目成仇、不能善始善終的事情表明，在這個世界上，很少有恆久的友誼，只有恆久的利益。在利益面前，人性自私醜陋的一面，往往會暴露無遺。

◎新視角讀《史記》之八十九 朋友情誼敵不過利益

　　張耳和陳餘，都是漢初名人，屬於賢能之士。他倆年輕的時候就是好朋友。他們在貧困時相互照顧、相依為命，在戰爭中並肩作戰、同甘共苦，在顯貴之後，卻爭名奪利、反目成仇，最後，竟然搞成了你死我活、不共戴天。這都是「利益」二字惹的禍。看來，再賢能的人，再深厚的友誼，也敵不過利益。司馬遷專門寫了《張耳陳餘列傳》，給人以深刻的啟迪。

　　《張耳陳餘列傳》記載，張耳和陳餘，都是魏國大梁人。他們情投意合，相互傾慕，結成生死之交。張耳當過信陵君的門客，效法信陵君為人，因而很有賢名。他娶了一個富豪的女兒，當過魏國的縣令，口碑很好。陳餘愛好儒家學說，滿腹經綸，喜歡結交賢士，也有一位富豪的女兒慕名嫁給了他。秦滅魏之後，張耳、陳餘不願歸順。秦朝知道這二人是魏國名士，擔心他們作亂，懸賞追捕。他倆只得改名換姓，一塊逃到陳地。逃難期間，風餐露宿，十分艱辛。他倆互相依靠，互相照顧，有飯讓著吃，有衣讓著穿，患難之中顯得友情無比珍貴。

　　陳勝起義，攻占了陳縣，張耳、陳餘便去投靠。陳勝早就聽說二人賢能，十分高興，把他們留在身邊，參與軍機。陳縣的豪傑父老勸陳勝為王，陳勝徵求張耳陳餘的意見。他倆意見一致，都勸陳勝不要當王，而要擁立六國的後代，以便給秦朝增加敵對勢力。陳勝沒有聽從他們的意見，仍然稱王了。他們很是失望，又向陳勝建議，說黃河以北人傑地靈，又有黃河天險，應該派兵去占領。陳勝同意了，任命自己的老朋友武臣為主將，張耳、陳餘擔任左右校尉，撥給三千兵馬，向北奪取原趙國的土地。

　　張耳、陳餘輔佐武臣，率軍渡過黃河，進入河北地區。他們一邊進軍，一邊派人廣泛宣揚，譴責秦朝暴行，訴說民眾苦難，號召人們奮起反秦。趙國曾經被秦國坑殺四十多萬降兵，積怨甚深，此時見起義軍到來，紛紛響應，家家義憤填膺，人人鬥志旺盛，有仇的報仇，有怨的抱怨，縣裡殺了秦朝的縣令縣丞，郡裡殺了郡守郡尉，並且踴躍參加起義軍隊伍，起義軍迅速發展到幾萬人。起義大軍聲勢浩大，所向披靡，接連攻占十餘座城池，另有三十

餘座城池不戰而降，趙國很快就被平定了。張耳、陳餘為恢復趙國立下大功，兩人的友誼也在戰火中得到昇華。

平定了趙國，張耳、陳餘自覺功大，埋怨陳勝只讓他們做校尉，不晉升他們為將軍，又抱怨陳勝不聽他們的意見，不擁立六國後代，於是力勸武臣稱王，說：「將軍只用三千兵馬，就奪取了幾十座城池，獨自占據河北廣大區域，多大的功勞啊！如果不稱王，不足以顯示功勞，也不利於統治趙國。」武臣當然也願意稱王，便顧不上老朋友陳勝，自立為趙王，任命張耳為丞相，陳餘做大將軍。張耳職位高於陳餘，陳餘心中便有些酸溜溜的。陳勝聽說武臣自立為王，大發雷霆，想發兵攻打趙國。有大臣勸阻說：「秦朝還沒有滅掉，現在打趙國，等於又樹了一個強敵。不如趁機向武臣祝賀，同時命他向西進軍，等滅了秦朝，再算帳不遲。」陳勝強忍怒火，按他的建議做了。張耳、陳餘對武臣說：「陳王向您祝賀，不會出於真心。如果西進滅了秦朝，陳王一定會加兵於趙。我們不如向北奪取燕地，向南平定常山，擴大自己的地盤。我們勢力強大了，就誰都不怕了。」武臣聽從了建議，派韓廣向北奪取燕國，派李良向南攻取常山。

武臣他們的如意算盤打得啪啪響，但沒有料到，韓廣率軍攻占燕國之後，也效法武臣，自立為王了。李良平定了常山，十分自傲。武臣的姐姐無意中冒犯了他，恰巧此時秦朝派人來策反，李良一氣之下，殺了武臣姐姐，投靠了秦朝，並率軍襲擊邯鄲。武臣毫無防備，被李良殺死。張耳、陳餘倉皇出逃，調集部隊把李良打敗，李良逃奔秦國去了。武臣一死，趙國無主。有人勸張耳、陳餘說：「你們都是外鄉人，想讓趙人歸服很困難，只有擁立六國時趙王的後代，才可以成就大業。」於是，張耳、陳餘尋訪到原趙王的後人趙歇，扶立他做了趙王，他們仍然當丞相和大將軍。

此時，秦朝大將章邯率領主力部隊，一舉攻占陳縣，滅了陳勝，接著又打敗楚軍，殺死項梁。章邯大軍趁得勝之勢，進逼趙國。趙軍抵擋不住，張耳和趙王歇逃入鉅鹿城，被秦軍團團包圍。陳餘則收攏了殘餘部隊幾萬人，駐紮在鉅鹿城以北。秦軍兵多糧足，急攻鉅鹿，而城內兵弱糧少，情況危急。張耳急忙派人召陳餘前來救援，陳餘考慮自己兵力不足，敵不過秦軍，不敢

前往。張耳十分不滿，兩人產生了嫌隙。這樣相持了幾個月，張耳多次派人求援，卻始終不見援軍到來。張耳惱怒，派陳澤等人前去責備陳餘，說：「當初我與你結為生死之交，如今我和趙王危在旦夕，你卻見死不救，同生共死的情誼在哪兒呢？假如你能信守當年『不願同生，但願同死』的誓言，為什麼不與秦軍決一死戰？況且不是沒有取勝的希望啊。」陳餘受到責備，也生氣了，說：「與秦軍決戰，無異於向老虎嘴裡送肉，明知無益，為什麼非要同歸於盡呢？」陳澤勸道：「事情已經迫在眉睫，只好用同歸於盡來表明誠信，顧不上其他了。」陳餘就給了陳澤五千人馬，試著去攻擊秦軍，結果全軍覆沒，陳澤等人也戰死了。不僅陳餘不敢與章邯交戰，援趙而來的各路諸侯，也都畏懼秦軍，裹足不前。

在這萬分危急時刻，項羽率領楚軍渡河而來，破釜沉舟，大敗秦軍，解了鉅鹿之圍。項羽從此威名大震，諸侯懼服。張耳出城，見了陳餘，怒目而視，仍然指責他見死不救，並追問陳澤等人的下落。陳餘也有些惱怒，說：「陳澤怪我不能與您同死，我讓他率軍與秦軍決戰，結果全都死了，你滿意了吧？」張耳不信，認為陳餘把他們殺了。陳餘大怒，說：「沒想到您對我的怨恨如此之深，哪裡還有一點情誼？這樣不信任，我這將軍不能當了。」陳餘說著，把將軍印信甩給張耳。張耳沒有客氣，接過印信，收編了陳餘隊伍。陳餘含恨離開張耳，帶領部下親信幾百人，到黃河邊的湖澤中打魚捕獵去了。從此，張耳、陳餘二人決裂。

趙王歇感激項羽相救，派張耳等幾名將領跟隨項羽西征。項羽占據關中，大封天下，把張耳封為常山王，趙國去的那幾個將領也都被封王了，趙王歇則改為代王。有人提醒項羽說：「陳餘和張耳一樣，對平定趙國有大功。」項羽因陳餘沒有隨他入關，不想封他，經眾人勸說，才勉強分給他三個縣。陳餘大怒，說：「我與張耳功勞相等，他為何能稱王？如此分封，實在不公。」當齊國反楚的時候，陳餘借了齊國軍隊，又發動所屬三個縣的兵力，去攻打張耳。陳餘打仗很有兩下子，張耳戰敗，投奔劉邦。他本來與劉邦是老朋友，從此成為劉邦的親信。陳餘打跑了張耳，把趙王歇接回來，重新當了趙王。趙王歇封陳餘為代王。

　　劉邦知道陳餘有才能，在東征攻擊項羽的時候，派人勸陳餘歸服。陳餘說：「只要殺了張耳，我就歸服。」張耳是劉邦心腹，怎肯殺害？劉邦就殺了一個與張耳長得像的人，把他的頭顱送給陳餘，陳餘果然幫助劉邦攻打項羽。但不久，陳餘發現張耳沒死，憤恨不已，立刻背叛了劉邦。都說殺父之仇，不共戴天，而張耳和陳餘，並沒有深仇大恨，為什麼非要誓不兩立呢？可見在自身利益面前，朋友情誼十分脆弱，根本不堪一擊。同時也說明，張耳和陳餘，徒有賢士之名，並無賢能之實。

　　劉邦見陳餘不肯歸服，就派張耳、韓信去攻打趙國，陳餘領兵迎敵。兩軍對陣，朋友相遇，完全沒有了昔日情誼，只是紅著眼睛相互對罵，然後上陣廝殺，拚個你死我活。陳餘雖然也能打仗，但不是「戰神」韓信的對手，結果趙軍大敗，陳餘被殺。平定趙國以後，張耳被封為趙王，後來病逝。

　　張耳、陳餘的事情表明，在這個世界上，沒有永遠的敵人，也沒有永遠的朋友，只有永恆的利益。張耳、陳餘屬於名人賢士，尚且如此，何況普通人呢？

◎新視角讀《史記》之九十 劉邦兒子們大多不幸

在封建社會，尤其是戰亂年代，不僅功臣危險、親信反目、英雄悲歌，就連皇帝的兒子們，也命運多舛。皇子天生富貴，養尊處優，風光無限，多少人羨慕不已；然而，皇子背後的辛酸悲傷，又有幾人知曉？劉邦有八個兒子，兩個當了皇帝，六個做了王爺，應該是尊貴至極，但卻有的被殺，有的自殺，有的終日惶恐不安，有的甚至被活活餓死，令人感慨萬千。

《史記》記載，劉邦在打天下的時候，不得已封了幾個異姓王，得到天下之後，為了強化「家天下」的中央集權，又陸續把他們剷除，換成自己的兒子當王。劉邦認為，自己的親骨肉總比外姓人可靠，兒子們也可以享盡榮華富貴，不枉生於帝王家。可沒有想到，他的兒子們多數下場都很悲慘。

長子劉肥，是劉邦年輕時與一情婦所生。情婦姓曹，沒有名分。劉肥覺得自己來路不正，從小就謹慎小心，逆來順受。劉邦對他還不錯，當有人建議說，齊國地位重要，應該由親近之人當王，劉邦就想到了劉肥，便把韓信改為楚王，封劉肥當齊王，凡是會說齊國話的百姓都歸屬齊國。劉邦還派自己最信任的鐵哥兒們曹參，擔任相國輔佐劉肥。劉邦死後，漢惠帝劉盈登基，劉肥進京朝見。有一次在宮中宴飲，漢惠帝覺得劉肥是大哥，就按照家人的禮節，推讓他坐了上座。呂后大怒，心生歹意，命人拿來兩杯毒酒，放在劉肥面前，讓劉肥給她敬酒。看來，呂后經常備有毒酒，隨時能用。劉肥不知酒中有毒，端起酒杯就喝，危急關頭，漢惠帝站起身來，端起另一杯毒酒，要與劉肥一同向呂后敬酒。呂后大驚，急忙打翻漢惠帝手中酒杯。這舉動太異常了，劉肥不敢再飲，假裝酒醉匆匆離去，事後得知是毒酒，嚇出一身冷汗。漢惠帝的做法，不知是無意還是有意的，總之是救了大哥一命。呂后沒有毒死劉肥，自然不能放他回去。劉肥心裡害怕，整日戰戰兢兢。為了保命，劉肥聽從屬下建議，拿出齊國一個郡，獻給呂后的女兒，並尊呂后女兒為王太后。呂后女兒本是他的妹妹，卻要像母親一般尊奉，如此屈辱的事情，劉肥也不得不幹。呂后對劉肥放心了，才放他回去。劉肥深知呂后歹毒，終日惶恐，生怕哪天有殺身之禍降臨，結果三十多歲就抑鬱而死。這在劉邦兒子當中，還算是好的呢。

　　次子劉盈，是呂后唯一的兒子，因是嫡子，從小就被封為太子，應該是十分幸運，快樂無比。但劉邦對他缺乏慈愛，當年戰亂之時，劉邦為了自己逃命，幾次狠心把他踢下車去。當時劉盈只有五六歲，在他幼小的心靈裡，肯定留下了深深的陰影。如果不是夏侯嬰相救，他恐怕早就死在亂軍之中了。所以，劉盈登基之後，把靠近皇宮的一處豪宅賜給夏侯嬰，取名「近我」，對他特別尊寵。劉盈長大以後，劉邦又多次想廢掉太子，幸虧母親屬害，大臣相助，才度過危機。當皇帝之後，呂后強勢，他整日鬱鬱不樂。漢惠帝性格仁慈柔順，心地善良。他見母親把戚夫人砍去四肢，挖掉眼睛，熏聾耳朵，搞成「人彘」，心理受到巨大創傷，痛心疾首，大哭不止，說：「這不是人幹的事情，我作為她的兒子，再也沒臉治理天下了。」劉盈為此大病一場，一年多都不能起床，從此落下病根，二十多歲就英年早逝。呂后間接害死了自己的兒子。

　　三子劉如意，是戚夫人所生。劉邦寵愛戚夫人，自然也喜歡劉如意，這從給他起的名字就能看得出來。如意小小年紀，就被封為趙王。劉邦還多次想廢掉劉盈，立如意為太子，最終沒有成功。劉邦臨死時，十分擔心愛子，專門派忠心耿直的周昌去輔佐保護他。劉邦死後，呂后開始報復，下詔讓如意進京，打算殺害他。周昌卻不理會，不讓如意離開。周昌對呂氏有恩，性格耿直，威望很高，呂后也懼怕他三分。但呂后殺如意之心堅決，設法先調開周昌，又把如意誆進宮來。漢惠帝知道母親用意，與弟弟同吃同睡，不離左右，精心保護。但時間一長，難免疏忽。呂后趁惠帝早起練箭之機，派人毒死了如意。可憐劉如意，死時只有十多歲，還是一個不懂事的孩子。

　　四子劉恆，是劉邦諸子中唯一幸運之人。他母親姓薄，原來是魏王豹的妃子，被俘後在宮中做奴隸。劉邦見她有些姿色，就納入後宮，但並不寵愛，只與她有過一夜接觸。這一夜的接觸，卻讓她生下一個兒子。劉邦對母子倆沒什麼感情，劉恆被派到邊遠之地，封為代王，母親也跟著去了。娘兒倆知道自己的處境，謹小慎微，默默無聞，與世無爭。當呂后勢力被剷除以後，劉邦的兒子中，除了呂后養子劉長外，只剩下劉恆一個人了，群臣就擁立他當了皇帝，被稱為漢文帝。沒想到，毫不起眼的劉恆卻是雄才大略之人，稱

帝後大展宏圖，開創了著名的「文景之治」。漢文帝在位二十三年，四十六歲時病逝，是劉邦兒子中壽命最長的。

五子劉恢，是劉邦妃子所生，其母沒有留下姓名，可見地位不高。彭越被殺後，劉恢被封為梁王。呂后專權時，硬是把他改為趙王，呂產代替他當了梁王。此前，已有兩個趙王被呂后殺掉，趙國成了不祥之地。劉恢心裡很不樂意，卻不敢不從。劉恢本來有一個恩愛的妃子，呂后卻強迫他娶呂產的女兒做王后，明顯不懷好意。呂產女兒名為王后，實則監督，仗著呂后和父親撐腰，飛揚跋扈，整天「獅子吼」，而且性情蠻橫，心腸歹毒，毒死了劉恢愛妃。劉恢悲憤交加，恐懼絕望，不堪忍受，含恨自殺。

六子劉友，也是劉邦妃子所生，其母不詳。劉友最初被封為淮陽王，呂后殺了劉如意，就把他改封為趙王，並把呂氏之女嫁他為妻。劉友不喜歡呂女，呂女嫉妒怨恨，向呂后誣告劉友謀反。呂后不問青紅皂白，把劉友囚禁起來，不給他任何食物。劉友饑餓難忍，心中悲憤，做了一首歌，唱道：「諸呂朝中掌大權，劉氏江山實已危；以勢脅迫諸王侯，強行嫁女為我妃；我妃心毒其無比，竟然讒言誣我罪；為王卻將饑餓死，無聲無息有誰憐；呂氏天理已滅絕，祈望蒼天報仇怨。」《史記》將這首歌詞全文記載下來，流傳至今。可憐劉友，堂堂一位皇子和王爺，竟然被活活餓死！

七子劉長，是趙姬所生。趙姬是原趙王張敖後宮的美人，有一次劉邦去趙國，張敖把趙姬獻給劉邦，只有一夜，就懷了身孕。不久張敖獲罪，他和家人全部入獄。趙姬對獄吏說：「我曾經被皇帝寵幸，已有身孕。」獄吏不敢隱瞞，如實稟報，劉邦卻不理會。趙姬性情剛烈，怨恨劉邦無情，生下劉長後，悲憤自殺。劉邦追悔莫及，把劉長交由呂后撫養，厚葬趙姬。劉邦滅了黥布之後，封劉長為淮南王。劉長是呂后養子，有十幾年的養育之情，所以呂后沒有對他下手。事情很是奇怪，劉盈是呂后的親兒子，卻仁慈善良，沒有一點呂后兇狠的遺傳基因；養子劉長，倒是繼承了呂后不少的惡習。他傲慢無禮，桀驁不馴，擅殺大臣，為所欲為。漢文帝登基以後，他又圖謀造反，事情敗露，被朝廷捕獲。漢文帝念他自幼喪母，身世可憐，不忍殺他，把他

流放蜀地。劉長繼承了其母剛烈的性格，不肯受辱，絕食而死。也有史書說他是病死的。

八子劉建，是劉邦最小的兒子，也是妃子生的，其母不詳。劉邦剷除盧綰以後，封劉建為燕王。呂后專權時，還沒來得及下手，他卻自己死了。對他的死因，《史記》沒有記載。有的史書記載，他在一次打獵中，被狐狸抓傷，得了狂犬病，不治而亡。呂后雖然沒有殺劉建，但為了能讓呂氏當王，就派人暗殺了他唯一的兒子。劉建的兒子，當時還是一個小小的嬰兒。劉建絕了後，呂后就封娘家侄孫呂通當了燕王。

劉邦兒子的命運告誡我們：人生一世，都不容易，各有各的苦難，皇帝兒子也不例外。明朝崇禎皇帝在國滅之時，親手砍殺自己的女兒，悲憤地說：「下輩子千萬不要生在帝王家。」所以，對任何人來說，都沒有必要追逐功名利祿和榮華富貴，只要一生平安，就是最大的幸福。

◎新視角讀《史記》之九十一 歷史上第一個女野心家

呂后，是中國歷史上赫赫有名的人物。她是封建社會第一個臨朝稱制的女性，比武則天要早八百多年。她雖然名義上沒當皇帝，但實際掌握皇權十五年。在那個時代，作為一個女人，要想駕馭群臣、掌控天下，談何容易？沒有兩下子，肯定是不行的。司馬遷專門寫了《呂太后本紀》。本紀是皇帝的傳記，可見，司馬遷是把她當作皇帝看待的。

《呂太后本紀》記載，呂后，名字叫呂雉，碭郡單父縣人，今屬山東省菏澤市單縣。呂后的父親叫呂文，見識非凡，人稱呂公。呂公在單縣得罪了仇家，沒有與他衝突，而是舉家遷居到沛縣。沛縣縣令是呂公的朋友，並且想娶呂雉為妻，見呂公一家前來，十分高興，設宴歡迎。縣裡官吏和地方豪傑，紛紛前來祝賀，劉邦也去了。呂公一見劉邦，吃了一驚，趕快起身，到門口迎接，請他堂上入座。劉邦只是一個亭長，本應該在堂下就座。堂上貴賓有點看不起他，劉邦毫不理會，盡興喝酒，旁若無人。呂公仔細觀察劉邦的言談舉止，宴席散後，單獨把他留下，說：「我喜歡相面，看的人多了，沒有人能比得上你的面相，希望你好自珍愛。我有一個女兒，願意許配給你。」劉邦比呂雉大十幾歲，家裡又窮，自然喜出望外，滿口答應。呂公的妻子卻惱了，責怪呂公說：「你總是說要讓女兒出人頭地，給她找個貴人，縣令想娶她，你都不同意，今天為什麼隨隨便便就許配給一個窮小子？」呂公說：「你不要見識短淺，那窮小子將來一定會大富大貴的。」呂公不顧妻子阻擾，硬是讓呂雉與劉邦成親。父親的遠見卓識和果敢性格，肯定會給呂后很大影響。

呂雉嫁給劉邦，生了一男一女，生活很是艱難。劉邦喜歡交遊，常常不見人影，呂雉獨自在家勞動，孝敬公婆，養育兒女。劉邦放走役徒、躲到深山湖澤的時候，呂雉經常給他送東西，別人都找不到劉邦，只有呂雉能輕而易舉找到他。呂雉說：「劉邦藏身的地方，上空有一團雲氣，所以很容易找到。」這大概是呂雉故弄玄虛，幫助丈夫擴大名氣吧。果然，許多年輕人聽

說了此事，都去依附劉邦。劉邦就是靠著這些人，打進縣城，舉行起義。可見，呂后是很有智慧的。

劉邦起義以後，南征北戰，呂雉仍然獨自在家，十分辛苦。後來，劉邦領兵出關，與項羽打仗。項羽知道劉邦家眷仍在沛縣，派人去抓。呂雉和家人倉皇逃難，聽說劉邦在彭城一帶作戰，就去找他。不想劉邦戰敗，戰場大亂，呂雉和劉太公被楚軍捉去了。呂雉在項羽營中做了兩年多的人質，受盡屈辱，幾次差點丟了性命，直到楚漢議和，項羽才把呂雉和劉太公送還劉邦。

呂雉和劉邦團聚後，幫助他平定天下。劉邦領兵外出征戰，呂雉留守京城，參與朝政。歷經千辛萬苦，終於苦盡甘來，劉邦做了皇帝，呂雉當了皇后，兒子劉盈被立為太子。呂后為人剛強堅毅，心狠手辣。她設計除掉韓信，又力勸劉邦殺掉彭越，眾臣對她十分畏懼。呂后自己遇到的危機，是劉邦多次想廢掉劉盈，改立戚夫人的兒子劉如意當太子。呂后心急如焚，找了一些大臣去勸說劉邦。很多大臣進諫勸阻，周昌更是犯顏直諫，表示堅決反對。劉邦有些猶豫，但仍然沒有改變更換太子的想法。呂后恐慌，又去找足智多謀的張良幫忙。張良為難地說：「當初打天下的時候，皇上是會採用我的計策，現在天下安定，我說話恐怕就不管用了。何況骨肉之間的事，是很難用口舌來說服的。」張良想了想，又說：「我有個辦法，可以試一試。有四個高人，隱居山中，皇上很敬重他們，多次派人去請，他們不肯出山。您如果能把這四位隱士請來輔佐太子，或許能起作用。」呂后大喜，趕快想盡一切辦法，把四位隱士請了來。果然，劉邦見了，大吃一驚，對戚夫人說：「看來太子羽翼已成，難以更動了。以後呂后真是你的主人了。」劉邦從此打消了更換太子的念頭。呂后費盡心機，終於保住了兒子的太子地位。

劉邦在臨終前，呂后問他：「陛下百年之後，如果蕭相國死了，誰能接替他呢？」劉邦回答：「曹參可以。」呂后又問曹參之後的事，劉邦說：「王陵可以，不過他有些迂愚剛直，陳平可以做他的助手。陳平智慧有餘，但難以獨擔重任。周勃深沉厚道，雖然缺少文才，但安定劉氏天下的，一定是他，可以讓他擔任太尉，統領軍隊。」可見，劉邦此時已把天下託付給呂后了。劉邦知道呂后狠毒，但母親是不會對親生兒子狠毒的，兒子懦弱，由呂后輔

佐，正好彌補。劉邦沒有想到呂后狠毒至極，呂后不僅殘害了戚夫人，劉邦的兒子們也被她害死一多半。誰讓劉邦把兒子們都封了王，不殺他們，騰不出位置，呂家人往哪裡擺呢？呂后雖然殺了劉氏子弟，但對劉邦的舊部老友，並沒有殺，因為他們畏懼呂后，服服貼貼，對她構不成威脅。呂后按照劉邦臨終囑託，先後讓蕭何、曹參、王陵做丞相，陳平當了左丞相，周勃為太尉。這些老臣也盡力輔佐，實行黃老之術，與民休息。所以，呂后執政時期，輕徭薄賦，社會穩定，經濟發展，民眾安居樂業。

呂后對戚夫人和劉如意恨之入骨，劉邦一死，她就把戚夫人囚禁起來，半年以後，毒死了劉如意，又過了半年，用酷刑殘殺了戚夫人。戚夫人是菏澤定陶人，與呂后是同鄉。呂后命人砍斷戚夫人手腳，挖去眼睛，熏聾耳朵，灌了啞藥，扔到廁所裡。這叫「人彘」，是古代把人變成豬的一種酷刑，由於太過殘忍，使用的並不多，史料記載大概只有呂后和武則天用過。這種酷刑殘忍至極、令人髮指。漢惠帝見後悲慟欲絕，指責母親說：「這不是人幹的事情！」漢惠帝因此得病，英年早逝。

漢惠帝死後，呂后只是乾哭，沒有眼淚。張良的兒子張辟強對陳平說：「太后只有惠帝一個兒子，卻乾哭並不悲痛。這是太后顧忌你們這班老臣，你們很危險啊。您不如請求太后，拜呂台、呂產、呂祿為將軍，統領南北二軍，並請呂家人進宮掌握重權。這樣，太后就會安心，你們這些老臣也就能夠倖免於難了。」陳平覺得有道理，就照他說的去做了。果然，太后很滿意，才哭得哀痛起來。從此以後，呂氏家族開始掌握朝廷大權。

呂后知道，要想永保富貴，必須首先控制皇權。漢惠帝皇后沒有兒子，呂后精明，早有準備，抱來其他後宮妃子生的孩子，冒充皇后的兒子，立為少帝，並殺掉了孩子的母親。這樣，一切大權都由呂后掌握。沒想到，少帝長到七八歲時，不知從什麼地方知道了自己的身世，十分生氣，說：「太后怎麼能殺害我的母親呢？我現在還小，等我長大了，一定要為母親報仇。」呂后知道了，嚇了一跳，覺得這孩子不能留了，否則以後肯定是個禍害，於是把他囚禁起來，對外說是有病，不準任何人探視，找機會把他毒死了。可

惜童言無忌，不知深淺，給自己引來了殺身之禍。小皇帝死了，呂后又立了一個更小的孩子，自己仍然牢牢地控制著皇權。

呂后還知道，要想控制朝廷大權，必須培植自家勢力，剷除敵對力量。呂后兄妹四人，長兄呂澤，是劉邦部將，已經死了，留下呂台、呂產兩個兒子。二哥呂釋之，生下兒子呂祿。妹妹呂嬃，是樊噲的妻子。呂氏家族的人還有一大群。呂后讓自己的三個親侄子掌握軍權，對其他呂家人都委以重任。劉氏家族的人自然對此都很抵制，認為江山是劉家人打下來的，憑什麼呂家人受惠。呂后毫不手軟，對劉邦兒子們大開殺戒，他們騰出來的王位，就由呂家人填補上了。

呂后大肆培植呂家勢力，封王的封王，封侯的封侯，自己的女婿和妹妹的女婿也被封王。一時間，呂家人雞犬升天，尊榮無比。殊不知，榮華富貴的背後，就是災禍。呂后一死，呂家人的災難就到來了。

▌◎新視角讀《史記》之九十二 呂后任人唯呂招致滅族

　　呂后臨朝稱制，拚命培植呂家勢力，侄子們稱王掌權，七大姑八大姨封侯升官，劉氏江山似乎成了呂家天下。呂后認為，重用呂家人，既能鞏固自己的統治，又能給家族帶來富貴，卻沒有想到，呂氏族人少德無才，不能成事，致使富貴轉換成了禍殃，呂后一死，呂氏家族就遭受了滅門之災。剷除呂氏的核心人物，是陳平和周勃。

　　《史記》記載，陳平和周勃，因為沒有按照劉邦的命令殺死樊噲，取悅了呂后。劉邦死後，呂后任命周勃為太尉，陳平為左丞相。陳平「智慧有餘」，一切都順著呂后的意思來，呂后對他很滿意。呂后的妹妹呂嬃卻看不上陳平，多次進讒言。呂后不僅不聽，反而安慰陳平，說：「俗話說小孩和女人的話不可信，不要怕呂嬃說你的壞話。」呂嬃是樊噲的妻子，樊噲已經死了。這個呂家女人，也不簡單。

　　呂后在朝中站穩腳跟以後，就想讓呂家人當王，先與右丞相王陵商量。王陵是沛縣人，跟隨劉邦起義，在與項羽作戰時，項羽捉去了他的母親，讓他母親勸說王陵投降。王陵母親卻對他說：「項羽殘暴，必不能成大事；漢王寬厚，深得人心，必得天下。你千萬不要棄明投暗。」說完就自殺了。王陵大哭一場，從此死心踏地跟隨劉邦。所以，劉邦在臨終前囑咐呂后，曾參死後讓王陵當丞相，由於王陵「迂愚剛直」，又讓陳平輔佐他。王陵果然剛直，一聽要封呂氏為王，立刻反對，說：「那不行。先帝曾經殺馬立誓，非劉姓不得封王，誰違背了，天下共誅之。」呂后被王陵頂得無話可說，心裡很生氣。呂后又去找陳平、周勃商議，他倆知道呂后想幹的事是攔不住的，就順著她說：「當時是先帝做天子，自然要封劉氏子弟；如今是您代行天子之職，當然可以封呂氏為王了。」呂后大喜。王陵很氣憤，紅著臉責備他倆，說：「先帝盟誓的時候，你們都在場，如今卻違背誓約，迎合太后心願，縱容她的私慾，死後有何面目去見先帝？」陳平、周勃笑著說：「丞相不要生氣。您敢於當面反駁，據理諍諫，我們都很敬佩，在這方面，我們確實不如您。然而，

保全大漢天下，安定劉氏後代，您可能不如我們。」聽他倆這麼一說，王陵寬心了一些，他被呂后免職後，就回沛縣老家去了。陳平接替了王陵的職務。

　　呂后搬掉了絆腳石，開始封呂姓王了。她先封自己的大哥呂澤為悼武王。呂澤很早就跟隨劉邦起義，此時已死，封他為王，還說得過去。後來，又陸續封呂台、呂嘉、呂產、呂祿、呂通等侄子侄孫為王。這些人既無功勞，又無才能，就很難服眾了。呂后還封了一大批呂姓侯，妹妹呂嬃也被封侯。封完呂姓王侯，再封親戚。呂后的女婿和呂嬃的女婿都被封王，沾親帶故的封了不少，連呂后的家奴都被封侯，而且還當了不會理政的左丞相。呂后還一連殺了劉邦兩個兒子、一個孫子，留下的空缺，都由呂家人填補。一時間，呂氏成為天下最顯赫的家族，家家興高采烈，人人得意揚揚。

　　呂氏家族強盛，劉氏家族受壓，自然心中憤恨，但懾於呂后淫威，也無可奈何。劉邦的長子劉肥一生窩囊，卻生了一個厲害的兒子，叫劉章。劉章娶了呂祿的女兒為妻，成了呂后的侄孫女婿。夫妻倆關係很好，因而呂后對劉章也不錯，封他為朱虛侯。劉章卻在心裡怨恨呂氏，為劉氏鳴不平。有一次，劉章侍奉呂后飲宴，呂后讓他當酒吏。劉章說：「臣是武將的後代，請允許我按軍法行酒令。」呂后答應了。酒興正濃的時候，劉章請求唱耕田歌助興。呂后笑道：「你生下來就是王子，怎麼會知道種田的事呢？」劉章正言回答說：「臣知道，種田就要深耕密種，留苗稀疏，不是同類，堅決剷除。」呂后聽了，感覺似乎話裡有話，沉默不語，思索了好半天。酒宴進行當中，有個呂家人離席走了，劉章追上去把他殺掉，回來稟報呂后說：「此人逃席，臣按軍法把他斬了。」呂后和眾人都大吃一驚，但既然同意他按軍法行事，也就無法治他的罪了。此後，呂家人都懼怕劉章。

　　呂后知道，劉家人肯定心懷不滿，大臣們也未必心服，所以，她臨終前作了精心安排，任命呂產為相國，統領南軍，任命呂祿為上將軍，統領北軍。南北兩軍是兵力最強的部隊。呂產、呂祿是呂后的親侄子，早已封王，如今朝廷大權和軍權，皆在二人手中。呂后又再三告誡他們：「我死之後，你們千萬不要去送葬，一定要待在軍營裡，牢牢掌握軍隊。」

呂后一死，劉章就開始行動了。他派人去齊國告訴哥哥劉襄，讓劉襄領兵西征，攻入長安，誅滅呂氏，他在京城做內應。事成之後，劉襄當皇帝。劉襄是劉肥長子，已繼位做了齊王。劉襄聞訊後，立即謀劃出兵。齊國的丞相召平，是呂后的人，呂后派他監視齊王。召平聽說齊王想作亂，馬上派兵去包圍王宮。不料召平手下將領，早被齊王悄悄收買了，不僅沒去包圍王宮，反而圍住了相府，召平無奈自殺了。劉襄除掉內患，迅速率軍西征，並發出檄文說：「高祖征戰一生，取得天下。太后專權，擅殺劉氏子孫，又違背高祖誓約，大封呂氏為王。如今太后去世，皇帝年幼不能理事，諸呂圖謀造反，漢家朝廷十分危急。我率軍西征，是要誅殺那些不該當王的人。」

呂產、呂祿得到消息，慌了手腳。他們雖然身為相國和上將軍，卻能力平庸，更不會領兵打仗，只好請老將軍灌嬰率軍出征，攔擊齊兵。灌嬰是劉邦起義時的老部下，跟隨劉邦征戰一生，智勇雙全，戰功纍纍，是劉邦的心腹愛將。漢朝建立之初，他就被封侯，如今仍然是個侯，而呂氏那些無功無能之輩，都被封王了，他能夠服氣，甘心聽從他們驅使嗎？再說，灌嬰與劉家關係密切，怎麼會幫助呂氏打劉氏呢？這事用腳趾頭都能想得出來，呂產他們卻愚笨得沒有想到。果然，灌嬰領兵走到滎陽，就駐紮下來，公開反呂，並派人通知齊王，說有他這支部隊，誅滅呂氏足夠了，阻止齊軍繼續西進。灌嬰感覺齊王有野心，他如果領兵進入京城，恐怕生亂。齊王沒有西進的理由了，只好返回齊國邊界，等待觀望。

此時，陳平、周勃見時機一到，立即密謀，想奪取軍權，誅殺諸呂，恢復劉氏天下。呂產、呂祿統領的南北兩軍，是護衛京都的精銳之師。周勃雖然身為太尉，但實際上沒有兵權，沒有印信也不能進入兩軍。陳平設計，說服了呂祿的好朋友酈寄。酈寄的父親叫酈商，也是劉邦起義時的舊部，與劉邦關係密切。酈寄幫助陳平，哄騙呂祿，說眼下形勢危急，只有把將軍印信歸還太尉，自己回到封國，才能免禍。呂祿見灌嬰率軍即將殺來，早已內心恐懼，六神無主，就聽信了酈寄的話，乖乖地把他統領的北軍交給了周勃。呂嬃聽說以後，大罵呂祿愚蠢，並把家裡的珠玉寶器撒落一地，說：「這都是別人的東西了。」呂嬃一邊大罵，一邊大哭，她很清楚，只要交出軍權，

呂家馬上就會完蛋。呂嬃確有見識，比呂家男人強多了。呂氏家族是陰盛陽衰。

周勃接受了呂祿印信，進入北軍，集合將士，譴責呂氏罪行，要求擁護劉氏的祖露左臂，擁護呂氏的祖露右臂。周勃在軍中有很高的威望，所有將士都祖露出左臂。周勃統領了北軍，準備攻擊呂產。呂產仍然統領著南軍，但此時他沒在軍中，而是跑到小皇帝那裡去了，不料正好撞見劉章。原來劉章聽說周勃掌握了北軍，就跑去協助他。周勃給了劉章一千士兵，讓他去看護小皇帝，防止呂氏劫持。劉章見到呂產，當然不肯放過，馬上領兵攻擊。呂產帶的人不是對手，紛紛潰散逃命。呂產藏到廁所裡，被劉章搜出，一刀砍了。呂產一死，南軍自然也歸周勃統領了。呂產和呂祿，真是愚蠢至極，呂后臨終時囑咐他們的話，竟然一點兒也沒有聽進去。呂氏勢力不堪一擊，沒等灌嬰率軍來到，就被陳平、周勃輕而易舉地解決了。

陳平、周勃控制了京都，隨即派人分頭把呂氏的男女老幼全部抓來，一律殺死。呂祿也被斬首，呂嬃則是用鞭杖竹板活活打死的，陳平十分恨她。然後，派兵到呂氏為王的諸侯國，將呂家人統統殺掉。此時的呂氏，是家家遭殃滅門，人人痛哭流涕，與之前的歡樂形成了巨大反差。顯赫一時的呂氏家族，頓時灰飛煙滅。

誅滅呂氏家族以後，群臣商議，說：「呂后立的那個小皇帝，不是劉氏後代，是呂后抱來別人的孩子冒充的，必須廢掉。」群臣飽受外戚專權之苦，一致認為，不能再立一個外戚勢力強的人為帝。有人提議劉襄繼位，因劉襄母親娘家勢力大，被排除了。劉邦四子劉恆，其母娘家沒有一點勢力，於是擁立劉恆當了皇帝，就是漢文帝。

呂氏家族的興亡告誡人們：輕鬆得來的榮華富貴，是禍不是福。呂后為了鞏固地位，培植自己的勢力，是可以理解的，歷代統治者都會這麼做。但是，她違背常理，只信任重用呂家人，而呂家人又德不配位，所以不能長久。古人有句名言，叫做「德不配位，必有災殃；倫常乖舛，立見消亡」，是可以引以為戒的。

◎新視角讀《史記》之九十三 文帝開啟治世之門

治世，是儒家的政治概念，意為太平清明之世，與亂世相對立。治世，是古代人們普遍嚮往和追求的社會。可惜，從春秋戰國以來，大部分時間都處於亂世，戰火頻繁，社會動盪，人民痛苦。是漢文帝首先打開治世之門，與兒子共同開創了「文景之治」，到孫子漢武帝時期，西漢實現強盛。祖孫三代接力推動封建社會達到第一個發展高峰，祖孫三人也在歷史上留下有為君主的名聲。

《史記》記載，漢文帝名叫劉恆，是劉邦的第四個兒子。劉恆首先是一個孝子。他當代王的時候，母親薄夫人不受劉邦寵愛，就隨兒子去了代國，母子倆相依為命。劉恆對母親非常孝順，盡一切努力讓母親過得開心。代地荒涼，氣候寒冷，薄夫人不太適應，經常鬧病，都是劉恆親自侍奉。曾經有三年時間，劉恆為了照顧母親，不脫衣服睡覺，熬好的湯藥，不經他親口嘗過，就不進奉給母親。人們紛紛稱讚，說他對母親的孝順，連以孝聞名的曾參都做不到。中國有二十四孝的故事，劉恆名列其中。

陳平、周勃誅滅呂氏後，群臣商議，擁立劉恆為皇帝，派人去代地迎接他。這可是天上掉下來的大喜事，劉恆卻有點疑心，召集眾臣商議。張武等人說：「朝廷大臣多謀善詐，不能輕信，大王可以假托有病，先觀察一下再

說。」宋昌等人卻認為，按照當時的形勢，不會有詐，應該立即前往。劉恆
稟報母親，薄夫人也拿不定主意，於是占卜，結果大吉。劉恆還不放心，讓
舅舅薄昭先去京城，面見周勃，打探消息。幾天後，薄昭回來了，很開心地
說：「全是真的，不用懷疑了。」劉恆這才帶著張武、宋昌等六人，立即啟
程，趕往長安。接近長安時，劉恆停了下來，先派宋昌前去觀察情況有無變
化，確信沒有問題，才又繼續前進。劉恆真夠謹慎的。到達長安以後，群臣
都來迎接，要立他為帝。劉恆謙遜地推讓了五次，才答應下來，於是驅車進
入皇宮。此時天色已晚，劉恆顧不上休息，連夜下了一道命令，任命宋昌為
衛將軍，統領南北兩軍，取代了周勃；又任命張武為郎中令，負責保衛皇宮。
眾臣都吃了一驚，原來都以為他弱勢，沒想到這麼強勢。劉恆入京，兩眼一
抹黑，京城內沒有一個親信，他又深知皇宮內爾虞我詐，充滿危險，所以小
心提防，這是十分必要的。劉恆登基前的這些舉動，體現了他謹慎沉穩、富
有心機、出手果斷的性格。

　　漢文帝登基之後，頭等大事就是鞏固自己的統治，他的手腕相當高明。
劉恆稱帝，並非人人心服，許多人認為他是「摘桃派」，太便宜了。當時漢
文帝面臨兩大勢力，即功臣派和劉氏宗親派。兩派勢力都很強大，漢文帝必
須用心周旋。他借獎賞功臣之機，首先壓制功臣派勢力。周勃是功臣之首，
又手握兵權。漢文帝因他除呂有功，加封食邑一萬戶，賜黃金五千斤，同時
提拔為丞相，雖然升了官，但兵權卻沒有了。周勃手下人提醒他，防止功高
招禍，周勃只當了幾個月的丞相，就推說有病辭職了。陳平滑頭，把右丞相
位置主動讓出來，自己仍當左丞相，但經常有病，第二年就死了。漢文帝又
借解決歷史遺留問題收買人心，增強自己的勢力。對被呂后殺害的劉氏子弟，
予以平反昭雪，封他們的後代為王；對當年跟隨劉邦征戰有功的舊臣，統統
給予封賞。這些人自然對文帝感恩效忠。漢文帝還大赦天下，賜給全國百姓
每人一級爵位，民心大悅，紛紛歌功頌德。對劉氏宗親勢力，漢文帝並不直
接對立，而是採取了化大為小的策略。齊國十分強大，漢文帝就一分為七，
封了七個王，趙國和淮南國各封了三個王。這樣，諸侯國變小了，力量自然
就弱了，被封王的還很高興，真是高明。對於敢於反叛的諸侯王，漢文帝也
毫不手軟。濟北王劉興居造反，文帝迅速出兵討伐，只用一個月，就平息了

叛亂。文帝下令，對參與叛亂的官員和百姓，一律赦免，不予追究。漢文帝採用高超的政治手腕，使群臣敬服、百姓擁戴，他的統治地位很快就穩固了。

漢文帝鞏固政權之後，便開始施展胸中大志，決心建設一個清明世界。他知道，長期以來，法律十分嚴厲，百姓深受其苦。文帝下詔，減輕律法，推行德政。他想廢除連坐法，說：「一個人犯罪，懲罰他就可以了，為什麼還要株連父母妻兒兄弟呢？他們並沒有罪啊。」主管官員不同意，說：「親屬連坐，是讓人們心有牽掛，不敢犯罪。這種做法古來就有，不宜改變。」漢文帝不為所動，堅決廢除了連坐法。齊國有個人犯了罪，按律應當處以肉刑。肉刑是斷人肢體的一種刑罰，有刺面、割鼻、斷足等。罪犯的女兒緹縈上書，要求當官奴抵父親之罪。文帝憐憫緹縈的孝心，赦免了她父親的罪。緹縈也被列為二十四孝之一。漢文帝下詔說：「肉刑古來有之，但犯法之事仍然不斷，那是因為道德不厚、教化不明。人的肢體被斷，即便改過自新，也沒辦法長好了，是多麼痛苦而不合道德啊，應該廢除肉刑。」漢文帝還廢除了「誹謗朝廷罪」「妖言惑眾罪」，允許人們言論自由。不論官員還是百姓，都可以對朝廷提出批評。漢文帝本人帶頭遵守法律，依法辦事。有一次，漢文帝出行，有人驚嚇了他的馬，使他差一點受傷。文帝很生氣，把那人交給廷尉治罪。廷尉只罰了他四兩金，文帝不滿意，認為處罰太輕了。廷尉解釋說，法律上就是這樣規定的。文帝便說：「那就按照法律規定辦吧。」

漢文帝寬厚仁義，以德服人，很少懲罰臣子，也無濫殺之事。《史記》記載，有幾次臣下冒犯了他，文帝「大怒，走之」。看來，文帝大怒時，也只是一走了之，而沒有別的處罰。有的臣子犯了錯，文帝也能包容。有一次，一個臣子接受了賄賂，文帝把他叫了去。臣子誠惶誠恐，伏地請罪。文帝卻拿出錢來給他，說：「以後缺了錢，就給我說，別隨便接受別人的東西。」臣子感激涕零，從此清廉為官。在文帝時期，政治清明，環境寬鬆，輕刑慎罰，社會穩定。

漢文帝在減輕刑罰、推行仁政的同時，還大力推行輕徭薄賦，發展生產。徭役沉重，歷來是壓在百姓頭上的一座大山，民眾不堪忍受。文帝時期，對外與匈奴和親，沒有大的戰爭；對內不大興土木，不需要很多的勞役。所以，

成年男子每三年才服役一次，這在歷代都是比較輕的。漢文帝重視農業，說：「農業是天下的根本，農民辛勤勞動卻還要交納租稅，很不合理，應當免除農田的租稅。」漢文帝為了鼓勵農耕，還專門劃了一塊田，自己親自耕種，收穫的穀物，用來祭祀宗廟。這在歷代皇帝中，是很少見的。漢文帝致力於發展經濟，實現民富國強。他下令開放原歸國家所有的山川林澤，准許私人開採礦產，開發漁鹽資源，促進農副業發展。在漢文帝的治理下，國家逐漸富強，人民逐漸富裕。

漢文帝崇尚節儉，是歷史上有名的儉樸皇帝。他平時穿的，是質地粗厚的衣服；平時吃的，是一般飯食；他用的帷帳，不准繡花。當時女人流行穿拖地長裙，文帝認為浪費布料，讓宮中女人都穿短裙，皇后也不例外。文帝在位二十三年，宮室、園林、服飾、車駕等物，一樣都沒有增加。有一次，文帝想建一座亭臺，需要花費百斤黃金，這對國庫而言，是九牛一毛。文帝掰著手指頭算了半天，說：「百斤黃金相當於十戶人家的產業，不是小數目，還是不建了吧。」文帝臨終時，還念念不忘節省，一會兒囑咐道：「建造陵墓，一律用瓦器，不准用金銀銅錫。」一會兒又囑咐道：「在葬禮上，不要陳列車駕和兵器；服喪的麻帶寬度不要超過三寸，免得浪費；喪事一切從簡，應服喪三個月的減為七天，應哭祭的，只在早晨和晚上各哭十五聲就行。」他還詔令全國各地，不得禁止百姓娶妻嫁女、飲酒吃肉，不得讓民眾來宮殿哭祭。

漢文帝仁孝寬厚、聰慧睿智，被稱為一代明君、賢君。然而，人無完人，漢文帝也猜忌功臣，還差點殺了周勃。他寵信宦官鄧通，也很過分。但瑕不掩瑜，漢文帝結束了長達數百年之久的亂世，開啟了太平清明的治世，他的豐功偉績，永遠被後人所讚頌。

◎新視角讀《史記》之九十四 文帝做夢也能使人富貴

漢文帝是一代明君、賢君，有人評價說，他是歷史上最好的皇帝。然而，文帝也是人，是人就會有缺點。漢文帝有時也任性一把，他根據自己做的一個夢，就讓宦官鄧通大富大貴，沒想到，鄧通後來又窮困潦倒，饑餓而終。司馬遷寫了這個故事，既有意思，又耐人尋味。

《史記》記載，一天夜裡，漢文帝做了一個夢，夢見自己功成名就，老天爺召他進天庭。升天做神仙，天大的好事啊，比當皇帝強多了，傳說黃帝就升了天。漢文帝滿心歡喜，立刻登上通天之路。可是，接近天庭，就差一步了，卻怎麼也上不去，急得滿頭大汗。忽然，有人從背後推了他一把，使他一躍登上天庭。文帝大喜，隨即回頭觀望，看是誰幫助了他。文帝雖然沒看清楚那人面目，但看見了背影，只見那人身材微胖，身穿宦官衣服，頭上纏著黃布條，特別顯眼的是，他的衣帶在背後打了個結。這種裝束的人，是在宮中划船的宦官，被稱作「黃頭郎」，地位很低。

此後，漢文帝經常在宮裡的湖邊走動，留心每一個黃頭郎，但一直沒有發現衣帶背後打結的人。忽然有一天，文帝發現了一個，衣帶背後打了結，再看身材體形，也與夢中之人差不多。文帝叫他過來。宮中地位卑賤的宦官，被皇帝召見，通常沒有好事。那個黃頭郎不知何事，戰戰兢兢，伏地磕頭。文帝問他叫什麼名字，那人回答：「奴婢叫鄧通。」文帝一聽，十分興奮。鄧通與「登通」諧音，這不就是那個幫助自己登天的人嗎？這是天意啊，天意不可違。文帝當即不讓鄧通划船了，留在了自己身邊。鄧通不知緣由，一頭霧水，誠惶誠恐地跟著文帝去了。

鄧通是蜀郡南安人，家中貧寒，難以維持生活，所以，他被閹割，送進宮去，尋條活路。他在宮中沒有關係，被派去划船，十分辛苦，又身分低微，沒有人看得起他，卻想不到今日喜從天降，來到了皇帝身邊。鄧通緊緊抓住這個機會，小心謹慎，精心侍奉，他又善於察言觀色、迎逢獻媚，漢文帝越來越喜歡他，讓他不離左右。所以，有人說他是文帝的男寵。漢文帝經常給他豐厚的賞賜，幾年下來，總計達到上億的金錢。文帝儉樸，連花百金建一

亭臺都捨不得，唯獨對鄧通慷慨大方。不僅如此，文帝還封他官職，一直升到上大夫。可惜鄧通不是當官的料，沒有才能，只會服侍皇帝。漢文帝沒有告訴鄧通夢中之事，大概是「天機不可洩露」吧。鄧通想破腦袋，也搞不清楚皇帝為何對他如此寵愛，只有更加用心侍奉皇帝。鄧通不與任何人來往，文帝賜他休假，他也不去，全身心地服侍文帝。有一次，文帝專門請了相面大師，來給鄧通相面，想看他是否有助人之相。相面大師仔細看過以後，卻說：「此人以後會貧窮餓死。」文帝不信，說：「朕貴為天子，擁有天下，能夠讓鄧通富貴至極，怎麼會餓死呢？」於是，文帝下令，把蜀郡的銅山賜給他，還賜給他鑄錢的特權。全國僅此一例，漢文帝也夠任性的。從此「鄧氏錢」流行天下，鄧通富可敵國。

時間久了，鄧通慢慢驕傲起來，對人也不那麼尊重了，為此得罪了不少大臣。有一次，丞相申屠嘉入宮奏事，鄧通不夠恭敬。申屠嘉是劉邦時期的老臣，資格老，脾氣也大，文帝都很尊重他。鄧通小小宦官，竟敢無禮，申屠嘉心中大怒，只是在皇帝面前不便發作。申屠嘉回到相府，越想越氣，下令把鄧通叫來，想給予懲罰。鄧通知道大事不好，急忙稟報文帝。文帝說：「放心去吧，如有危險，我自會救你。」鄧通進了相府，立即跪倒請罪。申屠嘉不依不饒，對他一頓臭罵，還要殺了他。鄧通心中害怕，磕頭如搗蒜，頭都磕破了。正在危急時刻，皇帝的詔書到了，說鄧通就是一個弄臣，丞相不必和他一般見識。申屠嘉只好把鄧通放了。其實，申屠嘉知道鄧通是文帝面前紅人，未必真想殺他，只是給予懲罰，以此解氣而已。

鄧通受此驚嚇，對文帝更加感恩戴德。有一次，漢文帝腿上長了一個瘡，化了膿，十分疼痛。鄧通毫不猶豫，趴在地上，用嘴為文帝吮吸膿血，而且面色平靜，毫無嫌惡之色。文帝大受感動，說：「你對朕真好，還有人像你一樣對朕好嗎？」鄧通想了想，說：「依奴婢看，只有太子對陛下最好，奴婢不如太子。」鄧通是想藉機巴結討好太子，卻沒想到弄巧成拙。第二天，太子劉啟來給父親請安。文帝想起鄧通的話，想試一下太子，與鄧通作個比較，就讓太子用嘴吮吸膿瘡。太子十分為難，不敢不從，便小心翼翼地吮吸，但緊鎖眉頭，臉上露出痛苦之色。漢文帝見親生兒子尚且不如鄧通真心對他好，便嘆了口氣，什麼也沒說。太子吮吸膿瘡後，心中噁心，趕緊告辭，一

出宮門，就哇哇大吐。一連幾天，太子想起此事，都嘔吐不止。太子心中納悶，父親為何讓他做這等噁心之事，仔細打聽，才知道是鄧通的原因。太子從此對鄧通心懷怨恨，而鄧通卻一點兒也不知道，還認為他為太子說了好話呢。

　　文帝逝世，太子繼位，就是漢景帝。鄧通失去靠山，有些大臣就在景帝面前說他壞話。漢景帝為吮膿之事一直耿耿於懷，便藉機免了鄧通官職，把他趕出宮去。景帝還不解氣，又把鄧通的房屋、財產、金錢全部沒收充公，他鑄錢的特權自然也沒有了。鄧通一下子由巨富變成了窮光蛋，無奈之下，只好向文帝的女兒劉嫖求救。劉嫖還不錯，看他可憐，給了他一些錢財。漢景帝聽說以後，又派人全部抄沒，一點也沒有給他留下。鄧通身無分文，又無親戚朋友，只得流落街頭，沿街乞討，最後真的被餓死了。可見，人生在世，命運難測，什麼是福，什麼是禍，有誰能夠事先知曉啊！

▋◎新視角讀《史記》之九十五 景帝平定「七國之亂」

漢文帝死後，兒子漢景帝登基。他繼承和發展了父親的事業，繼續實行輕徭薄賦、輕刑慎罰、和親匈奴等政策，與父親共同開創了「文景之治」，並為其子的「漢武盛世」奠定了基礎，完成了從文帝到武帝的圓滿過渡。漢景帝的一個重大貢獻，是平定了「七國之亂」，強化了中央集權，解除了諸侯割據對中央政權的威脅。

《史記》記載，漢景帝名叫劉啟，是個幸運兒。他在漢文帝兒子中排行第五，也不是嫡子，本來很難有繼位的希望。不料，他的四個哥哥陸續死去，而且都是有病自然死亡的，這不是上天有意要讓劉啟當皇帝嗎？所以，漢文帝即位不久，劉啟就被立為太子。

劉啟當太子的時候，有一次，吳王劉濞的太子進京朝見，在京城住了一段時間。劉濞是劉邦二哥劉仲的兒子，跟隨劉邦討伐黥布，作戰勇敢，立有戰功，被封為吳王。吳王與漢文帝是叔兄弟，關係不錯，常有往來。吳太子與劉啟年齡相仿，常在一塊飲酒下棋。不料，有次下棋時，兩人發生了爭執，越吵越激烈，劉啟一怒之下，抓起棋盤，砸在吳太子頭上，竟然把他砸死了。吳王痛失愛子，自然心中悲憤，從此稱病不肯入朝，埋下了「七國之亂」的禍根。漢文帝覺得兒子做得不對，不僅沒有追究吳王不來朝見的錯誤，反而賜給他幾杖，說他年紀大了，可以不入京朝見。此後，吳王與朝廷幾乎沒有來往，儼然成了獨立王國。吳國有銅鹽的收益，比較富裕；百姓沒有賦稅，都很順服；士兵服役發給代役金，也很好統領。其他諸侯國的人犯了罪，紛紛跑到吳國來，吳王就收留他們。這樣過了幾十年，吳王的統治十分穩固。

漢景帝登基以後，想要加強中央集權，大臣晁錯獻上「削藩策」。晁錯說：「當初高祖為了便於統治天下，封了一些王，僅齊王、楚王、吳王就占去天下一半，很不利於朝廷管理，應當削減他們的封地。特別是吳王，因為兒子的原因，多年不來朝見，文帝寬容他，本當改過自新，如今卻更加驕橫。吳王利用富饒之地，收留亡命之徒，圖謀叛亂。現在削減他的封地，可能會反；不削減，最終也會反。晚反不如早反，晚反災禍更大。建議陛下採取逐步削

減的辦法，解決諸侯王割據的問題。」漢景帝同意了，下決心削藩。其實，吳王劉濞已經六十多歲了，幾十年都沒有反，何不再等他幾年？

漢景帝下詔，找藉口削減了吳國兩個郡，削減了楚國一個郡、趙國一個郡，削減了膠西王劉卬的六個縣。削減的郡縣，都歸中央管理。漢景帝的削藩令，引起了軒然大波，諸侯王們又氣又惱，惶恐不安。吳王知道，這只是一個開端，以後肯定會削減不止，最終把他的地盤全部拿走。於是，多年的積怨終於爆發了，他想聯合諸侯，興兵反抗。吳王首先聯繫了膠西王劉卬。劉卬逞勇好鬥，齊地的幾個諸侯王都怕他。吳王親自跑到膠西，與劉卬密謀，訂立盟約。劉卬又聯繫了齊王、淄川王、濟南王、濟北王、膠東王，他們都同意共同造反。吳王又分別聯繫了楚王、趙王、淮南王、衡山王、廬江王、東越王、燕王以及匈奴等，多數表示支持，有的態度曖昧。到正式興兵造反時，只有吳、楚、趙、膠西、膠東、濟南、淄川七國參加，被稱為「七國之亂」。

吳王做好了準備，開始發難。他向吳國發出動員令，說：「我已經六十二歲了，親自統兵，小兒子十四歲，也上戰場，所以，凡六十二歲以下、十四歲以上的，都要出征。」這樣，徵集了二十多萬人馬。吳王率軍渡過淮河，與楚軍會合。膠西王劉卬等人予以響應，但在此時，齊王反悔了，不肯反叛。濟北王被部下劫持，也不能出兵。劉卬大怒，與淄川王、膠東王一起，圍攻齊王都城臨淄，但久攻不下，不能與吳王會合。吳王等不及劉卬，就與楚國聯合一塊西進，發出檄文，打出「請誅晁錯，以清君側」的旗號。

漢景帝得知七國造反，有些心慌，急忙調兵遣將，準備迎敵。有個大臣叫袁盎，曾經當過吳王的丞相。景帝問他：「現在吳王反叛，你是什麼看法？」袁盎說：「不值得憂慮，很快就能平定。」景帝說：「吳地富裕，又有天下豪傑相助，打敗他們，怕不容易吧？」袁盎笑了，說：「哪裡有什麼豪傑啊？如果真是豪傑，明辨事理，就不會幫著劉濞造反了，那不過是些奸邪之徒罷了。」景帝認為他說得有道理，問他有何良策。袁盎讓景帝屏退左右，悄悄地說：「只要殺了晁錯，派使者赦免七國之罪，恢復被削減的封地，這樣，兵不血刃，叛亂自會平息。」景帝沉默了很長時間，終於下決心說：「我不會因為一人而拒絕天下的。」於是，殺了晁錯，寫了赦免詔令，派袁盎當使者，

去勸吳王罷兵。袁盎來到吳王軍營,讓吳王跪拜接受詔令。吳王哈哈大笑,說:「我已成為東帝了,還跪拜誰呢?」吳王不肯見袁盎,把他扣留,脅迫他一塊造反。袁盎趁夜逃走,回朝報告。漢景帝勸撫不成,只得下決心武力平叛了。他派周勃的兒子周亞夫率軍攻打吳楚聯軍,派將軍欒布去平定齊國內亂,派將軍酈寄攻打趙國,派大將軍竇嬰率軍駐紮滎陽,監視各地。

吳王出兵之時,有人建議他分兵兩路,除了西征大軍之外,另一路沿長江、淮水而上,收聚淮南、長沙的軍隊,從南路攻取武關。吳王太子卻說:「我們是造反之師,這樣的軍隊是不能委託他人的,如果委託之人也造反了,該怎麼辦呢?」吳王覺得有道理。有位年輕將領也建議說:「我們對沿途的城邑不必攻下,應該迅速西進,占領洛陽。洛陽有兵器庫和糧倉,部隊的軍糧和兵器就有了保障。」吳王徵求年老將軍的意見,老將軍們怕後路被斷,都不同意。其實,這兩條計策都很好,可惜吳王均沒有採納。

吳王率軍一路西進,攻占了棘壁,包圍了梁國都城。梁王劉武是漢景帝的親弟弟,自然拚死抵抗。吳楚聯軍士氣旺盛,輪番攻城,情況十分危急。此時,周亞夫率軍走藍田、出武關,迅速到達梁國附近。梁王急忙向周亞夫求救。周亞夫深通謀略,知道梁國城堅、梁王勇武,可以拖住和消耗叛軍主力,便沒有派兵相助。周亞夫一邊堅守營壘,一邊派軍南下,截斷叛軍糧道,只等叛軍糧絕,一戰即可平定叛亂。梁王據城堅守,十分艱難,見周亞夫不來相救,心中著急,便向景帝求救。景帝派人催促周亞夫救援梁王,周亞夫仍不肯出兵。梁王從此心生怨恨,景帝對周亞夫也不滿意。其實,周亞夫是可以派出一部分兵力去援助梁國的。不到三個月,吳楚聯軍糧道被斷,糧食用盡,士兵饑餓,軍心渙散。吳王見梁城久攻不下,又去攻擊周亞夫軍營。周亞夫見時機一到,與叛軍展開決戰,一舉擊敗叛軍。吳王只帶幾千人逃到東越,卻被東越王殺了。楚王劉戊見大勢已去,也自殺身亡。吳楚聯軍就這樣完了。自古以來,都是兵馬未動,糧草先行,糧食是軍隊的生命線。吳王連這個道理都不懂,怎能成就大事?

膠西王劉卬,率三國之兵圍攻臨淄,三個月都沒有攻下,也是笨得可以。此時,聞知吳王兵敗,欒布又率軍到來,知道大事不成,心中恐慌,便各自

回國了，未敢與漢軍作戰。朝廷追究他們的罪責，膠西王、膠東王、濟南王、淄川王都被殺了，封國收歸中央。齊王雖未叛亂，但事前參與預謀，怕朝廷追究，服毒自殺。漢景帝念其守城有功，命他的兒子繼位，仍稱齊王。濟北王被部下劫持，未能參加叛亂，因禍得福，倖免於難。

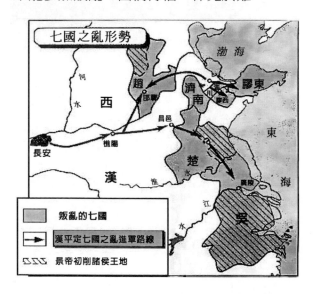

趙國參與叛亂，還未起兵，就被漢將酈寄率軍包圍，攻破城池，趙王自殺。所以，名義上是「七國之亂」，實際上真正興兵與朝廷作戰的，只有吳楚兩國而已。

七國之亂，是中央集權與地方割據之間矛盾的爆發。中央政權獲勝後，漢景帝趁勢收取了各諸侯國的支郡、邊郡，削減他們的地盤，同時，削弱諸侯王的權力，把官員任命權和徵收賦稅權都收歸中央。各諸侯國地盤縮小，力量減弱，而且既不管人，也不管錢，還能對中央構成威脅嗎？

◎新視角讀《史記》之九十六 文景二帝不容周勃父子

　　周勃和兒子周亞夫，都是歷史上著名的軍事家，而且忠心耿耿，為劉氏江山立有大功。他們輔佐的漢文帝和漢景帝，也是有名的賢君。按理說，他們應該相處和諧，可沒想到，文景二帝都容不下他們。周亞夫被景帝逼死，周勃被文帝下獄，也差點喪命，令人遺憾。司馬遷寫了《周勃世家》，記述了這些事情，給人以深刻教訓。

　　《周勃世家》記載，周勃是沛縣人，與劉邦同鄉。周勃自幼習武，孔武有力，弓馬嫻熟，他跟隨劉邦南征北戰，屢立戰功，深受劉邦信任。劉邦臨終時說，將來安定劉氏天下的，一定是周勃。果然，在剷除呂氏勢力時，他功勞第一，隨後又擁立了漢文帝，稱得上居功至偉。

　　可是，居功至偉同時也能功高震主。上朝時，周勃昂首挺胸，躊躇滿志；漢文帝則對他十分恭敬，每次下朝，都是目送周勃出去，自己才走。大臣袁盎進諫說：「周勃固然是國家功臣，但不屬於社稷之臣，只有與朝廷共存亡的，才能稱為社稷之臣。周勃當年身為太尉，手握兵權，卻不能匡正除奸，反而迎合呂后。所以，臣以為，陛下不必對他謙遜退讓。」漢文帝認為袁盎說得對，猜忌之心油然而生。於是，漢文帝提拔周勃當丞相，但不讓他管軍隊了；任命灌嬰為太尉，後來灌嬰當了丞相，卻仍然掌管軍隊。灌嬰當初阻止齊王劉襄進京，才使漢文帝有了當皇帝的機會，文帝很器重他。漢文帝對周勃、灌嬰二人的態度，一目瞭然。

　　周勃的強項是帶兵打仗，當丞相卻力不從心。有一次，漢文帝當著群臣的面，問周勃一年判決多少案件，周勃不知道；又問朝廷一年的收支情況，周勃仍然不知道。其實，這些都是丞相應該知道的。透過了解案件，可以分析治安情況和法律寬嚴；不清楚國庫收支，更是失職。所以，周勃面露愧色，汗流浹背。漢文帝顯然不滿意，又問陳平。陳平圓滑，說：「案件情況，可問廷尉；收支情況，可問治粟內史。丞相一職，對上輔佐皇帝調理陰陽、順應四時，對下養育萬物適時生長，對外鎮服四夷和諸侯，對內愛護百姓，使公卿大夫勝任職責。」這都是些大而化之的話，實際上是狡辯，漢文帝卻稱

讚他答得好。漢文帝當眾表揚陳平，使周勃難堪。有個手下人勸周勃說：「您的功勞威震天下，地位又尊貴無比，時間長了，可能會招來災禍。」周勃自己也感到危險，只當了一個月丞相，就請求辭職，回封地去了。過了一年，陳平去世，文帝又讓周勃回朝當丞相。當了十幾個月，文帝還是覺得他不能勝任，就藉故又把他免職了。

周勃肯定知道漢文帝對他猜忌和不滿，回到封地絳縣以後，時常擔心有禍事發生，每當郡守和郡尉來視察絳縣、會見周勃的時候，他都披掛鎧甲，又讓家人手持兵器，如臨大敵，搞得氣氛很是尷尬。其實完全沒有必要，如果朝廷想要加害於他，這能頂什麼用呢？這樣做，只會加重皇帝的猜忌，給誣告者提供口實。果然，後來有人誣告他謀反。漢文帝下令逮捕他，押回長安，關到監獄裡。刑獄官天天審問，周勃恐懼，不知怎麼回答。更可恨的是獄吏，經常任意欺凌侮辱他，使他難以忍受。直到周勃賄賂獄吏千金以後，他的處境才好了一些。獄吏提示周勃，可以讓公主做證，證明周勃沒有謀反。公主是漢文帝的女兒，是周勃的兒媳婦，原來周勃與漢文帝還是兒女親家。可是，公主與丈夫關係不好，沒有造成作用。這可能也是漢文帝對周勃不滿的原因之一。

案子到了緊要關頭，周勃生死攸關。周勃咬咬牙，把受的封賞都送給了文帝的舅舅薄昭。薄昭不敢直接去找文帝說情，悄悄告訴了姐姐薄太后。薄太后把兒子叫來，聽兒子說周勃要謀反，薄太后發火了，順手扯下頭巾，砸到兒子臉上，說：「我不相信。當年周勃身帶皇帝印璽，手握重兵，那時不反，如今住在一個小縣裡，反倒要造反嗎？」漢文帝是個大孝子，見母親發怒，只好赦免周勃，恢復了他的爵位和食邑。周勃費了九牛二虎之力，總算保住了性命。他出獄時，十分感慨地說：「我曾經統領百萬大軍，卻得不到獄吏的尊貴。」這表明文帝時期，儘管政治清明、輕刑慎罰，但黑暗的方面仍然不少。

周勃出獄後，仍住在絳縣，默默無聞，幾年後患病去世。長子繼承了爵位，但他與公主感情不和，又犯了罪，封地被廢除。一年之後，文帝從周勃其他兒子中挑選了一個賢能的，繼承周勃的爵位，他就是周亞夫。

周亞夫當時擔任河內郡守，他胸有韜略，治軍嚴格。有一次，匈奴進犯邊境，漢文帝為保京城安全，調了三支部隊在長安附近駐紮，其中一支，由周亞夫率領，駐紮在細柳。漢文帝想鼓舞士氣，親自去慰問部隊。先到了其他兩個軍營，都是很輕易地就進去了，軍營內戒備鬆弛，隨隨便便。漢文帝又到了周亞夫軍營，見營門緊閉，所有官兵都披掛鎧甲，兵刃銳利，弓弩張開，弓弦拉滿，戒備極其森嚴。文帝隨從說：「天子駕到，要進去慰問軍隊。」守門將士說：「周將軍規定，在軍營內，只服從將軍的命令，不聽天子詔令。」漢文帝派人找到周亞夫，周亞夫下令，這才打開了軍營大門。守營將士說：「周將軍有規定，軍營內不准驅馬奔馳。」漢文帝車隊只好慢慢行進，到了營中大帳。周亞夫手持兵器，拱手行禮說：「穿戴盔甲的將士不能跪拜，請允許我以軍禮參見皇上。」漢文帝完成勞軍禮儀後離開，一出營門，隨從都責怪周亞夫失禮。文帝卻說：「這才是真正的將軍呀！剛才在那兩個軍營看到的，簡直是兒戲，如果敵人來襲，他們肯定就當俘虜了。」不久，漢文帝提拔周亞夫當了中尉。文帝臨終前，告誡太子：「如果發生危急事情，周亞夫是真正可以擔當領兵重任的。」漢景帝提拔周亞夫當了車騎將軍。

七國叛亂之時，漢景帝想起文帝的話，任命周亞夫為太尉，率軍平叛。此時，吳楚聯軍已經包圍了梁國都城。周亞夫請示漢景帝，說：「楚兵勇猛輕捷，正面交戰沒有取勝的把握。我希望先把梁國放棄，讓他們進攻，我們去斷絕他們的糧道，這樣才能把他們制服。」景帝同意了。周亞夫以太尉的身分，調集各路軍隊會合滎陽，然後，領兵到了昌邑，深溝高壘堅守不出，同時派輕騎兵去截斷叛軍糧道。梁國形勢危急，天天派人向周亞夫求救，後來漢景帝派去使者，手拿詔令，命他救梁，周亞夫卻始終不肯出兵。當時，他駐軍的地方，並沒有敵情，完全可以派出部分兵力，從背後襲擊正在攻城的叛軍。周亞夫是想讓梁國牽制和消耗叛軍力量，等叛軍糧盡，再予以反擊，一戰即可獲勝。後來的結果，也是如此。單從軍事角度考慮，這是個好計謀，但周亞夫沒有考慮其他方面，卻是很大的失策。梁王是景帝的親弟弟，是竇太后的心肝寶貝，得罪了他們，能有好果子吃嗎？果然，梁王和竇太后都對周亞夫心懷怨恨，經常說他的壞話。歷史上有許多軍事奇才，打仗無人能及，

卻不懂政治，更不知道政治上的凶險遠高於戰場，戰場上是刀光劍影，政治上是殺人不見血。

周亞夫平定七國之亂，立有大功。漢景帝提拔他當了丞相，卻沒有了軍權。漢景帝這是學他老爹那一手，周亞夫卻沒有學會周勃的謙恭忍讓，而是十分強勢。漢景帝想廢太子，周亞夫不同意，極力爭辯。竇太后想封皇后的哥哥為侯，周亞夫堅決反對，說他沒有功勞，不能封侯，景帝只好作罷。漢景帝想封匈奴的幾個降將為侯，周亞夫又是堅決反對，說不忠之人不能封侯。漢景帝這次沒聽他的，堅持把那些人封了侯。周亞夫為此十分氣惱，稱病退居在家。漢景帝藉機免去了他的職務。

後來，漢景帝身體多病，太子年少，他想試探一下周亞夫，看他脾氣改了沒有。這或許是想讓他輔佐太子，或許是擔心他日後生亂。漢景帝把周亞夫召進宮來，請他吃飯，席上只放了一大塊肉，卻沒有任何餐具，既沒有刀子，也沒有筷子，周亞夫無法下嘴。漢景帝這是暗示周亞夫，沒有皇上，他連塊肉都吃不了，漢景帝是希望他請求賜給他吃飯餐具。周亞夫乃一介武夫，沒有明白漢景帝用意，卻認為是在耍弄他，很生氣，扭頭就叫侍從，讓拿刀子筷子來，漢景帝很失望。告辭時，周亞夫不是恭敬地請景帝先走，而是自己快步走了。景帝目送他離開，嘆口氣說：「這樣的人，是不能當少主大臣的！」

過了不久，周亞夫的兒子私自購買了五百件盔甲盾牌，打算作為父親日後的殉葬品，這在當時是違法的。有人狀告周亞夫私購兵器，圖謀造反。漢景帝趁機將他逮捕，由廷尉審理治罪。廷尉責問他：「你想造反嗎？」周亞夫很生氣地回答：「那是我死了殉葬用的，怎麼能說是造反呢？」獄吏說：「我看你就是想造反，不在地上造反，也會在地下造反。」周亞夫大怒，這明顯是不講理了！周亞夫氣憤填膺，絕食抗議，五天沒有吃飯，最後吐血而死。周亞夫死後，漢景帝撤除了他的封地。

歷史上幾乎所有的統治者，都會猜忌功臣，因為他們功勞大、能力強、威望高，自然能量也大，一旦造反，危害也大。而有些功臣，軍事才能突出，其他方面卻有弱項，不善於處理關係，不會自保，所以，往往下場都很悲慘。

歸根結底，是統治者擔心功臣會威脅皇權，需要鞏固自己的地位，文景二帝也是如此。

◎新視角讀《史記》之九十七 武帝消除兩大禍患

漢景帝死後，兒子漢武帝繼位。漢武帝雄心勃勃、雄才大略，繼承和發展祖父、父親事業，開創了「漢武盛世」，把封建社會推向了第一個發展高峰。漢武帝突出的貢獻是，他用文的一手，徹底解除了諸侯割據的威脅，使中央集權空前強大；他用武的一手，徹底消除了匈奴禍患，使漢朝版圖空前擴大。因此，漢武帝被譽為歷史上最有作為的皇帝之一。

《史記》記載，漢武帝名叫劉徹，也是一個幸運兒。他父親漢景帝有十四個兒子，劉徹排行第十，母親王夫人又是排名靠後的妃子，本來當皇帝的希望十分渺茫。幸運的是，漢景帝的皇后沒有孩子，不受寵愛，後來被廢；漢景帝寵愛的妃子栗姬，雖然其子劉榮被立為太子，可栗姬任性不懂事，不知道保護自己和兒子，這就使劉徹有了希望和機會。

漢景帝與姐姐劉嫖關係很好，劉嫖想把女兒嫁給太子劉榮。這對鞏固栗姬兒子的地位，是多麼有利啊！可栗姬怨恨劉嫖經常給漢景帝找美女，竟然一口回絕了。劉嫖大惱，便想把女兒嫁給劉徹。王夫人一口答應，十分高興。此後，劉嫖天天在弟弟面前說栗姬和劉榮的壞話，極力誇讚王夫人和劉徹。說得多了，漢景帝開始對栗姬有點不滿意了。更要命的是，有一次景帝病重，感覺不好，囑託栗姬說：「我死之後，你要好好照顧其他嬪妃和皇子。」這是多大的信任啊，明顯就是要封栗姬為皇后，予以託孤。沒想到，愚蠢的栗姬竟然不答應，而且出言不遜，說：「你平時寵愛她們，死後卻要我來照顧，想得挺美，沒門！」漢景帝大怒，氣得差點沒死過去。漢景帝病好了，拒絕見栗姬，後來又廢了太子劉榮。王夫人則一躍升為皇后，劉徹被立為太子。

漢景帝去世，漢武帝順利登基。當時漢朝面臨兩大問題，即諸侯割據和匈奴禍患。文景二帝時期，採取了很多措施，限制和打擊諸侯勢力，雖然取得很大成效，但不徹底。諸侯王各自盤踞一方，使中央政府的法令難以通達，對中央集權仍然構成威脅。這時，有個叫主父偃的人獻上計策，叫「推恩」。主父偃說：「國家的憂患，在於土崩，不在於瓦解。土崩，就是底層民眾起來造反，秦朝就是因為陳勝造反而滅亡的；瓦解，就是上層諸侯反叛，『七國之亂』雖然來勢洶洶，但一舉就被蕩平了。如今，諸侯國各自為政，皇恩

和朝廷法令通達不到底層民眾，這是很危險的。如果強行取消諸侯封地，容易出亂子。所以，建議陛下採取推恩的辦法來解決。以前諸侯王的爵位，只有嫡長子才能繼承，其他兒子都沒份。如果陛下實行推恩，把諸侯王的兒子們都封侯，每人分一塊土地，這樣，一個諸侯國分成了十幾個，甚至幾十個，他們的勢力自然就很小了。」

漢武帝聽了主父偃的建議，認為這是個好辦法，於是頒布《推恩令》，說：「諸侯王的子弟，都是劉氏骨肉，朕不忍心看到有些王子得不到祖先的恩惠，因此，朕要推廣恩德，允許所有的王子都能分得土地，使劉氏子孫世代富貴。」《推恩令》一下，除了有些嫡長子以外，眾多的劉氏子弟歡欣鼓舞，紛紛為漢武帝歌功頌德。這樣，根本不用動刀兵，各諸侯國的勢力就化解於無形之中了，漢武帝還得到眾多劉氏子孫的擁護，真是高明的計策！

與此同時，漢武帝在全國各地設置刺史，監察地方，將推恩後王子分到的地盤納入郡縣管理，並且將鑄錢、財政、冶鐵、煮鹽甚至釀酒之類，統統收歸中央統一管理，一切法令政策，皆出自中央。漢武帝還「罷黜百家，獨尊儒術」，從思想文化方面加強統治。這樣，一個大一統的中央集權就徹底建立起來了，為解決匈奴問題提供了有力保障。

匈奴的祖先，是夏後氏的後代子孫，叫淳維。匈奴人居住在北方蠻荒之地，從事遊牧活動。他們自小吃肉喝奶，身體強壯。從兒童開始，就練習騎馬射箭，平時四散遊牧，一旦有事，人人都是戰士。他們打仗，主要是為了搶掠財物，有利時就進攻，不利時就逃散，不以逃跑為恥辱。父親死後，後母被兒子娶作妻子；兄弟死了，妻子就嫁給其他的兄弟，風俗習慣與中原大不相同。

從周朝開始，匈奴就時常襲擾中原，那時被稱為山戎、戎狄等。春秋戰國時期，秦、趙、燕等國為了擴大實力，攻占了匈奴大片土地。匈奴生產落後，一盤散沙，不是對手。後來，匈奴出了一個厲害人物，叫冒頓。冒頓趁中原混戰之機，把分散的匈奴部落統一起來，向東滅了東胡王，向西打跑了月氏，向南吞併了樓蘭，並收復了原來被秦國奪取的土地。到漢朝時，匈奴擁有強悍騎兵三十多萬人，對中原造成嚴重威脅。劉邦稱帝以後，就想消除匈奴禍

患。劉邦起初輕敵，經過「白登之圍」，知道了匈奴厲害，不得已實行和親政策，匈奴越發驕橫起來。劉邦死後，冒頓竟然寫信調戲呂后，說：「你丈夫死了，何不嫁給我呢？」呂后是何等厲害角色，雖然胸中惱怒，但也只能忍氣吞聲。文景帝時期，繼續採取和親政策，匈奴更加肆無忌憚，不斷侵擾漢朝邊界，形成了嚴重禍患。

漢武帝時期，中央集權強大，文景二帝積攢了豐厚財物，漢武帝就想對匈奴用兵。西元前 133 年，漢武帝精心設計了「馬邑之謀」，引誘匈奴進犯邊境上的馬邑城，而在附近埋伏了三十萬大軍。匈奴首領果然領兵十萬來犯，但看到沿途都是牧畜，並不見人，心中生疑，抓了一名漢將審問，得知前面有埋伏，立即撤兵回去了。匈奴人也挺狡猾的。漢朝雖然一無所獲，卻拉開了主動反擊的序幕，標誌著和親政策的結束。此後，漢武帝與匈奴多次作戰，其中大規模的戰略反擊有三次。

第一次是河南之戰。河南是指黃河南邊河套地區，那是一個戰略要地。秦始皇時期曾攻占了那個地方，後來又被冒頓搶了回去。匈奴把它作為進犯中原的跳板，直接威脅京都安全。西元前 127 年，匈奴進犯上谷、漁陽等地。漢武帝趁河南空虛，派青年將領衛青率軍攻打。衛青沿黃河西進，突然襲擊，打敗了匈奴，收復了河套地區。漢武帝隨即在這裡設立兩郡，移來內地民眾十萬多人，進行屯田戍邊。河南之戰，打掉了匈奴的進攻跳板，反而為漢軍建立了一個戰略進攻的基地，從而掌握了戰爭主動權。

第二次是漠南之戰。西元前 124 年，衛青率軍從河套出兵，深入匈奴地區，攻擊匈奴右賢王。衛青長途奔襲，右賢王措手不及，吃了敗仗，狼狽北逃。次年，衛青又兩度出兵，大敗匈奴，擴大了戰果。漠南之戰，迫使匈奴主力退卻漠北，遠離漢境，解除了對中原地區的威脅，並且為河西戰役提供了必要條件。

第三次是河西之戰。河西即河西走廊，是通向西域的戰略通道。匈奴占領河西後，對漢朝側翼構成威脅。西元前 121 年，青年將領霍去病領兵攻擊河西地區。他率軍長驅直入，勇猛作戰，六天內連破匈奴五個王國。同年，

霍去病再次出擊，全部占領了河西走廊。漢朝在那裡設置了武威、張掖、酒泉、敦煌四郡。河西之戰，消滅了匈奴有生力量，打開了通向西域的道路。

透過三次大規模戰略反擊，匈奴逃往漠北，大漠以南沒有匈奴軍隊的影子了。後來，漢武帝又出動多路大軍，長驅直入，發動了漠北之戰，大敗匈奴，把匈奴趕得遠遠的，再也構不成對漢朝的威脅了。漢朝從此擴大了千里疆域。

漢武帝除了用武力反擊匈奴外，還派張騫出使西域，聯合其他國家，開闢了絲綢之路，擴大了漢朝的影響力。此外，漢武帝還南吞百越，西征大宛，開疆拓土，使漢朝面積擴大了數倍，奠定了中華疆域版圖。但是，漢武帝連年征戰，窮兵黷武，不僅把文景二帝積累的財富損耗殆盡，還引發了許多社會矛盾和問題。不過，這是戰爭的後遺症，也是不得不付出的代價。

◎新視角讀《史記》之九十八 武帝求神愚昧荒唐

　　漢武帝雖有雄才大略，滿腹智謀，但又愚昧可笑，做了不少荒唐事。他為了追求長生不老，鍥而不捨地拜神求仙，屢屢被騙，卻毫不覺醒，執迷不悟，深陷其中不能自拔，實在令人無語。

　　《史記》記載，漢武帝登基不久，就喜好祭神求仙，想去泰山封禪。此時祖母竇太后很有權勢，一口給否了，封禪活動只得「流產」。竇太后死了，沒了約束，漢武帝便大搞拜神活動，每三年就隆重祭祀一次天帝，同時到處求神尋仙。長陵有個女子，兒子夭折，悲哀而死，人們同情哀悼她。她的妯娌假託女子顯靈，號稱神君，很多人都去祭祀。漢武帝聽說以後，趕緊用隆重的禮儀把神君請來，安置在宮中供奉。漢武帝能聽見神君說話，卻始終見不到她本人。

　　有個叫李少君的方士，看面相不過四十多歲，他卻自稱七十歲了。據說，他能驅使鬼神，還能使人長生不老。漢武帝如獲至寶，十分恭敬地把他請來。在一次酒宴上，首席坐著一位九十多歲的白髮老人。李少君說與老人的爺爺是朋友，並說了一些老人爺爺的事情。老人見說得一點不差，大驚失色，口稱前輩，趕緊把首席讓給李少君。滿席賓客全都驚訝不已。大概這老人是李少君的托兒吧。又有一次，李少君見漢武帝有件古銅器，隨口就說：「這是齊桓公曾經用過的，我在齊桓公那裡見過。」漢武帝讓人鑑定，果真是齊桓公的器物。齊桓公距漢武帝已有幾百年了，那李少君有多少歲呢？消息傳開，整個皇宮都大為震驚，認為李少君不是凡人。不料，過了不久，李少君得病死了。人們都說他是騙子，只有漢武帝認為他是成仙升天了。

　　這時，又一個騙子登場了，他叫少翁。漢武帝寵愛的王夫人死了，少翁說能讓武帝夜裡見到王夫人。果然，漢武帝隔著帷帳，模模糊糊地看見了王夫人的身影。漢武帝龍顏大悅，封少翁為文成將軍。少翁說，他能招來神仙，武帝十分高興，就按少翁的要求，專門建造了甘泉宮，在宮中修建了高臺宮室，室內畫著天地諸神，擺上祭祀用品，恭候神仙光臨。等了一年多，神仙也沒來。少翁怕武帝懷疑，又施展了「仙術」。他在一塊皁布上寫上字，讓牛吞到肚子裡。一天，少翁陪著武帝遊玩，把武帝引到牛欄旁。少翁一指牛

肚子，說裡面有天書。武帝不信，讓人把牛殺了，果然肚子裡有一塊寫字的皂布。不料少翁弄巧成拙，有人認出上面是少翁的筆跡。漢武帝一怒之下，殺了少翁，但把這件事隱瞞起來。

後來，有人推薦了少翁的師弟欒大。漢武帝殺死少翁後，有些後悔，便接見了欒大。欒大生得高大英俊，敢說大話。他吹噓說：「我在海中來往，曾經見過神仙，不過神仙認為我地位低下，不信任我。我的老師說過：『黃金可以煉成，黃河決口可以堵塞，不死之藥可以求得，神仙也可以招來。』但我怕再遭遇少翁那樣的災禍，不敢再談方術了。」漢武帝急忙掩飾說：「文成將軍是誤食馬肝而死的。您只要能引來神仙，朕什麼都捨得給您。」欒大說，只有讓他地位極為尊貴，才能取得神仙信任。武帝讓欒大展示一個小方術，想看看他的本領。欒大掏出一副棋來擺好，一唸咒語，只見那些棋子自己在棋盤上來回移動。漢武帝看傻了眼，相信了欒大。其實，那只不過是用磁石做成的魔術罷了。漢武帝封欒大為天士將軍、地士將軍、大通將軍、天道將軍，賜予他四枚金印。同時，封他為樂通侯，賜給他食邑兩千戶、奴僕千人、黃金萬斤，還有豪華住宅。另外，欒大所用的車馬帷帳等器物，與皇帝相同，漢武帝甚至把公主都嫁給了他。短短數月，欒大就富貴至極，惹得各地的方士們，眼睛全都紅了，無不握住手腕，激動振奮，紛紛稱自己有方術、能通神。欒大接受了少翁的教訓，怕時間久了露餡，謊稱去東海找老師，攜帶金銀財物逃之夭夭。

漢武帝像個二傻子，被方士們騙得團團轉，但始終不能覺醒。他堅持認為，神仙是有的，只不過是那些人方術不精，沒有真本事罷了。有一次，漢武帝得到一只鼎。這只鼎和其他鼎大不相同，上面只有花紋，沒有鑄刻文字，好像年代十分久遠，武帝感到奇怪。不久，有個方士公孫卿求見，獻上一部木製古書，古書上記載，這只鼎是黃帝鑄的。公孫卿說：「皇上得到古鼎，預示著能夠成仙升天。當年黃帝鑄成此鼎後，有一條鬍鬚很長的神龍飛下天來，迎接黃帝。黃帝騎上龍背，嬪妃和大臣跟著上去的有七十多人，那些命裡不該成仙的小臣，卻抓住龍鬚不放。神龍騰空而起，龍鬚被扯斷，那些人全都摔了下來。」武帝聽得入了迷，說：「朕如果能像黃帝那樣成仙升天，拋棄妻子兒女，就像甩掉鞋子一樣。」漢武帝封公孫卿為郎官，專門負責尋

仙之事。後來，武帝到北方巡視時，見到了黃帝陵墓，回頭問公孫卿：「你不是說黃帝升天了嗎？怎麼會有陵墓？」公孫卿不慌不忙地答道：「黃帝升天之後，眾臣把他用過的衣服帽子埋在這裡，所以有陵墓。」漢武帝相信了。

有一天，公孫卿興沖沖地來稟報武帝，說他在蓬萊見到了神仙。神仙身高數丈，還牽著一條狗。與公孫卿同去尋仙的大臣，也有人說看見了，而且還聽神仙說：「我想見天子。」漢武帝興奮不已，立刻日夜不停地趕往蓬萊，卻沒有見到神仙。武帝在蓬萊一連住了好多天，仍然沒有見到，不過，卻看見了一個巨大的腳印，就認為是神仙留下來的。既然看見了神仙腳印，可能就離神仙不遠了。武帝心裡高興，重賞了公孫卿，提升他為中大夫，給他留下幾千人馬，讓他繼續尋找神仙。漢武帝回來時，又到泰山舉行祭祀。

公孫卿帶著幾千人找了很久，也沒有找到神仙。公孫卿對漢武帝說：「神仙是可以見到的，只是皇上去求仙的時候，總是很倉促，所以才見不到。與其四處尋找神仙，不如修建宮廷樓閣，神仙喜歡住樓閣，有可能會不請自來的。當年黃帝求仙的時候，就建了青靈臺，後來又建造了明庭，總共有五城十二樓，結果神仙就來了。」漢武帝一聽，覺有道理，他當時國事繁忙，既要理朝政，又要打匈奴，日理萬機，疲憊不堪，不可能全身心地去找神仙，不如建造樓閣，坐等神仙自來。於是，漢武帝就按公孫卿說的，花費巨資，建造了五城十二樓，有千門萬戶，規模極大。它的前殿比未央宮還要大，東邊是二十多丈高的鳳闕，西邊是幾十里寬的唐中苑，北邊建一大湖，仿照海中仙山的樣子，在湖中建了蓬萊、方丈、瀛洲、壺梁四座山。還建了神明臺、井幹樓，都高達五十多丈，樓臺之間有輦車道相互連接。漢武帝親自到那裡祭祀天帝，穿著黃色禮服，擺上豐盛祭品，態度十分虔誠，希望神仙能夠降臨。不過，無論漢武帝多麼誠心，卻始終沒有見到神仙的影子。

漢武帝堅持不懈地求神尋仙，竭力追求長生不老，與他勵精圖治、建立豐功偉績相比，反差是多麼巨大，但這就是同一個人。漢武帝雄才大略，卻被小小的方士玩弄於股掌之上，實在令人費解。漢武帝致力於拜神求仙，當然不會長生不老，但上天待他也不薄，讓他活到七十歲。在那個年代，他算是高壽了，在歷代帝王中，也屬於長壽者之一。

◎新視角讀《史記》之九十九 三個命運坎坷的皇太后

　　西漢初期，不僅出了三個大有作為的皇帝，而且出了三位有名的皇太后，她們分別是漢文帝的母親、漢景帝的母親、漢武帝的母親。這三位皇太后，雖然出身微賤，經歷坎坷，但運氣頗佳，具有傳奇色彩。她們閱歷豐富，明辨事理，幫助兒子成就大業，做出了自己的貢獻。司馬遷著有《外戚世家》，記載了她們的事跡。

　　《外戚世家》記載，漢文帝的母親姓薄。薄太后的父親是吳地人，母親是魏國人，她是父母私通而生的私生女。父親死得早，她由母親獨自養大，童年時代自然不會美好，孤兒寡母的，沒少受人欺負。薄太后成人後，長得漂亮，母親把她送到魏王宮中，做了魏王豹的妃子。魏王豹對她還不錯，薄太后開始過上好日子。有人給薄太后相過面，說她命中應當生天子。魏王豹一聽很興奮，兒子能做天子，那豈不是自己要先當皇帝嗎？當時，劉邦正與項羽爭奪天下，魏王豹站在劉邦一邊，知道此訊後，心想：原來劉項兩家都得不到天下，天下是我的，那就誰也不幫，自己獨立吧。再加上劉邦待人不禮貌，魏王豹便藉口父母有病，回到魏國，背叛了劉邦。魏王豹對薄太后十分寵愛，日夜盼望她能生出兒子來，可惜薄太后的肚子一直沒有動靜。薄太后雖然沒有生下兒子，卻度過了一段開心快樂的幸福時光。

　　可惜好景不長，劉邦派軍隊攻打魏國，魏王豹當了俘虜，後來被殺。魏王豹的家眷同時被俘，薄太后被送到漢王的織造府，當了奴隸，整日勞累，生活又從天上掉到地下。不想時來運轉，有一次，劉邦去了織造府，看到薄氏美貌，便把她收入後宮，但並不寵愛她，薄氏一年多也沒有得到寵幸。估計薄太后對劉邦也沒有好臉色，自己恩愛的丈夫被殺了，能高興得起來嗎？薄太后與管夫人、趙子兒年少時候是閨蜜，三人曾立下誓約，富貴後互不相忘。此時管夫人和趙子兒都在劉邦後宮，並得到寵愛。她二人就把薄氏的身世告訴了劉邦。劉邦聽了，心中有些傷感，可憐她，當晚就召她同房。沒想到，一次同宿，竟然生了個兒子，就是後來的漢文帝。薄太后果真生了個天子。

　　薄太后的兒子名叫劉恆，八歲時被封為代王。薄太后捨不得兒子，也跟著一塊兒去了代國。雖然北方寒冷，不太適應，但娘兒倆相依為命，兒子孝順，又遠離宮廷鬥爭，日子過得還算可以。娘倆都沒有太多奢望，只求平安清淨，在代國生活了十七年，一直是與世無爭、默默無聞。所以，呂氏迫害劉氏子弟的時候，也沒有注意到他們。呂后一死，命運之神再次光顧，兒子當了皇帝，母親成了皇太后。

　　薄太后有了權勢之後，仍然清心寡慾，慈善仁愛，很少干政，更不仗勢欺人。但是，在一些關鍵時候，她也能主動出手，主持公道。周勃被誣陷入獄，漢文帝想把他治罪。薄太后聞訊大怒，召來兒子，責問道：「當年周勃身帶皇帝印璽，手握重兵，那時不反，如今住在一個小縣裡，反倒要造反嗎？」說得漢文帝啞口無言，只得把周勃放了。在立漢文帝皇后的問題上，薄太后打破偏見，堅持立出身低微的竇氏為皇后。這都體現了薄太后的深明大義和明辨是非。

　　薄太后在漢文帝死了兩年之後去世，享年六十一歲。她死後沒有與丈夫劉邦合葬，而是葬在兒子陵墓附近。薄太后受到後人尊敬，光武帝說她「母德慈仁」，追尊她為高皇后。老百姓為薄太后建有廟、祠、塔，永做紀念。

　　《外戚世家》記載，漢景帝的母親姓竇。竇太后是趙國清河觀津人，家境貧寒，自小父母雙亡，家中有個哥哥，一個四五歲的弟弟被人拐賣，竇太后連名字和出生日期都沒有留下來。竇氏在不大的時候，為了活命，進宮當了宮女，受盡欺辱。呂后執政時，把一批宮女遣送出宮，賜給各諸侯王，竇氏也在其中。她想回家鄉，請求主管宦官把她分到趙國。可宦官哪裡會在意一個宮女的請求，偏偏把她分到了遙遠的代國。竇氏痛哭流涕，但又無可奈何。竇太后當年連這點小小的願望都不能實現，甚是可憐！沒想到壞事變成好事，代王劉恆偏偏喜歡她，不久就生下女兒劉嫖，後來又生了兩個兒子，一個叫劉啟，一個叫劉武。在她之前，劉恆的王后已經生了四個兒子，不料王后和她的四個兒子，先後都病死了。所以，劉恆當皇帝之後，劉啟被立為太子，竇氏成了皇后。

竇氏當了皇后，天下皆知，她那被人拐賣的弟弟找來了。由於當時弟弟幼小，離散多年，所以並不認識。竇太后就問他小時候的事情，回答得都對。弟弟說：「當年姐姐入宮西去的時候，與我在驛站分別。姐姐討來米湯給我洗頭，又要來食物給我吃，然後一路哭著走了。」竇皇后聽罷，一把抱住弟弟，放聲大哭。左右侍從全都趴在地上，涕淚橫流，聞者無不垂淚嘆息。漢文帝死後，兒子劉啟當了皇帝，竇皇后升級做了皇太后。

竇太后與薄太后有些不同，喜歡干政，甚至到了孫子漢武帝時期，還時常過問朝廷之事。但她干政並不過分，作用也不大。她寵愛小兒子，想著大兒子死後，讓小兒子繼位，結果眾臣反對，她就打消了念頭。她想讓侄子竇嬰當丞相，卻被漢景帝一口拒絕。她的哥哥和弟弟，由於出身低微，大臣們就為他倆挑選了好師傅，又讓品行端正的人和他倆在一起，結果這兄弟倆，都成了謙遜禮讓的君子。

竇太后愛好黃帝、老子的學說，便要求皇帝、太子等人，必須讀《黃帝》《老子》，尊奉黃老學術。這對於文景時期實行清淨無為、與民休息的政策，產生了一定影響。

竇太后在兒子漢景帝死後六年，患病去世，與丈夫文帝合葬，享年不詳，年紀應該不小了。

《外戚世家》記載，漢武帝的母親姓王，叫王娡，槐裡人（今屬陝西）。王娡的母親叫臧兒，是燕王臧荼的孫女，因燕國被滅，家道淪落，只好嫁給一個平民，生了一個兒子、兩個女兒。臧兒很厲害，有膽有識，敢作敢為。

王娡年齡不大，就由母親臧兒做主，嫁給一個普通農家，丈夫叫金王孫。夫妻倆關係很好，不久生下一個女兒。正常來說，王娡作為普通農婦，從此應該相夫教子，平淡一生，做夢也不會想到能當皇太后。但命運難料，有一次，臧兒為子女算卦，說兩個女兒都是貴人之命。臧兒本是王孫，不甘心一直貧困下去，想依靠女兒恢復過去的富貴，便決心賭一把。她強行把王娡從金家接回，託了很多關係，把她送到太子劉啟宮中。王娡的丈夫十分憤怒，但沒有辦法。王娡從此拋棄丈夫和女兒，到太子宮中當了一名美人。幸運的

是，她很受太子劉啟的寵愛，生了一男三女。臧兒又把小女兒也送入太子宮中，同樣受寵，一連生了四個兒子。

劉啟後來當了皇帝，王娡成了王夫人。王夫人有母親臧兒的遺傳基因，很有見識。她不僅得到丈夫寵愛，而且與劉啟的母親竇太后和姐姐劉嫖，關係也很密切，還與劉嫖結成了兒女親家。所以，當皇后之位空缺時，她由一個排名居後的妃子，一躍登上了皇后寶座。子憑母貴，兒子劉徹儘管排行第十，但因母親是皇后，他就成了嫡子，於是被立為太子。漢景帝死後，劉徹繼位，王娡成了皇太后。此時，王娡十分懷念自己的母親，母親早已去世，就尊奉她為平原君。臧兒想使家族重新富貴的願望，終於實現了，而且還超過預期。臧兒可以含笑九泉了！

漢武帝繼位時，只有十幾歲，竇太后時常干政，王太后便發揮自己的特長，周旋於兒子和婆婆之間，小心謹慎，不斷幫助兒子掃清前進路上的障礙。漢武帝對母親也很孝順，他聽說民間還有母親的一個女兒，便親自尋找回來，使分散多年的母女團聚。王太后在漢景帝死後十六年去世，與景帝合葬，享年不詳。

三個皇太后的經歷告訴我們：人生一世，命運無常，很多人都會歷經坎坷。命運坎坷並不可怕，只要堅持走下去，就有可能會踏上平坦大道，迎來美好前景。

◎新視角讀《史記》之一百 司馬遷發憤寫《史記》

《史記》最後一篇，是《太史公自序》。《自序》寫了司馬遷的身世經歷，說明了寫作動機和過程，表達了他的情感世界，並對《史記》內容作了概括和貫串。這對於我們學習和理解《史記》，有著很大幫助。

《太史公自序》說，司馬遷的祖先，是顓頊帝的後代子孫重黎氏。周宣王時期，重黎氏因失去官守而成為司馬氏，後代就以司馬為姓了。司馬氏世代掌管周史。司馬遷的父親叫司馬談，是漢武帝的太史令。司馬談學識淵博，諳熟歷史，上曉天文，下知地理。司馬遷出身於這樣的家庭，為他成為史學名家提供了肥沃土壤。

司馬遷自小聰明好學，十歲就能讀誦《尚書》《左傳》等經典古書。他少年時代讀「萬卷書」，到了二十歲時，便開始行「萬里路」了。幾年時間，他的足跡遍及今陝西、河南、山東、安徽、江蘇、浙江、湖南、湖北等地，考察各地風情，飽覽名山大川，收集民間史料。遊歷歸來。他入仕當了郎中。任職期間，又奉命出使今四川、貴州、雲南等地。這樣的經歷，為他編著《史記》奠定了堅實基礎。

司馬遷的父親做官清正，為人耿直，不善迎逢，因而不受重用。漢武帝去泰山搞封禪大典，聲勢浩大，百官隨從。司馬談作為太史令，理應跟隨前往，可漢武帝藉口司馬談有病，不讓他參加。司馬談十分遺憾，深感失望，病情加重，不久離世。司馬談酷愛歷史，想寫一部完整的歷史書，為此作了一些準備，收集了大量史料，可惜尚未動筆，就撒手人寰。臨終之前，司馬談緊緊抓著兒子的手，流著淚囑咐他，一定要繼承父志，光大祖業，寫一部反映真實的歷史書。司馬遷哭泣著表示，一定不辜負父親的期望，完成父親的未竟事業。這是司馬遷編著《史記》的初衷和動力。

父親死後的第三年，司馬遷擔任了太史令。這個職位，對於他編著《史記》實在是太重要了。他可以利用職務之便，任意讀閱宮中藏書。當年秦始皇下令焚書的時候，只是燒毀了民間流傳的各國史書，而皇家收藏的古籍多數都保留下來了。司馬遷得到這些珍貴的史料，如獲至寶，如饑似渴，大開

眼界，使他的史料來源廣闊而豐富。「百年之間，天下遺聞古事無不畢集於太史公。」這為司馬遷編著《史記》，提供了豐富的營養。

西元前104年，一切準備就緒，司馬遷開始動筆。他遵照父親遺囑，對待歷史問題嚴謹認真，對每一個歷史事件，都精心研究，仔細核對，力求準確。所以，整整花了六年時間，才有了《史記》雛形，編著過程中充滿了艱難和辛苦。

正在《史記》緊張編著當中，一個意想不到的沉重打擊，瞬間降落在司馬遷頭上。當時，漢朝與匈奴作戰，李陵率五千人馬，深入匈奴腹地，被匈奴數萬大軍包圍。李陵拚死抵抗，連戰八日，殺敵上萬，終因敵眾我寡，全軍覆沒。李陵被俘，降了匈奴。消息傳來，漢武帝震怒。李陵是漢朝名將李廣的孫子，作戰勇猛，屢立戰功。滿朝文武見武帝發怒，都不敢吭聲，漢武帝卻點名讓司馬遷發言。司馬遷有意安慰漢武帝，說：「李陵投降匈奴，固然有罪，但他殺敵過萬，也能將功抵罪了。李陵為人忠義，有可能是假投降，以後還會報效朝廷的。」司馬遷說這番話，完全是出於一片好心，不料，漢武帝更加狂怒，屬聲喝問：「你怎麼知道李陵是假投降？是不是串通一氣？」漢武帝把司馬遷投入獄中，處以宮刑。其實，司馬遷與李陵，一個文官，一個武將，素無來往，連一杯酒的交情都沒有。漢武帝僅僅因為司馬遷的這幾句話，就對他下此毒手，實在是太過分了。後來有學者研究說，漢武帝實際上是對司馬遷寫的《史記》不滿，藉機整他。司馬遷遭此大難，痛不欲生，幾近崩潰，如果不是尚未完成的《史記》在支撐，他可能就活不下去了。正是這肩負的使命和父親的囑託，才使司馬遷堅強地邁過了這道檻，又經過幾年的艱辛努力，終於完成了《史記》這部宏偉巨著。

《史記》原名叫《太史公書》，共一百三十篇，五十二萬多字，記述了上自傳說中的黃帝，下至漢武帝太初四年，共三千多年的歷史。它是中國歷史上第一部紀傳體通史，是一部「究天人之際，通古今之變，成一家之言」的史學傑作，對我國歷史學的研究，產生了巨大而長期的影響。同時，它還是一部偉大的文學著作。司馬遷在忠於歷史事實的前提下，透過塑造鮮明的

人物形象，反映歷史的生活畫面，表現歷史的真實本質，使《史記》具有震撼人心的藝術感染力。所以，魯迅先生讚譽它是「史家之絕唱，無韻之離騷」。

《史記》由於尊重歷史事實，許多史學家都稱它為「實錄」。然而，由於受到各種侷限，不可能對每一個歷史事件，都能記述得準確無誤，有些誤差也是難免的。現在透過考古論證，發現《史記》中有些記載，與歷史事實有些出入。另外，《史記》中也有宿命論、宣揚封建迷信之類的糟粕。對此，我們不能苛求，畢竟司馬遷是兩千多年前的人啊。《史記》雖然有些瑕疵，但瑕不掩瑜，仍然是一部偉大的歷史名著和文學名著。

《史記》成書之後，在相當長的時間內，都躺在皇家圖書館裡「睡大覺」，外人無法看到。有史料記載，漢宣帝的兒子劉宇，想看《太史公書》，專門寫了報告，大將軍王鳳卻以此書「有戰國縱橫權譎之謀，漢興之初謀臣奇策」為由，堅持不給他看。連皇帝兒子都不准看，其他人更不行了。大概到了東漢中期以後，《史記》才在社會上流傳開來。真正開始重視《史記》的，是在唐代。韓愈、柳宗元等人發起的古文運動，把《史記》作為典範。到了明清兩代，學習和研究《史記》就成為風氣了。如今，《史記》已成為傳布最廣的古代史學名著之一，產生了越來越大的影響。不僅在中國，國外也有不少人研究《史記》。尤以日本為盛，出現了許多研究《史記》的專家和學者，司馬遷也因此進入了世界文化名人的行列。

《史記》是偉大的，司馬遷也是偉大的！他身遭厄運而意志堅強，處於逆境而奮發有為，在中國傳統文化寶庫中，留下了一顆璀璨的明珠，為人類貢獻了一份珍貴的精神食糧。司馬遷和他的《史記》，必定會永垂青史！

國家圖書館出版品預行編目（CIP）資料

新視角讀《史記》/ 宋玉山 著 . -- 第一版 .
-- 臺北市：崧博出版：崧燁文化發行 , 2019.06
　　面；　公分
POD 版

ISBN 978-957-735-891-2(平裝)

1. 史記 2. 研究考訂

610.11　　　　　　　　　　　　　　　108008633

書　　名：新視角讀《史記》

作　　者：宋玉山 著

發 行 人：黃振庭

出 版 者：崧博出版事業有限公司

發 行 者：崧燁文化事業有限公司

E - m a i l：sonbookservice@gmail.com

粉 絲 頁：　　　　　　　　網　址：

地　　址：台北市中正區重慶南路一段六十一號八樓 815 室

8F.-815, No.61, Sec. 1, Chongqing S. Rd., Zhongzheng

Dist., Taipei City 100, Taiwan (R.O.C.)

電　　話：(02)2370-3310 傳　真：(02) 2370-3210

總 經 銷：紅螞蟻圖書有限公司

地　　址：台北市內湖區舊宗路二段 121 巷 19 號

電　　話:02-2795-3656 傳真:02-2795-4100　　網址：

印　　刷：京峯彩色印刷有限公司（京峰數位）

　　本書版權為國家行政學院出版社所有授權崧博出版事業股份有限公司獨家發行
電子書及繁體書繁體字版。若有其他相關權利及授權需求請與本公司聯繫。

定　　價：550 元

發行日期：2019 年 06 月第一版

◎ 本書以 POD 印製發行